"十二五"普通高等教育本科国家级规划教材

新编21世纪市场营销系列教材

商务谈判
理论、技巧与案例

第7版·数字教材版

主　编　王军旗
副主编　徐　斌　王海山

Business Negotiation

中国人民大学出版社
·北京·

图书在版编目（CIP）数据

商务谈判：理论、技巧与案例 数字教材版/王军旗主编；徐斌，王海山副主编． -- 7 版． -- 北京：中国人民大学出版社，2024.7． -- （新编21世纪市场营销系列教材）． -- ISBN 978-7-300-33155-3

Ⅰ. F715.4

中国国家版本馆 CIP 数据核字第 2024QZ6377 号

"十二五"普通高等教育本科国家级规划教材
新编 21 世纪市场营销系列教材
商务谈判：理论、技巧与案例（第 7 版·数字教材版）
主　编　王军旗
副主编　徐　斌　王海山
Shangwu Tanpan: Lilun、Jiqiao yu Anli

出版发行	中国人民大学出版社				
社　　址	北京中关村大街 31 号		邮政编码	100080	
电　　话	010-62511242（总编室）		010-62511770（质管部）		
	010-82501766（邮购部）		010-62514148（门市部）		
	010-62515195（发行公司）		010-62515275（盗版举报）		
网　　址	http://www.crup.com.cn				
经　　销	新华书店				
印　　刷	北京昌联印刷有限公司		版　次	2004 年 5 月第 1 版	
开　　本	787 mm×1092 mm　1/16			2024 年 7 月第 7 版	
印　　张	19.75 插页 1		印　次	2025 年 3 月第 2 次印刷	
字　　数	452 000		定　价	55.00 元	

版权所有　　侵权必究　　印装差错　　负责调换

内容简介

本书总结了商务谈判理论研究的新成果，选编了近年来商务谈判的实战技巧和典型案例，突出系统性、灵活性和实用性。本书将党中央关于统一市场、国际贸易、双循环、提高谈判质量、促进营销环境改善等新论述和政策有机融入各章，从案例分析中提炼观点，总结商务谈判经验，将谈判理论融入实践，便于读者在较短的时间内掌握商务谈判的策略与技巧，从而进行富有成效的谈判操作。

全书注重学习能力和实践能力的培养，提供了丰富的专栏和案例资料，配套数字平台提供教学服务，包括：电子教材、教学大纲、PPT、各章知识点、习题、教学指南等。

主编简介

王军旗 天津大学特聘教授、博士生导师，陕西省外国经济学说研究会副会长。中宣部文化名家暨"四个一批"人才，国家"万人计划"哲学社会科学领军人才。发表学术论文80多篇，出版教材和专著20多部。荣获国家级教学成果奖二等奖。

前言

2024年7月，党的二十届三中全会在北京胜利召开。全会决定进一步全面深化改革、推进中国式现代化，构建高水平社会主义市场经济体制，更好发挥市场机制作用，创造更加公平、更有活力的市场环境，实现资源配置效率最优化和效益最大化。在维护市场秩序，畅通国民经济循环，激发全社会内生动力和创新活力，保证市场主体公平参与竞争，发展新质生产力，建设更高水平开放型经济新体制中，商务谈判的地位和作用更加凸显，越来越受到人们的重视。回顾20年来《商务谈判：理论、技巧与案例》的出版历程，我们由衷地感到欣慰。从2004年第1版问世以来已出到第6版，其中第5版还被评为"'十二五'普通高等教育本科国家级规划教材"。第6版出版后，更是受到了教育界的高度关注和广大读者的厚爱，数十所高校和多家培训机构用它做教材，印数屡创新高，大家给予了积极评价，也提出了许多建设性的修改意见。本着与时俱进、精益求精的原则，我们在第6版的基础上加以修订完善，现推出第7版。

与第6版相比，第7版保持了原有框架结构，将党的二十大和二十届三中全会精神融入其中，更新了"延伸阅读""案例"等栏目的内容，部分章节做了一些补充和完善，增添了一些新理论新观点新材料，并使用了新的统计数据，全书整体更新率超过20%。为了便于教学，本书配套数字平台还提供了丰富的教学资源，欢迎大家使用。

本书是集体智慧的结晶。参与论证策划和初稿撰写的有王军旗、王海山、华昊、刘旭青、徐斌、林成、王玉龙、张思弘、王雷、吴照峰等。本次修订由文化名家暨"四个一批"人才、国家"万人计划"哲学社会科学领军人才、天津大学马克思主义学院博士生导师王军旗教授任主编，进行总体设计和统稿，徐斌、王海山任副主编。具体分工如下：王海山负责第1、2、3章；王军旗负责第4、5、6、7、15章；徐斌负责第8、13、

16 章；王玉龙负责第 9、10 章；张思弘负责第 11、14 章；王雷负责第 12 章。多媒体课件和配套教辅资料由王海山制作、编写。

  教材修订永远在路上。商务谈判的理论创新和实践创新是一个永无止境的过程，我们在修订过程中努力做到精益求精、与时俱进。我们深信，商务谈判理论探索的每一项成果都是大家努力的结果。最后，我们向所有对本书做出贡献的朋友表示衷心的感谢！

王军旗

目录

第1章
商务谈判概述

第1节　谈判与商务谈判 …………………………………………………………… 001

第2节　商务谈判的特点和作用 …………………………………………………… 006

第3节　商务谈判的基本原则 ……………………………………………………… 010

第4节　商务谈判的评价标准 ……………………………………………………… 017

第2章
商务谈判的类型与内容

第1节　商务谈判的类型 …………………………………………………………… 021

第2节　商务谈判的形式 …………………………………………………………… 026

第3节　商务谈判的内容 …………………………………………………………… 029

第3章
商务谈判理论

第1节　需求层次理论 ……………………………………………………………… 040

第2节　博弈论 ……………………………………………………………………… 046

第3节　公平理论 …………………………………………………………………… 049

第4节　谈判实力理论 ……………………………………………………………… 051

第5节　其他谈判理论 ……………………………………………………………… 053

第 4 章
商务谈判准备

第 1 节 商务谈判目标的确定 …… 058
第 2 节 谈判情报的收集和筛选 …… 062
第 3 节 制订谈判计划 …… 067
第 4 节 谈判物质条件的准备 …… 072
第 5 节 谈判方式的选择 …… 073
第 6 节 模拟谈判 …… 075

第 5 章
商务谈判过程

第 1 节 商务谈判过程概述 …… 080
第 2 节 开　局 …… 084
第 3 节 交　锋 …… 087
第 4 节 引导与让步 …… 097
第 5 节 商务谈判的终结 …… 102
第 6 节 成交与签约 …… 107

第 6 章
商务谈判人员及其心理

第 1 节 谈判人员准备 …… 111
第 2 节 谈判人员的谈判思维 …… 120
第 3 节 商务谈判中的心理挫折 …… 123
第 4 节 成功谈判者应具备的心理素质 …… 125
第 5 节 商务谈判的心理禁忌 …… 127

第 7 章
商务谈判策略

第 1 节 商务谈判策略概述 …… 133
第 2 节 预防性策略 …… 137
第 3 节 进攻性策略 …… 140
第 4 节 综合性策略 …… 142

第 8 章
商务谈判语言技巧

第 1 节 商务谈判语言概述 …… 148

第 2 节　有声语言技巧 ·· 152
第 3 节　无声语言技巧 ·· 157

第 9 章
僵局处理技巧

第 1 节　产生僵局的原因 ·· 164
第 2 节　避免僵局的产生 ·· 168
第 3 节　应对僵局的技巧 ·· 176

第 10 章
优势谈判技巧

第 1 节　不开先例技巧 ·· 189
第 2 节　价格陷阱技巧 ·· 191
第 3 节　先苦后甜技巧 ·· 192
第 4 节　规定期限技巧 ·· 194
第 5 节　最后出价技巧 ·· 195
第 6 节　故布疑阵技巧 ·· 196

第 11 章
劣势谈判技巧

第 1 节　吹毛求疵技巧 ·· 200
第 2 节　先斩后奏技巧 ·· 202
第 3 节　攻心技巧 ··· 204
第 4 节　疲惫技巧 ··· 208
第 5 节　权力有限技巧 ·· 209
第 6 节　攻克阴谋谈判技巧 ······································· 210

第 12 章
均势谈判技巧

第 1 节　迂回绕道技巧 ·· 215
第 2 节　货比三家技巧 ·· 217
第 3 节　旁敲侧击技巧 ·· 218
第 4 节　为人置梯技巧 ·· 219
第 5 节　激将技巧 ··· 220
第 6 节　休会技巧 ··· 221
第 7 节　开放技巧 ··· 223

第 8 节　投石问路技巧 …………………………………………………………… 223

第 13 章
涉外商务谈判技巧

第 1 节　涉外商务谈判的特点与要求 …………………………………………… 227
第 2 节　文化差异及其影响 ……………………………………………………… 233
第 3 节　涉外商务谈判中的技巧 ………………………………………………… 237

第 14 章
商务谈判的法律规定

第 1 节　法律在商务谈判中的地位与作用 ……………………………………… 251
第 2 节　合同文本谈判 …………………………………………………………… 254
第 3 节　国际商务谈判中的法律规定 …………………………………………… 258
第 4 节　国内商务谈判的有关法律规定 ………………………………………… 264

第 15 章
商务谈判合同的履行

第 1 节　要约与承诺 ……………………………………………………………… 269
第 2 节　合同的签订 ……………………………………………………………… 275
第 3 节　商务合同的履行 ………………………………………………………… 281
第 4 节　合同的转让、变更、解除与纠纷处理 ………………………………… 284

第 16 章
商务谈判的礼仪与禁忌

第 1 节　公开交往的礼仪与禁忌 ………………………………………………… 289
第 2 节　私下交往的礼仪与禁忌 ………………………………………………… 292
第 3 节　馈赠礼品的礼仪与禁忌 ………………………………………………… 295
第 4 节　不同地域的习俗与禁忌 ………………………………………………… 297

参考文献 ………………………………………………………………………………… 307

第1章
商务谈判概述

谈判是人类特有的一种沟通和交流方式，是人类交往行为中一种非常广泛和普遍的社会现象。古今中外，大到国与国之间的政治、经济、军事、外交、科技、文化的相互往来，小到组织之间、个人之间的联系与合作，甚至菜市场上的讨价还价，每个人都自觉不自觉地进行着谈判。世界谈判大师赫布·科恩说："人生就是一张谈判桌，不管喜欢不喜欢，你已经置身其中了。"在诸多领域的谈判中，经济领域的谈判特别是商务谈判，在发展社会主义市场经济、构建全国统一大市场、推动生产要素畅通流动中扮演着越来越重要的角色，与政治、军事、外交等谈判一样引起人们的广泛关注和研究。本章主要介绍谈判与商务谈判的概念，商务谈判的基本要素、特点、作用、基本原则和评价标准。

第 1 节　谈判与商务谈判

一、谈判的概念

谈判（negotiate）一词源于拉丁语 negotiari，意思是"做生意、做买卖"。《现代汉语词典》对谈判的解释为：有关方面对有待解决的重大问题进行会谈。谈判是双方或多方为解决冲突而进行沟通的过程，既有共同利益使得谈判成为可能，又有利益冲突使得谈判成为必须。谈判有广义与狭义之分。广义的谈判，除了包括正式场合下的谈判，还包括一切协商、交涉、商量、磋商等。狭义的谈判仅仅是指正式场合下解决较为重大问题的谈判。

一般认为，谈判学研究开始于 1968 年，由美国谈判学会会长、著名律师和谈判专家杰勒德·I.尼尔伦伯格开启了谈判理论研究的先河。在他的代表作《谈判的艺术》(*The Art of Negotiating*)中对谈判做了这样的定义："只要人们为了改变相互关系而交换观点，或为了某种目的企求取得一致而进行磋商，即是谈判。"英国谈判学家马什1972年在《合同谈判手册》(*Contract Negotiation Handbook*)一书中对谈判的定义是："所谓谈判，是指有关各方为了自身的目的，在一项涉及各方利益的事务中进行磋商，并通过调整各自提出的条件，最终达成一项各方较为满意的协议的一个不断协调的过程。"罗杰·道森在《优势谈判》(*Secrets of Power Negotiating*)一书中说道："生活就是一场谈判，幸福需要谈判，商业互动需要谈判，与人合作需要谈判，团队领导需要谈判，国与国之间需要谈判，夫妻关系需要谈判，亲子教育需要谈判……"《谈判力》作者罗杰·费希尔和威廉·尤里认为："谈判是你从别人那里取得你所需要的东西的基本手段，你或许与对方有共同利益，或许遭到对方的反对，谈判是为达成某种协议而进行的交往。"

我们认为，谈判是两个或两个以上的参与方为了协调彼此之间的关系，满足各自的需要，通过协商而达成一致意见的过程和行为。具体地说，这一概念可从以下四个方面来理解。

(1) 谈判以人们的需要为基础，以满足某种利益为目标。需要是人们进行谈判的动机，也是谈判产生的原因。谈判学的奠基人尼尔伦伯格指出，当人们想交换意见、改变关系或寻求同意时，就开始谈判。这里的交换意见、改变关系、寻求同意都是人们的需要。这些需要来自人们想满足自己的某种利益，这些利益包含的内容非常广泛，有物质的、精神的，有组织的、个人的，等等。当某种需要无法通过自身而需要他人的合作才能满足时，就要借助谈判的方式来实现，而且需要越强烈，谈判的要求越迫切。

(2) 谈判必须是两个或两个以上参与者之间的交际活动。只有参与谈判各方的需要有可能通过对方的行为得到满足时，才会产生谈判。这样的谈判结果，是双方进一步合作的基础，通常在双方都做出让步的基础上才有可能达成。

(3) 谈判是寻求建立或改善人们社会关系的行为。人们的一切活动都以一定的社会关系为前提。就商品交换活动来讲，从形式上看是买方与卖方的商品交换行为，但实质上是人与人之间的关系，是商品所有者和货币持有者之间的关系。买卖行为之所以能够发生，有赖于买方或卖方新的关系的建立。谈判的目的是满足某种利益，要实现所追求的利益，就需要建立新的社会关系或巩固已有的社会关系，而这种关系的建立和巩固需要通过谈判来实现。当然，失败的谈判也可能会破坏良好的社会关系，这可能会激起人们改善社会关系的愿望，产生又一轮新的谈判。

(4) 谈判是一种协调行为的过程。谈判的开始意味着某种需求希望得到满足、某个问题需要解决或某方面的社会关系出了问题。由于谈判各方的利益、思维及行为方式不尽相同，存在一定程度的冲突和差异，因而谈判的过程就是解决冲突、缩小差距、寻找共同点、达成解决问题的一致意见的过程，实际上是一种协调行为的过程。解决问题、协调矛盾，不可能一蹴而就，总需要一个过程，这个过程往往不止一次，而是随着新问题、新矛盾的出现不断重复，意味着社会关系需要不断协调。

二、商务谈判的概念及基本要素

（一）商务谈判的概念

商务是指一切有形与无形商品的交换或买卖事宜。按照国际习惯的划分，商务行为可分为以下四种：

（1）直接的商品交易活动，如批发、零售等。

（2）直接为商品交易服务的活动，如运输、仓储、加工整理等。

（3）间接为商品交易服务的活动，如金融、保险、信托、租赁等。

（4）具有服务性质的活动，如商品信息收集、咨询、广告等服务。

所以，商务谈判是两个或两个以上从事商务活动的组织和个人为了满足各自的经济利益，进行意见交换和磋商，谋求取得一致和达成协议的行为。换言之，商务领域的谈判就是商务谈判，它同样是一个相互交流沟通的过程，是为了实现各自利益而与对方进行协商达成一致意见的过程。

商务谈判是在商品经济条件下产生和发展起来的，它已经成为现代社会经济生活必不可少的组成部分。可以说，没有商务谈判，经济活动便无法进行。小到日常交易中的讨价还价，大到企业法人之间的合作、国家之间的经济技术交流，都离不开商务谈判。

（二）商务谈判的基本要素

商务谈判的基本要素是指构成商务谈判活动的必要因素，它是从静态结构揭示商务谈判的内在基础。任何谈判都是谈判主体和谈判客体相互作用的过程。因此，商务谈判的基本要素应该包括商务谈判的主体、商务谈判的客体、商务谈判的目标和商务谈判的背景。

1. 商务谈判的主体

商务谈判的主体即谈判的当事人，由行为主体和关系主体构成。行为主体是实际参加谈判的人。在商务谈判活动中，行为主体是主要因素，起着至关重要的作用，商务谈判活动的成效在很大程度上取决于行为主体的主观能动性和创造性。另外，有些商务谈判是一种代理或委托活动，行为主体充当卖方（或买方）的发言人，在买卖双方中起中介作用。因此，谈判中的卖方（或买方）也被称为关系主体，即有权参加商务谈判并承担谈判后果的自然人、社会组织及其他能够在谈判或履约中享有权利、承担义务的各种实体。

行为主体和关系主体二者之间既有区别，又相互联系。其区别是：

（1）关系主体直接承担谈判的后果，而行为主体不一定承担谈判的后果。只有在两者一致的情况下，行为主体才承担谈判的后果。

（2）行为主体必须是有意识、有行为的自然人。而关系主体则不然，它既可以是自然人，又可以是国家、组织或其他社会实体。

商务谈判的行为主体与关系主体的联系表现在以下三个方面：

（1）无论是何种关系主体的意志和行为，都需要借助行为主体来表示或进行，没有任何一个谈判可以仅有关系主体而没有行为主体。如中国某进出口公司与美国某公司谈判一笔进出口贸易业务，关系主体是两个公司，而行为主体则是两个公司派出的谈判小组。

（2）当自然人与自然人或自然人与团体、组织进行谈判时，如果自然人不委托他人代表自己谈判，此时关系主体同时也是行为主体，即谈判的后果承担是通过自己的具体行为来完成的。

（3）在关系主体与行为主体不一致的情况下，只有正确反映关系主体的意志，并在关系主体授权范围内，行为主体所发生的谈判行为才是有效的。否则，关系主体不可能承担谈判的后果。

对商务谈判主体的有关规定进行研究和认识是很有必要的。因为谈判主体是谈判的前提，在谈判中要注意避免因关系主体和行为主体不合格而导致谈判失败，进而造成损失。如果关系主体不合格，便无法承担谈判的后果；如果因未经授权或超越代理权等导致行为主体不合格，关系主体也不能承担谈判的后果。

在现实谈判中，由于事先忽视了考虑己方或对方的主体资格问题导致谈判归于无效，并遭受经济损失的案例常有发生。例如，某中药厂与所在市经济开发区的一家公司签订了代理出口中药酒至香港的合同。由于中药厂未审查对方是否有按照合同内容承担履约责任的资格，结果大批产品被海关扣下，不仅使双方遭受经济损失，港商还前来索赔，产生了不良后果。在商务谈判中需要验证的材料主要包括自然人的身份证件，法人的资格证件和经营资格证件，代理权方面的证件，技术设备项目引进谈判中涉及履约能力方面的各种设备、设施、技术等证明。有时还需要委托有关中介组织，如咨询机构，进行了解和调查。

2. 商务谈判的客体

商务谈判的客体是指谈判的议题。谈判议题是谈判的起因、内容和目的，决定了当事各方参与谈判的人员组成及策略。因此，谈判议题是谈判活动的中心。谈判议题的最大特点在于当事各方认识的一致性。因为谈判议题不能凭空拟定或仅仅出自单方面的意愿，必须与各方利益相关，为各方所共同关心，这样才能成为议题。如果没有这种一致性，就不可能形成谈判议题，谈判也就没有共同语言。

俗话说："一切皆可谈判。"谈判中可谈判的议题几乎没有限制，任何涉及谈判主体的利益需要且各方共同关心的内容都可以成为谈判议题。有属于资金方面的，如价格和付款方式等；有属于技术合作方面的，如技术标准方面的问题等；有属于商品方面的，如商品的品质、数量、仓储、装运、保险和检验等。总之，涉及交易各方利益的一切问题，都可以成为谈判的议题。在一定的社会环境中，谈判的事项受到法律、政策、道德等内容的制约。因此，谈判的内容是否符合有关规定是谈判成功与否的关键所在。

3. 商务谈判的目标

商务谈判是人们的一种目标很明确的行为。概括地讲，商务谈判的直接目标就是最终达成协议。谈判双方各自的具体目标往往是不同的，甚至是对立的，但都统一于商务谈判的直接目标，只有商务谈判的直接目标实现了，最终达成了协议，谈判各方的目标才能够实现。没有目标的谈判，只能叫双方有所接触，或称为无目的的闲谈，而不是真正的谈判。没有目标的商务谈判就像没有目的地的航行，是无法完成的。谈判双方协商达成的决议称为接受点，是当事人谋求的、能被各方接受的条件，因此谈判就是各方通过协商解决分歧、寻找共同接受点的过程。

4. 商务谈判的背景

商务谈判是在一定法律制度和特定社会背景下进行的，这些背景条件将直接或间接影响谈判活动。谈判背景主要包括环境背景、组织背景和人员背景三个方面，不仅涉及政治、经济、文化、法律、传统习惯、意识形态、宗教信仰，还包括地理、气候、人际关系等方面。

在环境背景方面，一般包括政治背景、经济背景、文化背景以及地理、自然等客观环境因素。其中，经济背景是首要的，包括所在国家或地区的经济水平、市场地位、供求状况、财政政策、股市行情等，往往对商务谈判有直接的影响。例如，经济水平反映了谈判者背后的经济实力；某方占有市场的垄断地位，其在谈判中就具有绝对的优势；市场供求状况不同，谈判态度及策略也就不同；财政政策与汇率既反映了谈判方的宏观经济健康状况，又反映了支持谈判结果的基础的坚挺程度；股市行情则往往是谈判者可供参照和借鉴的"晴雨表"。

政治背景在国际谈判中也是一个重要的背景因素，它包括所在国家或地区的社会制度、政治信仰、体制政策、政局动态、国家关系等。例如，如果国家关系友好，则谈判氛围也会比较宽松，能彼此坦诚相待，充满互帮互助的情谊，出现问题也比较容易解决；相反，如果国家关系处在或面临对抗与冷战状态，则谈判会受到较多的限制，谈判过程的难度也较大，甚至会出现某些制裁、禁运或其他歧视性政策。有时由于政治因素的干扰，即使谈判的当事人有诚意达成某些协议，这些协议也可能成为一纸空文。此外，政局动荡一方的谈判者自然职位不稳，再加上政府人事更迭，有可能导致现行政策的某些变化。

文化背景同样不可忽视，它包括所在国家或地区的历史渊源、宗教信仰、价值观念、风俗习惯等。在文化上，东西方国家之间，不同种族之间，甚至一个国家的不同地区之间，往往会有很大差异。

在组织背景方面，包括组织的历史发展、行为理念、规模实力、经营管理、财务状况、资信状况、市场地位、谈判目标、主要利益、谈判时限等。组织背景直接影响谈判议题的确立，也影响着谈判策略的选择和谈判的结果。

在人员背景方面，包括谈判当事人的职级地位、受教育程度、个人阅历、工作作风、行为追求、心理素质、谈判风格、人际关系等。由于谈判是在谈判当事人的参与下进行的，因此，人员背景直接影响着谈判的策略运用和谈判的进程。[1]

---

[1] 汪华林. 现代商务谈判. 北京：企业管理出版社，2018：5-6.

第 2 节　商务谈判的特点和作用

一、商务谈判的特点

商务谈判既是一门科学，又是一门综合运用多学科知识于商务活动中的艺术。商务谈判作为谈判的一个特殊种类，除了具有一般谈判的性质外，还有它自身的特点。

（一）谈判对象的广泛性和不确定性

商务活动绝大多数是跨地区、跨国界的。如购销谈判中的商品，从理论上讲，可以出售给任何一个人。作为卖方，其商品销售范围具有广泛性；作为买方，其采购商品的选择范围遍及全国乃至全世界。因此，无论是买方还是卖方，其谈判的对象可能遍及全球的各个角落。此外，为了使交易更加有利，也需要广泛接触交易对象。虽然不论是买方还是卖方，每一笔交易都是同具体的交易对象成交的，但具体的交易对象在存在竞争的情况下是一个变数。

谈判对象的广泛性和不确定性这一特点，要求谈判者不仅要充分了解市场行情，及时掌握价值规律和供求关系的变动情况，而且要选择适当的广告媒体宣传自己来树立形象，经常与社会各方面保持联系，维持老客户，发展新客户。

（二）谈判双方的冲突性和合作性

在市场经济条件下，不同市场主体在生产、交换、分配等方面，有着不同的物质利益。即使在以社会主义公有制为主体的部门中，仍然存在着不同企业之间、个人之间的物质利益关系。这样，谈判各方必定处于利害冲突的对抗状态中。而商务谈判正是市场主体出于不同的物质利益，寻找并确立共同利益，最终达成协议的一个过程。因此，任何谈判都是冲突性和合作性的统一：为了获取利益，双方必须消除分歧，最终达成某项对双方都有利的协议，这是谈判中合作性的一面；与此同时，谈判各方又都希望获得尽可能多的利益，为此而积极地讨价还价，这是谈判中冲突性的一面。

在现实的谈判活动中，有些谈判人员只注意到谈判双方合作性的一面，不了解谈判双方还存在冲突性的一面，因而过分重视维护双方的合作关系，在面临对方的进攻时，往往一味地退让，尽力避免冲突，而不是积极地为己方争取利益。与此相反，另一些谈判人员只看到谈判双方冲突性的一面，而忽视了双方友好合作的积极意义。他们将谈判视为一场战争，被击败的必须是对方，而取得胜利的只能是自己，由于无视对方的利益而导致谈判破裂，最终也损害了自己的利益。这两种认识都是不正确的，任何一项谈判都必然包含合作性与冲突性两个方面，要认识到两者的对立统一。在规划谈判活动时，必须注意既不应损害双方的合作关系，又要尽可能合理地利用冲突来为己方谋取更多的利益，也就是要在这两者之间求得平衡。

商务谈判是谈判各方给予与接受兼而有之的一种互助过程，是双方而不是单方的给予。谈判是双方不断调整各自的需要，相互适应并最终趋于一致的过程。谈判双方都有自己的需要，而一方需要的满足又是以另一方需要的满足为前提的。因此，在任何一项谈判中，都必定同时存在给予与接受。谈判双方都要做出一定的让步，都必须在不同程度上修改其期望达到的目标，并准备降低某些要求，以满足对方的期望和要求。从某种意义上讲，谈判这一行为本身就意味着存在让步的可能性。如果一方有足够的力量将其所有条件强加给对方，而可以无视对方的利益和需要，这其实是在迫使对方无条件投降，而不是在谈判，因而也不可能被接受。在谈判过程中，任何一方都必须根据对方的意愿和要求，相应地调整自己的需要，互相让步，最终达成彼此在利益上的平衡。需要注意的是，谈判中的让步对双方来说可能并不对等，因此，利益上的平衡并不意味着利益上的平均。谈判双方同时具有冲突与合作的成分，谈判是双方合作与冲突的对立统一。

案例 1-1

中海油与澳大利亚 A 公司的技术转让谈判

中海油欲从澳大利亚 A 公司引进地层测试仪，2000—2002 年双方就该技术交易举行了多次谈判。地层测试仪是石油勘探开发领域的核心技术，掌控在国外少数几个石油巨头公司手中，它们对中国实行严格的技术封锁，以此来赚取高额垄断利润。澳大利亚 A 公司因缺乏后续研究和开发资金，曾在 2000 年之前主动带着独立开发的处于国际领先水平的该设备来中国寻求合作者，并先后在中国的渤海和南海进行现场作业，效果很好。

中方于 2000 年年初到 A 公司进行全面考察，对该公司的技术设备很满意，并就技术引进事宜进行正式谈判。考虑到这项技术的重要性以及公司未来发展的需要，中方谈判的目标是出高价买断该技术。但 A 公司坚持只给中方技术使用权，允许中方制造该设备，技术专利仍掌控在自己手中。A 公司不同意将公司赖以生存的核心技术卖掉，变成委身中方的海外子公司或研发机构。双方巨大的原则立场分歧使谈判在一开始就陷入僵局。中方向 A 公司表明了立场之后，对谈判进行"冷处理"，回国等待。迫于资金短缺的巨大压力，A 公司无法拖延谈判时间，就交易条件多次找中方磋商，试图打破僵局。由于种种原因，中澳双方最终没能达成协议，谈判以失败告终。最终中海油走出了一条自力更生的技术创新之路。

资料来源：根据网络资料整理撰写。

（三）谈判的多变性和随机性

古人云："兵无常势，水无常形。"多变性和随机性是商务谈判中最常见、最富有挑战性的现象。经济运行处于激烈竞争和瞬息万变的市场中，作为经济活动重要组成部分的商务谈判，它的进展和变化又与谈判主体的思维和行为方式有密切的关系。因此，它不仅比一般经济活动变化更快、更丰富，而且难以预料。著名的谈判专家尼尔伦伯格在亲自参与无数次谈判的基础上，得出结论：没有两个谈判模式是完全一样的，尽管有时交易的内容没有太大的差别。由于谈判中的议题情况、格局、环境和策略的多变性，谈判会表现出各种各样的变化形式。

第一种形式是因势而变，就是根据经济形势或谈判形势的变化而变化。对谈判双方来说，谈判形势是不断变化的，有时利于这一方，有时又利于另一方。双方应根据自己的优势、均势或劣势，采取不同的策略，以变应变，而变则是围绕谈判的目标进行的，一旦突破任何一方可接受的极限，谈判就会破裂。

第二种形式是因时而变，就是随着时间的变化而变化。不同的时间，谈判双方的位势可能不同，谈判主体的精神状态也会大不相同。成功的谈判者往往把时间安排作为谈判策略的重要组成部分。

第三种形式是因机而变，就是随着机会、时机的变化而变化。在谈判中当机会偶然出现时，谈判的一方应善于把握机会，当机立断，调整自己的谈判计划和策略，促成谈判状况的改变或改善。此时，谈判的一方如果仍按照常规行事，就会失去机会，追悔莫及。

多变性促使偶发因素的出现，带来了随机性。谈判中，随机性越大，变量越多，可控性就越小，从而给谈判双方带来更大的挑战，对谈判者提出更高的要求。

（四）谈判的公平性和不平等性

商务谈判中，双方在需求满足问题上得失并不相同。也就是说，谈判的结果总是不平等的，即谈判双方可能一方需求满足的程度高一些，另一方低一些。导致谈判结果不平等的主要因素有两个：一是谈判双方所拥有的实力；二是谈判双方所掌握的谈判技巧。不论谈判的结果如何不平等，只要最终协议是双方共同达成的，并且谈判双方对谈判结果具有否决权，就说明双方在谈判中的权利和机会是均等的，谈判便是公平的。

（五）谈判的博弈性

商务谈判受国际、国内多种因素的影响，尤其是经济因素的影响更为巨大。商务谈判的结果是各方围绕目的依靠实力和谈判技巧进行博弈的结果，是谈判双方智慧和心理的较量。谈判的过程就是谈判者选择和使用策略的过程，是谈判各方的信息、对对手的分析和策略的选择、谈判技巧、谈判人员个人素质等综合因素共同博弈的过程。谈判双方需在谈判中做出让步，并控制己方的进攻，从而确保各自所得的利益。离开有效的谈判技巧，双方是难以顺利在利益上达成平衡的。谈判技巧的发挥靠的是谈判人员的经验、智慧、勇气与能力；谈判技巧的发挥受谈判双方实力的影响，谈判实力不仅指经济实力，还包括时间、空间、经验和心理等方面的因素。实力强的一方往往在谈判中居于有利地位，可以把握谈判的主动权，以较少的代价换取较多的利益，而实力较弱的一方则常常被迫做出较大的让步。当今世界正在经历百年未有之大变局，虽然合作共赢是不可阻挡的发展潮流，但面对竞争激烈的经济全球化和互联网时代，企业在进行商务活动时应当树立底线思维，在坚守国家核心利益不容损害的前提下，积极做到科学应变、主动求变，于变局中开新局，抓住机遇，应对挑战，才能将道路越走越宽广。

（六）谈判的科学性和艺术性

谈判是科学性和艺术性的统一。一方面，谈判是一门综合性、交叉性边缘学科，以语言学、逻辑学、哲学、经济学、传播学、管理学、公共关系学和人际关系学等学科为理论基础，具有某些操作过程中的规范和要点、系统的思维过程和工作步骤以及完整的计划、策略和实施方案。另一方面，谈判也是一门艺术性的技术。谈判者可以在掌握必要谈判技术的基础上，通过谈判技术方面的训练，熟练掌握谈判技巧，积累谈判经验，从而在实际谈判中进行创造性发挥，并根据对象和环境的不同，使用不同的技巧，这样往往会产生意想不到的效果。谈判过程如果没有艺术性的成分，就会使谈判变得死气沉沉，也不利于谈判合作的达成。

二、商务谈判的作用

有商务活动就有商务谈判，商务谈判是商务活动过程中最关键的元素。随着市场经济的进一步发展，商务谈判在现代经济社会中扮演着越来越重要的角色，其作用具体体现在以下三个方面。

（一）有利于促进经济发展

谈判并不是今天才出现的事物，但是，只有商品经济发展到一定阶段，才能使其在社会生活中发挥巨大的作用。这是由于商品经济崇尚等价交换，排斥一切特权干预，只有通过买卖双方的平等协商谈判，才能在互利的基础上达到双赢，进一步促进商品经济的发展。可以说，商品经济的发展使谈判扮演了社会经济生活中的重要角色；谈判广泛运用于社会生产与生活的各个领域，促进了社会的繁荣和经济的发展。它更好地实现了人们在平等互利基础上的联系，改善了相互关系，提高了交易的成功率。今天，谈判已经成为经济社会不可缺少的组成部分，成为各种组织和公众解决彼此间矛盾、争议和调整人际关系的重要手段。不论人们是否承认，有没有意识到，每个人都曾在现实生活中扮演并将继续扮演"谈判者"的角色，正如谈判专家所说，世界就是一张巨大的"谈判桌"。

（二）有利于加强企业间的经济联系

商务谈判大多是在企业与企业之间、企业与其他部门之间进行的。每个企业要与其他部门或单位进行协作，才能完成生产经营活动。事实上，经济越发展，分工越细，专业化程度越高，企业之间的联系与合作越紧密，就越需要各种有效的沟通手段。同时，企业具有独立的法人资格，企业之间的交往与联系也必须在自愿互利的基础上实现等价交换、公平交易。因此，谈判理所当然地成为企业之间经济联系的桥梁和纽带。

（三）有利于促进对外贸易

随着经济全球化步伐的进一步加快，我国对外贸易额迅速增长。据商务部统计数据，2023年，我国货物贸易进出口总值41.76万亿元，同比增长0.2%，其中出口23.77万亿元，增长0.6%；进口17.99万亿元，下降0.3%。同年，我国服务进出口总额为65 754.3亿元，同比增长10%，其中知识密集型服务贸易进出口总额为27 193.7亿元，同比增长8.5%，旅行服务进出口总额为14 856.2亿元，同比增长73.6%。2023年，我国跨境电商进出口2.38万亿元，增长15.6%，占外贸进出口比重达5.7%。在长期的贸易实践中，我国的商业节奏已经与世界同步，商业习惯和做法逐渐与世界接轨。面对未来的世界经济竞争新态势，党的二十届三中全会指出，必须坚持对外开放基本国策，坚持以开放促改革，依托我国超大规模市场优势，在扩大国际合作中提升开放能力，建设更高水平开放型经济新体制。这就对国际贸易谈判提出了更高的要求。因此，我们必须深入学习国际贸易谈判理论，了解和掌握国际商贸活动的规律和准则，了解各国的民俗、法律、习惯做法和谈判者的谈判风格，熟练掌握商务谈判的规律和技巧并灵活运用。只有这样，才能有效地运用谈判手段，在国际商贸活动中运筹帷幄，掌握主动，赢得胜利。

第3节　商务谈判的基本原则

谈判的基本原则是谈判的指导思想和基本准则，它决定了谈判者在谈判中采用什么谈判策略和谈判技巧，以及怎样运用这些策略和技巧。商务谈判的基本原则主要体现在以下七个方面。

一、合作原则

商务谈判的合作原则是指谈判双方在换位思考的基础上互相配合进行谈判，力争达成双赢的谈判协议。商务谈判是企业参与市场竞争的重要手段，通过谈判来满足需要、建立和改善关系，参与谈判的各方都是合作者，而非竞争者，更不是敌对者。谈判是一个协调行为的过程，这就要求参与谈判的双方进行合作与配合。一个高明的谈判者总是善于站在对方的立场上来考虑问题，发现对方的利益所在和真正需求，因为只有这样才能比较准确地把握对方的想法，理解对方坚持或反对某个事项的原因和理由，从而减少不必要的争论。如果没有双方的提议、谅解与让步，就不会达成最终的协议，双方的需要都不能得到满足，合作关系也无法建立。相反，如果把谈判纯粹看作一场比赛或一场战斗，非要论个输赢，那么，双方都会站在各自的立场上，把对方看作敌人，并千方百计地压倒对方、击败对方，以达到自己单方面的目的。谈判中最忌讳的就是只考虑自己的利益，斤斤计较、寸步不让，这样做的最终结果往往是谈判破裂。即使签订了协议，也会出现这种情况：达到目的的一方成了赢家，心情舒畅；做出重大牺牲或让步的另一方成了输家，郁愤难平。因此这一协议缺乏牢固的基础，自认为失败的一方会寻找各种理由和机会，延缓合同的履行甚至撕毁合同以挽回自己的损失，其结果往往是两败俱伤。因此，谈判是一种合作，在谈判中，最重要的是明确双方不是对手，而是朋友，是合作的伙伴。正如习近平总书记指出的："中国是世界上最大的发展中国家，走的是和平发展、开放发展、合作发展、共同发展的道路。我们永远不称霸，不扩张，不谋求势力范围，无意跟任何国家打冷战热战，坚持以对话弥合分歧，以谈判化解争端。"[①] 只有交易

[①] 习近平. 习近平在第七十五届联合国大会一般性辩论上的讲话.（2020-09-22）. https：//www.ccps.gov.cn/xxsxk/zyls/202009/t20200922_143558.shtml.

双方互惠互利、相得益彰，才能实现共同受益。合作共赢是时代的选择，合作可以使双方共克时艰，共赢商机，提振信心。合作才能发展，合作才能提高，合作才能共赢。只有在合作共赢的指导思想下，谈判者才能本着合作的态度，消除达成协议的各种障碍，并认真履约。

> **延伸阅读**

合作原则谈判法

合作原则谈判法的核心和精神实质是通过强调双方的共同利益，而非讨价还价本身，以及通过寻求双方各有所获的方案来取得谈判的成功。从哈佛谈判项目发展而来的合作原则谈判法，通过强调事物的原则来确定事物的性质，而不是在双方曾经表示的要做什么或不做什么的问题上讨价还价、争论不休。合作原则谈判法鼓励人们尽可能寻求使双方都获益的途径，在双方的利益发生冲突时，坚持以客观标准，也就是以独立于双方意志的标准为基础解决冲突。合作原则谈判法强调谈判中不用诡计，不故作姿态；它既使你得到理所应得的，又使你不失风度；它既使你保持公正，又不致使对方利用你的公正。

合作原则谈判法由以下四部分组成：

(1) 对待谈判对手：对事不对人。谈判气氛是决定谈判及双方关系的一个重要因素。众所周知，在诚挚友好的气氛中谈判，双方的心态比较平和，因而谈判中的难题也比较容易解决。但遗憾的是，友好的谈判气氛可能时常由于双方互有偏见，或者在谈判过程中对对方形成不良印象，或者是对对方意图有否定看法等而被破坏。此类情况发生时，就无法围绕谈判议题展开谈判，而是演变成个人之间的攻击和对抗，从而破坏相互之间的信任和感情，导致谈判无法正常进行。

(2) 对待双方利益：着眼于利益而非立场。罗杰·费希尔和威廉·尤里通过两个人在图书馆吵架的故事，区分了利益和立场。故事中一个人想开窗户，而另一个想关上窗户。他们不断地争论窗户究竟应该开多大：一条缝，三分之一，还是一半。没有一个办法使他们都满意。这时一个图书管理员走过来，询问其中的一个人为什么要开窗户，那人回答："想呼吸新鲜空气。"她又问另一个人为什么要关上窗户，那人回答："避免有穿堂风。"图书管理员考虑了一会儿后打开了邻屋的一扇窗户，这样既可以有新鲜空气又避免了穿堂风。这个故事是许多谈判中的典型例子。谈判中双方的问题看起来是立场的冲突，而双方谈判的目的也是对一个立场达成一致，他们自然要考虑而且要讨论立场问题，因而在谈判过程中常常陷入僵局。

(3) 对待利益获取：创造双赢方案。合作原则谈判法的前两部分主要针对谈判者与问题、利益与立场之间的关系，解决好这两对关系可以帮助谈判双方正确对待彼此，正确对待彼此的利益，找准谈判的重点和立足点。合作原则谈判法的第三部分——创造双赢方案，则为双方实现自己的利益提供了一条可行的路径。

(4) 对待评判标准：引入客观评判标准。上面虽然强调从双方的利益出发考虑分配方案，以求得令双方都满意的解决办法，然而无论双方如何从对方的角度考虑问题、理解双方的需求、争取提出具有创造性的方案，都无法抹杀双方利益冲突和对抗的一面。这种矛盾冲突在对待方案的评价标准上得到集中反映。当双方因评判标准不同而无法确定方案的合理性和公正性时，最好的解决方法就是寻求一个客观评判标准。

合作原则谈判法的四个部分互为依存、环环相扣，在谈判中贯穿始终，共同影响谈判的进程。

资料来源：白远．国际商务谈判：理论、案例分析与实践．4版．北京：中国人民大学出版社，2015．

坚持合作原则，主要应从以下两方面着手：

第一，着眼于满足双方的实际利益，建立和改善双方的合作关系。经济交往应以互利互惠为前提，如果谈判双方都能够充分认识到这一点，就能极大地提高谈判成功的可能性。谈判的成功会给双方带来实际的利益，建立或改善双方的关系，进而奠定长期合作的基础。

第二，坚持诚挚与坦率的态度。诚挚与坦率是做人的根本，也是谈判活动的准则。古人说得好，精诚所至，金石为开。任何交易活动，不论是哪一方缺乏诚意，都很难取得理想的合作效果。在相互合作、相互信任的基础上，双方坦诚相见，将己方的观点、要求明确地摆到桌面上，求同存异，相互理解，这样会大大提高工作效率和增加相互信任。相反，如果谈判双方之间互不信任，合作关系就会受到破坏，就会使原本很有希望成功的谈判归于失败。不信任对商务谈判造成的腐蚀和破坏作用是难以想象的。

坚持合作原则，并不排斥谈判策略与技巧的运用。合作是解决问题的态度，而策略和技巧则是解决问题的方法和手段，二者并不矛盾。

二、互利互惠原则

互利互惠原则是指谈判双方在讨价还价、激烈争辩中，重视双方的共同利益，尤其是考虑并尊重对方的利益诉求，从而在优势互补中实现自己利益的最大化。事实上，人们在同一事物上的利益不一定都是此消彼长的关系，他们很可能有不同的利益，在利益的选择上有多种途径。有一个简单的例子可以说明这个道理：两人争一个橘子，最后协商的结果是把橘子一分为二。结果第一个人吃掉了分给他的一半，扔掉了橘皮；第二个人则扔掉了果肉，留下橘皮做药。如果二人合作，各取所需，就可以最大限度地实现两个人的利益。

现代谈判理论认为，在谈判中每一方都有各自的利益，但每一方利益的焦点并不是完全对立的。一项产品出口贸易谈判，卖方关心的可能是货款的一次性结算，而买方关心的则可能是产品质量是否一流。因此，谈判的一个重要原则就是协调双方的利益，提出互利性的选择。正是从这一原则出发，尼尔伦伯格把谈判称为"合作的利己主义"。

坚持互利互惠原则，应注意以下四点：

一是提出新的选择。在多数情况下，可以设计兼顾双方利益的多种分配方案，让谈判双方进行充分的选择。为此，要打破传统的思维方式，进行创造性的思维活动。要做到这一点，既要收集大量的信息、资料作为考虑问题的依据，又要鼓励谈判组成员大胆发表个人见解，集思广益。

二是寻找共同利益。从理论上讲，提出满足共同利益的方案对双方都有好处，有助于达成协议。但在实践中，当双方为各自的利益讨价还价、激烈争辩时，很可能会忽略双方的共同利益。即使意识到了谈判成功将实现共同的利益，也往往忽略谈判破裂将会带来共同的损失。如果双方都能从共同的利益出发，认识到双方的利益是互补的，就会形成"努力使整个馅饼变大，这样我就能多分"的共识。尽管每一次合作都存在共同的利益，但共同利益大部分是潜在的，需要谈判者去挖掘，最好能用明确的语言和文字表达出来，以便谈判双方充分了解和掌握。

三是协调分歧。利益、观念、时间上的分歧都可以成为协调分歧的基础。比如，一方主要关心问题解决的形式、名望与声誉、近期的影响；另一方则主要关心问题解决的实质、结果、长期的影响。此时，不难找到可以兼顾双方利益、令双方都比较满意的方案，谈判自然也会获得成功。协调分歧比较有效的方法是给出自己能接受的几种方案，问对方更喜欢哪一种。你要知道的是哪一种方案更受欢迎，而不是哪一种方案能被接受。你可以对受欢迎的方案进行再次加工，再拿出至少两种方案，征求对方的意见，看看对方倾向哪一种。如果把协调分歧总结为一句话，那就是寻求对你代价低、对对方好处多的方案。而且，当你寻求的方案不被对方接受时，要努力使对方意识到，所确定的方案是双方参与的结果，包含双方的利益和努力，客观地指出履行方案会给双方带来的结果，重点指出对双方利益和关系的积极意义，促使对方回心转意，做出决策。要牢记谈判者的格言："在分歧中求生存！"

四是理性认识互利。我们所说的互利互惠，是指参与谈判的双方的利益都能得到照顾和满足，而不能要求绝对平均，即一半对一半好处的互利，这是不现实的，也是做不到的。在现实中，双方对利益的偏好以及利益的表现形式不尽相同，有的偏重物质利益，有的更希望获得精神上的尊重和认可，还有的对物质和精神的需要兼而有之。因此，互利只能是按照当时的客观条件，在当时的利害关系下，被双方都自愿和乐意接受的一种相对的互利。

三、立场服从利益原则

立场服从利益原则是指谈判双方在处理立场与利益的关系中立足于利益，而在立场方面做出一定的让步。无论是商务谈判还是个人纠纷的解决，抑或是国家之间的外交谈判，人们均习惯在立场上讨价还价，双方各持一种立场来磋商问题，其结果是很难通过让步达成妥协，往往会使谈判破裂，不欢而散。事实上，在立场上讨价还价，既违背了立场服从利益的谈判原则，也会破坏谈判的和谐气氛，还会导致偏离双方本来利益目标的协议。因此，在谈判中应坚持立场服从利益原则。成功的谈判者需要强硬，更需要灵活，要在灵活变通的原则下，寻找增进共同利益和协调利益冲突的解决方案。

四、对事不对人原则

对事不对人原则是指在谈判中区分人与问题，把对谈判对方的态度和讨论问题的态度区分开来，就事论事，不因人误事。

事实上，你谈判时打交道的不是抽象的谈判对手，而是富于理智和情感的具体的人。凡人都有自己的个性情感和价值观，再加上不同的工作和生活背景，谈判的过程和结果在很大程度上受到人的主观因素的影响：人们在谈判过程中可能随着时间的推移自然建立一种相互信赖、理解、尊重和友好的关系，使下一轮的谈判更顺利、更有效率；人们也可能变得愤愤不平、意志消沉、谨小慎微、充满敌意或尖酸刻薄。

在谈判中，导致人与事相混淆的原因主要有两点：一是谈判者混淆了人与事的相互关系，要么对人、对事都抱一种积极的态度，要么对人、对事都抱一种对抗的态度。把对谈判中问题的不满意发泄到谈判者个人的头上，或者把对谈判者个人的看法转嫁到对谈判议题的态度上，都不利于谈判的进行。二是人们常常没有根据地从对方的态度中得出结论。比如在家里说"厨房里乱七八糟""房间里的摆设不太协调"，可能仅仅是就事论事，但听起来却像是对主人的指责。这会导致对方个人感情上的变化，使对方为了保全个人的面子，顽固坚持个人的立场，影响谈判的顺利进行。

坚持对事不对人原则，争取因人成事，避免因人误事，具体做法有：

（1）站在对方的角度考虑问题。俗话说："要想公道，打个颠倒。"在谈判中，当提出建议和方案时，要站在对方的角度考虑提议的可行性，理解和谅解对方的观点、看法。当对方拒不接受己方的提议，或提出己方难以接受的条件时，不可暴跳如雷，拍案而起，抱怨、指责对方，而要心平气和、不卑不亢地阐述客观情况，摆事实、讲道理，争取说服对方。

（2）让双方都参与提议与协商，利害攸关。一个由双方共同起草和协商的包含双方主要利益的建议，会使双方都认为是利于自己的，这样达成协议就比较容易，这就是因人成事的技巧。

（3）保全面子，不伤感情。伤害感情，不给面子，会使谈判双方产生敌意，不利于达成一致协议。为此，要注意以下三点：善于和乐于认识、理解自己和对方的情感；当谈判对方处于窘困和尴尬的境地时，应给对方一个台阶下，千方百计顾及对方的面子；注意同对方多沟通，因为谈判本身就是一种交流，如果能及时、经常地面对面沟通和交流，把话摆在桌面上，就能避免和消除误会。

五、采用客观标准原则

"没有分歧就没有谈判"，这句话说明谈判双方利益的冲突和分歧是客观存在、无法避免的。你希望房租低一点，而房东却希望高一点；你希望货物明天到，而供应商却想在下周送到；你希望得到对自己有利的结果，而对方也持同样的观点。这些分歧如阳光下的影子一样，是无法消除的。坚持采用客观标准原则，就是消除或调和彼此分歧的有效途径。采用客观标准原则是指在谈判中双方因坚持不同的标准而产生分歧时，采用独立于各方意志的合乎情理和切实可行的标准来达成协议。这些客观标准既可能是一些惯例通则，也可能是职业标准、道德标准、科学标准等。采用客观标准能够克服主观让步可能产生的弊病，有助于双方和睦相处，冷静客观地分析问题，有利于谈判者达成明智、公正的协议。由于协议的达成依据客观标准，双方都感到自己的利益没有受到损害，因而会积极有效地履行合同。

例如，在钢材交易谈判中，卖方报价是每吨6 000元，而买方出价是每吨5 000元，那么调和的标准是什么呢？这时市场上同类商品的价格就是参照物，就是谈判的客观标准。当然，这里客观标准只是谈判双方参照的依据，不是商定的价格。这是因为价格议定还要考虑交货期限、交易数量、商品质量等多种因素。如果双方都能从采用客观标准这一原则出发，那么，所提出的要求和条件就比较客观、公正，而不是漫天要价、不着边际，调和双方的利益也变得可能和可行。

如果双方无法确定哪个标准是最合适的，那么比较好的做法是找一个双方均认可的公正、权威的第三方，请其确立一个解决争端的标准。这样，问题会得到比较圆满的解决。

案例1-2

公平合理的赔偿

汤姆的汽车意外地被一部大卡车整个撞毁了，幸亏他的汽车保过全险，可是确切的赔偿金额要由保险公司的调查员鉴定后才能加以确定，于是双方有下面的对话：

调查员：我们研究过你的案件，我们决定采用保险单的条款。这表示你可以得到3 300美元的赔偿。

汤姆：我知道。但你们是怎么算出这个数字的？

调查员：我们是依据这部汽车的现有价值。

汤姆：我了解，可是你们是按照什么标准算出这个数字的？你知道我现在要花多少钱才能买到同样的车子吗？

调查员：你想要多少钱？

汤姆：我想得到按照保单应该得到的钱，我找到一部类似的二手车，价钱是3 350美元，加上各种税之后，大概是4 000美元。

调查员：4 000美元太多了吧！

汤姆：我所要求的不是某个数目，而是公平的赔偿。你不认为我得到足够的赔偿来换一部车是公平的吗？

调查员：好，我们赔你3 500美元，这是我们可以付的最高价。公司的政策是如此规定的。

汤姆：你们公司是怎么算出这个数字的？

调查员：要知道3 500美元是你可以得到的最高数，如果你不想要，我就爱莫能助了。

汤姆：3 500美元可能是公道的，但是我不敢确定。如果你受公司政策的约束，我当然知道你的立场。可是除非你能客观地说出我能得到这个数目的理由，不然我还是最好诉诸法律，我们为什么不研究一下这件事，然后再谈。星期三上午11点我们可以见面谈谈吗？

调查员：好的。我今天在报上看到一部用了七八年的菲亚特汽车，出价是3 400

美元。

汤姆：哦！上面有没有提到行车里程数？

调查员：49 000公里。为什么你问这件事？

汤姆：因为我的车只跑了 25 000 公里，你认为我的车子可以多值多少钱？

调查员：让我想想……150 美元。

汤姆：假设 3 400 美元合理的话，那么就是 3 550 美元了。广告上面提到收音机没有？

调查员：没有。

汤姆：你认为一部收音机值多少钱？

调查员：125 美元。

汤姆：冷气呢？

…………

两个半小时之后，汤姆拿到了 4 012 美元的支票。

资料来源：费雪，尤瑞. 哈佛谈判技巧. 兰州：甘肃人民出版社，1987.

六、遵守法律原则

随着经济的发展，生产者与消费者之间的交易活动将会在越来越广的范围内受到法律的保护和约束。离开经济法规，任何商务谈判都将寸步难行。遵守法律原则是指在谈判及合同签订的过程中，要遵守国家的法律、法规和政策。与法律、政策有抵触的商务谈判，即使出于谈判双方自愿且协商一致，也是无效的、不允许的。比如，根据《中华人民共和国民法典》（以下简称《民法典》）第四百九十六条规定，采用格式条款订立合同的，提供格式条款的一方应当遵循公平原则确定当事人之间的权利和义务，并采取合理的方式提示对方注意免除或者减轻其责任等与对方有重大利害关系的条款，按照对方的要求，对该条款予以说明。提供格式条款的一方未履行提示或者说明义务，致使对方没有注意或者理解与其有重大利害关系的条款的，对方可以主张该条款不成为合同的内容。

在涉外贸易谈判中，还应遵守国际法并尊重对方国家的有关法规、贸易惯例等。涉外谈判最终签署的各种文书具有法律效力，受法律保护，因此，谈判者的发言，特别是书面文字，应具有双方一致承认的明确的合法内涵。必要时要对用语的法定含义做出具体明确的解释，写入协议文书，以免因解释条款的分歧，导致执行过程中产生争议。按照这一原则，主谈人的重要发言，特别是协议文书，必须统一由熟悉国际经济法、国际惯例和涉外经济法规的律师进行细致的审定。

七、讲究诚信原则

讲究诚信原则是指谈判双方都要诚实且守信。所谓诚实，就是说任何谈判都要实事求是；所谓守信，就是言必信，行必果。在商务谈判中，谈判的双方既有竞争的一面，又有合作的一面，但从根本上来说，双方是为了合作才走到一起的。因此，为了签约后的长期合作，双方应以诚相待，力争建立起互相信任的关系，信任一旦被破坏就很难再建立。不诚心诚意，言而无信，绝对不行；出尔反尔，信口雌黄，势必失信于人，破坏双方的合作，谈判也必将失败。俗话说"诚招天下客"，在商务谈判中尤其如此。诚心实意，坦率守信，这既是一条谈判原则，也是谈判成功的有效法宝。

为了在谈判中遵循这一原则，谈判者应该做到：

(1) 讲信用。遵守谈判中的诺言，不出尔反尔，正所谓"一诺千金"。

(2) 信任对方。这是守信的基础，也是取信于人的方法。

(3) 不轻易许诺。这是守信的重要保障。轻诺寡信，必将失信于人。

(4) 以诚相待。这是取信于人的积极方法，诚实与保守商业机密并不矛盾，诚实的意义在于不欺诈。

第4节　商务谈判的评价标准

评价标准可以帮助谈判者对谈判过程和结果进行评价，通过总结经验教训，提高谈判能力，促使谈判成功，提高商务活动效率。在确定评价标准之前，我们可以先确定谈判所处的层次。确定层次可以让谈判者把握谈判的要点、目标和结果。

一、商务谈判的三个层次

商务谈判一般分为三个层次，即竞争型谈判、合作型谈判和双赢型谈判，如图1-1所示。

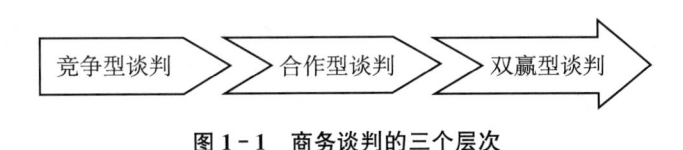

图1-1　商务谈判的三个层次

(一) 竞争型谈判

竞争型谈判是指在谈判初期谈判双方把谈判视为一种竞争活动并千方百计寻求己方的最大利益，从而达到你输我赢的效果。在现代社会，竞争越来越激烈，企业之间的竞争、同类产品之间的竞争、人才之间的竞争已经白热化，如果不能在激烈的市场竞争中击败同业竞争者，就会有被对方击败甚至淘汰的风险，这种非此即彼的情况在谈判中就是竞争型谈判。竞争型谈判旨在削弱对方评估谈判实力的信心，因此谈判者对谈判对方的最初方案做出明显的反应是极为重要的，即使谈判者对对方提出的方案非常满意，也必须找出并指明这一方案的短板，使其降低心理预期，以达到己方最佳的谈判效果。

（二）合作型谈判

合作型谈判是指在谈判过程中双方通过一定程度的让步寻求互惠互利的合作预期，以便双方都获得比谈判开始时更好的结果。合作型谈判强调挖掘双方潜在的共同利益，而不是只关注单方利益。尽管谈判中存在各种各样的矛盾和冲突，但谈判双方并不是你死我活、你争我抢，还是可以为了一个共同的目标进行合作与交流，探讨相应的解决方案的。谈判的目的正是在于寻求一种使双方都受益的协议结果，防止出现一方受益而另一方受损的协议结果。要寻求双方都受益的协议，就需要双方都有合作的态度。如果对方的报价有利于当事人，当事人又希望同对方保持良好的业务关系或迅速结束谈判，做出合作型反应是恰当的。合作型反应一般是赞许性的，虽然承认和欣赏对方实事求是的态度，但仍然强调需要进一步就一些问题进行谈判和商榷。在激烈的交锋中，维护自身的利益和需要是进一步合作的基础，但交锋也是有限度的，以不影响双方的合作关系为底线。

（三）双赢型谈判

双赢型谈判是指在谈判后期谈判双方通过挖掘潜在的共同利益、打破谈判僵局，最终达成双方利益都得到满足的协议。它把谈判当作一个合作的过程，能和对方像伙伴一样，共同找到满足双方需要的方案，使成本更合理，风险更低。双赢型谈判强调的是：通过谈判，不仅要找到最好的方法去满足双方的需要，而且要进行成本、风险和利润的合理分配。双赢型谈判的结果是：你赢了，但我也有所收获。在希望建立长期合作关系、共谋发展利益的情况下，双赢型谈判无疑是最佳选择。随着经济全球化的发展，全球经济日益成为一个不可分割的有机整体，形成了你中有我、我中有你，一荣俱荣、一损俱损的人类命运共同体，人们越来越清醒地认识到必须通过合作来实现双赢的结果，双赢理念在谈判中得到了更加广泛的运用。双赢理念强调不仅要站在自己的立场上考虑问题，而且要关照对方的利益和诉求，从而大大促进了谈判进程，被实践证明是有效和成功的。

二、商务谈判的评价标准

什么是商务谈判是否成功的评价标准？商务谈判固然以谋求己方利益最大化为目的，但商务谈判既不是一场棋赛，不要求决出胜负，也不是一场战争，不需要将对方消灭或置于死地。恰恰相反，商务谈判是一项互利的合作事业，谈判中的合作以互惠互利为前提，只有合作才能谈及互利。因此，商务谈判是否成功可用目标实现、成本降低、关系改善三个标准来衡量。

（一）目标实现标准

谈判的最终结果有没有达到预期目标，实现预期目标的程度如何，这是人们评价商务谈判是否成功的首要标准。谈判目标不仅把谈判者的需要具体化，而且是驱动谈判者行为的基本动力。由于参与谈判的各方都存在一定的利益界限，谈判目标至少应包括两个层次的内容，即努力争取的最高目标和必须确保的最低目标。如果一味地追求最高目标，把对方逼得没有退路可能会导致谈判破裂，实现预期谈判目标的愿望就会落空。同样，如果为了达成协议而未能守住最低目标，谈判的意义也就无从谈起。因此，成功的商务谈判应该是在尽可能接近己方所追求的最佳目标的基础上达成协议。

（二）成本降低标准

有谈判，就会产生成本。一个成功的谈判者往往要权衡通过谈判所取得的收益与所付出的成本。如果谈判者所付出的成本超过了所取得的收益，谈判就不能说是成功的。因此，作为一个优秀的谈判者，必须在收益既定的条件下想方设法降低谈判的成本。谈判的成本包括三项：一是谈判桌上的成本，这是谈判的预期收益与实际收益之间的差额；二是谈判过程产生的成本，即在整个谈判过程中耗费的各种资源，包括为进行谈判而耗费的人力、财力、物力、时间、精力等；三是谈判的机会成本，即由于放弃最有效地使用谈判所占用的资源而造成的收益损失以及由于选择特定的谈判对象而丧失与其他对象合作的商业机会。在这三项成本中，人们往往比较关注第一项，而忽视另外两项。如果以巨大的代价换取微小的收益，这样的谈判就是不经济的。

（三）关系改善标准

谈判是谈判双方的一种交流活动，通过交流除了在价格高低、利润分配等方面达成协议，更重要的是基于对长远利益的考虑，与对方建立一种良好的人际关系。因此，成功的谈判是在与对方维护良好人际关系的前提下，实现谈判目的以满足自身的需要。精明的谈判者往往不过分计较一时的得失，而是善于从长期和全局的角度看待问题。尽管在目前的某项谈判中可能放弃了某些可以得到的利益，但维护和改善了双方的合作关系，为未来长期合作、获得持久收益铺平了道路。

总之，成功的商务谈判应该是这样的谈判，即谈判双方的利益都得到了最大限度的满足，双方的互惠合作关系有了进一步的发展，任何一方的谈判收益都远远大于成本，整个谈判是高效率的。由于目标实现、成本降低、关系改善三者实现途径上的差异，它们很难同时达到，因而谈判者在谈判中需要在三者之间权衡利弊得失，以争取最佳的谈判结果。

◀ 小　结 ▶

1. 谈判是两个或两个以上的参与方为了协调彼此之间的关系，满足各自的需要，通过协商而达成一致意见的过程和行为。

2. 商务谈判是两个或两个以上从事商务活动的组织和个人为了满足各自的经济利益，进行意见交换和磋商，谋求取得一致和达成协议的行为。其基本要素包括商务谈判的主体、商务谈判的客体、商务谈判的目标和商务谈判的背景。

3. 商务谈判具有谈判对象的广泛性和不确定性、谈判双方的冲突性和合作性、谈判的多变性和随机性、谈判的公平性和不平等性、谈判的博弈性、谈判的科学性和艺术性等特点。

4. 商务谈判的基本原则有：(1) 合作原则；(2) 互利互惠原则；(3) 立场服从利益原则；(4) 对事不对人原则；(5) 采用客观标准原则；(6) 遵守法律原则；(7) 讲究诚信原则。

5. 商务谈判一般分为竞争型谈判、合作型谈判和双赢型谈判三个层次。商务谈判是否成功可用目标实现、成本降低、关系改善三个标准来衡量。

◀ 复习与思考 ▶

一、基本概念

谈判　　　　　　　商务谈判　　　　　　互利互惠
立场服从利益　　　对事不对人

二、简答题

1. 如何把握谈判的基本概念？
2. 商务谈判具有哪些特点？
3. 商务谈判有哪些基本原则？
4. 遵循互利互惠原则应注意哪些方面？

三、论述题

1. 如何运用商务谈判的基本原则？
2. 试述评价商务谈判是否成功的标准。

第 2 章
商务谈判的类型与内容

商务谈判的类型是研究商务谈判不可忽视的一个方面，它有助于我们更好地掌握商务谈判的内容和特点，以便选择最佳的谈判策略。因此，准确把握谈判类型是谈判成功的前提。本章在前一章的基础上，主要介绍商务谈判的类型、形式和内容。

第 1 节　商务谈判的类型

商务谈判是现代谈判活动中数量最多、范围最广的一种谈判形式。按照不同的标准，商务谈判可以划分为不同的类型。

一、按谈判是否跨国分

根据谈判中利益主体是否分属不同国籍，商务谈判可以划分为国内商务谈判和国际商务谈判。

（一）国内商务谈判

国内商务谈判是国内政府、企业或公民之间进行的商务谈判。它包括国内的商品购销谈判、商品运输谈判、仓储保管谈判、联营谈判、经营承包谈判、借款谈判和财产保险谈判等。国内商务谈判的双方处于相同的文化背景中，都受国内有关法律法规的制约，这就避免了文化背景和法律环境的差异可能对谈判产生的影响。由于双方语言相同、观念一致，因此谈判的主要问题在于怎样调整双方的不同利益，寻找更多的共同点。这就需要商务谈判人员充分利用谈判的策略与技巧，发挥谈判人员的能力和作用。

从实际情况来看，人们比较重视国际商务谈判，而对国内商务谈判缺乏应有的认识，比较突出的问题就是双方不太注意对合同条款的协商和履行。出现这种情况的原因有两点：一是商务谈判人员的准备工作不充分、不细致；二是商务谈判人员法律观念淡薄。事实证明，这不仅不利于谈判双方关系的维系，使合同失去应有的效用，长此以往还会影响双方的合作。

重信守义是中华民族的文化传统，也是中国自立于世界民族之林的重要文化基因。谈判双方应在合作中坚持诚信原则，信守合同和商业规则，共同营造诚实守信的商业环境。

（二）国际商务谈判

国际商务谈判是指本国政府、企业或公民与外国政府、企业或公民之间进行的商务谈判。国际商务谈判包括国际产品贸易谈判、易货贸易谈判、补偿贸易谈判、加工和装配贸易谈判、现汇贸易谈判、技术贸易谈判、合资经营谈判、租赁业务谈判和劳务合作谈判等。不论从谈判形式还是从谈判内容来看，国际商务谈判都远比国内商务谈判复杂。这是由于谈判人员来自不同的国家，其语言、信仰、生活习惯、价值观念、道德标准、商业惯例乃至谈判的心理都存在极大的差别，而这些方面都是影响谈判的重要因素。因此，和国内商务谈判相比，国际商务谈判往往需要做更多的计划工作，对谈判人员的综合素质和业务水平要求更高。

当前，受各种因素影响，虽然全球经济出现逆全球化的趋势，但随着"一带一路"倡议的不断落实和拓展，各国通过国际贸易紧密联系，日益形成利益共同体和命运共同体。商务部公布的《中国外资统计公报2023》显示，2022年中国吸引外资规模再创新高。全年实际使用外资1 891.3亿美元，增长4.5%，按人民币计首次突破1.2万亿元。中国仍是外商投资兴业的热点。《中国外商投资指引（2023版）》显示，中国制造业综合实力和国际影响力逐步提升，500种主要工业产品中，中国有四成以上产品的产量位居世界第一，中国制造向中国创造迈进的步伐明显加快。2023年，中国继续推动实施高水平投资自由化便利化政策，加大外资企业服务和保护力度，对外资的吸引力不断增强。在政策的指引和推动下，无论是中国企业还是外国企业，都需要谋求多赢的合作。因此，不同类型和内容的商务谈判将充分发挥畅通国民经济循环、联通国内和国际市场的积极作用。面对百年未有之大变局，开展国际商务谈判时必须树立底线思维，不仅要从基本的经济利益出发，而且要考量并把握谈判过程中利与义的平衡，特别是在国际贸易谈判中展现我们的优良传统和良好面貌，共同践行合作共赢、可持续发展的观念，抓住机遇，应对挑战，最大限度地开拓国际市场，实现企业和国家利益最大化。

二、按谈判内容分

根据内容的不同，商务谈判可以划分为商品贸易谈判和非商品贸易谈判。

(一)商品贸易谈判

商品贸易谈判是指商品买卖双方就商品数量、质量、价格与支付方式、货物转移方式和时间等买卖条件所进行的谈判。商品贸易谈判的基本内容有：(1)标的、质量、数量和包装；(2)产品价格和支付方式；(3)产品装运方式；(4)产品检验与索赔。

商品贸易谈判可以进一步细分为农副产品的购销谈判和工矿产品的购销谈判。农副产品的购销谈判是以瓜果、蔬菜、粮食、棉花、家禽等农副产品为谈判客体的明确当事人权利和义务关系的协商。工矿产品的购销谈判是联系产、供、销各个环节，沟通全国各个部门，活跃经济的最基本的谈判形式。

(二)非商品贸易谈判

非商品贸易谈判是指除商品贸易之外的其他商务谈判，包括工程项目谈判、技术贸易谈判、资金谈判、投资谈判、劳务买卖谈判等。

工程项目谈判是指工程的使用单位与工程的承建单位之间的商务谈判。工程项目谈判十分复杂，不仅因为谈判的内容广泛，还因为谈判往往由两方以上的人员参加，包括使用方、设计方、承建方等。

技术贸易谈判是指技术的接受方（即买方）与技术的转让方（即卖方）就转让技术的形式、内容、质量规定、使用范围、价格条件、支付方式以及双方在转让中的一些权利和义务关系问题所进行的谈判。它是对技术有偿转让所进行的商务谈判，一般分为技术谈判和商务谈判。技术谈判是供求双方就有关技术和设备的名称、型号、规格、技术性能、质量保证、培训、试生产、验收等问题进行商谈；商务谈判是供求双方就有关价格、支付方式、仲裁、索赔等条款进行商谈。

资金谈判是指资金供求双方就资金借贷或投资内容所进行的谈判。资金谈判的主要内容有货币、利率、贷款、保证条件、还款限期、违约责任等。

投资谈判是指谈判双方就双方共同参与或涉及双方关系的某项投资活动，对该投资活动所涉及的有关投资的目的、方向、形式、内容与条件，投资项目的经营与管理，以及投资者在投资活动中权利、义务、责任和相互之间的关系所进行的谈判。其特点主要是气氛比较好，注意谈判的细节内容。

劳务买卖谈判是指劳务买卖双方就劳务提供的形式、内容、时间，劳务的价格、计算方法，劳务费的支付方式，以及有关买卖双方的权利、责任、义务关系所进行的谈判。由于劳务具有明显区别于货物的各项特征，因此，劳务买卖谈判与一般的货物买卖谈判不同，主要是对履约的时间、质量、进程等内容进行协商，强调违约的责任。

三、按谈判人员的组织形式分

根据商务谈判内容的复杂程度，其组织形式也有很大的不同，一般可以划分为一对一谈判、小组谈判和大型谈判。

（一）一对一谈判

小型项目的商务谈判往往是一对一的。出席谈判的各方虽然只有一个人，但并不意味着谈判者无须做准备。一对一谈判对谈判者的综合素质要求很高，因为双方谈判者只能独自作战，没有助手协助。因此，在安排参加这类谈判的人员时，一定要选择有主见、决断力、判断力强，善于单兵作战的人，性格脆弱、优柔寡断的人是不能胜任的。人员多、规模大的谈判有时根据需要，也可在首席代表之间安排一对一谈判，磋商某些关键问题或敏感问题。

（二）小组谈判

小组谈判是一种常见的谈判类型，往往用于正式谈判。一般遇到较大的谈判项目时，由于情况比较复杂，双方各有几个人同时参加谈判，小组成员之间分工协作、取长补短、各尽所能，可以大大缩短谈判时间，提高谈判效率。小组谈判必须重视谈判小组成员的选配，特别是作为最终决策者和主要发言人的组长，组长具有最终决策权，在关键时刻能发挥一锤定音的作用。

（三）大型谈判

国家级、省（市）级或重大项目的谈判必须采用大型谈判这种形式。由于关系重大，有的会影响国家的国际声望，有的可能关系到国计民生，有的将直接影响到地方乃至国家的经济发展速度、国际收支平衡等，所以必须准备充分、计划周详。例如，组织好谈判小组，为谈判班子配备阵营强大的拥有各种高级专家的顾问团，了解分析相关的谈判背景和各方的实力，制订全面的谈判计划和选择有效的谈判策略，做好谈判的物质准备等。大型谈判涉及的谈判背景等较为复杂，因而程序严密，谈判持续的时间也较长，通常分成若干层次和阶段进行。

习近平总书记多次指出，当今世界正经历百年未有之大变局。商务谈判特别是大型商务谈判过程中，必须树立底线思维，践行共同、综合、合作、可持续的观念，抓住机遇，应对挑战，维护我们的正当权益和战略利益。

四、按谈判地域分

根据谈判地域的不同，商务谈判可以划分为主座谈判、客座谈判、主客座轮流谈判和中立地点谈判。选择一个合适的、有利于自己的谈判地点也是谈判策略的一部分。

（一）主座谈判

主座谈判又称主场谈判，它是在自己所在地组织的谈判。主座包括自己所居住的国家、城市或办公所在地。总之，主座谈判是在自己熟悉的工作和生活环境，在自己做主人的情况下所组织的商务谈判。

主座谈判能给占有"地利"的主方带来不少便利之处，谈判时间表、各种谈判资料的准备和新问题的请示均比较方便，从而在心理上具备优越感和安全感，所以主座谈判者谈起来很自如，底气十足。作为东道主，必须礼貌待客，包括邀请、迎送、接待、组织洽谈等。

（二）客座谈判

客座谈判又称客场谈判，它是在谈判对手所在地组织的一种谈判。客座谈判对客方来说需要克服不少困难，到客场谈判时必须注意以下几点：

（1）要入境问俗、入国问禁。要提前了解各地、各国的不同风俗和国情、政情，以免做出伤害对方感情、触碰文化禁忌等言行。

（2）要审时度势、争取主动。在客座谈判中，客居他乡的谈判者受到各种条件的限制，如客居时间、上级授权的权限、信息沟通的困难等。在这种处境中，客座谈判者要审时度势，认真分析谈判背景、主方的优势和不足、心理变化等，努力克服客座谈判的不便和困难，做到灵活反应、争取主动。

（3）如果是在国外举行的国际商务谈判，遇到的首要问题就是语言障碍。要配备好己方的翻译、代理人，不能随便接受对方推荐的人员，以防泄露机密。

（三）主客座轮流谈判

主客座轮流谈判是一种在商务交易中互易谈判地点的谈判。开始谈判可能在卖方，继续谈判可能在买方，结束可能在卖方，也可能在买方。主客座轮流谈判的出现，说明交易是不寻常的，可能是大宗商品买卖，也可能是成套项目买卖。这些复杂的谈判拖的时间比较长，应注意以下两个问题：

（1）确定阶段利益目标，争取不同阶段的最佳谈判效益。主客座轮流谈判说明交易十分复杂，每次更换谈判地必定有新的理由和目标。谈判人员在利用、寻找或创造有利条件时，应围绕阶段利益目标的实现可能性来考虑。如同下棋，要多看几步，在让与争、成与败中掌握分寸、时机。如果未能实现阶段利益目标，谈判者就不能称为优秀谈判者。培养阶段利益目标的谈判意识，应该以循序渐进、磋商解决的方式为基础，以"生意人的钱袋扎得紧"为座右铭。

（2）坚持主谈人的连贯性，换座不换帅。在谈判中，易人尤其是易主谈人是不利于谈判的，但在实践中这种情况仍经常发生。可能是出于公司的调整、人员的变动、时间的安排等客观原因，或是出于谈判策略的考虑，如主谈人的上级认为其谈判结果不好或表现不够出色，会为了下一阶段的利益目标而易帅。无论属于哪种情况，易帅都会在主客座轮流谈判中带来不利影响，可能带来损失和不快。而新的主谈人也不可能完全达到既定目标。因为谈判已经展开，原来的基础条件已定，过去的许多言论已有记载，对方不会因你易帅而改变立场；易帅是否一定可以争取到比以前更好的结果也不尽然。避免主帅更迭的最好方法是在主客场轮流谈判中配备好主帅和副帅，有两个主谈人就可以应付各种可能出现的情况，以确保谈判的连贯性。

（四）中立地点谈判

中立地点谈判是在谈判各方以外的地点进行的谈判。一般情况下，当谈判双方对谈判地点的重要性都有充分的认识，或由于谈判双方冲突性大、政治关系微妙等原因，在主客场都不适宜的情况下，可选择中立地点谈判。在中立地点谈判，可以避免主客场对谈判的某些影响，为谈判提供良好的环境和平等的氛围。由于气氛冷静，不受环境干扰，双方都比较注意自己的声望、礼节，容易减少误会，再加上各方的诚意，因此都能比较客观地处理各种复杂问题和某些突发事件，通过采取灵活的策略来达成协议。但由于中立地点谈判可能引起第三方的介入而使谈判各方的关系发生微妙变化，因此需要谈判双方反复磋商，共同选定真正体现中立地位的谈判地点。

商务谈判还可以从其他角度进行划分。例如，根据谈判内容的透明度，商务谈判可以划分为公开谈判和秘密谈判；根据所属部门，商务谈判可以划分为民间谈判、官方谈判和半官半民谈判。

第 2 节　商务谈判的形式

商务谈判的形式是指为交换谈判内容所采取的方式，一般分为口头谈判、书面谈判和网络谈判。

一、口头谈判

口头谈判是指交易双方面对面地用语言谈判，交流信息和协商条件，或者在异地通过电话、远程视频等进行商洽。这种形式在实际工作中，表现为派出推销员或采购员主动登门谈判、邀请客户到本企业谈判或者在第三地谈判等。

口头谈判是谈判活动的主要形式，主要优点有：（1）有利于谈判各方当面提出条件和意见，也为谈判人员展示个人魅力提供了舞台；（2）便于谈判人员在知识、能力、经验等方面相互补充、协同配合；（3）使谈判过程融入情感的因素，有助于利用情感因素促成谈判的成功；（4）便于谈判者察言观色，掌握对方心理，对谈判行为的发展变化做出准确的判断。

口头谈判也存在一些缺点，主要有：（1）一般要在谈判期限内做出成交与否的决定，没有充足的考虑时间，因而要求谈判人员具有较高的决策水平，一旦决策失误，就可能给自己造成经济损失或者失去成交的良机；（2）如果谈判双方不在一地，需要花费往返差旅费和礼节性招待费，会增加谈判的成本；（3）利于对方察言观色，推测己方的谈判意图及达到此意图的坚定性；（4）容易因措辞不当而发生误会，受到对方的反击，从而动摇谈判人员的主观意志。

基于口头谈判的优缺点，它适用于首次交易谈判、同城或邻近地区的商务谈判、长期谈判、大宗交易谈判或者贵重商品谈判。随着商品经济的发展，市场日益活跃，出现了各种形式、不同内容的交易会。交易会一般规模较大、较为隆重，同时，由于参加交易会的单位很多，便于沟通情况，有利于企业选择，因此谈判成交额较大。正因为这种形式有其独特的优势，交易会谈判被广大企业视为一种较好的口头谈判形式。

二、书面谈判

书面谈判是指买卖双方利用信函、传真等进行的书面交流和协商。它要求由卖方或买方通过信函、传真等将交易要求和条件通知对方,一般应规定对方答复的有效期限。

书面谈判通常作为口头谈判的辅助方式,主要优点是:(1)在谈判过程中,双方对问题有比较充足的考虑时间,可以同自己的助手、企业领导及决策机构进行充分的讨论和分析,有利于慎重决策;(2)一般不需要谈判者四处奔走,可以坐镇企业,向国内外多家单位发出信函、电报,并对不同客户的回电进行分析比较,从中选出对自己最有利的交易对象;(3)由于具体的谈判人员互不见面,他们代表的是各自的企业,双方都不考虑谈判人员的身份,而将主要的精力集中在交易条件的洽谈上,避免了因谈判者的级别、身份不对等而影响谈判的开展和协议的达成;(4)在向对方表示拒绝时,要比口头形式方便易行,特别是在己方与对方人员建立了良好的人际关系的情况下,通过书面形式既直接表明了己方的态度,又有利于减少不必要的矛盾;(5)表达准确、郑重,有利于避免偏离谈判主题;(6)没有差旅费和招待费,因而谈判成本较低。

当然,书面谈判也有不足之处:(1)书面谈判多采用信函、电报等方式,文字要求精练,如果词不达意,容易造成双方的理解差异,引起争议和纠纷;(2)由于双方的代表不见面,因而无法通过语态、表情、情绪以及习惯动作等来判断对方的心理活动,从而难以运用肢体语言技巧达到沟通意见的效果;(3)书面谈判所使用的信函、电报需要邮政、交通部门的传递,这些部门稍有延误,就会影响双方对谈判中出现的各种问题做出及时、准确的反应,甚至丧失交易的时机。鉴于以上局限性,书面谈判仅适用于那些交易条件比较规范、明确,双方经常有交易活动,以及跨地区、跨国界的谈判。对一些内容复杂、条件多变,且双方缺乏必要了解的谈判,更适宜采用口头谈判。

为了发挥书面谈判的作用、有利于对方了解己方的交易要求,作为卖方,可以把事先印好的具有一定格式的表单寄给客户,表单上对商品的名称、规格、价格、装运等条款有较为详细的介绍,让客户对卖方的交易意图有一个全面、清楚的了解,避免因文字表达不周而引起误解。同时,谈判双方都要认真、迅速、妥善地处理回函和来函,能达成交易要迅速通知对方,不要贻误时机,即使不能达成交易也要委婉地答复,搞好与客户的关系,"生意不成人情在"。书面谈判最忌讳的是函件处理不及时,更不能有求于人时丧失企业的品格,而人求我时冷眼相待,这不仅会影响企业购销活动的持续开展,而且会影响企业的商业信誉。

三、网络谈判

网络谈判是指谈判双方依靠各种网络服务和技术,通过互联网进行的谈判。在人类历史上,谈判作为一项人类的基本活动并没有因科学技术的进步和发展而受到太多的影响。如今互联网彻底改变了人类的生活方式,其影响是前所未有的。2023年10月18日,习近平在北京出席了第三届"一带一路"国际合作高峰论坛开幕式并发表主旨演讲。习近平指出:"人类是相互依存的命运共同体。世界好,中国才会好;中国好,世界会更好。通过共建'一带一路',中国对外开放的大门越开越大,内陆地区从'后卫'变成'前锋',沿海地区开放发展更上一层楼,中国市场同世界市场的联系更加紧密。"[①] 不论国际形势发生什么变化,中国都将秉持和平共处、互利共赢的理念,高举改革开放的旗帜,坚定不移推进改革开放。随着"一带一路"建设的不断推进,中国企业在国际贸易中的重要性将愈加凸显。因此,我们需要因时、因世、因人、因事而应之,提高中国企业的参与度和开展商务谈判的成功率。同样,互联网对谈判的影响也是深远的,虽然面对面的互动仍然是最主要的谈判形式,尤其是高层次的谈判,但是互联网可以提供更多切实可行的谈判方式,并且可以发挥它的优势。比如,当双方因情绪化因素而无法达到预期的结果时,或双方进入谈判的某个阶段,需要将注意力集中在合同文本上时,互联网表现得更为有效。

在交易过程中,交易双方会运用各种交易方式来交换产品或服务,较为常用的方式包括固定价格销售、谈判协商、拍卖以及封闭式招标等,所有这些方式如今都已经出现在互联网上。实践证明,基于互联网的谈判大大减少了某些交易的成本和时间,同时,利用互联网及其搜索功能更容易找到交易对象,相应降低了开发成本和机会成本。

互联网技术的不断进步(从电子邮件、文件处理到先进的网络会议、网络电话、网络视听系统等),使得基于互联网的交易飞速增长。但网络身份认证、网络安全、网络条例法规等方面还不健全,互联网要真正成为主要的谈判工具,还需假以时日,尤其是涉及网络合同谈判及其争端问题的解决时。基于网络的谈判技术需要不断开发和完善,包括网络虚拟会议、语言识别技术、电脑的个性化信息处理技术等,使网络谈判真正人性化,使谈判进程更加顺利。

综上所述,各种谈判形式都各有利弊。谈判形式利用的好坏完全取决于对各种谈判形式掌握得如何,应根据交易的需要和各种谈判形式的特点正确选择。在实际工作中,不要把三种谈判形式截然分开,可以把它们结合起来,取其所长,避其所短,在一般情况下适用书面谈判的交易,在特殊情况下也可以改用口头谈判或网络谈判,既要正确选择,又要灵活运用。

需要注意的是,只要是通过谈判达成交易,无论采取哪种谈判形式,都必须签订书面合同。交易谈判的内容烦琐而复杂,每项内容都关系到双方的经济利益,将谈判的结果用书面合同确定出来,就会加强签约双方的责任心,促使双方按照合同办事。一旦出现问题、发生纠纷,也有据可查,便于公平合理地处理问题。签订书面合同对口头谈判和网络谈判的作用显而易见,因为"口说无凭",要"立据为证"。同样,书面谈判的成交也要以合同为证,虽然在书面谈判的过程中也采用书面形式,但这只是反映谈判过程的情况,而不能表明成交的确立。

---

① 习近平.建设开放包容、互联互通、共同发展的世界:在第三届"一带一路"国际合作高峰论坛开幕式上的主旨演讲.人民日报,2023-10-19.

第3节　商务谈判的内容

商务谈判的内容是指与产品交易有关的各项交易条件。为了有效地进行谈判，买卖双方在制订计划时，必须把有关的内容纳入谈判的议题之中。在谈判内容上出现疏漏，势必影响合同的履行，从而给企业带来不可估量的损失。因此，谈判人员在谈判之前应该准确地掌握谈判的内容。商务谈判的类型不同，其谈判的内容各有差异。以下仅以商品贸易谈判、技术贸易谈判和劳务合作谈判为例予以介绍。

一、商品贸易谈判的内容

商品贸易谈判的内容以商品为中心，主要包括品质、数量、包装、运输、保险、商品检验、商品价格、货款结算支付方式，以及索赔、仲裁和不可抗力等条款。

（一）品质

商品的品质是指商品的内在质量和外观形态。它往往是交易双方最关心的问题，也是洽谈的主要问题。商品的品质取决于商品本身的自然属性，其内在质量具体表现在商品的化学成分、生物学特征及其物理、机械性能等方面；其外观形态具体表现为商品的造型、结构、色泽、味觉等技术指标或特征，这些特征有多种多样的表示方法，常用的表示方法有样品表示法、规格表示法、等级表示法、标准表示法和牌名或商标表示法。

1. 样品表示法

样品指的是最初设计加工出来或者从一批商品中抽取出来的能够代表贸易商品品质的少量实物。样品可由买卖的任何一方提出，只要双方确认，卖方就应该供应与样品一致的商品，买方也就应该接收与样品一致的商品。为了避免纠纷，一般样品要一式三份，由买卖双方各持一份，另一份送给合同规定的商检机构或其他公证机构保存，以备买卖双方发生争议时作为核对品质之用。在商品买卖实务中，一般在样品确认时，应再规定商品的一个或几个方面的品质指标如"色彩""型号"等作为依据。

2. 规格表示法

商品规格是反映商品的成分、含量、纯度、尺码、长度、粗细等品质的技术指标。由于各种商品的品质特征不同，因此规格也有差异。如果交易双方用规格表示商品的品质，并将其作为谈判条件，就叫凭规格买卖。一般来说，凭规格买卖是比较准确的，在日常的商品交易活动中大多采用这种方法。

3. 等级表示法

商品等级是对同类商品质量差异的分类，是表示商品品质的方法之一。这种表示法以规格表示法为基础，同类商品由于厂家不同，有不同的规格，因此同一数码、文字、符号表示的等级，其品质内涵不尽相同。买卖双方对商品品质的磋商，可以借助已经制定的商品等级来表示。在已制定商品等级的情况下，买卖产品只要说明商品的等级，就可以表达交易双方对商品质量提出的要求。

4. 标准表示法

商品品质标准是指政府机关或有关团体统一制定并公布的规格或等级。不同的标准反映了商品品质的不同特征和差异。产品标准的高低反映了产品质量的差异程度，在有产品标准的条件下，买卖产品时只需要说明产品的标准就可以表达买卖双方对产品质量提出的要求。在我国，常用的产品标准主要有国际标准、国家标准、行业标准等形式。国际标准指国际标准化组织（ISO）、国际电工委员会（IEC）和国际电信联盟（ITU）制定的标准，以及国际标准化组织确认并公布的其他国际组织制定的标准；国家标准是由国务院标准化行政主管部门制定的、在全国范围内适用的标准，代号为 GB、GB/T；行业标准是由行业标准化主管机关或行业标准化组织发布的、在全国范围内统一适用的技术标准，代号为 HB、HB/T。此外，还有地方标准、企业标准以及供求双方洽商的协议标准等。

5. 牌名或商标表示法

牌名是商品的名称，商标是用来区别一个经营者的产品或服务和其他经营者的产品或服务的标记。有些商品由于品质优良、稳定，知名度和美誉度都很高，在用户中享有盛名，为广大用户所熟悉和赞誉，在谈判中只要说明牌名或商标，双方就能明确商品的品质情况。但磋商时要注意同一牌名或商标的商品是否来自不同的厂家，以及这些商品是否由于某些原因造成了损坏或变质，更要注意假冒商标的商品。

在实际交易中，上述表示商品品质的方法可以结合在一起运用。比如，有的交易既使用牌名，又使用规格；有的交易既使用规格，又参考样品。此外，还应注意以下五点：

（1）表示商品品质的多种方法共同使用时，应避免其出现相悖和不清，有时条款中应标明以哪种方法为基准，哪种方法为补充。

（2）当交易的商品品质容易引起变动时，应尽量收集其引起变动的原因，防患于未然。对于允许供货方交付的商品品质可以高于或低于品质条款的幅度，即品质公差，可以采用同行业所公认的品质公差，也可以在磋商中议定极限，即上下差异范围。

（3）商品品质标准会随着科技的发展而变化。磋商中应注意商品品质标准的最新规定，条款应明确双方认定的交易商品的品质标准是以何国（地区）、何时、何种版本中的规定为依据，避免日后发生误解和争议。

（4）商品品质的其他主要指标，如商品寿命、可靠性、安全性、经济性等条款的磋商，都应力求明确，便于检测、操作、认定。

（5）商品品质条款的磋商应与商品价格条款紧密相连，互相制约。

（二）数量

商品交易的数量是商务谈判的主要内容。成交商品数量的多少，不仅关系到卖方的销售计划和买方的采购计划能否完成，而且与商品的价格有关。同一笔货币支付后所购买的商品数量越多，说明这种商品越便宜，因此商品交易的数量直接影响到交易双方的经济利益。

确定买卖商品的数量，首先要根据商品的性质，明确所采用的计量单位。商品的计量单位，表示重量单位的有吨、千克、磅、盎司、克拉等；表示个数单位的有件、双、套、打等；表示面积单位的有平方米、平方英尺等；表示体积单位的有立方米、立方英尺等；表示液体体积单位的有升和毫升等。在国际贸易中，由于各国采用的度量衡制度不同，同一计量单位所代表的数量也各不相同，因而要掌握各种度量衡之间的换算关系，在谈判中明确规定使用哪一种度量衡制度，以免造成误会和损失。例如，1983年，加拿大航空公司一架波音767客机完成第一段飞行航程后需要补充燃油。当时，波音公司要求767客机维护人员使用公制计算油量。而地勤人员在加油时将公制"升"与英制"磅"的换算系数混淆，导致原本应该加入的20 088升燃油最终仅加入了4 917升。这个误操作导致飞机燃料耗尽后迫降到一个废弃的空军基地。所幸机长应对得当，最终全机人员平安，飞机也未受损失。

在贸易谈判实践中，容易引起争议的是商品的重量。因为商品的重量不仅会受到自然界的影响而发生变化，而且许多商品本身就有包装与重量的问题。如果交易双方在谈判时没有明确重量的计算方法，在交货时就会因重量问题发生纠纷。

常用的重量计算方法有两种：一是按毛重计算；二是按净重计算。毛重是商品和包装物的总重量，净重是商品本身的重量。由于净重不包括包装物的重量，因此按净重计算就必须是毛重减去包装物的重量。

包装物的重量一般称为皮重，计算皮重的方法主要有四种：

（1）按实际皮重计算。这是对全部包装物的实际重量进行计量，而不是估算，也不是只计算一部分包装物的重量。

（2）按平均皮重计算。这是对规格比较统一的包装物，用平均数求得包装物的重量。

（3）按习惯皮重计算。这是对公认规格的包装物，按确定的单位重量计算。如对包装粮食的机制麻袋以及包装面粉的面袋重量的确定。

（4）按约定皮重计算。这是交易双方在谈判中以共同协商确定的包装物重量为标准所进行的计算。

在商务谈判中，洽谈交易数量时应注意以下几点：一是针对以重量计量的交易商品，必须协商明确如何计算商品重量，用什么方法扣除皮重，以免交货时出现纠纷，进行大宗交易时可以规定一定的溢短装条款[①]；二是正确掌握交易的数量，数量条款的规定应明确、具体，尽量不要出现"大约""左右"等字眼，以免引起争议；三是将数量和价格挂钩，以利于交易的达成。

（三）包装

在商品交易中，除了散装货、裸装货，绝大多数商品都需要包装。包装具有宣传商

---

① 溢短装条款是指在矿砂、化肥、粮食、食糖等大宗散装货物的交易中，由于受商品特性、货源变化、船舱容量、装载技术和包装等因素的影响，要求准确地按约定数量交货，有时存在一定困难，为了避免因实际交货不足或超过合同规定而引起的法律责任，方便合同的履行，对于一些数量难以严格限定的商品，通常在合同中规定交货数量允许有一定范围的机动幅度。

品、保护商品、便于储运、方便消费等功能。近年来，随着我国市场竞争日趋激烈，各厂商为了提高竞争能力，扩大销路，已改变了过去传统的"重产品、轻包装"的营销思路，商品包装不仅变化快，而且档次越来越高。可见，包装已成为商品交易的重要内容。作为商务谈判者，也必须精通包装材料、包装形式、装潢设计、运装标志等知识。

为了合理选择商品包装和避免包装问题引起的纠纷，贸易双方在磋商商品包装条款时应注意：

（1）根据交易商品本身的特征明确其包装的种类、材料、规格、成本、技术和方法。每种产品都有自身的特性，应根据其不同性质选用适宜的包装，做好不同的防护措施。

（2）在国际谈判中，注意进口国对运输包装的规定和惯例以及有关的包装标准。各国法律对包装的规定不一，不符合进口国的包装规定会遭到罚款，甚至退货。

（3）包装费用一般都包含在商品价格内，合同条款不必单独列出。但如果买方要求特殊包装，则需要单列包装费用，如何计费及何时收费也应在条款中列明。

（四）运输

在商品交易中，卖方向买方收取货款是以交付货物为条件的。所以，运输方式、运输费用以及装运、交货的时间、地点依然是商务谈判的重要内容。

1. 运输方式

商品的运输方式是指将商品转移到目的地所采用的方法和形式。以运输工具进行划分，运输方式有公路运输、水路运输、铁路运输、航空运输和管道运输；以营运方式进行划分，可分为自运、托运和联运等。目前，在国内贸易中主要采用铁路运输、公路运输、水路运输和自运、托运等；在对外贸易中主要采用海运、空运、托运和租运等。在商贸活动中，要想使商品多快好省地到达目的地，关键在于选择合理的运输方式。选择合理的运输方式时，应考虑以下因素：一是要基于商品的特点、运货量大小、自然条件、装卸地点等方面的具体情况；二是要根据各种运输方式的特点，通过综合分析加以选择。

2. 运输费用

运输费用可以按货物重量计算、按货物体积计算、按货物件数计算、按商品价格计算等。另外，还会由于运输中的特殊原因增加其他附加费用。谈判中双方应对货物的重量、体积、件数、贵重情况进行全盘考虑，合理规划，在可能的条件下改变商品的包装，缩小体积，科学堆放，选用合理的计算标准，论证并确定附加费用变动的合理性，明确双方的交货条件，划清各自承担的费用范围和界限。

3. 装运、交货的时间、地点

这些不仅直接影响买方能否按时收到货物、满足需求或投放市场、回收资金，还会因交货时空的变动引起价格的波动，造成经济效益的差异。谈判中应根据运输条件，市场需求，运输距离，运输工具，码头、车站、港口、机场等设施，以及货物的自然属性、气候条件进行综合分析，明确装运、交货的地点及其具体截止日期。

> **案例 2-1**

该不该付款

我国某出口企业 A 按 FCA Shanghai Airport 条件向印度企业 B 出口手表一批，货款为 5 万美元，规定交货期为 8 月，自上海运往孟买。支付条件为：买方凭由孟买某银行转交的航空公司空运到货通知即期金额电汇付款。A 于 8 月 31 日将该批手表运到上海虹桥机场交由航空公司收货并出具航空运单，随即用电传向印度企业 B 发出装运通知。航空公司于 9 月 2 日将该批手表空运至孟买，并将到货通知连同有关发票和航空运单交孟买某银行。该银行立即通知印度企业 B 收取单据并电汇付款。此时，国际手表价格下跌，印度企业 B 以 A 交货延期为由，拒绝付款、提货。A 坚持对方必须立即付款、提货。双方争执不下，遂提交仲裁。尽管 B 认为 9 月 2 日到货时间为交货期，与 FCA 术语规定相矛盾，但是，国际仲裁机构通过调查认为，该合同按 FCA Shanghai Airport 贸易条件成交，规定交货期为 8 月，A 于 8 月 31 日将该批手表运到上海虹桥机场交由航空公司（承运人）即算完成交货，并未违反合同约定。因此，仲裁机构最终裁决我国出口企业 A 胜诉。

资料来源：汪华林．现代商务谈判．北京：企业管理出版社，2018．

（五）保险

保险是以投保人缴纳的保险费集中组成保险基金用来补偿因意外事故或自然灾害所造成的经济损失，或对个人因死亡或伤残而给予物质保障的一种方法。我们这里所指的保险主要指货物保险。货物保险的主要内容有贸易双方的保险责任、具体明确的办理保险的手续和支付保险费用的承担者。

我国商品贸易规则中没有明文规定保险责任该由谁承担，只能由双方通过谈判协商解决。但在国际贸易中，商品价格条款中的价格术语确定后，也就明确了双方的保险责任。如将离岸价格作为商品价格，商品装船交货前的保险责任在卖方，之后的保险责任在买方。如果是到岸价格，则到岸前的保险责任在卖方，到岸后的保险责任在买方。当保险业务出现后，为获取保险费用收入，出口时应尽量采用到岸价格，进口时应尽量采用离岸价格，使国内的保险公司通过承担风险获取保险收入。对同类商品，各国在保险的险别、投保方式、投保金额的通用做法，或对商品保险方面的特殊要求和规定，谈判双方必须加以明确。对世界各国主要保险公司在投保手续与方式、承保范围、保险单证的种类、保险费率、保险费用的支付方式、保险的责任期和范围、保险赔偿的原则与手续等方面的有关规定加以考虑筛选，最后予以确定。对保险业务用语的差异和名词概念的不同解释，要予以注意，以避免争议。

（六）商品检验

为了鉴定商品的品质、数量和包装等是否符合合同规定，并以此证明卖方是否履行了其交货义务，在买卖合同中通常都有检验条款。商品检验是对交易商品的品种、质量、数量、包装等项目按照合同规定的标准进行检查或鉴定，以确定是否收货。通过检验，由有关检验部门出具证明,作为买卖双方交接货物、支付货款和处理索赔的依据。商品检验条款主要包括商品检验权、检验机构、检验内容、检验证书、检验时间、检验地点、检验方法和检验标准等。

(七)商品价格

商品价格是商务谈判中最重要的内容,它的高低直接影响贸易双方的经济利益。商品价格是否合理是决定商务谈判成败的重要条件。

商品的价格是根据不同的定价依据、定价目标、定价方法和定价策略来制定的,其构成一般受商品成本、商品质量、成交数量、供求关系、竞争条件、运输方式和价格政策等多种因素的影响。只有深入了解市场情况,掌握实情,切实注意上述因素的变动情况,才能取得谈判的成功。

价格是价值的货币表现。熟悉成本核算,就可以通过价格的高低,确定对方利润的多少,从而有针对性地讨价还价。

按质论价是价格谈判中常用的方法。谈判人员应该在商品品质的基础上货比三家,确定合理的价格。

商品数量的多少是讨价还价的一个筹码。目前,大多数买卖双方均有批量定价。一般来说,商品数量越多,价格越低;数量越少,价格越高。

商品的价格还受市场供求状况的影响。当商品供过于求时,价格就下跌;反之,价格就会上涨。谈判中应根据商品在市场上的供求状况进行分析。另外,谈判人员还要考虑商品的生命周期、市场定位、市场购买力等因素,判断市场供求变化趋势和签约后可能发生的价格变动,来确定商品交易价格,并确定对价格发生变动的处理办法。一般来说,在合同规定的交货期内交货,不论价格如何变动,仍按合同定价执行。如果逾期交货,交货时市价上涨,按合同价执行;市价下跌,按下跌时的市价执行。总之,因价格变动造成的损失应由有过失的一方承担,以督促合同的按期履行。

竞争者的经营策略也会直接影响商品交易的价格。企业在市场竞争中,有时为了取得货源,商品价格会高一些;有时为了抢占市场、提高市场占有率,商品价格会低一些。谈判人员在进行价格谈判时,一定要密切关注市场竞争状况。

各国在不同时期有关价格方面的政策、法令、作价原则,也会影响交易双方有关价格的谈判。买卖双方在谈判时应遵守国家的价格政策、法令,并依照政策、法令来确定价格形式、价格变动幅度和利润率的高低。

在国际商务谈判中,谈判双方还应该明确规定使用何种货币和货币单位。一般来讲,出口贸易时应争取采用币值稳定且趋于升值的"硬通货",进口贸易时则应力求使用汇价不稳定且趋于下降的"软货币"。总之,要注意所选用货币的安全性及币值的稳定性、可兑换性。

另外,在国际商务谈判中,谈判人员还应尽量了解各国及国际组织对价格相关问题的不同解释或规定,并在合同中加以明确,选定对己方有利的价格条件。

(八)货款结算支付方式

在商品贸易中,货款的结算支付是一个重要问题,直接关系到交易双方的利益,影响双方的生存与发展。在商务谈判中应注意货款结算支付的方式、期限、地点等。

国内贸易的货款结算支付方式分为现金结算和转账结算。现金结算即一手交货，一手交钱，直接以现金支付货款的结算方式。转账结算是通过银行在双方账户上划拨的非现金结算。非现金结算的付款有两种方式：一种是先货后款，包括异地托收承付、异地委托收款、同城收款；另一种是先款后货，包括汇款、限额结算、信用证、支票结算等。我国规定，各单位之间的商品交易，除按照《现金管理暂行条例》规定的可以使用现金的情况，都必须通过银行办理转账结算。这种规定的目的是节约现金使用，有利于货币流通，加强经济核算，加快商品流通和资金周转。

转账结算可分为同城结算和异地结算。前者的主要方式有支票、付款委托书、限额结算等，后者的主要方式有托收承付、信用证、汇兑等。其中信用证支付是当前国际贸易中的主要支付方式。银行信用证是指银行根据进口人（买方）的请求，开给出口人（卖方）的一种保证承担支付货款责任的书面凭证。信用证是根据买卖合同的规定而开立的，其种类、金额、开证日期和有效期等内容都应在买卖合同中明文规定，但它并不依附于买卖合同。银行只对信用证的规定负责，而不受买卖合同的约束。银行在办理信用证业务时，只认单据，不问商品，更不管合同的履行。只要卖方提交的单据符合信用证的规定，银行就应凭单付款。这种以比较可靠的银行信用来担保的支付方式，在很大程度上解除了卖方对交货后收不回货款的顾虑；另外，对于买方来说，一旦向开证行交付了货款，即可取得代表货物所有权的提货单据，而无须担心付款后得不到货物。可见，采用信用证支付货款，消除了买卖双方互不信任的顾虑。所以，在我国对外贸易中，以信用证支付也就自然成了一种主要支付方式。

（九）索赔、仲裁和不可抗力

在商品交易中，买卖双方往往会因彼此的权利和义务引起争议，并由此引起索赔、仲裁等情况的发生。为了使争议得到顺利的处理，买卖双方在洽谈交易中，对由争议提出的索赔和解决争议的仲裁方式，事先应进行充分商谈，并做出明确的规定。此外，对不可抗力及其对合同履行的影响结果等，也要做出规定。

1. 索赔

索赔是一方认为对方未能全部或部分履行合同规定的责任时，向对方提出索取赔偿的要求。引起索赔的原因除了买卖一方违约，还有合同条款规定不明确，一方对合同某些条款的理解与另一方不一致而认为对方违约。一般来讲，买卖双方在洽谈索赔问题时应洽谈索赔依据、索赔期限和索赔金额等内容。

索赔依据是指提出索赔必须具备的证据和出示证据的检测机构。索赔方所提供的违约事实必须与品质、检验等条款相吻合，且出证机关要符合合同的规定，否则，对方有权拒赔。

索赔期限是指索赔一方提出索赔的有效期限。索赔期限的长短应根据交易商品的特点合理商定。

索赔金额包括违约金和赔偿金。只要确认违约，违约方就得向对方支付违约金，带有惩罚的性质。赔偿金则带有补偿性。如果违约金不够弥补违约给对方造成的损失，应当用赔偿金补足。

2. 仲裁

仲裁是双方当事人在谈判中磋商约定，在合同履行过程中发生争议，经协商或调解不成时，自愿把争议提交给双方约定的第三方（仲裁机构）进行裁决的行为。在仲裁谈判时，应洽谈的内容有仲裁地点、仲裁机构、仲裁程序规则和裁决的效力等。

3. 不可抗力

不可抗力又称人力不可抗力，通常是指合同签订后，不是由于当事人的疏忽过失，而是由于当事人不可预见也无法事先采取预防措施的事故，如地震、水灾、旱灾等自然原因或战争、政府封锁、禁运、罢工等社会原因造成不能履行或不能如期履行合同的全部或部分。在这种情况下，遭受事故的一方可以据此免除履行合同的责任或推迟履行合同，另一方也无权要求其履行合同或索赔。洽谈不可抗力的内容主要包括不可抗力事故的范围，事故出现的后果，发生事故后的补救方法、手续，出具证明的机构和通知对方的期限等。

二、技术贸易谈判的基本内容

（一）技术贸易的种类

技术商品是指那些通过在生产中的应用能为应用者创造物质财富的、具有独创性的、用来交换的技术成果。技术贸易的种类主要有专利、专有技术、技术服务、工程服务、商标和专营权等。技术贸易谈判指技术拥有方把技术和有关权利通过贸易方式提供给技术需求方加以使用的谈判。

（二）技术贸易谈判的基本内容

技术贸易谈判包括技术服务、发明专利、工程服务、专有技术、商标和专营权的谈判。技术的引进和转让是同一过程的两个方面。有引进技术的接受方，就有供给技术的许可方。引进和转让的过程是双方谈判的过程。技术贸易谈判一般包括以下基本内容。

1. 技术类别、名称和规格

技术类别、名称和规格即技术贸易谈判的标的。技术贸易谈判的最基本内容是磋商具有技术的供给方能提供哪些技术，引进技术的接受方想引进哪些技术。

2. 技术经济要求

因为技术贸易转让的技术或研究成果有些是无形的，难以保留样品以作为今后的验收标准，所以，谈判双方应对其技术经济参数采取慎重和负责的态度。技术转让方应如实地介绍情况，技术受让方应认真地调查核实。然后，把各种技术经济要求和指标详细地写在合同条款中。

3. 技术的转让期限

虽然科技协作的完成期限事先往往很难准确地预见，但规定一个较宽的期限还是很有必要的。

4. 技术授权的范围

由于同一技术同时可供给众多对象使用,所以国际上绝大多数的技术贸易都是技术使用权的转让,而不是技术所有权的转让。技术贸易谈判需确定许可使用权的种类、范围和性质等。一是许可使用权的种类。许可使用权包括技术的使用权、产品的制造权和产品的销售权。应明确确定许可使用上述哪几种权利。二是许可地域。它包括使用和制造的地域范围和销售的地域范围。三是使用权的性质,即许可证的性质。例如,排他许可证、普通许可证、独占许可证等。就转让价格而言,普通许可证比较便宜,排他许可证比较昂贵,独占许可证则更贵一些。选择许可证种类时,主要考虑许可地区的市场性质、容量和专利技术、专有技术的特点。

5. 技术贸易的计价、支付方式

技术商品的价格是技术贸易谈判中的关键问题。转让方为了更多地获取利润,报价总是偏高。引进方不会轻易地接受报价,往往通过反复谈判,进行价格对比分析,找出报价中的不合理成分,将报价压下来。价格对比一般是比较参加竞争的厂商在同等条件下的价格水平或相近技术商品的价格水平。价格水平的比较主要看两个方面,即商务条件和技术条件。商务条件主要是对技术贸易的计价方式、支付条件、使用货币和索赔等项进行比较。技术条件主要是对技术商品供货范围的大小、技术水平的高低、技术服务的多少等项进行比较。

6. 责任和义务

技术贸易谈判中,双方应明确各自的责任和义务。

技术转让方的主要义务是:按照合同规定的时间和进度,进行科学研究或试制工作,在限期内完成科研成果或样品,并将经过鉴定合格的科研成果报告、试制的样品及全部技术资料、鉴定证明等全部交付委托方验收;积极协助和指导技术受让方掌握技术成果,达到协议规定的技术经济指标,以收到预期的经济效益。

技术受让方的主要义务是:按协议规定的时间和要求,及时提供协作项目所必需的基础资料,拨付科研、试制经费,按照合同规定的协作方式提供科研、试制条件,并按接收的技术成果支付酬金。

技术转让方如完全未履行义务,应向技术受让方退还全部委托费或转让费,并承担违约金。如部分履行义务,应根据情况退还部分委托费或转让费,并承担违约金。延期完成协议的,除应承担因延期而增加的各种费用,还应承担违约金。所提供的技术服务,因质量缺陷给对方造成经济损失的,应负责赔偿。如由此引起重大事故、造成严重后果的,还应追究主要负责人的行政责任和刑事责任。

技术受让方不履行义务的,已拨付的委托费或转让费不得追回,同时还应承担违约金。未按协议规定的时间和条件进行协议配合的,除应允许顺延完成,还应承担违约金。如果给对方造成损失,还应赔偿损失。因提供的基础资料或其他协作条件本身的问题造成技术服务质量不符合协议规定的,技术受让方后果自负。

三、劳务合作谈判的基本内容

劳务合作谈判的基本内容是某一具体劳动力供给方所能提供的劳动者的情况和需求方所能提供给劳动者的有关生产环境条件和报酬、保障等实质性条款。其基本内容有劳动力的层次、数量、素质、职业和工种，劳动地点（国别、地区、场所）、劳动时间和劳动条件，劳动报酬、工资福利和劳动保险等。

（一）层次

层次是指劳动者由于学历、知识、技能、经验、职业要求的差异，形成许多具体不同的水平级别，如科研人员、技术工人、勤杂工、家政服务人员等。

（二）数量

劳动力是指人的劳动能力，通过劳动者人数来表现。

（三）素质

素质是指劳动者智力、体力的总和。目前，只能从劳动者年龄、文化程度、技术水平上加以体现。劳动者的体力主要从年龄来测定。我国规定的劳动力年龄是男性16～60岁，女性16～55岁。体力随着年龄的增大而衰退。一般按年龄分成四组，即16～25岁、25～35岁、35～50岁、50岁以上。劳务市场上，一般对劳动者的体力采用目测认定其强壮还是弱小。文化程度是劳动者受教育的情况，作为表现智力的指标分为：大学以上（含大专）；高中（含中专）、职高、技校；初中；小学；半文盲、文盲。技术水平是劳动者社会劳动技能熟练程度和水准高低的体现，具体分为：专业技术人员（高、中、低级职称，未评职称）；技术工作（3级以下，4～6级，7～8级，8级以上）；其他（含非专业技术干部和普通工人）。

（四）职业和工种

根据国民经济行业分类，我国现有行业划分为20个大类。职业工种在各行业部门中有许多不同的分类，如农民、教师、医生、工人等。机器制造业工人又分为铸工、锻工、车工、铣工、磨工、钳工等。职业、工种按劳动者层次、素质双向选择，特别是对高空、水下、井下和容易产生职业病的职业，工种的选择性更大。

（五）劳动地点、劳动时间和劳动条件

劳动地点对某一具体劳动力需求方来说一般是固定的，只有少数是流动的。劳动者主要考虑离家远近、交通状况，结合劳动时间、劳动条件和劳动报酬等选择工作。

（六）劳动报酬、工资福利和劳动保险

劳动报酬、工资福利和劳动保险是双方磋商的核心问题，是发展劳务市场，推动劳

动力在不同工作、地区、单位间转移的重要动力。

此外，劳务合作谈判应依据劳动法律规范，确定谈判内容与条件。

小　结

1. 商务谈判按照不同的要求可以划分为不同的类型：(1) 国内商务谈判和国际商务谈判；(2) 商品贸易谈判和非商品贸易谈判；(3) 一对一谈判、小组谈判和大型谈判；(4) 主座谈判、客座谈判、主客座轮流谈判和中立地点谈判。

2. 商务谈判的形式是指为交换谈判内容所采取的方式，一般分为口头谈判、书面谈判和网络谈判。

3. 商品贸易谈判的内容以商品为中心，主要包括品质、数量、包装、运输、保险、商品检验、商品价格、货款结算支付方式，以及索赔、仲裁和不可抗力等条款。

4. 技术贸易谈判包括技术服务、发明专利、工程服务、专有技术、商标和专营权的谈判。技术的引进和转让是同一过程的两个方面。有引进技术的接受方，就有供给技术的许可方。引进和转让的过程是双方谈判的过程。

复习与思考

一、基本概念

主座谈判　　　　　　客座谈判　　　　　　主客座轮流谈判
口头谈判　　　　　　书面谈判　　　　　　网络谈判
商品品质　　　　　　不可抗力

二、简答题

1. 商务谈判的类型有哪些？
2. 在进行客座商务谈判时，客方必须注意哪几个方面？
3. 交易会谈判的优势何在？
4. 商品品质的表示方法有哪几种？
5. 技术贸易谈判的基本内容是什么？

三、论述题

1. 分析口头谈判与书面谈判的优点和不足。
2. 试述商品贸易谈判的内容。

第3章
商务谈判理论

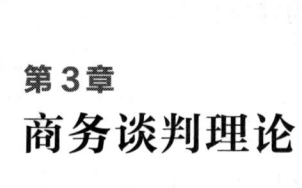

随着市场经济的快速发展，商务谈判的实战策略与技巧层出不穷，在实践的基础上总结的理论也在不断丰富和完善。本章着重梳理商务谈判理论的历史脉络，总结商务谈判理论研究的最新成果，主要介绍需求层次理论、博弈论、公平理论、谈判实力理论等。

第1节 需求层次理论

需求是人们行为活动的内在驱动力，与人们的活动有着直接、必然的联系，时刻支配着人们的行为活动。谈判活动也是建立在需求的基础之上的，如果不存在尚未满足的需求，人们便不会进行谈判。需求和对需求的满足是谈判的共同基础和动力，谈判桌上的唇枪舌剑、你死我活是为了需求，满面春风、携手共庆也是为了需求，每一次交锋、每一次报价是为了需求，每一次妥协、每一次让步还是为了需求。需求是谈判的动力，也是谈判的最终目的，谈判的奥妙就在于人们的需求。

一、马斯洛的需求层次理论

美国心理学教授亚伯拉罕·马斯洛在1954年提出了需求层次理论。他把人的各种需求划分成五个层次，按照需求满足的先后顺序进行排列，描绘出需求层次结构图（见图3-1），并得出以下结论：(1) 人是有需求和欲望的，它们随时有待于满足；需求是什么，要看已满足的是什么；已满足的需求不再是行为活动的动力，只有未满足和新产生的需求才会形成谈判的基础和动力。(2) 人的需求从低到高分为不同层次。只有低层次的需求得到相对满足时，高层次的需求才会上升为支配人的行为的动力。一般来说，需求强度与需求层次高低成反比例变化，即需求层次越低，需求强度越大；需求层次越高，需求强度越小。

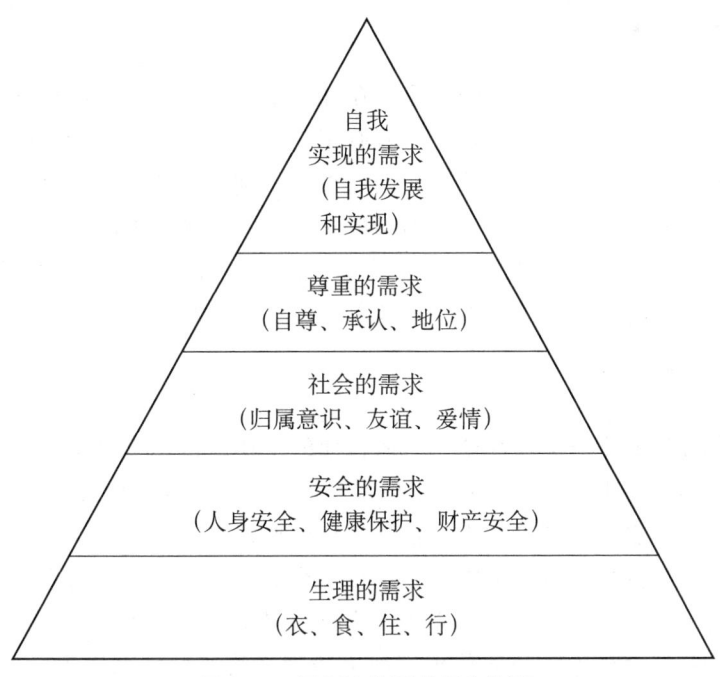

图 3-1 马斯洛的需求层次模型

（金字塔从上至下）
自我实现的需求（自我发展和实现）
尊重的需求（自尊、承认、地位）
社会的需求（归属意识、友谊、爱情）
安全的需求（人身安全、健康保护、财产安全）
生理的需求（衣、食、住、行）

（一）生理的需求

生理的需求是指人类对维持生存、延续生命的基本的物质需求，如对食物、水、住房等物质条件的需求。马斯洛认为，人们有关生理的需求是第一位的、最优先的需求，如果这一层次的需求不能较好地满足，那么其他需求就没有什么意义了。

（二）安全的需求

安全的需求是指人们保障自身的安全与健康，或者在人身、财产上不受威胁的需求。这是在人类的生理需求得到满足或基本满足之后接踵而来的，它仍然属于较低层次的需求。在商务谈判中，给对方以安全感、稳定感是非常重要的，尤其是对安全的需求较强的洽谈者来说，否则他们宁可放弃有较大吸引力的大笔交易，而选择比较保险的小额交易。

（三）社会的需求

社会的需求是指一个人的生理需求和安全需求获得了相对满足后产生的一种对友情、爱情和群体归属的需求。这是人的中等层次的需求。在经济文化较发达的社会里，社会的需求更加重要，直接关系着人类社会的生存和发展。商务谈判是实现人与人之间交往、协调的典型的社交活动，人际关系既可能成为推进谈判的重要推动力，也可能成为阻碍谈判进展的强大阻力，因此谈判双方建立良好融洽的人际关系有助于商务谈判的顺利进行和成功。精明的、有远见的、追求长远利益的谈判者宁愿降低眼前收益，也要维护良好的人际关系。

（四）尊重的需求

尊重的需求是指人们的自尊得到满足，在社会中拥有一定地位，自身价值受到认可的需求，这是属于人类较高层次的需求。所有正常人都有自尊心和荣誉感，希望有一定的社会地位和自我表现的机会，博得别人的敬重，得到社会的尊重和承认，使自尊心得到满足。例如人们在工作、学习中希望不断成长、不断进步，提高自己的能力素质，成为某方面的行家里手，赢得别人的认可和尊重。在商务谈判中，即使处于强势的一方，也应充分考虑对方对尊重的需求，不可盛气凌人，否则可能导致谈判功亏一篑。

（五）自我实现的需求

自我实现的需求是指每个人都处在最适合他的工作岗位，充分发挥每个人的能力的需求，也称为创造性需求。这是人类需求的最高层次。每个人在社会上都担任一定角色，担任什么角色就应该做什么事情。人们在从事自己愿意做、喜欢做、适合做的工作时往往能够最大限度地发挥出自身的潜能，实现自由全面的发展。只有这样，人们才能取得最大的成就，感到最大的幸福。谈判成功、达成协议是商务谈判双方的共同目标，也是谈判者个人能力和社会价值的重要体现。如果谈判者将谈判成功作为个人成就来看待，就更能克服谈判中遇到的重重困难，努力达成谈判的最终目标。

马斯洛所提出的这五个层次的需求，是按照从低到高的顺序来排列的，也就是说只有在低层次的需求得到满足以后才会产生高层次的需求，但绝不等于产生了高层次的需求，低层次的需求就不存在了。一般情况下，高层次需求是与低层次需求并存的，只不过在并存的状况下，低层次需求所产生的动力和强度以及影响力会有所下降。在需求层次理论的基础上，马斯洛又提出了相互性原则理论：如果对方对我们表示出尊重、喜欢与亲密，那么他也会得到我们的尊重、喜欢与亲密；反之，他也必将受到我们的敌视。在相互尊重、喜欢与亲密的心理基础上，对话者常常不会那么固执己见，而是容易改变立场和态度。

二、尼尔伦伯格的谈判主体需要理论和谈判谋略

谈判活动的主体是人，无论谈判的客体是什么，都必须通过人来进行。如果谈判者只注意到谈判内容的重要性，而忽视了对于参与谈判的人的研究，就很难全面掌握谈判的主动权。1968年，美国谈判学会会长尼尔伦伯格将马斯洛的需求层次理论及相互性原则总结并应用到谈判领域，在《谈判的艺术》一书中系统地提出了谈判主体需要理论。

谈判主体需要理论认为，谈判各方都希望从谈判中得到某些东西；否则，各方会对另一方的要求充耳不闻、熟视无睹，当然不会再有必要进行谈判了。所以，谈判者在谈判前、谈判中，甚至谈判后都必须关注、发现与谈判各方相联系的需要；谈判者对对方

的各种需要必须加以重视并充分利用；时刻关注选择不同的方法去顺势、改变或对抗对方的动机。

根据马斯洛的需求层次理论，结合谈判的特殊性，尼尔伦伯格将谈判划分为三个层次：个人之间的谈判；大的组织之间的谈判；国家之间的谈判。在任何一种非个人的谈判中，都有两种需要同时起作用：一种是组织（或国家）的需要，另一种是谈判者个人的需要。

由于自居作用[①]，在某些情况下，个人将会在一定程度上失去作为自然人的特征，而在精神上成为某一组织或群体的一部分，这时，组织或群体的需要在表面上将会显得高于个人的需要。

谈判主体需要理论强调，当自居作用出现时，并不意味着个人的需要不再起作用，而应努力通过一定的方式和方法，去发现、诱导个人的需要，进而影响其立场、观点和看法，使谈判朝有利于实现己方目的的方向发展。

谈判主体需要理论得出了下面三点结论：

（1）依照人的需要层次的高低，谈判者抓住的需要越低，在谈判中获得成功的可能性就越大。尼尔伦伯格认为，就大多数人类行为而言，这个顺序是成立的。但是，这种需要层次顺序绝非一成不变。尼尔伦伯格提请人们注意的是：在不同的物质生活条件下，人们的抱负水准可能存在反差。在物质生活条件好的人看来，追求高层次的需要对他只是最基本的东西，例如一位学者愿意以牺牲身体健康为代价换取事业成功所带来的精神上的满足。然而，在物质生活条件较差的情况下，一个人也可能因其价值观和抱负水准的作用，视安全为其最高需要而"安居乐业""知足常乐"。

（2）针对每一个谈判主体而言，满足基本需要并非一定要以生理、安全等方面的需要为起点。否则，就等于否认了人的受教育程度、价值观念、抱负水准等对人的需要层次在调节上的能动作用。

（3）谈判中，要关注对方对自我实现的需要——人们渴望使自己成为一个与自己能力或愿望相称（而不是与社会要求相称）的人。所以，一定要将谈判的组织和谈判的个人区分开来。

尼尔伦伯格把谈判主体需要理论应用于谈判实践，归纳成谈判的策略和方法，按照谈判成功的控制力量的大小排列，有六种基本类型的谈判谋略。

（1）谈判者顺从对方的需要。谈判者在谈判中站在对方的立场上，设身处地为对方着想，从而最终达成一致协议。这种方法最容易促使谈判成功。

（2）谈判者使对方服从其自身的需要。这种类型的谈判，双方都得到利益，双方都是获胜者。

（3）谈判者同时服从对方和自己的需要。这是指谈判双方从彼此的共同利益出发，为双方每一方面的共同需要进行谈判洽商，进而采取符合双方需要与共同利益的策略。

（4）谈判者违背自己的需要。这是谈判者为了争取长远利益的需要，抛弃或搁置无关紧要的利益和需要而采取的一种谈判谋略。

---

① 心理学术语，指个人以某个自以为理想的对象（个人、群体）自居，以此掩饰自身弱点的一种自我防御机制。

（5）谈判者不顾对方的需要。在这种类型的谈判中，谈判者只顾自己的利益，不顾他人的利益、动机，是一种"你死我活"的谈判谋略，采用这一策略的一方往往处于强势地位，但更多的情况是导致谈判破裂。

（6）谈判者不顾对方和自己的需要。这是谈判者为了达到某种特定的预期目的，完全不顾对方的需要与利益，即双方"自杀"式的谈判方法。

上述六种不同类型的谈判谋略都显示了谈判者如何满足自己的需要。从第一种到第六种，谈判的控制力量逐渐减弱，谈判桌上的危机逐渐加重。

案例 3-1

洞悉沟通对象的深层次需求

小说《大秦帝国》中有这样一段情节：楚国太傅告知齐王，老楚王病逝，楚国欲立在齐国为质的太子芈横为楚国新王，请齐王允许太子芈横回楚国。得知此消息后，苏秦的第一反应是如何利用手中的楚国太子，以此为条件使楚国割让淮北两百里地给齐国。相反，薛公田文则站在道德的制高点指责苏秦如此行径形同趁火打劫。但国与国的斗争，归根结底都是赤裸裸的利益之争。苏秦深刻地理解到这一点，提议自然正中齐王下怀。同时他还洞悉齐王在道德和名誉方面的顾虑，主动出面做这场谈判的"卑鄙小人"。由此一来，再次博得了齐王的信任与嘉奖，为他之后成功"间齐"打下了坚实的基础。

资料来源：根据小说《大秦帝国》情节整理撰写。

三、需求层次理论在商务谈判中的应用

需求层次理论不仅揭示了商务谈判对人类生存发展的必然性和必要性，同时也是人们在商务谈判中获胜的理论依据。

（一）谈判中需要的发现

需要是谈判活动的动力和目的，但它绝不是纯粹的、单一的。为了进一步研究影响谈判进行和最后结果的各种需要，我们可以将它划分为以下两类。

一类是谈判的具体需要。这类需要是产生谈判的直接原因和谈判所要达到的第一目的。它们相对具体，可以协商调整的幅度比较小。比如，某企业实行信息化管理，需要购进40台电脑，该企业对40台电脑的需要就是促成这次谈判的直接原因，买回40台电脑是谈判的目的。这个需要是谈判必须满足或应基本满足的，否则，谈判本身也就不存在了。

另一类是谈判者的需要。谈判者的需要并不是谈判的动力和目的，但它直接影响着谈判的进行和结果。谈判者是谈判活动的当事人和直接操作者，他的需要虽然不是谈判的目的，但是通过对当事人的行为活动施加影响进而决定着谈判的成功与否。这里的需要主要是指谈判者生理、安全、社会、尊重和自我实现的需求。在具体的谈判活动中，表现最强烈、影响最大的主要是交际的需要——社交的需要（即社会的需求）、权力的需

要（即尊重的需求）和成就的需要（即自我实现的需求）。

在商务谈判中，应通过全面了解对方多方位、多层次的需求，来促成谈判的成功。在谈判的准备阶段，尽可能多地收集谈判对手的有关资料，诸如谈判对手的财务状况、文化背景、性格特点、社会关系、目前状态等；在谈判过程中，要多提一些问题，在对方讲话时要善于察言观色，注意分析其中的内在涵义，借此了解、发现对方的潜在需求和真正需求；对于一些在谈判过程中无法了解但对谈判又非常重要的需求，可以通过私下的形式或其他渠道获得。

（二）为满足谈判者各层次的需求提供条件

较好地掌握和运用需求层次理论，可以通过满足对方各层次的需求，引导谈判进程，顺利达成交易。

第一，必须较好地满足谈判者的生理需求。谈判当事人的生理需求并不是进行谈判的直接动力和原因，却直接关系着谈判的成功与否。对谈判者而言，如果最基本的生理需求都得不到很好的解决，他一边进行谈判一边还要考虑如何解决中午的吃饭问题、晚上的住宿问题，谈判结果可想而知，甚至会无法很好地按本意进行下去。东道主可以在合理的接待标准内提供食、住、行等方面的便利，满足对方的生理需求。

第二，尽可能地为商务谈判营造一个安全的氛围。在这里，安全包括谈判者的人身财产安全，更重要的是谈判内容本身的风险情况。谈判者人身财产方面安全的保证，是使谈判者全身心投入谈判活动并积极促成谈判的必要保证。在局势动荡或战乱等不能较好保证人身财产安全的地区，商务谈判往往无法顺利进行，这主要是因为在安全需求无法满足的情况下，对商务谈判的需要就不那么强烈和重要了。对一般的商务谈判而言，除了要满足谈判者对人身财产安全的需求，更重要的是在谈判的具体经济项目上给谈判当事人以安全、稳定、可靠的感觉。这一点对一些对安全需求比较敏感的谈判者而言，意味着谈判成功了一半。

第三，在进行谈判的过程中，要建立一种信任、融洽的谈判气氛。就谈判活动本身而言，它是满足人们社会需求的一种典型的活动，是为了满足人与人之间的交往、友情、归属问题。谈判双方可通过宴请、联欢等活动，融洽相互感情，建立相互信任、依赖的关系，使他们联合起来，共同处理分歧，为把冲突和对立转化为满意的结果打下良好的基础。

第四，在谈判中，不仅要在人格上尊重对方，使用谦和的语言和态度，而且要在地位、身份、学识与能力上善于欣赏对方，在处事、接待礼节等方面符合一定的规格要求，满足对方对尊重的需求。

第五，在谈判中，在满足自己需求的同时，也要善于赞赏对方的能力和专业性，并在谈判成功后充分肯定他做出的特殊贡献，使对方在面子上和心理上都得到平衡，从而尽可能地满足其自我实现的需求。

总之，谈判的整个过程都要注意谈判者各个层次的需求，并尽可能地从低层次到高层次对这些需求予以满足。当然，这要在满足自己需求的前提之下进行。只有这样，才能使谈判不至于陷入僵局并顺利进行，为最终的胜利创造良好的环境和条件。

（三）弥补谈判中无法满足的条件

较好地运用需求层次理论，可以通过满足其他层次的需求，来弥补谈判中无法满足的条件。

某广告公司急需一名设计人员，招聘广告登出数日后，一个各方面条件都符合要求的人前来找人事部门领导，并提出年薪 10 万元的要求，但按照公司的工资级别和其他员工的工资情况，只能给他 7 万元，而应征者反复强调 10 万元是最低要求。如果就此讨论，很显然无法达成协议，谈判不会成功。那么这个分歧、差异就真的无法解决了吗？不是的。这位人事部门领导在讲明年薪无法增加的前提下，许诺可以满足一些其他条件。经过坦率的协商，他们达成了协议，让该应征人员担任广告总策划的职务，公司付给他 7 万元的年薪，同时为他免费提供一套周转房，解决子女教育问题并提供免费医疗。

虽然这名应征者最终拿到的年薪只有 7 万元，与他的要求相差 3 万元，也就是说他的这一需求没有得到满足，但公司给予的其他条件满足了他的住房、安全、社会、尊重及自我实现等需求。对其他需求的满足在一定程度上弥补了应征者所要求工资待遇的不足，使谈判走向成功。可见，满足其他层次的需求有时对谈判的最后结果有着决定性意义。

人类的需求是复杂多样的，每个人的需求更是千变万化。需求层次理论只是对一般意义上的需求的一种理论，它无法反映一些特殊情况下的需求。比如，在某种特定条件下，需求的层次会发生变化，尊重或自我实现的需求会比其他需求更为强烈、重要，这是需求层次理论无法解释说明的。因此，特定条件下要具体问题具体分析，不能生搬硬套、一概而论。

第 2 节　博弈论

商务谈判是一个动态博弈的过程，现代博弈论的兴起促进了商务谈判理论的进一步完善。本节从博弈论的含义与发展出发，着重介绍博弈论在商务谈判中的运用。

一、博弈论简介

博弈论研究决策主体的行为在直接相互作用时，人们如何进行决策以及这种决策如何达到均衡的问题。博弈思想起源于 2 000 多年前，在古代文献中有大量的记载博弈的案例故事，虽然不是真正研究意义上的博弈论，但当中或多或少地渗透了一些相关思想。我国古代的《孙子兵法》不仅是一部军事著作，而且是一部博弈思想专著。博弈论最初主要研究象棋、桥牌、赌博中的胜负问题，双方在遵守游戏规则的基础上，通过分析对手可能采用的方法有针对性地选择相应的策略或计谋，以制胜对方的理论。博弈论在 20 世纪初正式发展成一门学科，是研究各方策略相互影响的条件下理性决策人的决策行为理论。1928 年，数学家冯·诺伊曼证明了博弈论的基本原理，标志着博弈论正式诞生。

1944年，冯·诺伊曼和经济学家摩根斯坦合著的《博弈论与经济行为》将二人博弈推广到 n 人博弈结构并将博弈论系统应用于经济领域，奠定了博弈论的基础和理论体系，标志着现代博弈论的形成。随后，1950—1951年，经济学家约翰·纳什利用不动点定理证明了均衡点的存在，为博弈论的一般化奠定了坚实的基础。20世纪50年代以来，通过纳什、海萨尼、泽尔腾等人的努力，博弈论终于成熟，进入了应用阶段。

博弈论，简单地说，就是二人在平等的对局中各自利用对方的策略、变换自己的对策以达到取胜的目的。博弈，根据不同的基准有多种不同的分类，其中主要的一种分类法就是按当事人之间是否有一个约束的协议分为合作博弈和非合作博弈。合作博弈是指参与者从自己的利益出发与其他参与者谈判达成协议或形成联盟，其结果对联盟双方均有利。非合作博弈是指参与者在行动选择时无法达成约束性的协议。囚徒困境是著名的非合作博弈的例子。

二、囚徒困境与谈判

囚徒困境是数学家塔克1950年任斯坦福大学客座教授时，在一次演讲中举的一个形象的例子。他运用两个囚徒的故事对博弈论做了生动而贴切的描述，进而成为经典案例。他描述的情形大致如下：甲、乙两人在大楼里放了一把火，准备等大火燃起来时偷东西，但当他们准备离开时，被警察发现并因偷窃罪被逮捕。警方怀疑火可能是他们放的，但没有证据。于是警方将两人分开囚禁（使他们不能交流），并分别进行审讯，告诉他们相同的内容："你有两个选择：坦白或不坦白。如果你坦白是你们放的火，而你的同伴没有坦白，你就可以从轻处理只判1年，而你的同伴将被判15年；同样，如果你不坦白，而你的同伴坦白，你的同伴会被判1年，你会被判15年；但你坦白而对方也坦白的话，那么两人都会被判10年；如果两人都不坦白，那么你们将被判3年。"在这种情形下，坦白和不坦白就变成了囚徒的选择。我们用表3-1来展示囚徒的对策。

表3-1 囚徒的对策

囚徒乙	囚徒甲	
	坦白	不坦白
坦白	甲、乙都判10年	甲判15年，乙判1年
不坦白	甲判1年，乙判15年	甲、乙都判3年

很显然，对囚徒来说，最好的结果是两人都不坦白，只监禁3年，这样会使利益最大化。但由于双方不能交流，无法建立合作协议，于是对于任何一个囚徒来说，无论同伙是否坦白，自己坦白都是个人利益最大化的最佳选择。所以，最终两个人都会选择坦白。我们把两人都不坦白的结果称为双赢，而把两人都坦白的结果称为双输。

在商务谈判中，同样存在囚徒困境。从上述例子可以看出，只有合作才能实现整体利益的最大化。所以，在谈判中，只有考虑双方利益的最大化，才能避免囚徒困境，使谈判达成双赢。同样，在谈判中仅考虑自己利益的最大化，而不考虑双方的利益，就会使双方陷入非合作博弈的囚徒困境，结果是双输。

三、博弈论在谈判中的运用

通过前面的分析，我们可以在博弈论的基础上建立商务谈判合作的一般模式。例如，假设谈判双方为 A 和 B，B 是服装批发商，想从生产商 A 那里批发一批服装，这批服装对 A 来说是 50 000 元的利益，而 B 认为这批服装价值 70 000 元。所以交易时，A 要价 50 000 元以上，B 只愿付 70 000 元以内的价格，双方之间的差额使谈判有了成功的可能性。假如双方通过自愿谈判，最后交易价格在 58 000 元，双方就都获得了谈判带来的剩余利益，A 为 8 000 元，B 为 12 000 元。但如果谈判破裂，则双方都不能获得这个剩余。

可见，在谈判中，只有双方合作且谈判成功，才能使双方获得由谈判带来的剩余利益。由此，我们可以得到在博弈论基础上的谈判程序如下。

（一）合理确定风险值

风险值是指参加交易的双方对所交易内容的评估确定。在谈判中，它不仅指商品价格，还包括非价格条件，如产品质量、技术水平、资金风险等。此外，由于涉及长远利益和短期利益、谈判双方是竞争者还是合作者等因素，风险值的确定是很复杂的。而对风险值的合理确定是双方是否存在谈判的基础。在上例中，A 对服装 50 000 元的估值和 B 对服装 70 000 元的估值就是它们各自确定的交易风险值。由于卖方估值低于买方估值，因此存在交易的可能性，也就有谈判空间。但如果双方进行了不合理的估值，A 的估值是 70 000 元，B 的估值是 50 000 元，卖方估值高于买方估值，就不可交易，也无法谈判。

（二）确定合作的剩余利益

根据博弈论，谈判双方存在"不合作"和"合作"两种结果。不合作就是 A 与 B 没有达成协议，谈判破裂，则 A 仍保留它的服装，利益为 50 000 元，B 仍保留它的资金，利益为 70 000 元，双方的利益总值为 120 000 元。合作就是 A 和 B 在交易价格上达成了一致意见，在 50 000～70 000 元之间成交，从而交易顺利完成。由于成交价分别高于和低于它们各自的风险值，它们就都获得了由谈判增加的利益，双方增加的利益总和刚好是 20 000 元。这时双方的利益总和就是 140 000 元，显然，合作比不合作增加了 20 000 元的利益，这就是合作的剩余利益。在实际谈判中，人们往往很难确定双方合作的剩余利益到底是多少，只能有一个大概的估算，因为合作剩余还应该包括一些附加的利益。例如，江苏仪征工程是世界上最大的化纤工程之一，该项目引进了当时国际上最先进的技术设备，与多家公司合作。其中西德吉玛公司中标的圆盘反应器项目标的是 1 亿多美元。但是，正是因为它在世界上最大的化纤基地中标，才得以连续在全球 15 次中标。这为企业带来了巨大的国际声望和经济效益。

（三）达成分享剩余利益的协议

正是由于剩余利益的存在，谈判双方才进行激烈的谈判，在谈判中竭尽全力争取最大的剩余利益。但如果谈判各方只追求各自的最大利益，就难以在如何分割剩余利益的问题上达成一致的协议，双方就不能进行有效的合作，也就无法创造新价值，实现更大的利益。所以，在谈判的博弈中，双方都会以自己的风险值为出发点去寻找一个双方都可以接受的中间值作为合作条件，以达成双方都能接受的分享剩余利益的协议。可见，从博弈论的角度来看，如果大家都想获得自己的最佳结果，进行非合作博弈，则无法从交易中获利；而只有通过合作博弈，双方才都会有剩余利益，才谈得上谈判剩余利益的分享。

现代谈判理念认为，谈判不是将一块蛋糕拿来后商量怎么分，而是要想办法把蛋糕做大，让每一方都能多分，这一点已被博弈论证明。使博弈各方的收益之和增大，这就意味着参与谈判的各方之间相互配合，即在各自的利益驱动下自觉、独立地采取合作的态度和行为。大家合作将利益扩大，使每一方都多得，结果是皆大欢喜。

谈判是一种具有不确定性的行为。即使谈判是可能的，也无法保证就一定会成功。如果谈判坚持不下去，各方就不能进行有效的合作，也就无法创造新的价值，实现更大的利益。不合作的最大问题就是谈判各方难以在如何分割或分享价值的问题上达成一致的协议。究竟这一剩余利益应该怎样分配，是平均分还是不平均分，取决于许多不确定的因素。实际上，对于很多谈判，双方合作的剩余利益是多少很难确定。就公平理论来讲，有许多分配方法，如果双方都能认识到达成协议对彼此都有益，双方的谅解与合作是完全可能的。

第 3 节　公平理论

谈判就是人们为了各自的目的在一起相互协商，取得某种程度的一致或妥协的行动过程。这个协调行为必须遵循一些原则，制定一些规章，才会更有成效。公平就是人们所要依据的一个重要原则。

一、公平理论简介

公平理论是美国心理学家亚当斯在 1965 年提出的，也称社会比较理论，这一理论主要讨论报酬的公平性对人们工作积极性的影响。公平理论认为，人们工作的积极性不仅受到绝对报酬的影响，还受其所得到的相对报酬的影响，也就是说，与人们对报酬的分配是否感到公平密切相关。人总会自觉或不自觉地将自己付出的劳动代价与所得到的报酬同他人进行比较，并对公平与否做出判断。比较的结果将直接影响其工作的积极性。

亚当斯认为，当人们与他人进行比较感到公平时，其心态就容易平衡。即使他人的所得超过了自己的所得，但只要他人的投入相应大，就不会有太大的不满。人会因公平合理而感到满意，从而积极努力地工作，也会因受到不公平的待遇而影响工作情绪，产生矛盾。一旦出现了不公平，感觉到不公平的人一般会设法消除不公平感。消除不公平感有以下几种调整方式：第一，扩大自己的所得或增大参照对象的贡献，减少自己的付出或增加参照对象的付出；第二，改变参照对象，以避开不公平；第三，退出比较，以恢复平衡。

公平理论提出的基本观点是客观存在的，但公平本身是相当复杂的，这主要是受到以下因素的影响：

第一，个人的主观判断。公平是对自己或他人的投入和报酬的一种主观判断，在一般情况下，人们总是对自己的投入估计过高、报酬估计过低，而对别人的投入估计过低、报酬估计过高。

第二，个人所持的公平标准。个人判别报酬与付出的标准往往都会偏向于对自己有利，在心理上往往会低估他人的工作成绩，而高估他人的收益。由于感觉上的错误，就会感到不平衡。

第三，绩效的评定方法。不同的评定方法会得到不同的结果。最好是按工作成果的数量和质量，用明确、易于核实的标准来度量，但在实际工作中往往难以做到，有时不得不采用其他标准。

第四，绩效的评定人。由于同一组织内往往不是由同一个人评定，因此会出现松紧不一、回避矛盾、姑息迁就、抱有成见等现象。许多情况下，人们对公平的看法取决于心理因素，正因为人们感到不公平才有了谈判。因此，谈判就是一个基于利益，双方逐步妥协，达到一个相对公平的平衡点，就利益的分配标准达成相对公正的共识，最终达成协议的过程。

二、公平分配的方案

在实际生活中，人们往往会采取各种措施来消除不公平感。那么，关于公平有没有一个判定标准呢？或者说，人们根据什么来确定分配是否公平呢？其实，公平有多重评判标准，下面以一个富人和一个穷人如何公正地分配200美元为例进行说明。

方案一：以心理承受的公平为标准，按150∶50的比例分配，富人拿多的一份。因为在心理上，50美元对穷人来说是个大数目，穷人失去50美元相当于富人失去150美元，以这种心理承受为标准进行划分有一定的道理。例如，一些社会团体的赈灾救助活动通常是按人们收入的多少来进行募捐的。

方案二：以实际需要的补偿原则为标准，还是按上述比例分配，但是让穷人拿多的一份。这种分配对于双方的实际需要来说是合理的，因为穷人需要的多，即对弱者实行补偿原则。例如，联合国及一些国际组织对世界不发达国家和地区的援助、投资等均属此列。

方案三：以平均分配为标准，即按100∶100的比例分配，穷人与富人各得200美元的一半。这种分配表面看也很公正，但由于富人的税率比穷人高，富人拿到这100美元后，税后的剩余要比穷人少，所以，也有人指责这种分配不公平。但由于这种方案简便易行，无须花费额外的成本来甄别穷人和富人，所以在现实中比较常见。

方案四：以实际所得平等为标准，按142∶58的比例分配，富人在拿到142美元之后需纳税84美元，最后实际所得58美元，与穷人不够纳税的58美元正好相等。

从以上四种分配方法可以看出，根据不同的标准进行分配，会导致不同的分配比例和结果，而且这些结果均被人们认为是相对公平的。显然，公平是有多重标准的。同样的分配，还可以年龄大小、地位高低、饥饿程度、次序先后、资历深浅等为标准进行。关键在于，参与分配的双方要对公平的标准事先达成共识，这样分配的结果才会被认为是公平的。

三、公平理论在谈判中的运用

公平理论对于理解和处理商务谈判活动有着重要的指导意义和启示。

第一，在商务谈判中，必须找到一个双方都能接受的公平的标准。只有按此标准进行谈判，谈判结果对双方来讲才是可接受的、公平的。人们进行谈判就是要对合理的公平分配标准达成共识。谈判成功后，人们之所以会对所获得的利益感到公平，关键原因在于参与分配的双方事先找到了一个共同认可的利益分配标准。

第二，公平不是绝对的，在很大程度上受人们主观感受的影响。所以，我们在谈判中不应盲目地追求所谓的绝对公平，而是应该去寻找对双方都有利的感觉上的相对公平。有时谈判一方做出了很小的让步，却觉得不公平；而有时一方做出了很大的牺牲，仍觉得很公平。这主要是由感觉上的相对公平感造成的。

除了具体的利益，由于公平是主观的意识，是心理现象，因此在谈判时应当从心理方面着手，提升谈判对手的公平感，促成合作。比如谈判会场的布置、时间的安排尽量贴近对方的喜好；在谈判过程中，要使用礼貌策略，获得对方的好感等。公平要贯穿谈判过程始终，只有坚持公平原则，双方才有可能达成共识，最终取得谈判成果。

第 4 节　谈判实力理论

著名谈判学家约翰·温克勒长期从事谈判技巧的研究，并在此基础上进行理论升级，他在《讨价还价的技巧》（*Bargaining for Results*）一书中提出了谈判实力理论。他认为，谈判技巧运用的依据和成功的基础是谈判实力，技巧的运用与实力的增长有着极为密切的关系；建立并增强谈判实力的关键在于对谈判的充分准备和对对方的充分了解。通过恰当的语言和交往方式，在对手面前确立或强化关于己方的印象，探索彼此的力量对比，采取一切可能的措施增强己方的谈判实力，是谈判成功的主要技巧。温克勒强调谈判行为对谈判的影响，认为当事人在谈判过程中的行为举止对谈判的成败有着至关重要的作用，谈判者在谈判中的行为被看作他所代表的组织的素质中最有说服力的标志。针对商务谈判，温克勒提出了十大谈判原则和具有普遍适用性的"价格—质量—服务—条件—价格"逻辑循环谈判法则，即如果对方在价格上要挟你，就和他谈质量；如果在质量上苛求你，就和他谈服务；如果在服务上挑剔你，就和他谈条件；如果在条件上逼迫你，就和他谈价格，如此循环。不能直接和轻易地在价格上做出让步。

温克勒的谈判实力理论具有很强的实用性和操作性，在商务谈判领域有着广泛的影响。

一、谈判实力的含义与特点

所谓谈判实力，是指谈判者在谈判中相对于谈判对手所拥有的综合性势能，不仅包括谈判者所拥有的客观实力，如企业经济实力、科技水平、独特性、规程等，还包括谈判者与对方相比所拥有的心理势能（这是谈判策略和技巧的源头）。谈判实力强于对手，在谈判中就能占据优势和掌握主动，取得对己方更为有利的结果。此外，谈判实力与谈判权力虽有共同之处，但不是同一概念，谈判权力主要指谈判者本身所具有的影响力。谈判实力具有以下特点：

（1）综合性。谈判实力来自影响谈判结果的各种因素，不仅包括客观因素和主观因素，还包括外部因素和内部因素，它受到多种因素的影响和制约，绝不等同于经济实力或固有实力。

（2）相对性。谈判实力不是绝对力量，而是相对力量，它只有针对某一谈判对手、谈判环境和谈判事项时才有意义，它是经谈判各方对比后所形成的相对不受环境和事物制约的谈判实力。

（3）动态性。正因为谈判实力是一种相对力量，因此它是可变的，能在此时实力强于对手，但在彼时实力又弱于对手；可能在此事上实力强，在另一件事上实力又弱。由于谈判者的谈判技巧和行为举止对谈判影响很大，而这些因素是微妙变化的，因此谈判实力也是微妙变化的。这种微妙性以及谈判实力的可变性也决定了谈判更多的是一种心理战。

（4）隐蔽性。谈判实力一般不会轻易地暴露出来，它常常虚实结合，是策略的重要部分。因此，谈判者要懂得实力的展示方式和使用时机，而不可将底细轻易暴露给对方。

二、影响谈判实力的主要因素

（1）交易内容对双方的重要性。交易内容对一方越重要，说明该方的主动权越差，因此谈判实力就越弱；反之，谈判实力就越强。

（2）交易条件对双方的满足程度。交易条件对一方的满足程度越高，说明对其越有利，其让步或回旋的余地越大，在谈判中越主动，因而谈判实力就越强；反之，谈判实力就越弱。这就是"出价要高，还价要低"的道理所在。

（3）竞争对手的强弱。面临的竞争对手越多，实力越强，谈判者谈判的主动权和影响力越差，谈判实力就越弱；谈判者面临的竞争对手越少，优势越明显，独特性越高，谈判实力就越强。

（4）谈判者信誉的高低。谈判者的信誉包括资信状况、业绩记录、美誉度、口碑、社会影响等因素，信誉越高，谈判实力就越强。在商务谈判中，信誉是谈判者最宝贵的资本，是谈判实力最重要的组成部分。

（5）谈判者经济实力的大小。经济实力通常表现为谈判者的资金状况、规模、技水平、经营状况、市场占有率等，经济实力越强，谈判者的承受力和影响力就越强，谈判实力自然越强。当然，经济实力不等于谈判实力，它只是形成谈判实力的基础因素和潜在条件。

（6）对谈判时间耐力的强弱。时间是改变谈判实力对比的重要因素，谈判者对时间的耐心反映了需求的强度和迫切程度，时间耐力越强，谈判的承受力和主动性越强，谈判实力自然就越强。因此，谈判者在谈判中应有充分的时间余地和耐心。

（7）谈判信息的掌握程度。在谈判中，谁具有信息优势，谁就具有主动权。对信息的掌握包括相关信息的多少、真伪、及时性等。对信息掌握的程度与谈判实力息息相关，二者成正比。

（8）谈判人员的素质和行为举止。谈判人员的基本素质、谈判能力、谈判技巧及为人处世等，对谈判实力亦具有十分重要的影响，因为谈判是通过人来完成的。选择优秀的谈判人员，谈判人员举止得体，是增强实力的重要途径。

第 5 节　其他谈判理论

一、奥尔德弗的 ERG 理论

（一）ERG 理论的核心观点

马斯洛的需求层次理论有一定的合理性，它在一定程度上指出了人的需求变化的一般规律，以及需求结构中各种需求之间的关系，可用于分析消费需求及消费趋势。但是，该理论也有一些不足之处。比如，消费者需求的严格层次性就受到很多质疑。美国另一位心理学家奥尔德弗的 ERG 理论对此进行了补充。

奥尔德弗于 1969 年在《人类需要新理论的经验测试》中修正了马斯洛的论点，认为人的需要不是分为七种而是分为三种：（1）心理与安全的需要（existence）；（2）相互关系和谐的需要（relatedness），包括有意义的社会人际关系；（3）人类潜能和自我实现的需要（growth）。

奥尔德弗的需要理论简称 ERG 理论，与马斯洛的需求层次理论相比，两种理论的不同点是：奥尔德弗经过大量调查证明，人类的需要不完全是天生的。需求层次理论建立在"满足—上升"的基础之上，ERG 理论不仅体现"满足—上升"的理论，而且提到"挫折—倒退"这一方面。"挫折—倒退"说明，较高层次的需要得不到满足时，人们就会把欲望放在较低层次的需要上。ERG 理论认为，次序并不一定如此严格，而是可以越级的，有时还可以同时有一个以上的需要。

奥尔德弗同时提出了三个概念：

（1）需要满足。在同一层次的需要中，当某个需要只得到少量的满足时，一般会产生更强烈的需要，希望得到更多的满足。由此推论，此时消费者行为不会指向更高层次的需要，而是停留在原来的层次，从量和质两方面发展。

（2）需要加强。较低层次的需要满足得较充分，对较高层次的需要较强，此时消费者的欲望将指向高一层次的需要。

（3）需要受挫。较高层次的需要满足得越少，越会导致较低层次需要的急剧膨胀和突出。换言之，消费者会把更多的支出投入到这一较低层次的需要当中。

奥尔德弗指出了这样一个事实：需要的变化不仅会"满足—上升"，而且完全可能"挫折—倒退"。它有助于我们科学地认识需要对消费者行为的影响。

（二）ERG 理论在商务谈判中的应用

奥尔德弗的 ERG 理论的指导意义在于：它不仅要求重视商务谈判者的需要，而且提供了分析谈判者需要的具体方法。根据上述理论，谈判者应在谈判实践中注意以下几点：

（1）在实施商务谈判活动之前要分析、确定商务谈判者的需要层次状况。需要层次状况是决定其谈判行为的首要因素。

（2）应抓住并设法满足商务谈判者的主导需要。谈判者要注意准确分析对方的主导需要是什么，抓住了对方的主导需要，也就抓住了对方的弱点和要害。奥尔德弗告诉我们，需要不仅存在"满足—上升"规律，而且存在"挫折—倒退"规律。如果谈判者的主导需要没有得到满足，就很难达成进一步的一致；相反，如果主导需要得到了满足，细枝末节的需要问题就会迎刃而解。

（3）注意开发商务谈判者高层次的需要。随着社会的进步和经济的发展，人们低层次的需要满足之后，高层次的需要成为消费热点。谈判者在确定谈判策略时，应注意开发对方的高层次需要，在适当的时机向对方抛出，有时能达到意想不到的效果。比如，有时只要引导得当，消费者往往会购买超出自己预算的物品。原因就在于，人们有一种向高层次需要迈进的欲望。

二、"黑箱"理论

（一）控制论简介

20 世纪中叶，美国科学家诺伯特·维纳创立了控制论。所谓控制，就是运用某种手段将控制对象的活动限制在一定的范围内，或使之按照某种特定的模式运转。将控制论运用于谈判领域，能够使谈判活动更加程序化，运用最佳模式，产生最佳效果，达到理想状态。在控制论中，通常把未知的区域或系统称为"黑箱"，而把已知的区域或系统称为"白箱"，介于"黑箱"和"白箱"之间的部分称为"灰箱"。

（二）"黑箱"问题

一般来讲，在社会生活中广泛存在不能观测却可以控制的"黑箱"问题。"黑箱"是我们未知的世界，也是我们要探知的世界。要解开"黑箱"之谜，我们不能打开"黑箱"，只能通过观察"黑箱"的输入和输出变量，寻找并发现规律，实现对"黑箱"的控制。

例如，当我们不知道究竟哪把钥匙能打开门锁时，通常总是分别用钥匙去试开，而不必把门锁卸下来，查看其内部构造。在商务谈判中，也不乏"黑箱"问题。例如，一位有经验的谈判专家与保险公司的理赔员商谈理赔事宜。对于保险公司能赔多少，专家不是很清楚，也就是人们通常认为的"黑箱"，于是，专家决定少说话，多观察，不露声色。理赔员先说话："先生，按惯例，这种情况我们只能赔偿100美元，怎么样？"专家不说话。沉默了一会儿，理赔员又说："再加100美元如何？"专家思考后说："抱歉，无法接受。"理赔员继续说："好吧，就再加100美元。"专家摇摇头。理赔员只好又说："那就400美元吧。"专家还是不说话，理赔员只好又说："赔500美元怎么样？"就这样，专家重复着他的沉默，理赔员不断增加赔款，最后的谈判结果是以保险公司赔偿950美元而告终，而专家的实际损失是300美元。专家的高明之处就在于不断地探知"黑箱"中的未知并紧紧抓住利益，也知道何时该停止。对于"黑箱"问题的控制技巧是多观察、少说话。

（三）"白箱"问题

"白箱"问题属于已知问题，当对输出输入事先确定变数和对系统结构有了深刻的认识时，可以把这种关系以确切的形式表现出来。用"白箱"网络来分析谈判，就可以通过"白箱"规范已知的系统，并加以约束，从而更好地控制谈判。

（四）"灰箱"问题

现实中的问题大部分是"灰箱"问题，谈判活动也是如此。对于某个系统已经有了局部的了解，而对于其他方面则是未知的，就用已有的了解和知识，探求这个系统过去的历史，尝试用多种方法解决。例如，当你就一项交易与对方讨价还价时，对方告诉你让利8%，那么，你是接受还是拒绝呢？这就需要根据已知去判断。

三、比尔·斯科特的谈判"三方针"理论

英国谈判专家比尔·斯科特以"谋求一致、皆大欢喜、以战取胜"来表达他的谈判理论。他极力推崇在友好、和谐的气氛下谋求一致的谈判方针，也积极主张在谋得己方最大利益的前提下，给对方以适当满足的皆大欢喜的谈判方针，还主张尽力避免种种冲突的以战取胜的方针。

（一）谋求一致

谋求一致是一种为了谋求双方共同利益、创造最大可能一致性的谈判方针，可比喻为双方共同制作更大的蛋糕，分的蛋糕更多、更好。例如，时任美国西方石油公司董事长兼首席执行官的哈默博士1988年9月来华，除了解决有关已经投资建设的平朔安太堡露天煤矿的一些具体问题，他更希望尽快与中国再签订合作建设一座生产能力为1 500万吨的大型煤矿的意向书，并与中国海洋石油总公司洽谈进一步合作的问题。类似这些

谈判成功的实例都是双方在谋求一致的大前提下进行的。

（二）皆大欢喜

皆大欢喜是一种使谈判双方保持积极的关系、各得其所的谈判方法，与谋求一致相比，不是把蛋糕做得尽可能大，而是根据不同需要、不同价值观分割既定的一个蛋糕，最终达到皆大欢喜的结果。

（三）以战取胜

以战取胜是一种传统的谈判方针，把谈判看作一场尖锐的冲突，施展各种手腕和诡计，结果往往是两败俱伤。奉行以战取胜谈判方针的人，其目的是打败对方，其实质是牺牲他人的利益，取得自己的最大利益，其危害是：

（1）失去友谊。
（2）失去今后与对方合作的机会。
（3）会遭到对方的抵抗和反击，冒可能失败的风险。
（4）对方即使屈从，也不会积极履行协议。
（5）在社会上失去信誉。

因此，谈判高手极少使用这种方式。在一次性谈判和一方实力比另一方实力强大得多这两种情况下，有的谈判人员可能会采取以战取胜的方针。我们应了解这种方针的危害性，防止受到侵害，并掌握识别和抵抗的技巧。

延伸阅读

谈判理论的六大学派

1. 历史描述学派

其特点是研究直接与谈判有关的事实。通过把这些事实按时间顺序进行客观的描述，发现和提炼谈判理论。这一学派的代表人物有扎特曼等。

2. 结构-动机学派

该学派按谈判议题的结构、动机或目的来做分析。其代表人物有德鲁克曼等。

3. 博弈论学派

该学派主要吸收了纳什的观点，借助博弈论进行模拟研究。其代表人物有拉波波特、巴托斯等。

4. 有效行为学派

该学派的分析对象是谈判中双方或多方的坚定性和妥协的利弊，从而得出什么是成功谈判的有效行为。该学派的代表人物有尼尔伦伯格。

5. 谈判过程学派

这一学派把谈判看作一系列行动和挑战，在这些行动和挑战中，供求、让步、战略、战术等构成了旨在缩小不同建议之间差距的各种解决办法，而不像博弈论学派主张的那样，为了谋求明显的最佳解决办法。属于这一学派的有科丁斯、克罗斯等。

6. 角色实验学派

该学派采用模拟法或实验室法来对谈判进行研究。其代表人物有韦斯、斯佩克特等。

资料来源：徐卫星. 商务谈判. 北京：经济科学出版社，2009.

◀ 小　结 ▶

1. 马斯洛的需求层次理论和尼尔伦伯格的谈判主体需要理论揭示了在进行商务谈判时，要发现对方的需要，不断创造对方新的需要，通过需要的满足，为谈判建立信任、融洽的气氛，通过不断沟通，寻找双方的共同利益，并以此作为谈判成功的基础。

2. 博弈论表明，谈判的双方很多时候都会陷入囚徒困境，合作才能取得最好的结果，斗争是为了取得博弈的优势。这为合作和双赢奠定了理论基础。

3. 公平理论对于理解和处理商务谈判活动有着重要的指导意义和启示：找到一个双方都能接受的比较公平的标准，才能促使谈判成功。

4. 实力是谈判策略和技巧的来源，谈判实力强于对手，就能在谈判中占据优势和掌握主动，得到更有利的结果。实力是相对的，你不可能在所有方面都具备超过对手的实力。具体发挥实力，还需要高超的谈判技巧。对于比较弱的一方，找到自己的相对实力优势，就能取得更多的成果。

◀ 复习与思考 ▶

一、基本概念

需求层次理论　　　博弈论　　　囚徒困境
公平理论　　　　　谈判实力理论　"三方针"理论
ERG 理论

二、简答题

1. 在商务谈判中如何运用需求层次理论？
2. 在博弈论基础上的谈判程序是什么？

三、论述题

1. 试述谈判理论和具体谈判的相关性。
2. 在商务谈判中如何综合运用不同的谈判理论？

第4章
商务谈判准备

"凡事预则立，不预则废。"成功的谈判都建立在良好的准备工作之上，只有做好了深入细致的调查研究、获得充足的信息、充分了解谈判对手、制订切实可行的谈判方案等准备工作，谈判才有可能获得成功。本章主要介绍商务谈判前的目标确定、情报收集和筛选、计划制订、物质条件的准备、方式的选择和模拟谈判。

第1节 商务谈判目标的确定

一、确定谈判的主题

谈判的主题是指参与谈判的目的，谈判的目标则是谈判主题的具体化，整个谈判活动都是围绕主题和目标进行的。在实践中，一次谈判只为一个主题服务，因此在制订谈判方案的过程中要以主题为中心。谈判的主题必须简单明确，为确保全体谈判人员能牢记谈判的主题，在表述上应言简意赅，尽量用一句话来概括和表述，比如"以最优惠的条件达成某交易"等，至于什么是最优惠的条件和如何达成这笔交易则不是主题的问题，而是谈判目标的问题。谈判方案中的主题应是己方可以公开的观点，不必过于保密。另外，谈判主题不一定要和对方经过磋商的谈判主题完全一致。

二、确定谈判的目标

在谈判的主题确定以后，接下来的工作就是将这一主题具体化，即确定谈判的目标。

谈判的目标是对主要谈判内容确定期望水平，一般包括技术要求、考核或验收标准、技术培训要求、价格水平等，当其他条件满足时，则以价格为核心。谈判的具体目标体现着参加谈判的基本目的，整个谈判活动都必须紧紧围绕这个目标进行，都要为实现这个目标服务。

达到商务谈判目标是商务谈判的最终结果之一，商务谈判目标的内容因谈判类别、谈判各方的需求不同而异。如果是为了获取资金，则以可能获得的资金数额作为谈判的目标；如果是为了销售产品，则以某种或某几种产品可能的销售数量和交货日期等作为谈判目标；如果是为了获取原材料，则以满足本企业对原材料的需求量、质量和规格要求等作为谈判追求的目标。还有一些谈判以实际价格水平、经济利益水平等作为谈判的目标。因此，商务谈判的目标因谈判的具体内容不同而有所区别。

由于谈判的目标是一种主观的预测性的决策性目标，它的实现还需要参加谈判的各方根据自身利益的需求、他人利益的需求和各种客观因素来制定谈判的目标系统和设定目标层次，并在谈判中经过各方不厌其烦地讨价还价来达到某一目标层次。谈判的具体目标可分为最高目标、实际需求目标、可接受目标和最低目标四个层次。

（一）最高目标

最高目标也称最优期望目标，它是己方在商务谈判中的最高追求，往往也是对方能容忍的最大限度。如果超过这个目标，就要冒谈判破裂的危险。在实践中，最高目标一般是可望而不可即的理想方向，实现的可能性很小，因为商务谈判是双方利益分配的过程，没有哪个谈判者会心甘情愿地把自己的利益全部让给他人；同样，任何谈判者也不可能指望在每次谈判中都独占鳌头。需要说明的是，最优期望目标不是绝对能达到的。尽管如此，这也并不意味着最优期望在商务谈判中没有价值。

美国著名谈判专家卡洛斯对 2 000 多名谈判人员进行实际调查后发现，一个好的谈判者必须坚持"喊价要狠"的准则。这个"狠"的尺度往往接近最优期望目标。下面的例子说明了这一点。

最优期望目标是谈判开始的话题，如果一个诚实的谈判者一开始就推出他实际想达到的目标，由于谈判的作用和对手的实际利益，他最终可能达到这个目标。如在资金供求中，需方可能实际只想得到 50 万元，但谈判一开始，需方可能报价 80 万元，这 80 万元就是需方的最优期望目标，这个数字比其实际需要的 50 万元多 30 万元。用一个简式表示就是：

$$Y + \Delta Y = E$$

式中，Y 为需方的实际需求资金数额；ΔY 为多报价，即增量；E 为需方的最优期望目标。但是，供方绝不会做提供 80 万元资金的慷慨之事。根据供方了解的信息（如偿还能力、经济效益高低和利率等情况），明知对方实际只需要 50 万元，为了使谈判深入、掌握主动权，就故意压低对方的报价，只同意提供 30 万元。如此这般交锋，双方列举各种理由予以论证，谈判结果既不是 80 万元，也不是 30 万元，可能是略低于或者略高于 50 万元。

如果一开始需方不提出 80 万元，或供方不提出 30 万元，谈判就无法进行。为什么会形成这种习惯？原因极为复杂，涉及心理、信誉、利益，乃至历史成见等诸多因素。需要说明的是，最优期望目标不是绝对达不到的。一个信誉极高的企业和一家资金雄厚、信誉良好的银行之间的谈判，达到最优期望目标是完全可能实现的。

（二）实际需求目标

实际需求目标是谈判各方根据主客观因素，考虑到各方面情况，经过科学论证、预测核算、纳入谈判计划的谈判目标。这是谈判者调动各种积极性，使用各种谈判手段达到的谈判目标。如上例中的 50 万元资金就是实际需求目标。实际需求目标有如下特点：

（1）是秘而不宣的内部机密，一般只在谈判过程中某几个微妙阶段提出。

（2）是谈判者"坚守的最后防线"。如果达不到这一目标，谈判可能陷入僵局，这时要暂停谈判，以便谈判小组内部讨论对策。

（3）一般由谈判对手挑明，而己方则"见好就收"或"给台阶就下"。

（4）该目标关系到谈判一方的主要或全部经济利益。例如，若达不到将无法更新主体设备，最终导致企业在近期内停产或不能扩大再生产等。正因为如此，这一目标对谈判者有着强劲的驱动力。

（三）可接受目标

可接受目标是指在谈判中可努力争取或做出让步的范围。它能满足谈判一方的部分要求，实现部分经济利益。在上述例子中，供方由于各种原因（如资金筹措能力、偿还能力等）只能提供部分资金（如 35 万元或 40 万元等），没有满足需方的全部需求，这种情况经常发生。因此，谈判者在谈判前制订谈判方案时，应充分估计到这种情况，并制定相应的谈判措施和目标。对可接受目标应采取两种态度：一是现实态度，即树立"只要能得到部分资金就是谈判的成功"的观念，绝不能硬充好汉，抱着"谈不成出口气"的态度，这样可能连最低目标也无法达到；二是资金来源多元化，只要多结交谈判伙伴，就有可能达到需求目标的总体利益。

（四）最低目标

最低目标是商务谈判必须实现的目标，是谈判的最低要求。若不能实现，宁愿谈判破裂也没有讨价还价、妥协让步的可能性。它与最优期望目标之间有着必然的内在联系。在谈判中，表面上一开始要价很高，往往提出最优期望目标，实际上这是一种策略，保护的是最低目标，乃至可接受目标和实际需求目标。这样做的实际效果往往是超出谈判者的最低目标或至少可以保住这一目标。然后通过对最优期望目标的反复压价，最终可能达到一个超过最低期望的目标。之所以确定一个谈判的最低目标，是因为如果没有最低目标作为心理安慰，一味追求最高目标，往往会带来僵化的谈判策略。这种做法有以下两个弊端：

第一，不利于谈判的进程。谈判当事人的期望值过高，容易产生盲目乐观的情绪，往往对谈判过程中出现变化的情况缺乏足够的思想准备，对于突如其来的事情不知所措。最低目标的确定，不仅可以创造良好的应变心理环境，还为谈判双方提供了可选择的契机。

第二，不利于成员和团体经济行为的稳定。例如，某生产厂家对某项产品销售的谈判期望值过高（即对销售量和销售价格的期望值过高），并用这种过高的期望值去影响和激发成员的积极性，尽管能起到一定的作用，但一旦在商务谈判中设定过高的期望值，或以达到最高目标作为合作的起点，对于该企业来讲，谈判有可能影响企业群体凝聚力。

确定商务谈判目标系统和目标层次时，要注意坚持三个原则，即实用性、合理性和合法性。所谓实用性，是指制定的谈判目标能够谈和可以谈，也就是说，谈判双方要根据自己的经济能力和条件进行谈判。如果离开了这一点，任何谈判的结果都不能付诸实施。如一个企业通过谈判获得了一项先进的技术装备，但由于该企业的员工素质、领导水平及其他技术环节存在问题，该项技术装备的效能无法发挥，这种谈判的目标就不具有实用性。所谓合理性，是指商务谈判的主体对自己的利益目标追求在时间和空间上进行全方位的分析后，确定双方都能接受的范围。市场千变万化，在一定时间、一定空间范围内合理的东西，在另一时间和空间却不一定合理。同时，商务谈判的目标对于不同的谈判对象或在不同的时空区域，也有不同的适用程度。所谓合法性，是指商务谈判目标必须符合一定的法律规范。在商务谈判中，为达到自身的利益追求目标，对当事人采取行贿等方式使对方顺从，或以损害集体利益为代价使自己得到好处，以经济实力强迫经济能力不强者妥协，提供伪劣产品、过时技术和虚假信息等，均属不合法行为。

三、谈判目标的优化及其方法

谈判目标的确定过程是一个不断优化的过程。对于多重目标，必须进行综合平衡，通过对比、筛选、剔除、合并等手段减少目标数量，确定各目标的主次和连带关系，使目标之间在内容上保持协调性、一致性，避免互相矛盾。

评价一个目标的优劣，主要是看目标本身的含义是否明确、单一，是否便于衡量以及在可行前提下利益实现的程度等。从具体目标来说，表达要简单明了，最好用数字或简短的语言体现出来，如"在报价有效期内，如无意外风险因素，拟以12%的预期利润率成交"。需要指出的是，谈判的具体目标并不是一成不变的，它可以根据交易过程中各种价值和风险因素做适当的调整和修改。

值得注意的是，这种谈判方案的调整只反映了卖方的单方面愿望，在谈判的磋商阶段，买方不会被卖方牵着走。为了达到谈判的目标，卖方有时应当做出一些让步来换取谈判中的主动。但是谈判者必须牢记一个原则：任何让步都应建立在赢得一定利益的基础之上。

（一）分清重要目标和次要目标

谈判之前一定要把目标写下来，并根据优先等级进行相应的排序。目标要分清轻重缓急，哪个是最重要的目标，哪个是次要目标，把最高目标、实际需求目标、可接受目标和最低目标一一排列。研究表明，一个人的最高目标定得越高，最终结果就会越好。通常情况下，给两组人相同的条件，把其中一组的目标定得高些，另一组目标定得低些，则目标定得高的那一组最终结果比较好。此外，谈判时应该留有余地，在准备时要制定一个最低目标。

（二）分清让步的幅度和边界

列出目标的优先顺序后，还要分清哪些可以让步，哪些不能让步，同时要简要地阐述理由。谈判是一个复杂的过程，如果阐述理由时写得很长、很多，就需要花很多时间去理解；未标出理由则容易出错，还可能导致在不应该让步的地方做了让步，该让步的地方却没让步，使谈判陷入僵局。

（三）设定谈判对手的需求

在明确己方的需求后，接下来要明确谈判对手的需求，包括价格、数量、质量、交货期、付款方式等。在谈判前，先列出己方的谈判目标，再列出对方的目标，考虑对方可能关心的内容，尽可能一一列出。设定目标时，作为卖方，最关注的可能首先是价格、时间，然后是数量、质量。客户买东西时，最关注的不一定是价格，也可能是售后服务、产品质量。对方列出的目标与己方列出的目标必然会有一定的差距，卖方希望买方能够按照自己的要求来做，买方肯定也希望卖方按照他的要求来做，怎样才能达成共识呢？这需要双方进行沟通和交流。在沟通和交流之前，一定要知彼，设法了解对方的谈判需求。

第 2 节　谈判情报的收集和筛选

在谈判目标确定之后，就要根据目标收集情报。首先，充分的前期准备是不可或缺的。商务谈判是谈判双方协商、合作的一种经济活动，对信息的依赖尤为强烈。谈判情报是指那些与谈判活动有密切联系的各种情况及其属性的客观描述。因此，谈判者的信息收集就成为了解对方意图、制订谈判计划、确定谈判战略及策略、选择谈判方式的基本前提。

一、情报收集的主要内容

（一）与谈判有关的环境因素

谈判专家马什在其所著的《合同谈判手册》中，对谈判环境因素进行了系统的归类及分析。他把与谈判有关的环境因素分为政治状况、法律制度、宗教信仰、商业惯例、财政金融状况、社会习俗、基础设施与后勤供应系统、气候因素八类。

1. 政治状况

政治和经济是紧密相连的，政治对经济具有很强的制约力。任何一国的政府，总是会为解决本国特殊环境所遇到的种种问题而制定和推行一系列其认为必要的经济政策，并注意以本国的政治哲学作为衡量经济活动的标准。

政治因素对商务谈判活动,特别是涉外商务谈判有着非常重要的影响。当一个国家政局稳定、政策符合本国国情时,它的经济就会发展,就会吸引众多的外国投资者。政局动荡,市场混乱,人心惶惶,就必然产生相反的结果。因此,涉外贸易组织在进行经济往来之前,必须对谈判对手的政治环境做详尽的了解,主要包括政局的稳定性、政府之间的关系、政府对进口商品的控制等。

2. 法律制度

法律制度和政治制度一样,对商务谈判有着无形的控制力。涉外企业在贸易往来中,不可避免地遇到各种各样的法律问题,只有清楚地了解其法律制度,才能减少商业风险。例如,我国某公司考察小组去美国考察后,在旧金山买下一家餐馆,开张后发现餐馆经营所得大部分用于支付高昂的房租,餐馆陷入连年亏损的困境。原因在于考察小组未清楚了解东道国的法律便仓促签约,只买下了餐馆的经营权,而未涉及房屋等资产的所有权。

3. 宗教信仰

宗教信仰影响着人们的生活方式、价值观念及消费行为,也影响着人们的商业交往。宗教问题很复杂,商务谈判人员不可能进行专门的研究,但宗教的有关问题,例如宗教的教义和行为准则、活动方式、禁忌等,对商务活动会产生直接的影响,这些是商务谈判人员必须了解的。

4. 商业惯例

由于各方面的原因,世界各国、各民族都形成了各具特色的商业习惯。作为涉外贸易谈判人员,必须了解和掌握目标市场的商业习俗和做法,这样才能在业务交往中采取有效的方法,保证业务活动的正常开展。比如,我国上海某企业到泰国合资开办了一家药厂,虽然产销对路,但因流动资金不足而被迫停产。究其原因,按泰国市场习惯,药商都实行赊销办法,生产厂家要等药商卖完产品才能收回货款,这就使生产厂家因资金周转期长、流动资金不足而停产。

5. 财政金融状况

财政金融状况主要了解的内容包括:(1) 该国的外债情况。外债的高低从对谈判的影响来讲,主要影响支付能力,有时甚至会直接影响双方关系。正如一位经济学家所讲,当你欠我 100 元时,我是你的主人;当你欠我 100 万元时,你就成了我的主人。(2) 该国的外汇储备情况,主要靠哪些产品赚取外汇,国际支付方面信誉如何,该国货币是否可以自由兑换,有何限制,汇率变动的情况及趋势如何等,都是必须了解的信息。

6. 社会习俗

社会习俗是指不同国家及地区由于文化背景、宗教信仰等不同而形成的独特、典型的行为方式及行为标准,它们都会对谈判产生一定的影响。比如,在衣着、称呼、日常行为等方面,什么才是合乎社会规范的标准,是不是只能在工作时间谈业务,饮食等方面都有什么特点,送礼的方式及礼物的选择有什么特殊的习惯等,这些都会对商业往来产生一定的影响。

7. 基础设施与后勤供应系统

主要指该国或地区的人力、物力、财务状况如何，有无必要的熟练工人和有经验的专业技术人员，有无建筑材料、建筑设备及维修设备，有无雄厚的资金，交通运输条件、邮电通信事业的发展程度如何等。

8. 气候因素

气候因素包括该国或地区雨季的长短与雨量的多少、冬季的冰雪霜冻情况、夏季的湿度和气温情况，以及是否经常出现雾霾、地震、台风等情况，这些因素对人们的消费习惯以及商务谈判都会产生一定的影响。比如，20 世纪八九十年代日本汽车之所以能在东南亚等地打败欧洲厂商，原因就在于日本汽车在进入市场时，考虑到当地气候炎热，配有精准的制冷设备，而欧洲汽车没有这些设备或这些设备不到位，不能适应市场的需要。

（二）有关谈判对手的情报

古人云："知己知彼，百战不殆。"打仗如此，商务谈判也不例外。知己，就是了解本国、本地区、本企业的产品及经营情况；知彼，就是千方百计地全面了解谈判对手的情报。在这方面，有许多成功的案例。

著名哲学家弗朗西斯·培根在《谈判论》中指出："与人谋事，则须知其习性，以引导之；明其目的，以劝诱之；谙其弱点，以威吓之；察其优势，以钳制之。与奸猾之人谋事，唯一刻不忘其所图，方能知其所言，说话宜少，且须出其最不当意之际。于一切艰难的谈判之中，不可有一蹴而就之想，唯徐而图之，以待瓜熟蒂落。"培根的精辟见解告诉我们，对未来的谈判对手，了解得越具体、越深入，估计得越准确、越充分，就越有利于掌握谈判的主动权。

谈判对手的情报主要包括企业的发展历史、组织特征、产品技术特点、市场占有率和供给能力，价格水平及付款方式、谈判目标、资信情况以及参加谈判人员的资历、地位、性格、爱好、谈判风格、谈判模式等。这里我们主要介绍资信情况、合作欲望及谈判人员等情况。

（1）资信情况。包括谈判对手的商业信誉及履约能力，如资本积累状况，技术装备水平，产品的品种、质量、数量以及市场信誉等。

（2）合作欲望。谈判对手同我方合作的意图是什么，合作愿望是否真诚，对我方的信赖程度如何，对实现合作成功的迫切程度如何，是否与我国其他地区或企业有过经济往来等。对方的合作欲望越强，谈判越会朝有利于我方的方向发展。

（3）谈判人员。包括谈判对手的谈判小组由哪些人组成，成员各自的身份、地位、年龄、经历、职业、爱好、性格、谈判经验如何。另外，还需要了解谁是谈判中的首席代表，其能力、权限、特长及弱点是什么，此人对此次谈判抱何种态度，倾向性意见如何等，这些都是必不可少的情报资料。

（三）竞争者的情况

生产力水平的不断提高和科学技术在生产中的普遍运用，使社会商品极大丰富，同一商品往往会出现许多替代品（包括相似产品和同种产品）。因此，在商业交往中，经常会出现一个卖主、多个买主和一个买主、多个卖主的情况。这样，对于买卖双方来讲，了解竞争者的情况就很有必要。竞争者作为谈判双方力量对比中一个重要的砝码，影响着谈判天平如何倾斜。很显然，两家买主竞相争购的情况增加了卖主讨价还价的筹码。

竞争者的情报主要包括市场同类产品的供求状况，相关产品与替代产品的供求状况，产品的技术发展趋势，主要竞争厂家的生产能力、经营状况和市场占有率，有关产品的配件供应状况，竞争者的推销力量、市场营销状况、价格水平、信用状况等。

一般来讲，了解竞争者的状况是比较困难的，因为无论是买方还是卖方，都不可能完全了解所有竞争对手及其情况。因此，对于谈判人员来说，最重要的是了解市场上占主导地位的竞争者。

（四）己方的情况

谈判成功的关键在于既要了解对方，又要深刻地了解自己。只有正确地了解自己，才能在谈判中确立正确的地位，采取相应的对策。己方的情况包括本企业产品及生产经营状况和己方谈判人员的情况。

本企业的产品及生产经营状况涉及的内容很多。对于卖方来讲，要了解自己产品的规格、性能、主要用途、质量、品种、数量、销售情况、市场竞争力，自身的供应能力及经营手段、经营策略等。

谈判人员还应对己方的人员状况有客观详细的了解，因为正确地评价自己是确定奋斗目标的基础。只有这样，才能制定出切实可行的谈判策略。

二、情报收集的方法和途径

在日常的经贸往来中，企业都力求利用各种方式收集大量的信息资料，为谈判所用，这些方法和途径主要包括如下内容。

（1）直接派人去对方企业进行实地考察，收集资料。在现实经济生活中，人们把实地考察作为收集资料的重要形式，企业派人到对方企业，通过对其生产状况、设备的技术水平、企业管理状况、工人的劳动技能等各方面的综合观察、分析，可以获得有关谈判对手生产、经营、管理等方面的第一手资料。在实地考察之前，应有一定的准备。带着明确的目的和问题，才能取得较好的效果。

（2）通过各种信息载体收集公开情报。企业为了扩大自己的经营、提高市场竞争力，总是通过各种途径进行宣传，这些都可以提供大量的信息。如企业的文献资料、统计数据和报表，企业内部报纸和杂志、各类文件、广告、广播宣传资料，用户来信，产品说明和样品等，从对这些公开情报的收集和研究当中，就可以获得所需要的情报资料。

（3）通过对与谈判对手有过业务往来的企业和人员的调查了解信息。任何企业为了业务往来，都要收集大量的有关资料，以准确地了解对方。因此，同与对手有过业务往来的企业联系，必然会得到大量有关谈判对手的信息资料。向与对手打过交道的企业与人员了解情况，会获得非常丰富的情报，他们会提供许多有用的信息，而且是在普通记录和资料中无法找到的事实和看法。

（4）通过专业组织和研究机构获取调查报告。随着经济的发展，出现了许多专业性的组织和研究机构，它们通过收取一定费用或者义务服务的方式为委托人完成特定目的的调查，并将调查结果以调查报告的方式呈交委托人。这可以节省委托人的时间，调查得更为专业，弥补调查经验不足等问题。

（5）电子媒体收集法。电子媒体指电话、计算机、电视、广播、互联网等。电子媒体信息量大、快捷、传播范围广，受众命中率高，交互性强，并且可以随时更新即时内容。与传统印刷模式相比，电子媒体模式具有宣传面更广、影响力更大、持续时间更长以及营销成本更低等优点。随着信息技术和网络的发展，新媒体收集信息的作用越来越重要。

（6）观察法。观察法就是指调查者亲临调查现场收集信息。通过亲自观察得到的信息最为真实可靠。但是由于观察者自身的局限，难免受主观和其他问题的影响而效率低下或带有偏见。

（7）实验法。实验法即对调研内容进行现场实验的方法。例如，采用商品试销、试购以及谈判模拟等方法来收集市场上的动态信息。用这种方法可以发现一些在静态时不易发觉的新信息。

三、情报的整理和筛选

通过情报收集工作可以获得大量来自各方面的信息，要使这些原始信息为我所用，发挥其作用，还必须经过情报的整理和筛选。

整理和筛选的目的在于：一方面，鉴别资料的真实性与可靠性，去伪存真。在商务谈判前，有些企业和组织故意提供虚假信息，掩盖自己的真实意图。另外，由于各种原因，有时收集到的信息可能是片面的、不完整的，需要通过信息的整理和筛选进行辨别。另一方面，在保证真实、可靠的基础上，结合谈判项目的具体内容，对各种信息进行排序，以确定哪些信息对此次谈判是重要的，哪些是次要的，并在此基础上制定出具体的谈判方案和对策。

信息情报的整理和筛选要经过分类、比较和判断、研究、整理四个程序。

（1）分类。指将所得资料按专题、目的、内容等进行分类。

（2）比较和判断。指通过分析资料之间的联系，了解资料的真实性、客观性，以做到去伪存真。

（3）研究。在比较和判断的基础上，对所得资料进行加工，形成新的概念、结论，以便为己方谈判所用。

（4）整理。将筛选后的资料进行整理，做出完整的检索目录和内容提要，以便检索查询，为谈判提供及时的资料依据。

四、利用情报评估谈判对手

对谈判对手的评估是非常重要的，在谈判之前，一般要做以下几方面的工作。

（1）设定充分的准备时间。了解一个人，可以先了解他的生活习惯，知道他的需求，通过了解他的需求再去说服他，最好知道他的弱点，让他有所畏惧。另外，还要知道对手的喜好、特点。如果有机会，可以到谈判对手的家里或工作场所去看看。比如，看一看他办公室的整洁程度，整洁的办公室说明这个人的条理性非常好；如果杂乱无章，说明这个人的条理性不强。同时，也可以侧面了解他喜欢看哪些书，是偏向于文艺方面还是技术方面等。这是我们在评估对手的时候需要做的，而要做到这些必须有充足的时间。

（2）调查和了解对方公司的情况。对谈判对象的公司进行全面了解，调查其是在盈利还是在发展，是一个问题型公司还是一个发展型公司，同时还要了解对方想通过谈判得到什么。

（3）了解谈判对手的个人情况及谈判风格。要对谈判对手的个人情况以及谈判风格做如下了解：对手参加过谈判吗？对手之间有什么分歧？对手是否有取得谈判目标所需的见识？对手所准备的资料是否充分？对手是否有能力和威信达成他们的目标？参加谈判的人是否有做出决定的能力？对手在压力下是否会速战速决？如果施以足够的压力，对手会不会跟自己签合同？等等。

（4）评估对方的实力。尽可能取得谈判对手更多的资料，这些资料包括对方的谈判参与人员是谁，他们的层次、职位以及退让的余地有多大等。

（5）猜测对手的目标，分析对手的弱点。对手想通过谈判达到什么目标，对手的优先级是什么，在谈判之前要仔细分析。当然，猜测不一定准确，但谈判者心中要有这一概念。然后，再分析谈判对手的弱点，包括对方的需求弱点、谈判者的弱点、谈判队伍的弱点等，要对谈判对手进行全面的分析，以获得最准确的资料。

第3节 制订谈判计划

商务谈判计划是指企业最高决策层或上级领导者就本次谈判的内容所拟定的谈判主体目标、准则、具体要求和规定。谈判计划可以根据谈判的规模、重要程度的不同而定。内容可多可少，可简可繁，可以是书面形式，也可以是口头形式。

一、制订谈判计划的原则

由于规模、重要程度不同，商务谈判的内容会有所差别。内容的多少要视具体情况而定。尽管内容不同，但其要求都是一样的。一个好的谈判方案要求做到以下三点：

（1）简明扼要。所谓简明扼要，就是要尽量使谈判人员容易记住其主要内容与基本原则，能根据方案的要求与对方周旋。

（2）内容具体。谈判方案要求简明扼要，但也必须与谈判的具体内容相结合，以谈判的具体内容为基础，否则，会使谈判方案显得空洞和含糊。

（3）富有弹性。谈判过程中各种情况都有可能发生，要使谈判人员在复杂多变的形势中取得比较理想的结果，就必须使谈判方案具有一定的弹性。谈判人员可在不违背根本原则的情况下，根据情况的变化，在权限允许的范围内灵活处理有关问题，以取得较为有利的谈判结果。谈判方案的弹性表现在：有几个可供选择的谈判目标；指标有上下浮动的余地；把可能发生的情况考虑在计划中，如果情况变动较大导致原计划不适合，可以实施备选方案。

二、制定谈判的基本策略

谈判的基本策略是指谈判者为了达到和实现自己的谈判目标，在对各种主客观情况充分估量的基础上拟采取的基本途径和方法。

制定商务谈判的基本策略就是要选择能够达到和实现己方谈判目标的基本途径和方法。谈判不是一个讨价还价的简单过程，而是双方在实力、能力、技巧等方面的较量，因此，制定商务谈判策略前应考虑如下影响因素：对方的谈判实力和主谈人的性格特点；对方和己方的优势所在；交易本身的重要性；谈判时间的长短；是否有建立持久友好关系的必要性。通过对谈判双方实力及以上影响因素细致认真的研究分析，谈判者可以确定双方的谈判地位，即处于优势、劣势或者均势，由此确定谈判的策略，如报价的策略、还价的策略、让步与迫使对方让步的策略、打破僵局的策略等。

基本策略确定的第一步是确定双方在谈判当中的目标是什么，包括最高、最低、中间目标的目标体系；在交易的各项条款中，哪些条款是对方重视的，哪些是他们最想得到的，哪些是对方可能做出让步的，让步的幅度有多大等。第二步是确定在己方争取最重要的条款时，将会遇到对方哪些方面的阻碍，对方会提出什么样的交换条件等。第三步是针对以上情况，确定己方应采取怎样的策略。

以上谈判计划的制订有赖于对双方实力及其影响因素的正确估量和科学分析。否则，谈判计划就毫无意义。

三、确定谈判地点和时间

谈判地点的选择不是一件随意的事情，恰当的地点往往有助于取得谈判的主动权。因此，要将谈判的策略与谈判的时间、地点安排结合起来统筹考虑。

根据地点的不同，谈判可分为三种形式，即主座谈判、客座谈判和主客座轮流谈判。一般来说，谈判地点要争取在己方，因为在主座举行谈判获胜的可能性更大。一些谈判学家所做的研究也证明了这一点。泰勒尔的实验表明：多数人在自己家的客厅与人谈话比在别人的客厅里更能说服对方。这是因为人们在自己的所属领域能更好地释放能量，所以成功的概率会更高。事实上，这种情况也适用于商务谈判。

此外，谈判具体地点的选择也很有艺术性。一般来说，在大型会议室中举行的往往是正式的谈判。谈判的开始阶段以大型会议室为宜，因为这样能造成一种气势，使双方认真对待。谈判结束签订合同时，也常在大型会议室中进行，同样是为了造成一种合作的气氛和社会影响。此时，谈判的内容可以公开，以便双方甚至更多的人了解谈判结果。

小型会议室中安排的一般是讨论型的谈判，双方是认真负责的，因此大量具体的细节问题在这样的场合中讨论比较合适，同时，其内容仅限于与会者知道，特别是对有争议的问题，在这种场合比较容易表达。可见，非正式谈判在小型会议室中进行比较常见。

办公室约见主要是私密性会见，谈判中也经常需要这种会见，个别交谈和只征求意见并不做正式决策时选择这种场合最有效。谈判和内部讨论不一样，谈判中的约见是平等的。

以上所说的谈判场合都是正式场合，双方都有一种无形的压力，即责任的压力，每一句话、每个行为都会表达出个人的思想和责任。因此，谈判场合的安排应该与这些要求相一致。

在餐桌上或高尔夫球场上，双方比较放松，可以谈论正事，可以诉说友情，也可以讨论无关的问题。这样的交流在谈判过程中也是不可或缺的，非正式的谈论不仅有助于了解对方的真实想法和个人意见，同时也是建立长期感情的方式和渠道，从而有利于正式谈判时的顺利决策。

人们对时间的安排是很敏感的，因此在谈判时间的选择上也要深思熟虑。如果谈判定在星期一上午开始，而且主要谈判人员出席的话，说明主持方很在乎要讨论的主题，并准备花足够的时间来解决。而放在星期五下午则传达了一个信息：该问题应该尽快解决，没有拖延的时间了。

四、安排议程

谈判议程是人们在进行谈判之前预先拟定的谈判目标和实现目标的步骤。安排议程可以使谈判在不损害他人利益的基础上达成对己方更为有利的协议，卓有成效地运用预先制定的谈判技巧而又不为他人所觉察。

议程本身就是一种谈判策略。谈判议程可由一方准备，也可由双方协商确定。谈判议程主要包括时间安排、谈判议题、通则议程和细则议程等方面。

（一）时间安排

时间安排即确定在什么时间举行谈判、谈判多长时间、各个阶段的时间如何分配、议题提出的时间顺序等。时间安排是议程中的重要环节，如果时间安排得很仓促，准备不充分，匆忙上阵，就很难沉着冷静地在谈判中实施各种策略；如果时间安排得过长，不仅会耗费大量的精力，而且随着时间的推延，各种环境因素都会发生变化，还可能错过一些商务谈判的良机。

（二）谈判议题

所谓谈判议题，就是谈判双方提出和讨论的各种问题。关于谈判议题，首先需明确己方要提出哪些问题、讨论哪些问题，进而对所有问题进行全盘比较和分析：哪些问题是重点问题，要列入重点讨论范围；哪些问题是非重点问题；哪些问题可以忽略；各问题之间是什么关系，在逻辑上有什么联系。还要预测对方会提出什么问题，哪些问题己方必须认真对待、全力以赴去解决，哪些问题可以根据情况做出适当让步，哪些问题不予讨论。

（三）通则议程和细则议程

1. 通则议程

通则议程是谈判双方共同遵守的日程安排，一般要经过双方协商同意后方能正式生效。在通则议程中，通常应确定以下内容：谈判总体时间及分段时间安排；双方谈判讨论的中心议题；问题讨论的顺序；谈判中人员的安排；谈判地点及招待事宜。

2. 细则议程

细则议程是己方参加谈判的具体策略安排，只供己方人员使用，具有保密性。其内容一般包括以下几个方面：谈判中如何统一口径，如发言的观点、文件资料的说明等；对谈判过程中可能出现的各种情况的对策安排；己方发言的策略，何时提出问题、提什么问题、向何人提问、谁来提出问题、谁来补充、谁来回答对方的问题、谁来反驳对方的提问、什么情况下要求暂时停止谈判等；谈判人员更换的预先安排；己方谈判时间的策略安排、谈判时间期限。

拟定谈判议程时，应注意以下五个问题。

（1）谈判的议程安排要依据己方的具体情况，在程序安排上扬长避短，也就是在谈判的程序安排上，保证己方的优势能得到充分的发挥。

（2）议程的安排和布局要为自己出其不意地运用谈判策略埋下伏笔。一个谈判老手是绝不会放过利用拟定谈判议程的机会来运筹谋略的。

（3）谈判议程的内容要能够体现己方谈判的总体方案以及己方让步的限度和步骤，统筹兼顾，引导或控制谈判的进度。

（4）在议程的安排上，不要过分伤害对方的自尊和利益，以免谈判过早破裂。

（5）不要将己方的谈判目标特别是最终谈判目标通过议程和盘托出，使己方处于不利地位。

当然，议程由己方安排也有缺点：己方准备的议程往往透露了自己的某些意图，对方通过分析可猜出并在谈判前拟定对策，使己方处于不利地位。同时，对方如果不在谈判前对议程提出异议而掩盖其真实意图，或者在谈判中提出修改某些议程，容易导致己方被动甚至谈判破裂。

五、起草商务谈判计划书

商务谈判计划书是关于谈判的总体规划及具体安排。由于谈判的不确定性和复杂性，计划书不可能面面俱到，同时鉴于谈判在一定程度上存在保密要求，因此，好的商务谈判计划书应达到以下基本要求：

（1）在起草过程中，要围绕本次谈判的目标，深入思考谈判的核心，制定好对策。

（2）注意通则议程与细则议程的区别。为确保谈判顺利，计划书的通则部分很多时候需要谈判的各方共同制定，这本身就是一个谈判过程。议程的安排往往与谈判目的和结果有一定的相关性，对一方有利的安排很可能不会被轻易察觉。

（3）计划书不要求将全部内容都写出来，但要写清主要内容。

商务谈判计划书可以参考以下框架内容。

关于××的谈判计划书

谈判的主题：

主方：××

客方：××

一、谈判时间

二、谈判地点

三、谈判小组人员组成

首席代表：（决策人）

主谈人员：（包括技术主谈人、商务主谈人等）

其他人员：（包括法律顾问、翻译人员、记录人员、文书资料保管人员）

四、基本情况分析

（一）谈判双方的背景

1. 主方公司分析

2. 客方公司分析

（二）谈判的项目

（依照主题和目的对谈判进行内容细分，形成多个项目）

（三）谈判目标

1. 最高目标

2. 中间目标

3. 最低目标

（四）谈判形势分析

1. 主方优势分析

2. 主方劣势分析

3. 主方人员分析

4. 客方优势分析

5. 客方劣势分析

6. 客方人员分析

（五）谈判的形式

五、谈判的方法及策略

（一）开局阶段的策略

（二）磋商阶段的策略

（三）终结阶段的策略

（要根据谈判的进程，及时调整方案）

六、谈判效果及风险预测

（一）谈判效果预测

（二）谈判风险预测

（主要说明出现意外情况时处置的方法、策略、合同如何约定）

七、谈判费用预算

八、谈判议程

（一）双方进场

（二）介绍会议安排和与会人员

（三）进行正式谈判

（四）达成协议

（五）签订协议

（六）祝贺谈判成功

九、附属计划

（一）谈判日程表

（二）接待计划

（三）会务保障计划

（四）保密要求

（五）谈判终结的判定和处理

第4节　谈判物质条件的准备

商务谈判物质条件的准备包括两个方面的内容：一是谈判室及室内用具的准备；二是谈判人员的食宿安排。

一、谈判室及室内用具的准备

一般来说，谈判室应选择在距谈判人员住宿地较近的地方，否则会造成诸多不便。要远离闹市区和街道，嘈杂的周围环境会影响谈判人员的情绪和谈判技巧的发挥。

室内应整洁宽敞，光线充足，通风设备良好，并且拥有良好的通信设备，谈判人员能够很方便地打电话或者上网。还应设有类似白板、投影仪等设备，供谈判双方进行计算和图表分析时使用。谈判室一般不设录音设备，除非双方同意或要求才能配备。谈判室旁边或附近应设有休息室，以便双方放松一下紧张的神经，缓和彼此对立的气氛。有时也会设置特定的环境，让对方处在不利处境中。

室内的布置也很重要，如选择什么样的谈判桌，是圆形的还是长方形的等。一般来讲，比较重要的、大型的谈判多用长方形的谈判桌，双方代表各居一面，相对而坐，无形中增加了双方谈判的分量；在规模较小或双方谈判人员较熟悉的情况下，多选用圆形谈判桌，双方团团围坐，这样既可以消除谈判双方代表的距离感，又能强化双方关系融洽、共同合作的印象，使谈判容易进行。所配椅子要舒适，会谈所需的其他设备和服务也应周到。

有时，在谈判中常会感到自己置身于不利处境，一时又说不出为什么，其实这是对手故意设计的，目的是干扰和削弱己方的谈判力。比如，座位阳光刺眼，看不清对手的表情；会议室纷乱嘈杂，常有干扰和噪声；使用疲劳战术，连续谈判；在疲劳和困倦的时候，对方会提出一些难以觉察却比较关键的改动。遇到这类策略时，应该立即提出拉上窗帘或者更换位置。识别和排除这些"无意"的干扰，需要谈判人员具备优秀的素质。如果感觉到干扰，直接提出来显然可消除一些，而对"碰巧"之类的事情，预先防范为好。

二、食宿安排

谈判是一项艰苦复杂、体力消耗大、精神高度紧张的工作，对谈判人员的精力和体力都有较高的要求。因此，东道主一定要妥善安排谈判人员的食宿，尽量做到周到细致、方便舒适。如根据谈判人员的饮食习惯，安排可口的饭菜；本着友好的态度，提供便利、安全的住宿条件。这样不仅有利于谈判者精力、体力的恢复，也是东道主应持的态度。1972年2月美国总统尼克松访华，在欢迎尼克松一行的国宴上，当军乐队熟练地演奏起由周总理亲自选定的《美丽的亚美利加》时，尼克松简直听呆了，他根本没想到在中国的北京可以听到他生平最喜爱并且在他的就职典礼上指定演奏的家乡乐曲。敬酒时，他特地到乐队前表示感谢。此时，国宴达到高潮，融洽、热烈的气氛深深地感染了美国客人，也促使此后的谈判都在和谐融洽的氛围下进行。

第5节 谈判方式的选择

谈判方式是指参加谈判的双方针对某一商务活动进行磋商时相互采取的交往方法和形式。谈判的方式多种多样，可根据不同的标准对其进行归纳分类。

一、直接谈判和间接谈判

按照双方的接触形式，谈判可分为直接谈判和间接谈判。直接谈判是指在商务谈判活动中，参加谈判的双方当事人之间无须任何中介组织或中间人而直接进行的谈判形式。直接谈判在商务活动中应用非常广泛，包括面对面的口头谈判和利用信函、电话、网络等通信工具进行的书面谈判。

直接谈判有其突出的优点：首先，无须中间人介入，免去了很多中间手续，使谈判及时、快捷；其次，各方当事人直接参加谈判，易于保守商业秘密；最后，节约谈判费用，无须支付中介费用。

直接谈判适用于以下情况：
（1）参加谈判的双方或一方重礼节，以直接谈判形式表示对对方的尊重。
（2）较重大或谈判结果对一方或双方有重大影响的谈判。
（3）谈判涉及一些长期悬而未决的问题，采用其他方式无法解决。

（4）其他各种需双方直接进行交往的情况。

间接谈判是相对于直接谈判而言的，它是指参加谈判的双方或一方当事人不直接出面参与商务谈判活动，而是通过中间人（委托人、代理人）进行的谈判。这种谈判形式在谈判活动中应用较为广泛。

间接谈判也有其优点：首先，中间人一般都是谈判对手当地的代理人，熟悉当地的环境，熟知谈判对手的行为方式，便于找到合理解决问题的办法；其次，代理人身处代理的地位，利益冲突不直接，不易陷入谈判僵局；最后，代理人在其授权范围内进行谈判，不易损害被代理人的利益。

间接谈判多适用于以下情况：

（1）谈判一方或双方对对手的情况不了解。

（2）在冲突较大的谈判中，为避免双方直接冲突。

（3）谈判出现僵局，双方又无力解决。

二、横向谈判和纵向谈判

按照议题的商谈顺序，谈判可分为横向谈判和纵向谈判。横向谈判是指在确定谈判所涉及的所有议题后，开始逐个讨论预先确定的议题，在某一议题上出现矛盾或分歧时，就把这一问题暂时搁置，接着讨论其他问题，如此周而复始地讨论下去，直到所有内容都谈妥为止。

横向谈判的优点在于：

（1）议程灵活，方法多样，多项问题同时讨论，有利于寻找解决问题的变通办法。

（2）有利于谈判人员创造力和想象力的发挥，便于谈判策略和技巧的使用。

（3）不容易陷入谈判僵局等。

纵向谈判是指在确定谈判的主要议题后，逐一讨论每一问题和条款，讨论一个问题，解决一个问题，直至所有问题都得到解决。其特点在于集中解决一个议题，即只有在第一个议题得到解决后，才开始全面讨论第二个议题。

纵向谈判的优点在于：

（1）程序明确，复杂问题简单化。

（2）每次只谈一个问题，讨论详尽，解决彻底。

（3）避免多头牵制、议而不决的弊病。

（4）适用于原则性较强的谈判。

这种谈判方式也有缺点：首先，议程过于死板，不利于双方沟通交流；其次，问题之间不能相互通融，当某一问题陷入僵局时，不利于其他问题的解决；最后，不利于谈判人员想象力、创造力的发挥，不能灵活变通地解决谈判中的问题。

第 6 节 模拟谈判

为了更直接地预见谈判的前景，对于一些重要的和难度较大的谈判，可以采取模拟谈判的方法来改进和完善准备工作。

模拟谈判即正式谈判前的"彩排"，可将谈判小组成员一分为二，一部分人扮演谈判对手，并以对手的立场、观点和作风来与己方另一部分谈判人员交锋，预演谈判的过程。

一、模拟谈判的必要性

模拟谈判可以使谈判者获得实践经验，取得重大成果。在模拟谈判中，谈判者不用担心谈判失败，从检验谈判方案可能产生的效果出发，不仅可以使谈判者注意到那些原本被忽略或被轻视的重要问题，而且通过站在对方角度进行思考，可以使己方在谈判策略设计方面更加有针对性。同时，也将丰富己方在消除双方分歧方面的建设性思路。通过模拟谈判，己方对于将要谈判的各个问题，都将明确考虑可接受的解决方案和妥协方案。

模拟谈判可以锻炼谈判者的应变能力，培养和提高谈判者的素质。

二、拟定假设

要使模拟谈判真正有效，还有赖于拟定正确的假设。

拟定假设是指根据某些既定的事实或常识，将某些事物认定为事实，不管这些事物是否存在，仍视其为事实进行推理。因而，假设是模拟谈判的前提，又是模拟谈判的基础，它的作用是根本性的。按照在谈判中包含的内容，假设可以分为三类：一是对客观环境的假设；二是对自身的假设；三是对对方的假设。在谈判中，常常由于双方误解事实真相而浪费大量的时间，也许曲解事实的原因就在于一方或双方的假设错误。因此，谈判者必须牢记，自己所做的假设只是一种推测，如果把假设奉为必然是非常危险的。拟定假设的关键在于提高假设的精确度，使之更接近事实。为此，在拟定假设时要注意：

（1）让具有丰富谈判经验的人拟定假设，这些人身经百战，提出的假设可靠度高。

（2）必须按照正确的逻辑思维进行推理，遵守思维的一般规律。

（3）必须以事实为基准，事实越多、越全面，所拟定假设的准确性就越高。

（4）要正确区分事实与经验、事实与主观臆断，只有事实才是靠得住的。

模拟谈判的假设归根结底只是一种推测，带有或然性，若把或然奉为必然来指导行动、先入为主，对谈判则有害无益。

三、模拟谈判的人员

一般而言，模拟谈判需要下列三类人员：（1）知识型人员。这种知识是指理论与实践融为一体的知识。这种人员能够运用所掌握的知识触类旁通、举一反三，把握模拟谈判的方方面面，使其具有理论依据和现实基础，同时，他们能从科学的角度去研究谈判中的问题。(2) 预见型人员。这种人员对于模拟谈判是很重要的。他们能够根据事物的变化发展规律，加上自己的业务经验，准确地推断出事物发展的方向，对谈判中出现的问题相当敏感，往往能对谈判的进程提出独到的见解。(3) 求实型人员。这种人员有着强烈的脚踏实地的工作作风，考虑问题客观周密，不凭主观印象，一切以事实为出发点，对模拟谈判中的各种假设条件都仔细求证，力求精准。

四、模拟谈判的方法

（一）全景模拟法

全景模拟法指在想象谈判全过程的前提下，有关人员扮演不同的角色所进行的实战性排练。这是最复杂、耗资最大、最有效的模拟谈判方法。这种方法一般适用于关系到企业重大利益的谈判。采用全景模拟法时，应注意以下两点：

(1) 合理地想象谈判全过程。要求谈判人员按照假设的谈判顺序，充分想象在谈判全过程中双方可能发生的情形，并依照想象的情况和条件，演绎双方交锋时可能出现的一切情境，如谈判的气氛、对方可能提出的问题、己方的答复、双方的策略和技巧等。合理的想象有助于谈判更充分、更准确，这是全景模拟法的基础。

(2) 尽可能地扮演谈判中所有会出现的人物。这有两层含义：一层是指对谈判中可能出现的人物都有所考虑，要指派合适的人员对这些人物的行为和作用加以模仿；另一层是指主谈人员或其他在谈判中起重要作用的人员应扮演谈判中的每一个角色，包括自己及己方的顾问、对手及对手的顾问。这种对人物行为、决策、思考方法的模仿，能使己方对谈判中可能遇到的问题、人物有所预见。同时，站在对方的角度进行思考，有助于己方制定更完善的策略。

（二）讨论会模拟法

这种方法类似于头脑风暴法，通常分为两步：第一步，企业组织参加谈判的人员和其他相关人员召开讨论会，请他们根据自己的经验，对企业在本次谈判中谋求的利益、对方的基本目标、对方可能采取的策略、己方的对策等问题畅所欲言。不管这些观点、见解如何标新立异，都不会有人指责，有关人员只是忠实地记录，再把会议情况上报领导者作为决策参考。第二步，请人针对谈判中种种可能发生的情况，以及对方可能提出的问题等提出疑问，由谈判组成员一一加以解答。讨论会模拟法特别欢迎反对意见。这些反对意见有助于己方重新审核拟定的方案，从多种角度以多重标准来评价方案的科学性和可行性，并不断完善准备的内容，以提高成功率。国外的模拟谈判对反对意见备加重视，然而这个问题在我国企业中长期没有得到应有的重视。有的领导难以容忍反对意见，讨论会往往变成一言堂。这种讨论不是为了使谈判方案更加完善，而是成了表示赞成的一种仪式。这就违背了讨论会模拟法的初衷。

（三）列表模拟法

这是最简单的模拟方法，一般用于小型的常规性谈判。具体操作过程是：通过对应表格的形式，在表格的一方列出己方经济、科技、人员、策略等方面的优缺点和对方的目标及策略，在另一方则相应地列出己方针对这些问题在谈判中所应采取的措施。这种模拟方法的最大缺陷在于，它实际上还是谈判人员的一种主观产物，只是尽可能地搜寻问题并列出对策。至于这些问题是否真的会在谈判中发生，这些对策能否起到预期的作用，由于没有经过实践的检验，不能100%保证完全可行。

五、模拟谈判的总结

模拟谈判的目的在于总结经验，发现问题，提出对策，完善谈判方案。所以，模拟谈判的总结是必不可少的。模拟谈判的总结应包括以下内容：

（1）对方的观点、风格、精神。
（2）对方的反对意见及解决办法。
（3）己方的有利条件及运用状况。
（4）己方的不足及改进措施。
（5）谈判所需情报资料是否完善。
（6）双方各自的妥协条件及可共同接受的条件。
（7）谈判破裂与否的界限。

可见，模拟谈判的总结涉及各方面的内容，只有通过总结，才能积累经验，吸取教训，完善谈判的准备工作。

延伸阅读

竞争情报分析法

一、核心竞争力分析模型

1990年，著名管理学者哈默尔和普拉哈拉德共同提出，企业的核心竞争力是能使公司为客户带来特殊利益的一种独有技能或技术。企业核心竞争力是建立在企业核心资源基础上的企业技术、产品、管理、文化等的综合优势在市场上的反映，是企业在经营过程中形成的不易被竞争对手仿效并能带来超额利润的独特能力。在激烈的竞争中，企业只有具备核心竞争力，才能获得持久的竞争优势，保持长盛不衰。

企业核心竞争力的识别标准有四个：

1. 价值性。这种能力首先能很好地实现顾客所看重的价值，例如，能显著地降低成本，提高产品质量，提高服务效率，增加顾客的效用，从而给企业带来竞争优势。

2. 稀缺性。这种能力必须是稀缺的，只有少数的企业拥有。

3. 不可替代性。竞争对手无法通过其他能力来替代它，它在为顾客创造价值的过程中具有不可替代的作用。

4. 难以模仿性。核心竞争力还必须是企业所特有的，并且是竞争对手难以模仿的，也就是说它不像材料、机器设备那样能在市场上购买到,而是难以转移或复制的。这种难以模仿的能力能为企业带来超过平均水平的利润。

二、SWOT 分析模型

SWOT 分析法在 20 世纪 80 年代初由韦里克教授提出,通常被用于企业战略制定、竞争对手分析等场合。SWOT 分析包括企业的优势(strengths)、劣势(weaknesses)、机会(opportunities)和威胁(threats)。因此,SWOT 分析实际上是将对企业内外部条件各方面内容进行综合和概括,进而分析组织的优劣势、面临的机会和威胁的一种方法。通过 SWOT 分析,可以帮助企业把资源和行动聚集在自己的强项和有最多机会的地方,并让企业的战略变得明朗。

SWOT 分析的步骤如下:

1. 确认当前的战略是什么。
2. 确认企业外部环境的变化(波特五力模型或者 PEST 分析)。
3. 根据企业资源组合情况,确认企业的关键能力和关键限制。
4. 按照通用矩阵或类似的方式打分评价。

把识别出的所有优势分成两组,分的时候以两个原则为基础:它们是与行业中潜在的机会有关,还是与潜在的威胁有关。用同样的方法把所有的劣势分成两组,一组与机会有关,另一组与威胁有关。

5. 将结果在 SWOT 分析图(见图 4-1)上定位。

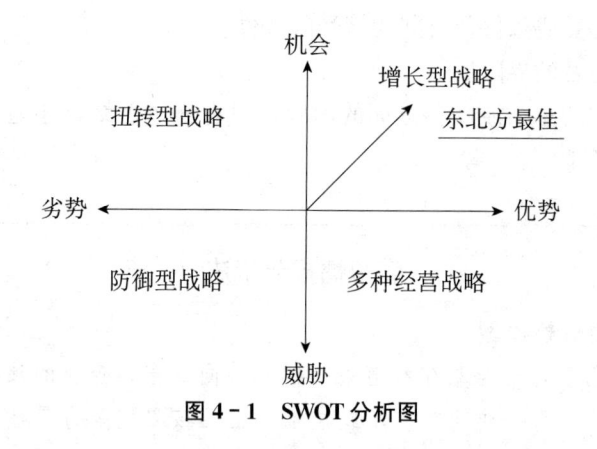

图 4-1 SWOT 分析图

◀ 小　结 ▶

1. 谈判的主题是指参与谈判的目的,谈判的目标则是谈判主题的具体化。
2. 信息情报收集的主要内容有:(1)与谈判有关的环境因素;(2)有关谈判对手的情报;(3)竞争者的情况;(4)已方的情况。
3. 商务谈判计划是指企业最高决策层或上级领导者就本次谈判的内容所拟定的谈判主体目标、准则、具体要求和规定。
4. 商务谈判物质条件的准备包括两个方面的内容:一是谈判室及室内用具的准备;

二是谈判人员的食宿安排。

5. 谈判方式是指参加谈判的双方针对某一商务活动进行磋商时相互采取的交往方法和形式。谈判的方式多种多样，按照双方的接触形式可分为直接谈判和间接谈判，按照议题的商谈顺序可分为横向谈判和纵向谈判。

6. 模拟谈判即正式谈判前的"彩排"，它可以使谈判者获得实践经验，锻炼谈判者的应变能力，培养和提高谈判者的素质。

◀ 复习与思考 ▶

一、基本概念

谈判的主题　　　　谈判的目标　　　　直接谈判
间接谈判　　　　　横向谈判　　　　　纵向谈判
模拟谈判　　　　　拟定假设

二、简答题

1. 如何制定谈判的目标？
2. 信息情报收集包括哪几个方面的内容？
3. 信息情报收集的方法和途径有哪些？
4. 如何进行模拟谈判？

三、论述题

试述如何制订一个周密细致的谈判计划。

第 5 章
商务谈判过程

商务谈判的各项准备工作就绪以后,就可以进行正式谈判了。谈判的过程应有一定的程序,这个程序涉及谈判的方案、议程安排及相关对策等问题。有经验的谈判者十分注重谈判程序的安排和运用。本章从开局、实质性谈判到最后达成协议,分阶段加以阐述。

第 1 节 商务谈判过程概述

一、商务谈判的过程划分

对于商务谈判的整体流程,有不同的描述方法,常见的有阶段划分法、商务谈判的三部曲等。

（一）阶段划分法

按照一定的发展过程,将谈判的整个流程划分为若干不同的阶段,是描述商务谈判整体流程的一种常用方法。一般认为,一次完整的商务谈判包括谈判前的活动、谈判中的活动以及谈判后的活动三大组成部分,其中谈判中的活动可以分为开局阶段（又可以细分为导入过程和摸底过程）、磋商阶段（又可以细分为报价过程、交锋过程和妥协过程）和终结阶段。

谈判的各个阶段如表 5-1 所示,具体知识会在相关章节详细介绍。

表 5-1 商务谈判的阶段划分

组成部分	包含阶段及具体过程		作用
谈判前的活动	准备阶段		为谈判进行做好计划、人员、情报分析、场地、设备的准备，进行模拟谈判
谈判中的活动	开局阶段	导入过程	双方人员相互介绍，彼此熟悉，创造谈判的氛围
		摸底过程	简单介绍自己的情况，并努力获取对方的意图
	磋商阶段	报价过程	一方主动要求或根据双方协商，率先报出价格
		交锋过程	就一方的报价，对方进行讨价还价，并进行价格解释、价格评论，以及就其他交易条件进行交涉
		妥协过程	双方按照一定的原则，互相妥协，以求达成交易
	终结阶段		根据谈判的目标设定和期望，无法继续进行时，结束谈判过程
谈判后的活动	签订协议阶段		交易正式达成以后，为约束对方而签订相关协议

1. 谈判前的活动

谈判开始前的准备活动包括收集和分析谈判信息、拟订详细的谈判计划、确定谈判的策略、选择有利的谈判场地、布置谈判现场等。

2. 谈判中的活动

（1）开局阶段。商务谈判的开局阶段可以分为两个过程，分别是导入过程和摸底过程。

导入过程标志着商务谈判的真正开始，其中的主要事务包括双方人员相互介绍和彼此熟悉。采用自我介绍比较好，要注意介绍的礼节、礼貌。要通过服饰和饰物、秘书、组成人员等，塑造有利于谈判目标实现的形象；营造一种自然轻松、礼貌尊重、友好合作、积极进取的良好谈判气氛；努力给对方人员留下美好的印象，例如要显得有修养、有学识等。

在摸底过程中，双方都简单地表明自己的目标、立场和条件，并做一些简单的沟通。注意在这个过程中，双方只是说了应该说的话，而隐藏了不想让对方知道的东西。所以，谈判人员要学会投石问路，学会倾听，表达内容要谨慎、简短、清晰和准确。当事双方都知道这属于相互摸底的过程，所以彼此都想窥测对方的信息和意图。

（2）磋商阶段。商务谈判的磋商阶段，也称报价、讨价、还价阶段，在整个谈判过程中占有重要地位，也是其中的关键阶段，它直接关系到双方是否能够最终签约以及日后是否能够合作。

具体来说，磋商阶段又可以分为报价过程、交锋过程和妥协过程。其中，在报价过程中公开展示自己的价格需求；在交锋过程中双方针锋相对，讨论、比较、权衡各自利益，这是认识迈进的阶段；而在妥协过程中双方互相让步，促使交易在最后的一个短暂时间里达成。

（3）终结阶段。双方的谈判到了一定的时间，或者谈判到了某一状态，或者谈判出现了不可调和的局面，谈判进入终结阶段。

3. 谈判后的活动

如果商务谈判的最终结果是交易顺利达成的话，还要进行协议或者合同的签订：一般先签订协定备忘录，即谈判达成的一种文字记录。协定备忘录不是合同文书或正式协议书，但经双方签字，就代表双方必须遵守承诺，之后再进行正式协议或合同的签订，其中的具体流程和仪式将在后续章节中介绍。

（二）商务谈判的三部曲

在谈判双方彼此存在长期合作诚意的前提下，商务谈判的三部曲是一种很好的用来指导谈判进程的重要思想，它有助于提高谈判的效率，并能有效实现谈判的目标。

商务谈判就像下棋，在开局阶段要成功布局，中局阶段要保持一定的优势，终局阶段要赢得对方的信任。与之相对应，商务谈判的步骤也可以划分为三部曲：申明价值、创造价值和克服障碍。

1. 申明价值

此阶段为谈判的初级阶段，谈判双方彼此应充分沟通各自的利益需要，申明能够满足对方需要的方法与优势所在。此阶段的关键是弄清对方的真正需求，因此，主要技巧就是多向对方提问题，探询对方的实际需要，因为越了解对方的真正需求，就越能够知道如何才能满足对方的要求。与此同时，也要根据情况申明己方的利益所在，让对方了解己方利益和目标，才能满足己方的要求。

在谈判的过程中，有些谈判者总是尽最大可能迷惑对方，不让对方知道自己的底细和真实需要及利益所在，因担心对方知道自己的底细后会要求更高而想方设法误导对方，这是谈判的一般原则。但是，如果总是误导对方，那么最终吃亏的可能还是自己，因为总提防对方，而己方的目标、需求没有在谈判中表达出来，就很难达成共识。因此，还要对此进行适当的微调。

2. 创造价值

此阶段为谈判的中级阶段，双方彼此沟通，往往申明了各自的利益所在，了解了对方的实际需要。但是，以此达成的协议并不一定能满足双方的利益并达到最大化，双方的利益也未能有效地平衡，即使达到了平衡，此时的协议也未必是最佳方案。因此，在谈判中双方需要想方设法去寻求更佳的方案，为谈判各方找到最大的利益。其实，创造价值的阶段往往也是商务谈判中最容易忽略的阶段。一般的商务谈判很少能从全局的角度出发，去充分创造、比较与衡量最佳的解决方案，使谈判者总觉得谈判结果不尽如人意，没有达到"赢"的感觉，总有一点遗憾。所以，使谈判双方达到利益最大化，寻求最佳方案就显得非常重要。

3. 克服障碍

此阶段往往是谈判的攻坚阶段，谈判的障碍一般来自两个方面：一是谈判双方的利益存在冲突；二是谈判者自身在决策程序上存在障碍。第一个方面需要双方按公平合理的客观原则来协调利益；第二个方面需要谈判无障碍的一方主动去帮助另一方进行决策。

商务谈判的三部曲是谈判者在商务谈判中适用的一般原则。谈判者掌握其中的步骤，并有效地遵循适当的方法，就能够使谈判的结果达到双赢，使双方的目标得以实现。

二、谈判过程中的要领

对商务谈判过程的不同理解和划分，有助于从操作流程的角度把握和计划好谈判。无论如何划分，谈判过程的核心内容都是一致的。在把握大的过程时，要注意在每个阶段把握好细节，细节问题处理不好，会带来不可估量的损失，因为很多时候细节决定成败。所以，谈判的每个阶段都要小心谨慎，借用医学上的"望、闻、问、切"技巧，可以总结出以下要领。

（一）倾听的要领

倾听不但可以挖掘事实的真相，而且可以探索对方的动机。掌握了对方的动机，就能调整自己的应变策略。一般有以下几个方面值得注意：

（1）倾听的专注性。人们倾听及思考问题的速度比讲话要快 4 倍，因而要把听放在首位，并认真思考。

（2）话语的隐蔽性。俗话说"听话听声，锣鼓听音"，要认真分析对方话语中所暗示的用意与观点，以及他要从哪些方面对你施加影响。要特别注意对方晦涩和模棱两可的语言，认真观察其身体语言，也许他是在故意用难懂的语言转移你的注意力。

（3）倾听与思考的同步性。在倾听时，要思考对方的语言，准备询问对方，要考虑出击的角度与力度，以及语言表述的明暗程度，这要与倾听同步完成。否则，容易在思考问题时忽略对方所说的内容。

（二）表达的要领

谈判中，阐述自己的观点以及具体方案、方法、立场时必须注意以下几点：

（1）尽量使对方听懂你的叙述，少用专业语言，以简洁明确的语言解释、表达。

（2）不要谈与主题没有内在联系的事，否则会显得没有诚意。

（3）叙述的内容要与资料相符合，切忌风马牛不相及。数字的表达应特别注意准确性，如价值、价格、兑换率、日期、增长率等，不要使用"大概""可能""也许"等词语。

（三）提问的要领

在谈判中，提问可以转换对方的思路，引起对方的注意，控制谈判的方向。提问的方式一般有以下几种：

（1）澄清式提问。搞不清对方所说的话或对方的话模棱两可时，可以用对方所说的原话反问，如"您说情况的变动，指的是在什么范围内的变动？"以使对方重新解释，满足你的语言反馈要求，重新思考一遍他所说的内容。

（2）引导性提问。如"假设我们能够满足您的三个要求，贵方能否有更多的优惠？"以吸引对方思考你的引导性语言，探寻他的内心想法。

（3）选择性提问。如"这份合约，你们今天生效还是明天生效？"这样，对方会进入圈套中被迫产生选择意愿，并给予明确的答复。总之，提问方式很多，语言要适合谈判进程中的气氛，注意观察对方的反应，但应避免使用威胁或讽刺性语言。

（四）说服的要领

为使对方改变原来的想法或打算，而甘愿接受己方的意见与建议，要注意说服的方式方法。

（1）要向对方阐明，一旦接纳了己方的意见，将会有什么样的利弊得失。一方面，给人感觉比较客观、真实；另一方面，如果对方接受了己方意见而问题又真的出现了，可以说明事先已经明确。

（2）要向对方讲明为什么重视双方的合作，以示对对方谈判者的尊重，使对方认真思考并做出选择，从而在心理上接受己方的观点。

（3）应公开己方的意见被采纳后己方得到的好处，以使对方消除神秘感与猜测性，哪怕其中有些水分也要表示出来。

（4）要强调双方立场的一致性。暗示合作后给双方带来的收益，从而给对方以鼓励和信心。

第 2 节　开　局

开局是实质性谈判的第一个阶段。在这一阶段，商谈的双方开始进行初步接触，互相熟悉，并就此次谈判的目标、计划、进度和参加人员等问题进行讨论，在尽量取得一致的基础上就此次谈判的内容分别发表陈述。

一、营造洽谈气氛

为了创造良好的乃至有利于己方的气氛，就要有意识地创造合适的谈判气氛。在开谈之前，要做好准备工作，大体分两步：（1）理清自己的思路，把谈话要点写出来，以防遗忘；（2）做好物质准备，包括收集、整理有关文件、资料、信息以及选定谈判场所。开谈后气氛有可能发生变化，但最重要的还是在开谈之前营造气氛，它是建立良好谈判的基础。不同的谈判气氛对谈判会产生不同的影响。积极、合作、热烈的气氛会在无形之中对谈判产生推动作用，对立、紧张、沉闷的气氛则是谈判的重大障碍，甚至会导致谈判破裂。因此，从谈判开局时就应该努力营造轻松、愉悦、坦率、友善、和谐的气氛，对于谈判可以起到十分有利的作用。

在谈判开始时双方不太了解，需要调整思路，熟悉对方，加强沟通。因此，话题应是轻松的、非业务性的，可谈名人轶事，也可谈旅游风景、名胜古迹等，使双方找到共同话题，逐渐撤去初识所设的心理屏障，再过渡到交易谈判上。

（一）塑造良好的第一印象

形成洽谈气氛的关键时间是短暂的，可能只有几秒钟，最多不超过几分钟。谈判者应当展现出可亲、可敬、可信的人格魅力，轻松自如，落落大方，给对方留下良好的第一印象。实际上，从双方走到一起准备洽谈时，洽谈的气氛就已经形成了，而且会延续下去，以后很难改变。因为这时，热情或冷漠、合作或猜疑、友好或防范等情绪已经出现，行为已经表现出不是轻松便是拘谨。当然，洽谈气氛不仅受最初几秒钟内发生的事情的影响，还受双方见面之前的预先接触以及洽谈中接触的影响。但是，开始见面形成的印象比初见前形成的印象强烈得多，甚至会很快取代以前的印象。

（二）营造洽谈气氛不能靠故意做作

当双方第一次走到一起准备洽谈时，最有可能出现的场面是什么？

一见面，双方首先互致问候，开始某种形式的对话。这时，洽谈人员除了耳闻目睹，还会产生某种预感，"说不定这个洽谈会很棘手"，或者是"天啊，我可得留神对方这些人"。当然，反应也可能是积极的，比如，"看来这次真的没准儿会有点结果"。见面形式、问候和坐定的方式，并不能完全解释为什么洽谈人员会产生上述各种情绪，它们应该源于谈判双方的本来意图和其他一些复杂的影响因素。

因此，应本着诚挚、合作、轻松而又认真的态度，建立良好的洽谈气氛，并以平等互利、友好合作作为谈判的基本原则准备谈判，单纯表面的做作很难奏效。

（三）开局目标在于思想协调

要想使谈判顺利进行，首先要融洽感情、协调思想。在开局阶段，最重要的工作就是确立开局的目标。所谓开局的目标，是指一种与谈判的终极目标紧密相连而又相互区别的初级目标，即应该营造出一种和谐的谈判气氛，使谈判双方能尽快地协调一致。因此，洽谈开始时的话题最好是轻松的、非业务性的。比如，双方可以随便聊聊以下内容：

(1) 会谈前各自的经历。如应邀进行的游览、到过的地方、接触过的人等，以及业务外的话题，如足球、冰球、高尔夫球等，甚至早上的新闻摘要（只要不给对方带来不快）。

(2) 私人问候。表现出真正关心他人的情况，不带任何威胁的语调。例如，美国总统里根访问复旦大学时，在一个大教室里，面对100多位初次见面的复旦大学学生发表演讲，他的开场白就紧紧抓住彼此之间还算"亲近"的关系："其实，我和你们学校有着密切的关系。你们的谢希德校长同我的夫人是美国史密斯学院的校友。照此看来，我和各位自然也就是朋友了！"此话一出，全场鼓掌。短短的几句话就使100多位黑头发、黄皮肤的中国大学生把这位碧眼高鼻的洋总统当作十分亲近的朋友。接下来的交谈自然十分热烈，气氛也极为融洽。

(3) 彼此有过交往的，可以先叙述一下以往的共同经历和取得的成功。这类话题可以使双方放松，找到共同语言，为沟通做好准备。

案例 5-1

良好的谈判气氛是怎样营造的

1994年，美国全年贸易逆差居高不下，约 1 800 亿美元。其中，对日本的逆差居首位，达 660 亿美元，而这中间 60% 的逆差产生自日本汽车的进口。日本汽车大量进入美国市场，一年约 400 万辆。于是就有了 1995 年美日汽车贸易谈判。美方认为，日本汽车市场不开放，而日方却认为本国政府未采取任何限制措施。为了使谈判顺利进行，日方在谈判正式开始前就致力于改善谈判气氛。日本汽车制造业协会出钱在《华尔街日报》做广告，广告标题是"我们能多么开放呢？"接着用文字说明："请看一下事实：（1）对进口汽车、零件无关税；（2）对美国汽车实行简便的进口手续；（3）美国汽车免费上展台；（4）销售商根据市场需求决定卖什么车。"之后，又总结出美国车在日本销售不好的原因：日本汽油昂贵，所以日本人只能买省油的小汽车，而美国出口的是大型车。广告最后得出的结论是："自由贸易才是成功之路。"此广告是日本汽车制造业协会在作了市场调查的基础上写成的，看过报纸的人都认为日方讲得有道理，于是就营造了谈判的良好气氛。

资料来源：韦宏，陈福明. 商务谈判与沟通技巧. 北京：高等教育出版社，2015.

二、确定谈判中的角色定位

在洽谈双方的初次接触、闲谈中，通过无声信息的传递和有声信息的沟通，彼此之间会对对方形成各自的印象，如对方的表象认识、言谈举止、着装打扮、生活习惯等，以及本性推断：是自信还是自卑，是精力旺盛还是疲惫不堪，是轻松愉快还是高度紧张等。精明的谈判人员往往依据这些印象，来确立自己在谈判中的形象，形成自己的角色定位。

譬如，一个谈判对手是西方人，他直视着你，握手有力，而且用右手与你握手时，左手又放在你的肩膀上，这就说明此人精力充沛（这个人太精干了——我最好小心一点）；或者说明他权力欲很强（这是一种过激的举动，他想控制我）。那么，你就应该相应地采取"慢火文攻"的方式来确立自己的谈判形象。

同样，如果对方是一个衣着传统、拖泥带水、时间观念差的人，你则应警惕"他想拖垮你"，必须确定自己的主动攻击性角色，设法以巧取胜。

因此，在进入正式谈判之前，谈判者应做好各方面周密、细致的工作，注意个人形象，认真研究分析对方的行为；同时，最重要的是在谈判中以诚待人，行为端庄、谦虚，说话态度诚恳，言之有理，以理服人；平等互利，真诚合作，处世灵活，遇变不惊，始终维护来之不易的良好洽谈氛围和业已确立的己方在谈判中的地位。

三、开好预备会议

在商务谈判中，常常需要在正式谈判前召开预备会议，以确定谈判内容以外的双方都关心的共同问题。因此,开好预备会议也是开局阶段的主要任务之一。

预备会议的目的是使双方明确本次谈判的目标以及为此目标共同努力的途径和方法,以便为此后各阶段的洽谈奠定基础。预备会议的内容一般是双方就洽谈目标、计划、进度和人员等内容进行商洽。目标是指本次洽谈的任务或目的;计划是指为了实现洽谈目标所设想采取的步骤与措施,其内容包括待讨论的议题以及双方必须遵守的规程;进度是指双方会谈进展的速度或是会谈前预计的洽谈速度;人员是指双方谈判小组的单个成员的情况,包括其姓名、职务以及在谈判中的地位与作用等。上述问题必须在洽谈进入正题前就确定好。

一般来讲,预备会议由东道主主持并首先发言,但这并不意味着客方处于被动地位,实际上双方的地位是平等的,并且必须依赖相互间的真诚合作,方能开好预备会议。因此,应尽量做到以下几点:

(1) 在会议开始时,彼此都应设法采取措施,使会议有一个轻松的开端。
(2) 享有均等的发言机会。
(3) 要有合作精神,在会议期间应给对方足够的机会发表不同意见,提出不同设想。同时,要尽量多提一些使双方意见趋向一致的问题,并可反复重申已取得的一致意见。
(4) 提问和陈述要尽量简练。
(5) 要乐于接受对方的意见。

四、把握开局阶段的要点

商业如同外交,安排议程也是掌握主动的一个机会。良好的议程可以阐明或隐蔽原来的动机,可以建立公平原则,也可以跳出正题之外设置障碍。所以,在谈判开始之前,要拟好议程,之后再商谈,这将帮助你掌握主动。一般应注意以下几个方面:

(1) 要仔细考虑议程的主题,以及何时提出最好。
(2) 详细研究对方的议程,以便发现己方利益是否被忽略或摒弃,并相应调整己方的议程。
(3) 不要表现出自己的利益可以退让,应略微强硬。
(4) 未详细考虑后果之前,不要轻易接受对方提出的额外问题。否则,会偏离原议程的轴心,导致己方疲于应付。

第3节 交 锋

交锋阶段是实质性谈判的核心部分。如果谈判双方已经确定了通过协商一致而最终达成协议的方针,并且已经初步建立了诚挚、轻松的洽谈气氛,已经就洽谈的目标、计划等取得了一致意见,已经有了相互合作的趋势,双方洽谈人员对各自的情况已经有了一定的了解,这时就应该坐下来展开对具体业务的协商洽谈,我们把达成协议以前的这种对专门问题的谈判都归入交锋阶段。这个阶段一般包括摸底、报价、议价与磋商等内容。

一、摸底阶段

一般来说，这个阶段是比较重要的，对于以共同谋求最佳利益为目的的谈判极为重要。摸底阶段的工作主要通过开场陈述进行，这个开场陈述应该是分别进行的。洽谈双方应通过此活动搞清对方的意图，而不要对对方的观点发表异议。

（一）开场陈述

开场陈述，就是要把己方的立场、观点、要求及会谈的内容向对方说清楚，同时还要表明对对方建议的反应。在陈述自己的观点时，要采用横向铺开的方法，而不是就某一具体问题深谈。

开场陈述的内容一般应包括：己方对问题的理解；己方的利益，即希望通过这次会谈取得的利益；己方的首要利益，即己方至关重要的利益；己方可以向对方做出让步的事项，即己方可以采取何种方式为双方共同的利益做出贡献；己方的立场，包括双方以前合作的结果、己方在对方那里所享有的信誉、今后双方合作的可能性。例如，国家医保谈判刚开始时，国家医疗保障局的相关工作人员就开诚布公地进行了阐述。

开场陈述的特点是：

（1）双方分别进行开场陈述。

（2）双方的注意力应放在自己的利益上，不要试图猜测对方的立场（这种猜测只会使对方恼火，引起混乱和敌意）。

（3）开场陈述需把握原则性，而无须就具体问题深入探讨。

（4）开场陈述应简明扼要、生动具体，防止抽象的说教。

陈述的方式一般有两种：一种是提出书面方案发表意见；另一种是会晤时双方口头陈述。这两种方式的实际作用要结合具体的洽谈环境来分析，不能一概而论。但有一点必须明确，即陈述应该是很正式的，以诚挚和轻松的方式表达出来，要让对方明白己方的意图，而不是向对方提出挑战，切记以柔至上。

例如，可以采用下面的陈述：

"先生们，大家已经一致同意由我这个用户首先阐明我们的立场。"

"这块地皮对我们很有吸引力。我们打算把土地上原有的建筑物拆掉盖新的商店。我们已经向规划局提出申请，相信会批准的。现在关键的问题是时间——我们要以最快的速度在这个问题上达成协议。为此，我们准备简化正常的法律和调查程序。以前咱们从未打过交道，不过据朋友讲，你们一向是很合作的。这就是我们的立场——我是否说清楚了？"

在搞懂了对方的陈述之后，再进行己方的陈述，这里必须明确、独立地表达己方的观点。

"那么，好吧，大家都同意下一步由我们发表意见。可以开始了吗？"

"很高兴能有机会和你们合作，我们非常愿意出售这块土地。但是，我们还有些关于在这块地皮上保留现存建筑物的承约,不过,这一点是灵活的。我们关心的是价格是否合适,反正我们也不急于出售。这是我们的态度,还有什么不清楚的吗?"

以这种方式介绍各自的立场,表明双方一直是沿着相互协作的道路前进的。现在需要的是,做出一种能把双方引向寻求共同利益的现实方向的陈述。

(二)倡议

倡议是对开场陈述在共同性上的延续,开场陈述已经向对方明示了个别利益与合作的愿望,接下来就应该抓住寻求这一共同利益的机会提出倡议。在倡议阶段,需要双方各自提出各种设想和解决问题的方案,然后在设想与符合商业标准的现实之间,搭起一座通向最终成交道路的桥梁。倡议应注意以下几点。

1. 要采取直截了当的方式

这是因为人们往往会立刻集中于某一个建议(或者评头论足或者进一步深入),而且总摆脱不了这个思路,而不能马上想起其他方面的建议。因此,提建议时切忌拐弯抹角、含含糊糊。

2. 倡议要简单明了,具有可行性

例如:"现在,你们有什么新设想吗?"

"我想,也许可以通过交货条件平衡一下价格问题。"

"我们可以把支付条件作为解决双方分歧的一座桥梁。"

"卖方可向买方发放贷款。"

"先把这笔买卖做成,再选个时间做下一笔交易。"

如此等等。

这样,一方可从另一方的倡议中得到启发,双方共同合作,使成交的前景逐渐明朗。

3. 双方互提意见

如果不是双方互提意见,而是一方对另一方的某个建议纠缠不休,则可能导致失败或中断。假如对方不但未提出建议,而且对于己方的建议不置可否,己方应设法引导对方提出他们的设想。只有双方通力合作,充分发挥各自的创造潜力提出各种设想,然后在各种设想的基础上寻求最佳方案,才有可能使谈判顺利进行下去。否则,不可能有好的结果出现。例如:

"现在,你们有什么新的想法了吗?"

"我想,也许可以通过提高新商品档次来平衡一下价格问题。"

"你们的意思是,我们需要付更多的钱换取你们早日交货?"

显然,这种对话实际上已把双方引入报价阶段,而没有充分利用目前倡议阶段的好机会。对此,己方可以引导对方提出其他设想。

"你们看,是不是还有其他思路,我们一起来讨论讨论。"

"我们觉得,如果……"

这样,又会回到融洽的商谈气氛中。

不要过多地为自己的建议辩护,也不要直接抨击对方提出的建议。这是因为建议的提出和下一步最佳方案的确定，需要双方的共同努力，如果过多地为自己辩护，或激烈地抨击对方的建议，则会引起对方的反感或增加对方的敌意，人为地给共同确定最佳方案制造障碍。双方应把前面提出的所有想法统统列出来，探讨每种设想的可行性。例如：

"现在我们来讨论一下哪种方案更为可行？"

"好的，我想通过交货条件来平衡价格问题的建议可能行不通。说不定我们还会有更好的解决办法。我认为，这个建议只是'二流'的。"

"我同意。不过，我对于把付款条件作为解决分歧的桥梁很感兴趣。我们可不可以把这个建议列为最佳建议？卖方为买方提供贷款的建议怎么样？"

注意，此时不要对尚未充分展开的思路提出反对或辩护。例如：

"不，我对这个建议没有丝毫兴趣。"

"我可以肯定地说，我们的建议是最好的。"

切记，即使你认为某种方案最佳，也要以谦虚的态度和客观的讨论获得对方的认可。

4. 确认对方的底细

经过一系列的开场陈述、倡议与选择可行方案，摸底工作有条不紊地进行。至此，通过这种温和式交锋，双方应该就对方的底细有一个明确的认识，这对于下一阶段激烈的谈判很有帮助。

如果通过摸底交谈，发现对方并不是同我们一样采取合作的态度，我们就需要相应地从根本上改变洽谈的方针。否则，就有被对方利用的危险。

一般来说，对方的底细无非分为以下三种：

第一，"绿灯"：对方在入题、开场以及摸底阶段能采取合作的态度。那么，不必担心对方别有用心了。

第二，"红灯"：对方拒绝合作，或者态度暧昧。尽管我们寻求各种机会与对方合作，但对方仍然无动于衷。那么，有被对方利用的危险。同时，也看清了对方是想尽一切办法谋求自己的利益。

第三，"黄灯"：对方处于犹豫不决状态。对此，应及时进行分析。最合适的方针是稍作休息。如果是一次性会谈，可以休息几分钟。如果是持续时间较长的大型会谈，可以利用休息时间剖析一下会谈的形势和对方的行为。

回顾洽谈的形势必须考虑以下几个问题：这笔生意的性质是什么？对方的实力如何？对方准备采取什么样的进攻方针？这时，还需要对对方的下列行为进行评价：

自洽谈开始以来，他们的表现如何？他们的行动基本上是合作的还是充满敌意的？

从对方开始几分钟的行动中，我们可以做出哪些判断？开谈之前，他们曾对我们施加了多大的压力？

在开场阶段，对方与我们合作的诚意如何？他们是一开始就与我们通力合作，还是从一开始就与我们背道而驰？

在开场陈述时，他们是不是对我们开诚布公？

在我们进行开场陈述时，他们是不是竭力攻击？

他们提出设想与采纳设想之比是多少？他们提供的信息与汲取的信息之比又是多少？

从对这些问题的思考中，我们便可以对对方的底细有一个清晰的了解，相应地也确定了我们的对策。

二、报价阶段

假定合作谈判的双方都已经表现出良好的合作愿望，这时就可以进行垂直式的谈判，首先要对双方已经共同认定的一些至关重要的议题加以阐述。例如：

"先生们，我想我们下面洽谈的议题应该是土地的价格、货款支付的时间、贷款条件以及法律责任等问题。你们认为还有别的议题吗？"

报价阶段一般是商务谈判由横向铺开转向纵向深入的转折点。在实际业务中，一般是发起谈判的一方或卖方首先报价，由另一方或买方还价，直到协商出双方都能接受的价格为止。这种报价和还价的过程就是报价阶段。这里所指的"价"是广义的，并非单指价格，还包括各项有关的交易条件。在本阶段，对于报价者来说需要考虑的是怎样选择开盘价，而对于还价者来说，需要考虑的主要是怎样确定还盘价。

（一）怎样确定开盘价

实际谈判过程中的最初报价称为开盘价，应根据国际市场价格和市场需求以及购销、意图与报价策略等，确定一个符合情理的可行价格。理论上讲，开盘价应是最高的可行价格，它通常有两种形式：一种是以最高价格报出的期望价；另一种是以不能突破的最低底盘价报出的期望价。买卖双方如何报出期望价，要根据具体情况而定。

目前，在国际贸易谈判中，有两种比较典型的报价方式，即西欧式报价和日本式报价。

西欧式报价是首先提出有较大余地的价格，然后根据买卖双方的实力对比和该笔交易的外部竞争状况，通过给予各种优惠，如数量折扣、价格折扣、佣金和支付条件上的优惠（延长支付期限、提供优惠信贷等），逐步达到成交目的。这种报价法只要能稳住买方，往往就会有一个不错的结果。卖方在开盘时报出的期望价，理所当然是最高价，其内在含义及作用在于：

（1）开盘价给己方的要价定了一个最高限制，往往开盘价一报，自己就不能再提出另一个更高的价格了，同时，对方也绝不会再接受另一个更高的价格。

（2）开盘价为对方提供了一个相应的评价己方价格尺度的标准。

（3）报出一个较高的开盘价，为下一步的价格磋商提供了回旋余地。开盘时报出的最高期望价，本质上是一张为整个交易留着使用的"牌"。

（4）开盘价代表谈判者的实在利益。在报价信息掌握得比较充分和可靠且策略运用得当的前提下，开盘价越高越可行，报价的一方能够得到的好处也就越多。

日本式报价是将最低价格列在价格表上以求首先引起买方兴趣的报价方式。这种报价方式一般以卖方最有利的结算条件为前提。在低价格交易条件下，各个方面很难能满足买方的所有需求，如果买方要求改变有关条件，卖方就会相应提高价格。因此，买卖双方最后成交的价格，往往高于价格表中的价格。与西欧式报价相比，这种报价法有利于通过低价格击败同类竞争对手，在很短时间内吸引买方，但不符合人们由高到低的价格心理变动趋势。

在实际谈判中，报价并不是简单的卖方或买方单方面的事情，它既要寻求己方的最高利益，又要兼顾对方接受的可能性。脱离对方可能接受的报价，只能是一场一厢情愿的美梦。事实上，西欧式报价与日本式报价殊途同归，没有实质性差异，关键在于通过讨价还价，达到双赢或多赢的目的。

在提出报价时，一般应注意以下问题：

第一，报价要非常明确。报价时切忌含含糊糊，必须让对方准确无误地了解己方的期望，才能达到提出报价的目的。

第二，报价要非常果断，毫不犹豫。这样才能给对方一种诚实而又认真的印象。

第三，报价时不必做过多的解释或说明。因为在议价阶段，对方肯定会就报价的有关问题提出质疑，如果在对方提问前主动地对有关问题做过多的解释或说明，就有可能使对方从中找到某些突破口。

（二）怎样确定报价次序

报价的先后应视具体情况而定。

关于应当由哪一方先报价的问题，目前还存在争议。在对方报价之前己方先报价的有利之处在于，先行报价的一方实际上为谈判规定了一个框架，最终协议将在此范围内达成。而且，第一个报价在整个谈判与磋商过程中都会持续起作用。因此，先报价的影响比后报价的影响要大得多。

先报价的不利之处在于：对方听了己方的报价后，可以对自己的想法进行调整，从而获得本来得不到的好处。美国加利福尼亚一家机械厂的老板哈罗德准备出售 3 台更换下来的数控机床，有一家公司闻讯前来洽购。哈罗德十分高兴，准备开价 360 万美元，即每台 120 万美元。当谈判进入实质性阶段时，哈罗德正欲报价，却突然停住，暗想："可否先听听对方的想法？"结果，对方在对这几台机床的磨损与故障做了一系列的分析评价后说："我公司最多只能以每台 140 万美元买下这 3 台机床，多一分钱也不行。"哈罗德大为惊喜，竭力掩饰住内心的喜悦，还装着不满意的样子，讨价还价了一番，最后自然是顺利成交。

先报价的另一个不利之处是，对方会试图在磋商过程中迫使己方按照他们的路子谈下去，也就是说，对方会集中力量对己方的报价发起进攻，逼我们一步一步地降价，而不泄露他们究竟打算出多高的价，这是必须坚决拒绝的。我们必须让他们报价、还价，绝不能使谈判转变为一场围绕己方报价的攻击战。

那么，究竟是先报价还是后报价对己方有利呢？总的来说，如果预计谈判十分激烈，就应当先报价以争取更大的影响；如果己方的谈判实力明显较弱，且缺乏谈判经验，就让对方先报价，通过观察对方扩大思路，调整自己的方案。如果双方都是谈判专家或有长期业务往来的老客户，则谁先报价均可。就惯例而言，一般由卖方先报价。

谁先报价的问题在许多合作型谈判中更加难以回答。无论怎样，双方应该本着诚心合作、共同解决问题的态度，不断摸索、逐步前进，以达成理想的协议。

（三）怎样回价

回价也称还价，即在面对面的谈判中，当一方听取了另一方的报价说明之后，对对方的报价做出适当的反应，提出自己要求的交易条件。还价方应注意以下几点：

（1）在还价前要准确地弄清对方的报价内容。为此，可以向对方提出一切必要的问题。比如，在谈论设备的价格时，可以向对方询问价格中是否包括佣金、是否包括机器的调试及技术培训费、是否包括一切必要的零配件费用等，以便得到一幅正确无误的价格图像。提问完毕后，应把自己对对方报价的理解进行归纳总结并加以复述，以检验双方在要约内容的理解上是否一致。

（2）还价应当是符合情理的可行价。

（3）在还价所涉及的提问过程中，必须使对方认识到，这些问题只不过是为了弄清他们的报价，而不是要求对方解释如此报价的原因。这样做不仅是对对方的尊重，而且对谈判双方都有好处。

三、议价与磋商阶段

一方报价另一方还价之后，一般情况下都要进入议价与磋商阶段。当双方进入议价与磋商阶段后，可能需要四个步骤才能使交易明确，即探明对方报价或还价的依据，对报价做出判断，互为让步，打破僵局。议价与磋商阶段要做到以下五点。

（一）捕捉信息，探明依据

谈判者要有效地维护自己的利益，首先必须充分了解对方报价的依据，探究对方的真正意图。如前所述，对于报价的直接反问不仅于事无补，而且会使对方意识到己方对其掌握的资料、信息知之不多，因而产生警惕，使以后的谈判于己方不利。

抓住每一个谈话细节，认真分析，做好以下三个方面的工作：

（1）仔细检查对方开出的每一个条件并逐项询问其理由，在可能的情况下，尽力引导对方就各个条件的灵活性发表陈述，不要根据主观推测去任意改变己方的原定计划与对策。

（2）仔细倾听并认真记录好对方的回答。在对方回答问题时，切忌过多地插话，更不要对对方的讲话或回答做过激的评论。应在倾听对方的陈述时，捕捉对方言谈中透露出来的信息，探究对方的真实意图。在对方回答问题时采取避实就虚或避重就轻或其他含糊技巧对问题不做正面回答的场合下，应尽量引导对方正面回答，并指出含糊其词回答问题的弊端。

（3）当对方想了解己方报价或还价的理由时，原则上应尽量把自己回答的内容限制在最小的范围内，只告诉对方最基础的东西即可，不必多加说明与解释，切忌问一答三的回答方式。

（二）了解分歧，归类分析

在议价过程中，双方存在分歧是正常的。可以说，没有分歧，就不会有谈判存在。

分歧往往存在于谈判内容的各个方面，有主有次，一般来说，价格方面的分歧是较大的分歧。

谈判过程中产生的分歧大致可以分为三类，即想象的分歧、人为的分歧和真正的分歧。

想象的分歧是由于一方没有很好地理解对方的要求或立场而产生的，或者是不相信对方的陈述准确地反映了对方的要求这一事实造成的。这种分歧的根源在于相互间的沟通不够。解决的办法就是，更好地掌握沟通的技巧。

人为的分歧是一方为了种种目的（比如，提出很高的报价或不近情理地杀价，以便为其在后面的谈判中留有较大的回旋余地等）有意设置关卡而造成的。消除人为因素造成的分歧的办法一般是，多留一些时间用于磋商，使谈判在不陷入僵局的前提下，一轮一轮地进行下去。同时，在磋商过程中，尽可能使用说服的技巧，使对方逐步降低要求。

真正的分歧是多种多样的，所以解决的办法也有数种。对此，本书将在后面的内容中进行分析和阐述。

（三）掌握意图，心中有数

在尽可能准确地分析双方之间的分歧之后，就要分析对方的真正意图。对此，谈判者应对下列问题做到心中有数：

（1）在己方的报价（或还价）中，哪些条件可能为对方所接受，哪些条件又是对方不大可能接受的。

（2）从对方给己方的报价（或还价）所做的评价中流露出来的迹象和直接观察对方言行所得出的一些答案中，推断对方对其他问题所持反对意见的坚定性如何。

（3）在每一个议题上对方讨价还价的实力如何。

（4）可能成交的范围怎样，即无论己方还是对方都可以接受的最佳交易条件是什么。

案例 5-2

销售价格谈判的利器：信息优势

议价是商务谈判中的一个重要环节。谈判中要想掌握谈判的主动权，就需要尽可能准确地分析双方之间的分歧和共同利益，掌握对方的真正意图，推断出己方和对方都可接受的最佳交易条件。只有这样才能在谈判中稳扎稳打，实现利益最大化。电视剧《那年花开月正圆》的主角周莹与棉花收购商童老板之间精彩的议价片段可以说是一次经典的销售价格谈判。

周莹想趁着今年棉花行情大涨，大发一笔，于是提前定下了陕西关中的全部棉花，准备卖给外地客商童老板。周莹和童老板一见面，立刻开门见山地说："您是来收棉花的吧？现在关中的棉花都在我手上；只要童老板价格公道，我愿意全部出售。"这样就先声夺人，充分展现了实力。童老板是一名老奸巨猾的商人，首先不露声色地看过了样品，然后询问周莹有多少棉花，意图摸清周莹的底牌。周莹充满底气地说，至少 80 万斤。童老板虽然想采购 80 万斤，但他并没有直说，而是说只能要 20 万斤，目的是先把采购量报低，然后在谈判过程中以增加采购量为筹码进一步压价。童老板一边打着感情牌，一边使劲压价。他的理由是我在其他地方收购都是50文一斤，看在咱们的老交情上，愿意出60文一斤。而周莹掌握了市场行情，胸有成竹，直接说出120文一斤的市场行情，并且给出了三条充分理由：一是去年棉价大跌，一半棉农都改种了小麦，产量减少了很多；二是直隶湖广棉花遭受自然灾害，产量大减，物以稀为贵；三是关中棉花质量好，要价120文一斤完全物有所值。周莹的三条理由有理有据，童老板也心知肚明。第一轮交锋后，周莹利用知悉市场行情的信息优势掌握了谈判主动权，但是双方出价是120文和60文，差距仍然较大。

于是，谈判进入第二阶段。这时，双方都想用气势压倒对方。童老板哈哈大笑，说：我收了这么多年棉花，从来没有超过100文啊。周莹不甘示弱，也是仰天大笑，顺势说：虽然棉花确实贵了些，但是纺成棉布一定能卖个好价钱，还要提前恭喜您呢。童老板一计不成，又生一计，就是用提升采购量来压价，提出如果80文的话，80万斤棉花全要。如果不行，那就拉倒。没想到的是周莹并没有被吓倒，反而客客气气地说：为了表示诚意，如果您80万斤全要，可以再优惠5文。尽管双方价位差距已经缩小到115文和80文，但离成交还有一定差距。

接下来是激烈交锋、惊心动魄的第三阶段谈判。童老板采取极限施压的伎俩，威胁说生意没法做了，准备端茶送客。周莹顶住极限施压，沉着冷静地说：没关系，过两天还会有棉花收购商来找我的，到时候价格也许还会上涨。其实，周莹的杀手锏是她掌握了一条关键信息：童老板定了运载80万斤棉花的货船，不可能空手而归。童老板一下被戳中软肋，极限施压踢到了铁板。此时，双方已经完全摊牌，谈判进入最后对决阶段。周莹果断下楼，心中期待童老板做出让步，果然童老板在最后一刻妥协，恳请周莹再让一点。周莹顺便提出一手交钱、一手交货的条件，答应110文成交。最终童老板痛快地答应了。

资料来源：根据网络资料整理撰写。

（四）对症下药，选择方案

一般来说，分析双方的分歧并判断对方的真正意图后，如果发现双方存在很大的真正分歧，摆在谈判者面前的选择一般有以下三种：

（1）建议终止谈判。一般来说，谈判者都是不愿终止谈判的，对于卖方来说更是如此，建议终止谈判往往是不得已而采用的最后一招。在采取这一步骤时应具备以下条件：一是己方处于有利的地位，一旦提出终止谈判这一要求，对方就有很大可能进行让步；二是采用终止谈判的方法在当时是唯一能使对方改变立场与想法的措施；三是双方矛盾焦点所涉及的交易条件对己方来说确实是非常重要的，如果对方不肯改变立场，己方宁愿交易落空，也不愿勉强成交。不过即使具备以上三个条件，作为谈判者来说要采取终止谈判这一行为时，也必须特别慎重。

（2）全盘让步，接受对方的条件。在下列情况下，不得不采取这一做法：一是如果己方不做全盘让步，交易就不可能达成，而本次交易的达成将会对己方产生重大的影响；二是对方处于有利的地位，如果己方不做全盘让步，马上就有新的竞争者加入，届时己方将会处于更加不利的地位；三是己方即使做出全盘让步，接受对方的条件，也是有利可图的。在采用这一做法时，一定要在能够取得一定经济效益或社会效益的前提下进行，否则，宁可终止谈判。

（3）继续进行磋商，以求交易条件在互为让步的基础上达成一致。若是双方选择了这一方式，谈判将进入下一步。

（五）控制议程，争取主动

高明的谈判对手除了会对实质性谈判下很大功夫，也非常注意对谈判议程的控制。

在商务谈判中，人们往往觉察不出有人在控制洽谈议程方面施展技巧，但这不仅存在而且非常重要。有时，洽谈小组的某个成员可能在旁边一言不发，而他的同事则在价格和交货问题上激烈地讨价还价。但这位不引人注意的人经常通过偶尔的插话，对谈判的进程起到巨大的作用。比如，当谈到价格及折扣问题陷入僵局时，那位一直默不作声的人突然说了一句："我们是否先考虑一下付款方式呢？"也许一句话就改变了整个洽谈的方向。这个例子说明，某个保持沉默的人可以通过中间插话影响谈判进程。很多商务洽谈班子里都有这么一个人，他有天生的才干做出这种干预，他所发挥的巨大影响通常是他的同事所不及的。他的才干表现在能在谈判过程中操控人们的注意力。

洽谈人员要控制洽谈议程，应该采取以下行动：

（1）进行归纳总结。帮助双方认识谈判进行到哪一个阶段。

（2）让双方看清形势。使大家明确"我们正在谈什么"和"目前的问题是什么"。

（3）明确谈判议程。运用洞察力把谈判引向广泛或深入，或者推向"以我为准"或"各说各的"。

（4）检查洽谈的进展情况。如果能够依据双方已同意的某一标准来检查洽谈的进展，对洽谈是非常有益的，特别是根据开场时确定的目标、进度、计划来检验进程，更是十分有利的。

（5）架设桥梁。设法在双方之间架起一座桥梁，使大家联合起来继续前进。在上面的例子中，那个默不作声的人就是以付款方式作为通向双方解决价格及折扣问题的桥梁。

（6）强调双方的一致性。要反复强调这样一个事实：我们是能够彼此谅解的。当按照议程讨论第二个议题时，如果出现分歧，要提醒大家在目标、进度、计划以及第一个议题上保持一致的立场，而且双方已一致同意讨论第二个议题。总之，要使大家在第二个议题上同样做到协调一致。

还有很多积极的方法能够转移人们的注意力，促使谈判向前推进。经验丰富的洽谈人员还可能采取其他灵活的措施，避免谈判陷入僵局。比如，谈判时间越长，出现裂痕的可能性就越大，所以他总是尽力加快洽谈的每一个进程，以求在出现裂痕前就能达成协议。出现裂痕是不可避免的，但他可以通过人们说话的速度、坐姿的改变、眼神的变化以及对方让步的方式等做出判断。当觉察洽谈可能出现裂痕时，他可能会建议稍作休息，然后迅速地总结一下谈判进行到了什么阶段，并提出什么时候复会、下一步该采取什么步骤等，就谈判向一致的目标推进等问题提出建议。

案例 5-3

国家医保谈判中的"灵魂砍价"

"你们是不是已经尽到最大的努力了?""你们确认尽最大努力了?""希望你们再努力一下。"2021年12月3日以来,一段关于国家医保目录药品谈判现场的视频引发热议,国家医疗保障局(简称国家医保局)谈判代表、福建省医保局药械采购监管处处长张劲妮再现"灵魂砍价"。在这场谈判中,国家医保局与企业谈判代表用时一个半小时,进行了8次协商,最终诺西那生钠注射液5毫升12微克每支的报价从53 680元降到了33 000元,降幅接近40%。

谈判开始之前,国家医保局谈判代表张劲妮率先奠定了此轮对谈的基调:"我们的目标是一致的,都不希望(有)套路。"在第一轮的报价中,企业给出了每瓶53 680元的价格。但这显然并没有达到国家医保局的心理价位。张劲妮继续真诚且坚定地说道:"希望企业拿出更有诚意的报价,每一个小群体都不该被放弃。"张劲妮继续攻心:"如果这个药能进入医保目录,以中国的人口基数、中国政府为患者服务的决心,很难再找到这样的市场了。"

随后,谈判企业代表起身进行了第一次商量。商量过后,给出了新一轮报价:48 000元每瓶。对于这个价格张劲妮并没有妥协,而是继续晓之以理,动之以情:前期新冠疫苗费用占用了非常大的医保基金支出,所以国家医保局今年仍然有勇气开展医保谈判工作,确实是体会到了人民健康至上的非常大的决心。

张劲妮的话,让企业代表再次起身进行商讨。这次,他们将价格降到了45 800元。张劲妮依旧没有松口:45 800元这个价格很困难,希望企业再努努力。企业代表进行第三轮商讨后,带回来的价格是42 800元。张劲妮丝毫没有退让:相信企业感到很痛,但离我们能进一步谈还有一定的距离。

就这样,企业代表又进行了第四轮、第五轮、第六轮、第七轮的商讨后,给出了34 020元的报价。张劲妮回答:"觉得前面的努力都白费了,真的有点难过","真的很艰难,我觉得我刚才眼泪都快掉下来了"。这些富有感染力的语言不但展现出极大的谈判诚意,而且大大推动了谈判进程。

最终,经过八轮艰难的谈判,药品以一个合适的价格进入了医保目录,既大幅降低了患者的经济负担,又考虑到了医保基金的承受能力,使其发挥出最大功效,还确保了企业有合理的利润,增强了其研发药品的动力,实现了来之不易的"三赢"。

资料来源:根据网络资料整理撰写。

第4节 引导与让步

一、引导的策略

按照《现代汉语词典》的解释,引导有两层含义:一是带领;二是指引、诱导。在商务谈判中，引导就是通过影响谈判人员的印象和谈判形势，促进、诱导谈判过程朝有利的方向发展。诱导说服对方，关键要抓住对方的心理动态，适应其心理需求。

例如，有两种不同的谈判人员，他们给人的印象是"影响别人的能力是十分不同的"。张三是一个精明、年轻的人，李四是一个稍显木讷、笨拙的人；张三看问题很准确，反应灵敏，能觉察到许多获得哪怕是一元钱的机会，而李四则理性思考能力差。

一般来说，张三给人的印象令人惧怕，和别人谈判时别人会格外提防他。相反，李四则显得和蔼可亲，时常使谈判者觉得这个人容易合作。事实上，在谈判桌上，李四的态度会使对方做出很大的让步，而对于张三，对方则会筑起一道防护墙。

此外，人们经常用其他一些交易活动甚至其他方面的新优惠，来引导谈判朝预期成交的方向发展。

二、让步的谋略

谈判是一种妥协和让步的艺术。让步就是对原先所持有的并公开陈述的立场观点进行修正，以便推进谈判进程的活动。谈判双方都是需要做出让步的，这是谈判双方为达成协议所必须承担的义务，也是商务谈判工作中颇费心思的棘手工作。但是，如何让步就大有学问了。有经验的谈判人员往往会以很小的让步来换取对方较大的让步，并且会使对方心满意足，愉快地接受。相反，没有经验的谈判者即使做出较大的让步，也不能达到应有的效果，甚至前功尽弃。高明的让步一方面显示出让步者的诚意，是积极追求谈判成功的，另一方面也显示出让步者坚定的立场，让步不是无边无际的。

（一）有原则地让步

在详细地分析了整个谈判形势后，首先决定哪些条件是必须坚持的，哪些条件是可以适当让步的。也就是说，让步必须遵循一定的原则，谈判过程中的让步原则一般有：

（1）绝不做无谓的让步。所有的让步都应体现对己方有利的宗旨，每一次让步都是为了换取对方其他方面的相应让步和妥协，无谓的让步可能会刺激对方的胃口，导致不堪设想的后果。

（2）坚持让步的同步性。如果你先做了一些让步，在对方做出相应让步前就不能再让步了。

（3）坚持轻重缓急的原则。先让步次要的，再让步比较重要的，最后才考虑在重要的问题上是否要做出让步。

（4）坚持让步的艰难性。让步是有条件的，只有对方同意自己的让步条件时，才能让步。必须让对方懂得，己方每次做出让步都不是一件轻而易举的事情。

（5）坚持步步为营的原则。每一次让步的幅度不宜过大，节奏不要太快。

（6）以适当的速度向着预定的成交点推进。适当的速度是指不要一下子让得太多、太快，但也必须是足够的，使人能看到最终成交的前景。当然，要确定一个理想的方案，还得结合当时的具体谈判情况、双方的地位、参与者的特点等一系列综合情况，要给出一个很精确的模式是不太现实的。只要通过这种相互间的让步，使谈判双方都能比较满意地看到最终结果，那么，这样的推进速度就是适当的。

（二）有步骤地让步

在进行让步磋商时，应该有步骤地进行。

第一，应先考虑两个主要因素：一是权衡因对方要求而做出的让步所付出的代价与不做让步所受的影响之间的利害关系与后果；二是对方对获得己方这项让步的重视程度以及对方对成功获得这项让步的估计。

第二，列出让步磋商清单。首先要列出己方务必取得的项目清单，以及为了达到此目的的对策和措施；其次要列明己方可以让步的项目清单，并尽可能正确地预测和计划让步的程度。

第三，保持和谐的洽谈气氛，制订出一个新的双方都同意的磋商方案，开始实际磋商。

第四，在让步磋商时，尽量让对方先表达意向，并给予足够的时间让其提出所有的要求，然后给予对方最圆满的解释，即使是相同的理由，也不妨多说一次。同时，要借助温和、礼貌、谦虚的言辞去制造良好的洽谈气氛。人们在满意时，往往乐意付出高价。若上述做法还不能收到预期效果，则可考虑通过让步，逐渐使双方的意见取得一致，促成交易。

（三）有方式地让步

一般来讲，以下方式容易奏效：

（1）在最需要的时候才让步。经验丰富的谈判人员在可能让步的时候，往往是不明明白白地说出来，而只为以后的行动露些口风。在这种情况下，他们惯用的行话是："好吧，让我们把这个议题先暂时放一放——我想，过些时间它就不再成为一个很大的障碍了。"当然，我们要尊重对方这一提议，但也要确保后面能得到对方承诺的让步。

（2）以乐意换乐意，把让步变成一种不同条件的交换。比如采用下面的谈判方式："啊，现在再继续谈价格问题对我们来说是很困难的。如果你能按你的意思谈谈交货问题，我想大概有助于我们重新考虑价格问题。但像现在这样是不可能的。你的交货条件是什么？先讨论讨论怎么样？"

（3）运用"弃车保帅"的办法，保持全局优势。

总之，不论采取什么样的方式，都要使对方感觉到己方的每一次让步都会造成己方利益的重大损失，这样也可以有效地降低对方的竞争力。

案例 5-4

让步策略和技巧：以吉利收购沃尔沃为例

让步是谈判中的常见现象，可以说没有让步就没有谈判。让步策略是商务谈判中常见的策略，对促成谈判成功至关重要。

在吉利收购沃尔沃的谈判过程中就充分体现出让步的策略和技巧。收购方浙江吉利控股集团有限公司是中国著名汽车企业。被收购方沃尔沃汽车公司是北欧最大的汽车企业，拥有世界驰名的汽车品牌。由于受到金融危机的影响，沃尔沃陷入亏损，销量大幅下降。在此背景下，吉利拟收购沃尔沃汽车公司。双方就董事会人员构成、裁员安排及员工工资安排、最终收购价格三个重要问题进行谈判，互相让步，最终实现了合作共赢。

首先，双方就董事会人员构成进行谈判。吉利提出己方人员担任董事会主席及首席执行官，并在董事会中占 3/4 的席位。沃尔沃提出由己方公司担任董事会主席、首席执行官并占董事会 1/2 的席位。双方分歧较大，就此问题进行了多轮谈判。此时，沃尔沃主动提出让步，认同由吉利人员担任董事会主席，但沃尔沃必须在新公司董事会中占有 1/2 的席位。随后，吉利也做出相应让步，董事会主席由己方人员担任，首席执行官由沃尔沃方人员担任，并同意沃尔沃占有新公司董事会 1/2 的席位。沃尔沃主动提出让步，利用己方在董事会主席上的让步，换取了吉利同意沃尔沃方人员担任首席执行官并占据董事会 1/2 席位的更大让步。

其次，双方就裁员安排及员工工资问题进行谈判。吉利提出全部保留沃尔沃高层骨干人员及技术人员，但需要裁员 16%。沃尔沃巧用"换位思考"，从新公司的声誉出发，提醒吉利裁员过多会对品牌造成负面影响。吉利在慎重考虑后，决定做出最大让步，仅裁员 10%。"换位思考"谈判策略是指一方站在对方的角度考虑问题，为其分析利弊得失，这样就会使对方更加容易接受并认同其要求，在潜移默化中促使对方做出让步。

最后，双方就最终收购价格进行谈判。沃尔沃提出希望以 20 亿美元出售沃尔沃 100% 的股权以及 50% 的核心技术。吉利则提出以 15 亿美元收购沃尔沃 100% 的股权和核心技术。谈判初期，双方难以达成共识。在谈判陷入僵局时，吉利主动提出让步，愿以 18 亿美元的最高价格收购沃尔沃 100% 的股权及核心技术。沃尔沃经过慎重考虑后，决定接受吉利的提议，最终达成收购协议。

从这个典型谈判案例中，我们得到很多借鉴和启示。谈判双方想要达成合作是双方的共同目的，在谈判过程中出现僵局也屡见不鲜。此时，如果双方能够充分交流沟通，适时地做出合理让步，往往可以使谈判僵局得到化解。让步策略的使用要适时、适量、适度，力争用最小的让步达成在共同利益基础之上的合作共赢。

资料来源：作者根据网络资料改编。

三、打破僵局

打破僵局是成交前的最后一个步骤，若能做好这一步工作，就可能使谈判朝着成交阶段迈进。在谈判过程中，有时双方会由于在某一问题上差距太大且彼此都不肯进一步让步等原因而使谈判出现僵局。一旦出现了僵局，若不积极地采取措施尽快解决，以后再想恢复谈判就比较困难，起码会给以后的谈判蒙上一层阴影。所以，成功的谈判者都注意设法避免出现僵局，谈判一旦出现僵局，就会想方设法采取积极的措施尽快解决，以促使谈判顺利地朝着成交阶段迈进。

延伸阅读

八种让步模式

谈判大师卡洛斯以卖方的让步为例，归纳出八种让步模式（见表 5-2），并分别分析了各种让步模式的利弊。在任何一种让步模式中，卖主准备减价的额度均为60美元。

表5-2　八种让步模式　　　　　　　　　　　　　　　　　　　单位：美元

让步模式	第一期减价	第二期减价	第三期减价	第四期减价
1	0	0	0	60
2	15	15	15	15
3	8	13	17	22
4	22	17	13	8
5	26	20	12	2
6	49	10	0	1
7	50	10	−1	1
8	60	0	0	0

第1种让步模式：坚定让步模式。先让对方一直以为妥协无望，若是一个普通的买主早就放弃和卖主讨价还价了。而一个意志坚定的买主则会坚持不懈，在卖主做出重大让步后，他会更加斗志昂扬，继续逼迫卖主做出让步。因此，这种让步模式并不可取，它既抛开了本来做小小的让步即可能成交的软弱的买主，又给强硬的买主在卖主让步之后提供了继续施加压力的可乘之机。

第2种让步模式：等额让步模式。这种让步模式很容易刺激谈判对手继续期待更进一步的让步。当第二期争取到与第一期相同的让步额时，他有理由做这样的推测：如果再做一番努力，还可以争取到同样的让步，第三期果然如此。在卖主第四次做出让步后，他还可能这么想。若卖主坚持不再让步，买主就会失望，很可能达不成交易的目标。

第3种让步模式：递增式让步模式。这种让步模式往往会造成卖主重大的损失。因为它将买主的胃口越吊越高，买主会认为：只要坚持下去，令人鼓舞的价格就在前面。买主的期望值会随着时间的推延而越来越大，对卖主极为不利。

第4种让步模式：小幅递减让步模式。这种让步模式显示出卖主的立场越来越坚定，他虽然愿意妥协，但是防卫森严，不会轻易做出让步。

第5种让步模式：有限让步模式。这种让步模式表示出较为强烈的妥协意愿，不过同时也告诉买主：所能做的让步是有限的。在谈判的前期，有提高买主期望值的危险，但是随着让步幅度的减小，卖主走向一个坚定的立场后，危险也就渐渐降低了。聪明的买主便会领悟出，更进一步的让步已经是不可能的。

第6种让步模式：大幅递减让步模式。这种让步模式很危险，因为一开始就让一大步，将会大幅提高买主的期望值。不过接着而来的第三期拒绝让步以及最后一期小小的让步，会很快抵消这个效果，使对方知道，即使更进一步的讨论也是徒劳无功的，从卖主的角度来看，一开始的大让步是不妥的，他永远无法知道买主是否愿意付出更高的价格。

第7种让步模式：价格反弹让步模式。这种让步模式使让步大幅递减但又有价格反弹，它脱胎于第6种让步模式。第三期的轻微涨价即价格反弹，表现出卖主更坚定的立场。第四期又做小小的让步,将会使买主感到非常满意。

第 8 种让步模式:一次性让步模式。这种让步模式对买主有极强烈的影响,一下子减价 60 美元,使买主顿时充满了信心和希望,但接下来便是失望,如果卖主不再降价,就有谈判破裂的危险。

从实际谈判的情况来看,采用较多的是第 4 种和第 5 种让步模式。这两种让步模式对卖方来说是步步为营,使买方的期望值逐步降低,较符合一般人的心理,因而比较容易为对方所接受。第 6 种和第 7 种让步模式需要有较高的艺术技巧和冒险精神,如果运用得好,可以少做让步,迅速达成交易,但如果运用得不好,则往往使卖方做出更多的让步或易造成谈判的僵局。第 2 种、第 3 种和第 8 种让步模式实际采用得很少,而第 1 种让步模式基本不采用。

资料来源:八种让步方式.(2012 - 08 - 07). https://www.docin.com/p-456835574.html.

第 5 节　商务谈判的终结

一、谈判终结的原则

选择适当的时机结束谈判,对于谈判成功具有重要的意义。谈判终结的基本原则有彻底性原则、不二性原则、条法性原则和情理兼备性原则。

(一)彻底性原则

彻底性原则指结束谈判时所论及的交易内容要全面,各内容论及的深度要透彻,不得再出现疑点。

(二)不二性原则

不二性原则指当谈判结束时,双方达成的合同不得随意因破裂、中止的状态而改变。换言之,谈判结果必须具备不可更改性。

(三)条法性原则

条法性原则指双方所达成的各种交易条件均以相应的法律形式表述,使之具有法律的约束和追索效力。为确保谈判终结达到条法性原则要求,须满足三个条件:口头合同文字化,文字合同格式化,不同格式文本一体化。

(四)情理兼备性原则

情理兼备性原则指谈判终结不论其形势如何,都应保持友善与客观的态度。具体地说,应尽力创造友好气氛和阐明理由,使双方均感到受到了尊重。结果如果成功,固然可喜可贺,破裂亦坦然处之。如果谈判成功,可以向对方表示祝贺,强调一些注意事项,为今后履行合同奠定良好合作基础。如果谈判失败，也要"买卖不成仁义在"，切不可翻脸，给自己制造仇人。

二、谈判终结的判定

谈判者只有正确判定谈判终结的时机，才能运用好结束阶段的策略。错误的判定有可能使谈判变成一锅夹生饭，已付出的大量劳动付之东流，也有可能毫无意义地拖延进程，丧失成交机遇。谈判终结可从以下三个方面判定。

（一）从谈判涉及的交易条件判定

这个方法是指从谈判所涉及的交易条件解决状况来分析判定整个谈判是否进入终结阶段。谈判的中心任务是交易条件的洽谈，在磋商阶段双方进行多轮的讨价还价，临近终结阶段要考察交易条件经过多轮谈判之后在以下三个方面的情况，根据相应标准可判定谈判是否终结。

1. 考察交易条件中尚余留的分歧

首先，从数量上看，如果双方已达成一致的交易条件占绝大多数，所剩的分歧数量占极小部分，就可以判定谈判已进入终结阶段。当达到共识的问题数量已经大大超过分歧数量时，谈判已经从磋商阶段进入终结阶段或者成交阶段。其次，从质量上看，如果交易条件中最关键、最重要的问题都已经达成一致，仅余留一些非实质性的无关大局的分歧点，就可以判定谈判已进入终结阶段。谈判中关键问题往往起决定性作用，也需要耗费大量的时间和精力，谈判是否即将成功，主要看关键问题是否达成共识；如果仅在一些次要问题上达成共识，而在关键问题上还存在极大的分歧，是不能判定谈判进入终结阶段的。

2. 考察谈判对手的交易条件是否进入己方成交线

成交线是指己方可以接受的最低交易条件，是达成合同的下限。如果对方认同的交易条件已经进入己方成交线范围之内，谈判自然进入终结阶段。因为双方有在最低限度上达成交易的可能性，只要紧紧抓住这个时机，继续努力维护或改善这种状态，就能实现谈判的成功。当然，己方一定想争取到更好的交易条件，但是已经看到可以接受的成果，这无疑是值得珍惜的宝贵成果，是不能轻易放弃的。如果能争取到更优惠的条件当然更好，但是考虑到各方面的因素，此时不可强求最佳成果而重新形成双方对立的局面，丧失有利的时机。因此，谈判交易条件已进入己方成交线时，就意味着终结阶段的开始。

3. 考察双方在交易条件上的一致性

谈判双方在交易条件上全部或基本达成一致，而且个别问题如果做技术处理也能达成共识，可以判定谈判终结的到来。首先，双方在交易条件上达成一致不仅指价格，而且包括对其他相关问题所持的观点、态度、做法、原则都有了共识。其次，个别问题的技术处理也应使双方认可。如果个别问题的技术处理不恰当、不严密、有缺陷、有分歧，就会使谈判者在合同达成后提出异议，使谈判战火重燃，甚至导致已达成的合同被推翻或前面的谈判成果报废。因此，在交易条件基本达成一致的基础上，个别问题的技术处理也达成一致意见，才能判定谈判终结的到来。

（二）从谈判时间判定

谈判的过程必须在一定时间内结束，谈判时间即将结束时自然就进入终结阶段。受时间的影响，谈判者应调整各自的战术方针，抓紧最后的时间取得有效的成果。时间判定有以下三种标准。

1. 双方约定的谈判时间

在谈判之初，双方一起确定整个谈判所需要的时间，谈判进程完全按约定的时间安排，当谈判接近规定的时间时，自然进入谈判终结阶段。双方约定多长时间要依谈判规模的大小、谈判内容的多少、谈判所处的环境形势以及双方政治、经济、市场的需要和本企业的利益等综合而定。如果双方实力差距不是很大，有较好的合作意愿，紧密配合，利益差异不是很悬殊，就容易在约定时间内达成合同，否则比较困难。按约定时间终结谈判，让双方都有时间紧迫感，促使双方提高工作效率，避免长时间为一些枝节问题而争辩不休。如果在约定时间内不能达成合同，一般也应该遵守约定将谈判告一段落，或者另约时间继续谈判，或者宣布谈判破裂，双方再重新寻找新的合作伙伴。

2. 单方限定的谈判时间

由谈判一方限定谈判时间，随着时间的终结，谈判随之终结。在谈判中占有优势的一方，或是出于对己方利益的考虑需要在一定时间内结束谈判，或是还有其他可选择的合作者，因此请求或通告对方在己方希望的时限内终结谈判。单方限定谈判时间无疑会给被限定方施加某种压力，被限定方可以听从，也可以不听从，关键要看交易条件是否符合其谈判目标。如果认为条件合适，又不希望失去这次交易机会，可以听从，但要防止对方以时间限定为条件向己方提出不合理要求。另外，也可利用对方对时间限定的重视程度，向对方争取更优惠的条件，以对方提供的优惠条件来换取己方在时间限定上的配合。如果以限定谈判时间为手段向对方施加不合理要求，会引起对方的抵触情绪，破坏平等合作的谈判气氛，从而导致谈判破裂。

3. 形势突变的谈判时间

本来双方已经约定好谈判时间，但是在谈判过程中形势突然发生变化，如市场行情突变、外汇行情大起大落、公司内部发生重大事件等，谈判者突然改变原有计划，比如要求提前终结谈判。谈判的外部环境在不断发展变化，谈判进程也会做出相应调整。

（三）从谈判策略判定

谈判过程中有多种多样的策略，如果谈判策略实施后决定谈判必然进入终结，这种策略就叫终结策略。终结策略对谈判终结有特殊的导向作用和影响力，它表现出一种最终的冲击力量，具有终结的信号作用。常见的终结策略有以下四种。

1. 最后立场策略

谈判者经过多次磋商之后仍无结果，一方阐明己方最后的立场，讲清只能让步到某种程度,如果对方不接受该条件,谈判即宣布破裂;如果对方接受该条件,那么谈判成交。这种最后立场策略可以作为谈判终结的判定。一方阐明自己最后的立场,成败在此一举,如果对方不想使谈判破裂,只能让步接受该条件。如果双方并没有经过充分的磋商,还不具备进入终结阶段的条件,一方提出最后的立场就含有恐吓的意味,让对方俯首听从,这样并不能达到预期的目标,反而会过早地暴露己方的最低限度条件,使己方陷入被动局面,这是不可取的。

2. 折中进退策略

折中进退策略是指将双方条件差距之和取中间条件作为双方共同前进或妥协的策略。例如,谈判双方经过多次磋商互有让步,但还存在遗留问题,而谈判时间已消耗很多,为了尽快达成一致、实现合作,一方提出一个简单易行的方案,即双方都以同样的幅度妥协退让,如果对方接受此建议,即可判定谈判终结。折中进退策略虽然不够科学,但是在双方很难说服对方、各自坚持己方条件的情况下,也不失为一种寻求尽快解决分歧的方法。其目的就是化解双方矛盾,比较公平地让双方分别承担相同的义务,避免在遗留问题上过多地耗费时间和精力。

3. 总体条件交换策略

双方谈判临近预定谈判结束时间或阶段时,以各自的条件做整体一揽子的进退交换以求达成合同。双方谈判内容涉及许多项目,在每个分项目上已经进行了多次磋商和讨价还价。经过多个回合谈判后,双方可以将全部条件通盘考虑,做一揽子交易。例如,涉及多个内容的成套项目交易谈判、多种技术服务谈判、多种货物买卖谈判,可以统筹全局,总体一次性进行条件交换。这种策略从总体上展开一场全局性磋商,使谈判进入终结阶段。

4. 以谈判者发出的信号来判定

收尾在很大程度上是一种掌握火候的艺术。通常会发现,一场谈判旷日持久却进展甚微,然后由于某种原因大量的问题会神速地得到解决,双方会做一些让步,而最后的细节在几分钟内即可拍板。一项交易将要明确时,双方会处于一种即将完成的激活状态,这种激活状态的出现往往由己方发出成交信号所致。有时,在国际商务谈判中也会出现这样一些情况:到了谈判后期,我方认为可以收场了,也向外商发出了信号,可外商却认为时机未到,坚持不打出最后一张牌,使我们处于被动的局面。因此,在必要的时候,我们也可以放一些"气球",直接试探对方,促使对方早日结束谈判。

谈判者使用的成交信号不尽相同,常见的有以下几种:

(1) 谈判者用最少的言辞阐明自己的立场,谈判中表达出一定的承诺意愿。比如,"好,这是我最好的立场,现在就看你的了"。

(2) 谈判者所提的建议是完整的、绝对的,没有不明确之处。这时,如果他们的提议被接受,除非终止谈判,否则没有出路。

(3) 谈判者在阐述自己的立场时,完全是一种最后决定的语调。坐直身体,文件放在一边,两眼紧盯对方,不卑不亢,没有任何紧张的表现。

(4) 回答对方的任何问题尽可能简单,常常只回答一个"是"或"否"。使用的论据表明，确实没有折中的余地。

（5）一再向对方保证，现在结束谈判对他有利，并告诉他不少理由。发出这些信号，目的是使对方行动起来，脱离勉勉强强或优柔寡断的状态，促成谈判达成一致并签下合同。这时应注意，不要过分地使用高压策略，否则有些谈判高手就会看出你迫切希望成交，反而一再拖延时间，让你做出更大让步。

三、谈判终结的方式

商务谈判终结的方式包括成交、中止、破裂三种。

（一）成交

成交是指谈判双方达成合同，交易得以实现。成交的前提是双方对交易条件经过多次磋商达成共识，对全部或绝大部分问题没有实质上的分歧。成交方式是双方签订具有高度约束力和可操作性的合同书，为双方的商务交易活动提供操作原则和方式。由于商务谈判内容、形式、地点的不同，成交的具体做法也有区别。

（二）中止

中止是指谈判双方因为某种原因未能达成全部或部分成交合同而由双方约定或单方要求暂时终结谈判。中止如果是在整个谈判的最后阶段，在解决最后分歧时发生的，就是终局性中止，并且作为一种谈判结束的方式被采用。中止可分为有约期中止与无约期中止。

1. 有约期中止

有约期中止是指双方在中止谈判时对恢复谈判的时间予以约定的中止方式。如果双方认为成交价格超过了原定计划或让步幅度超过了预定权限，或者尚需上级部门的批准，使谈判难以达成合同，而双方均有成交的诚意和可能，于是经过协商，一致同意中止谈判。这种中止是一种积极姿态的中止，它的目的是促使双方创造条件最后达成合同。

2. 无约期中止

无约期中止是指双方在中止谈判时对恢复谈判的时间无具体约定的中止方式。无约期中止的典型是冷冻策略。在谈判中，或者由于交易条件差距太大，或者由于特殊困难存在，不过又有成交的需要而不愿使谈判破裂，双方于是采用冷冻策略暂时中止谈判。此外，如果双方对造成谈判中止的因素无法控制，也会采取无约期中止的做法。例如，涉及国家政策突然变化、经济形势发生重大变化等超出谈判者预料的重大事件时，谈判双方难以约定具体的恢复谈判的时间，只能表述为"一旦形势许可""一旦政策允许"，然后择机恢复谈判。这种中止双方均出于无奈，对谈判最终达成合同会造成一定的干扰和拖延，是被动的中止方式。

（三）破裂

破裂是指双方经过最后的努力仍然不能达成共识和签订合同，交易不成，或友好而别，或愤然而去，从而结束谈判。谈判破裂的前提是双方经过多次努力之后，没有任何磋商的余地，至少在谈判范围内的交易已无任何希望，谈判再进行下去已无任何意义。谈判破裂是谈判双方都在尽力避免出现的结局，本来对双方都有利的交易却没能成交，结果造成了"双输"的结果。谈判破裂依据双方的态度，可分为友好破裂结束谈判和对立破裂结束谈判。

1. 友好破裂结束谈判

友好破裂结束谈判是指双方互相体谅对方面临的困难，讲明难以逾越的实际障碍而友好地结束谈判的做法。在友好破裂方式中，双方没有过分的敌意态度，只是各自坚持自己的交易条件和利益，在多次努力之后最终仍然达不成合同。双方态度始终是友好的，能充分理解对方的立场和原则，理智地承认双方在客观利益上的分歧，对谈判破裂抱着遗憾的态度。谈判破裂并没有使双方关系破裂，反而通过充分的了解和沟通，产生了进一步合作的愿望，为日后双方再度合作留下可能的机会。这种友好的破裂方式应该予以提倡。

2. 对立破裂结束谈判

对立破裂结束谈判是指双方或单方在对立的情绪中愤然结束未达成任何合同的谈判。造成对立破裂的原因有很多，不论何种原因，造成双方在对立情绪中结束谈判毕竟不是好事，这种破裂不仅没有达成任何合同，而且使双方关系恶化，日后很难再次合作。所以，在谈判破裂不可避免的情况下，首先，要尽力使双方的情绪冷静下来，不要使用过激的语言，尽量使双方以友好态度结束谈判，至少不要使双方的关系恶化；其次，要摆事实讲道理，不要攻击对方，要以理服人，以情感人，以礼待人，这样才能体现出谈判者良好的修养和风度。

第 6 节　成交与签约

谈判双方认为本方的利益和要求达到后，就可以签订协议表示成交，通常以签订书面合同的形式结束谈判。

一、书面合同的签订

书面合同起草完毕后，双方当事人应认真地审查各项条款，确认合同条款内容无误后，就由双方代表签署。审查合同条款是个很重要的环节，稍有不慎就可能造成难以估计的损失。例如，一份火腿买卖合同，买方本意是"无腐烂、没过期"的火腿，但合同上写成了"无腐烂，过期"，签字时没有发现错误。货到后买方发现火腿都已经过期，要求退货。卖方辩解说，我们按合同办事，还以为你们要的就是过期的呢。退货不成，买方一气之下将卖方告上法庭，诉讼结果却是买方败诉。还有些容易引起歧义的条款需要特别注意，如"货到后付款"，究竟货到后多久付款应该给出明确的时间或时间段。

在面对面谈判成交的情况下，合同由双方同时签署。如果是通过电函往来成交，一般由己方签署后,将正本一式两份或一式多份寄交对方,经对方签署后退回一份,以作为履行合同的法律依据。至此,双方所进行的谈判工作告一段落。

二、交流与总结

谈判工作一旦结束,通常给人的感觉是轻松、自然,原先谈判桌上的对手仿佛一下子变成了亲密的朋友。这个时候,一定要记得祝贺对方,要让对方感觉自己赢得了胜利。在大中型谈判中,还要举行一场告别酒会,之后,大家各自怀着兴奋的心情返回。然后做一些后续工作,例如,把谈判资料整理入档;开始做履行协议的准备;谈判小组进行经验教训的总结等。

需要注意的是,谈判结束后的总结工作往往被人们忽视,实际上它对以后的谈判工作是十分必要和非常有益的。谈判结束后的总结应包括以下内容:

(1)己方的战略。包括谈判对手的选择、谈判目标的确定、谈判小组的工作作风等。
(2)谈判情况。包括准备工作、制定的程序与进度、采用的策略与技巧等。
(3)己方谈判小组的情况。包括小组权力和责任的划分、成员的工作作风、成员的工作能力和效率以及有无进一步培训和增加小组成员的必要性等。
(4)对方的情况。包括工作作风、小组整体的工作效率、各成员的工作效率以及其他特点、所采用的策略与技巧等。

至此,本次谈判任务方圆满完成。

三、谈判结果的整理和书面合同的草拟

一项成功的商务谈判,其内容最终要以合同的形式加以确认,并通过合同的法律效力来保证实施。谈判的过程结束或告一段落后,也要通过签约的方式来确定双方约定的结果。因此,谈判结果的整理是整个谈判工作的落脚点。

在招商和各类经济谈判中,大致有合同、协议、意向、洽谈纪要和备忘录等几种形式。其中,合同的签署在要约和承诺的主要条款上要反复斟酌,力求严密、合法、不出漏洞。合同文本或者由法律顾问起草,或者起草后请法律顾问审查修改。重要的合同在签署时还要进行公证。

在各类商务谈判中,书面合同文件的名称和内容往往各有不同。例如,在国际货物买卖谈判中,书面合同文件大多称为合同或确认书,而在合资企业谈判中则需签订协议、合同和章程三种文件。书面合同由哪一方草拟并无统一规定,但在我国涉外商务谈判中,习惯上都争取由我方负责草拟。参加谈判的业务人员必须具备草拟合同的知识和技能。

在实际货物买卖谈判中,书面合同往往采用我方或对方印好的现成格式加以填写,但在其他各类商务谈判中,则很少印有固定格式,一般需从头到尾草拟全文。

在招商和经济合同中比较容易出现的错误有:

(1)合同条款不全。重要的要约或承诺规定不清楚、不详细,有些用词含糊、模棱两可,漏签合同签约地。

（2）签订合同的主体不明确或不合法。作为经济合同，只能在法人之间进行签订，而且只有法人代表或授权委托的代理人才能签署。

（3）合同中没有违约责任条款或者表述不清楚。这种情况在招商合同和经济合同中也经常遇到。不同内容和形式的合同有不同的违约内容和不同的违约责任。

（4）合同条款互不衔接，相互矛盾。

（5）签订草率，任意终止。

延伸阅读

杯酒释兵权：不是谈判胜似谈判

赵匡胤陈桥兵变之后"黄袍加身"，成为北宋开国皇帝。如何巩固中央集权，削弱藩镇势力，改变"君弱臣强""尾大不掉"的局面，同时吸取西汉削藩导致"七国之乱"的历史教训，成为赵匡胤必须面对的棘手难题。赵匡胤经过深思熟虑，决定不采取强硬手段，而是通过利益交换的"和平赎买"手段与诸位手握兵权的大将进行"谈判"。于是，"杯酒释兵权"的历史话剧上演了。

首先，赵匡胤营造了良好的谈判氛围。他举行盛大宴会，邀请石守信、王审琦等大将参加。宴席丰盛、鼓乐齐鸣、歌舞助兴、热闹非凡，众将领沉浸在喜悦的气氛中，不知不觉放松了心理戒备。

其次，赵匡胤塑造了震慑群臣的有利谈判态势。在宴会达到高潮时，赵匡胤突然发出了"然为天子亦大艰难，殊不若为节度使之乐，吾今终夕未尝高枕而卧也"的感慨，指出石守信等人的部下也难免有人会重施"黄袍加身"的伎俩。石守信等人胆战心惊、惶恐不安，害怕"飞鸟尽，良弓藏；狡兔死，走狗烹"，不知如何是好，于是急忙向赵匡胤请求生路。

最后，赵匡胤适时亮出谈判筹码和底牌。赵匡胤趁热打铁，引用庄子的话"人生天地之间，若白驹之过隙，忽然而已"，希望众将领主动交出兵权，换取高官厚禄，享受荣华富贵，并且答应君臣之间联姻，消除互相猜疑。赵匡胤提出的谈判条件准确把握了众将领追求富贵、贪图享乐的心理和物质需求，针对性很强，效果很好。众将愉快地接受了赵匡胤的提议，君臣把酒言欢。

"杯酒释兵权"不是谈判胜似谈判，巩固了中央集权，彻底消除了五代十国藩镇割据的分裂祸根，其成功的秘诀在于：第一，谈判的总体思路是通过利益交换让众将交出兵权，而不是使用强制手段直接剥夺兵权，这就比晁错削藩高明。第二，先挥舞大棒，以皇权威慑众将迫使他们服从，从而牢牢掌握了谈判主动权，这是谈判成功的关键。第三，再抛出胡萝卜，通过设身处地的换位思考为群臣分析利弊，保障了众将领的既得利益，大大降低了谈判难度，最终实现了双赢的结果。

◀ 小 结 ▶

1. 开局是实质性谈判的第一个阶段。在这一阶段应当注意：（1）营造洽谈气氛；

(2) 确定谈判中的角色定位；(3) 开好预备会议。

2. 营造洽谈气氛时，要塑造良好的第一印象，不能故意做作，更要注意融洽感情、协调思想。

3. 交锋阶段是实质性谈判的核心部分。这个阶段一般包括摸底、报价、议价与磋商等内容。

4. 报价阶段一般是商务谈判由横向铺开转向纵向深入的转折点。这一阶段主要考虑三个方面的问题：一是怎样确定开盘价；二是怎样确定报价次序；三是怎样回价。

5. 当双方进入议价与磋商阶段后，可能需要四个步骤才能使交易明确，即探明对方报价或还价的依据，对报价做出判断，互为让步，打破僵局。

6. 让步是商务谈判工作中颇费心思的棘手工作，若处理不当将前功尽弃。让步要把握原则，有步骤、有方式地进行。

7. 谈判结束后的总结应包括以下内容：(1) 己方的战略；(2) 谈判情况；(3) 己方谈判小组的情况；(4) 对方的情况。

◀ 复习与思考 ▶

一、基本概念

开局　　　　　　　　交锋　　　　　　　　摸底

开盘价　　　　　　　有约期中止

二、简答题

1. 谈判人员在开局阶段如何营造和谐的谈判气氛？
2. 通过摸底交谈，我方应了解对方哪些情况？
3. 怎样确定开盘价？
4. 议价与磋商时，应把握好哪几个环节？
5. 谈判结束后，应对哪些内容做好总结？

三、论述题

1. 试述谈判如何开局才能收到良好的效果。
2. 如何理解让步和交锋的相互关系？

第 6 章
商务谈判人员及其心理

商务谈判作为一种特定条件下的人际交往活动，从一开始的选择谈判对象、制订谈判计划、选择谈判方式到整个谈判过程，都伴随着当事人各种各样的心理现象和心态反应，它们直接影响着谈判当事人的行为活动，对商务谈判的成功与否起着决定性作用。为此，本章就谈判人员准备、谈判人员的谈判思维、商务谈判中的心理挫折、成功谈判者应具备的心理素质及商务谈判的心理禁忌等进行概述。

第 1 节　谈判人员准备

谈判的主体是人，筹备谈判的第一项工作内容就是人员准备，也就是组建谈判班子。谈判班子的素质及其内部协作与分工的协调，对于谈判的成功是非常重要的。

一、谈判班子的规模

组建谈判班子首先碰到的就是规模问题，即谈判班子的规模多大才是最合适的。

根据规模，谈判可分为一对一的个体谈判和多人参加的集体谈判。个体谈判，即参加谈判的双方各派出一名谈判人员完成谈判的全过程。美国人常常采取这种方式进行谈判，他们喜欢单独或在谈判桌上只有极少数人的情况下谈判，并风趣地称为"孤独的守林人"。个体谈判的好处是：在授权范围内，谈判者可以随时根据谈判桌上的风云变幻做出自己的判断，不失时机地做出决策以捕获转瞬即逝的机遇，而不必像集体谈判那样，对某一问题的处理必须首先在内部取得一致意见，然后再做出反应，从而常常贻误战机，也不必担心对方向自己一方谈判成员中较弱的一人发动攻势以求个别突破，或利用计谋在己方谈判人员之间制造意见分歧而从中渔利。一个人参加谈判独担责任，无所依赖和推诿，全力以赴，因而会产生较高的谈判效率。

谈判班子由一个人组成，也有其缺点，它只适用于谈判内容比较简单的情况。在现代社会里，谈判往往是比较复杂的，涉及面很广。从涉及的知识领域来讲，包括商业、贸易、金融、运输、保险、海关、法律等多个方面，谈判中所用的资料也非常多，这些绝非一个人的精力、知识、能力所能胜任的，何况"智者千虑，必有一失"。

通常情况下，谈判班子的人数在一人以上。由多人组成的谈判班子首先可以满足谈判多学科、多专业的知识需要，有利于谈判人员之间取得知识结构上的优势互补，发挥综合的整体效能。其次，谈判人员分工合作、集思广益、群策群力，形成集体的进取与抵抗力量，"三个臭皮匠，顶个诸葛亮"。因此，成功的谈判有赖于谈判人员集体智慧的发挥。

谈判班子人数的多少没有统一的标准，谈判的具体内容、性质、规模以及谈判人员的知识、经验、能力不同，谈判班子的规模也不同。从大多数谈判实践来看，直接上谈判桌的人数不宜过多，工作效率比较高的人数规模在4人左右。如果谈判涉及的内容较广泛、较复杂，需要由各方面的专家参加，则可以把谈判人员分为两部分：一部分主要从事背景材料的准备，人数可适当多一些；另一部分直接上谈判桌，这部分人的数量与对方相当为宜。在谈判中应注意避免对方出场人数很少，而己方出场人数很多的情况。

二、谈判人员应具备的素质

人是谈判的行为主体，谈判人员的素质是筹备和策划谈判谋略的决定性主观因素，它直接左右整个谈判过程的发展，影响谈判的成败，最终决定谈判双方的利益分割。可以说，谈判人员的素质是事关谈判成败的关键。

那么，一个优秀的谈判人员应具备怎样的素质呢？

艾克尔在《国家如何进行谈判》一书中写道："根据17世纪至18世纪的外交规范，一个完美无缺的谈判者，应该心智机敏，而且有无限的耐心；能巧言掩饰，但不欺诈行骗；能取信于人，而不轻信于人；能谦恭节制，但又刚毅果断；能施展魅力，而不为他人所惑；能拥有巨富和娇妻，而不为钱财和女色所动。"当然对于谈判人员的素质，古今中外向来是仁者见仁、智者见智，但一些基本的要求是共同的，并为许多谈判者所遵奉。

（一）过硬的政治思想素质

这是谈判人员必须具备的首要条件，也是谈判成功的必要条件。它首先表现在作为谈判人员必须遵纪守法，廉洁奉公，忠于国家、组织和职守。其次表现在具有强烈的事业心、进取心和责任感。在商务谈判中，有些谈判人员不能抵御谈判对手变化多端的攻击手法，为了个人私欲损公肥私，通过向对手透露情报资料，甚至与对手合伙谋划等方式，使己方丧失有利的谈判地位，使国家、企业蒙受巨大的经济损失。因此，谈判人员必须政治思想过硬，在谈判中不应考虑个人的荣誉得失，而应以国家、企业的利益为重，始终把握"失去集团利益就是失职,赢得集团利益就是尽职、就是成功"的原则,发扬献身精神,有一种超越私利之上的使命感,使外在的压力变成内在的动力。

(二)健全的心理素质

心理素质是一个人所具有的稳定的、本质的个性心理特征。它是人的意志、情感、情绪等心理品质的总和,在商务谈判中占有十分重要的位置。谈判过程,特别是讨价还价阶段,是一个非常困难的过程,充满了困难和曲折。有时谈判会变成一场马拉松式的较量,不仅对谈判人员的知识、技能、体力等方面是一个考验,也要求其具有健全的心理素质。

健全的心理素质是谈判者素养的重要内容之一,表现为谈判者应具备坚韧顽强的意志力和良好的心理调适能力。

坚韧顽强的意志力就是在谈判过程中百折不挠、意志坚强、锲而不舍。具体来说,就是在谈判过程中能够泰然自若,既有追求谈判最高目标的伟大理想,又能正确对待谈判现实中的问题和挫折,胜不骄,败不馁。在谈判过程中,谈判的艰巨性可想而知,谈判桌前持久的讨价还价枯燥乏味,令人厌倦。这时,谈判者之间的持久交锋不仅是一种智力、技能和实力的比试,还是一场意志、耐心和毅力的较量。如果谈判者没有坚韧不拔、忍耐持久的恒心和泰然自若的精神,是难以适应的。一位著名的谈判能手曾这样说过:"永远不轻言放弃,直到对方至少说了七次'不'。"谈判者只有具备了这样的素质,才能应对各种艰巨复杂的谈判。

这种意志力、忍耐力还表现在一个谈判人员无论在谈判的高潮阶段还是低潮阶段,都能心平如镜。特别是当胜利在望或陷入僵局时,更要能够控制自己的情感,喜形于色或愤愤不平不仅有失风度,而且会让对方抓住弱点与疏漏,使对方有可乘之机。

良好的心理调适能力就是谈判者能够根据谈判情势的变化,随时调整自己的情绪,做到冷静思考、从容应对。保持情绪稳定就是要保持平和的心态,不要把自身某种不愉快的心情带到谈判桌上,不能表现出急躁、烦恼、喜怒无常等不良情绪,要做到胜不骄败不馁。古往今来的伟大政治家、军事家、思想家都以戒躁、制怒、留静、贵虚等作为自我修养的基本方法。戒躁、制怒就是要想方设法消解自己激动的情绪,如果失去理智就会做出愚蠢的事情。留静、贵虚有两层含义:一是养成一种敏锐、明彻的心境,这是一种特殊的心理状态;二是冷静地观测事态的发展变化,抓住薄弱环节,出其不意、克敌制胜。

谈判是斗智比谋的高智能竞技活动,感情用事会影响谈判,要控制自己非理性情感的发泄,同时要关注对方情绪的变化,善于揣摩对方情绪变化的原因。幽默大度、灵活巧妙地将消极情绪转化为积极情绪,能使自己摆脱困境、战胜对方。因此,培养良好的心理调适能力也是谈判人员必不可少的素质。

(三)合理的知识结构

谈判是人与人之间利益关系的协调磋商过程。在这个过程中,合理的知识结构是讨价还价、赢得谈判的重要条件。

合理的知识结构是指谈判者必须具备丰富的知识,不仅要有广博的知识面,而且要有较深的专业学问,两者构成一个 T 字形的知识结构。

1. 谈判人员的横向知识结构

一名优秀的谈判人员必须具备完备的相关学科的基础知识,把自然科学和社会科学统一起来,普通知识和专业知识统一起来,在具备贸易、金融、营销等必备的专业知识的同时,还要对心理学、经济学、管理学、财务学、控制论、系统论等学科的知识广泛摄取,为我所用,这是谈判人员综合素质的体现。在现实的经贸往来中,谈判人员的知识技能单一化已成为一个现实的问题,技术人员不懂商务、商务人员不懂技术的情况大量存在,给谈判工作带来了很多困难。在知识结构上,商务谈判人员还要了解有关国家和地区的社会历史、地理、风俗习惯以及宗教信仰等状况,否则就会出问题。比如,我国某公司曾在泰国承包了一个工程项目,由于不了解施工期是泰国的雨季,运过去的轮胎式机械在泥泞的施工场地根本无法施展,只得重新组织履带式机械。因为耽搁了采购、报关、运输的时间,延误了工期,导致对方提出索赔。如果当初我方谈判人员能够多懂一点世界地理知识,知道泰国的气候特点或主动向专家了解在泰国施工可能遇到的困难,那么所蒙受的经济损失和信誉损失就会得以避免。因此,谈判人员必须具备多方面的知识,即知识必须有一定的宽度,才能适应复杂的谈判活动的要求。

2. 谈判人员的纵向知识结构

优秀的谈判人员除了必须具备广博的知识面,还必须具有较深的专业知识。没有系统而精深的专业知识功底,就无法进行成功的谈判。改革开放以来,我国在对外经济交往中出现了一些因缺乏高深而系统的专业知识、因不精通专业技术造成的进口设备重大失误的案件,也出现了一些因财务会计的预算错误造成的经济损失、因不懂法律造成的外商趁机捣鬼事端,令人十分痛心。因此,谈判者专业知识的学习和积累是非常重要的。

总之,扩大知识视野,深化专业知识,获取有助于谈判成功的广博而丰富的知识,能在谈判的具体操作中左右逢源,运用自如,最终取得谈判的成功。

(四)较高的能力素养

谈判者的能力是指谈判人员驾驭商务谈判这个复杂多变的竞技场的能力,是谈判者在谈判桌上充分发挥作用所应具备的主观条件。谈判者既要掌握谈判学基本理论知识和商务领域的专业知识,又要掌握相关领域的知识和能力。如果在谈判中被对方发现自己知识和能力不足,那么对方就会失去对自己的信任,放弃与自己的合作,甚至借机谋取更多的利益。

1. 认识能力

善于思考是一个优秀的谈判人员所应具备的基本素质。谈判的准备阶段和洽谈阶段充满了各种各样始料未及的问题和假象,谈判者为了达到自己的目的,往往以各种手段掩盖真实意图,其传达的信息真真假假、虚虚实实,优秀的谈判者能够通过观察、思考、判断、分析和综合的过程,从对方的言行和行动迹象中判断真伪,了解对方的真实意图。

2. 运筹计划能力

谈判的进度如何把握？谈判在什么时候、什么情况下可以由准备阶段进入接触阶段、实质阶段，进而到达协议阶段？在谈判的不同阶段将使用怎样的策略？等等。以上问题都需要谈判人员发挥其运筹帷幄的作用，当然这种运筹离不开对谈判对手背景、需要、可能采取的策略的调查和预测。

3. 语言表达能力

谈判是人类利用语言工具进行交往的一种活动。一个优秀的谈判者应精通语言，通过语言的感染力强化谈判的艺术效果。谈判中的语言包括口头语言和书面语言，无论哪类语言，都要求准确无误地表达自己的思想和感情，使对手能够正确领悟自己的意思，这是最基本的要求。此外，还要突出谈判语言的艺术性。谈判中的语言不仅应当准确、严密，而且应当生动形象、富有感染力，要学会巧妙地用语言表达自己的意图。

4. 应变能力

多么细致的谈判准备都不可能预料到谈判中可能发生的所有情况。千变万化的谈判形势要求谈判人员必须具备沉着、机智、灵活的应变能力，以控制谈判的局势。应变能力主要包括处理意外事故的能力、化解谈判僵局的能力、巧妙实施反攻的能力等。

5. 创造性思维能力

随着经济社会的发展和科学技术的进步，以综合性、动态性、创造性、信息性为特征的人类现代思维方式，已经取代落后的传统思维方式。创造性思维是以创新为唯一目的并能产生创见的思维活动。谈判者运用创造性思维能够提高分析问题和解决问题的能力，提高谈判的效率。

（五）健康的身体素质

身体是革命的本钱。谈判的复杂性、艰巨性也要求谈判者必须具备良好的身体素质。一些大型谈判常常是消耗战和持久战，谈判者只有精力旺盛、体力充沛，才能适应超负荷的谈判工作需要，经受住谈判中的紧张和压力。

> **延伸阅读**
>
> ### 谈判力来源于 NOTRICKS
>
> 谈判力来源于八个方面，就是 NOTRICKS 八个字母所代表的八个单词。谈判力是谈判者在谈判过程中可以凭借的、能够控制和影响对方决策行为，从而达到解决问题和实现谈判目的的能力。
>
> "N"代表需求（need）。对于买卖双方来说，谁的需求更强烈一些？如果买方的需要较多，卖方就拥有相对较强的谈判力，你越希望卖出你的产品，买方就拥有越强的谈判力。
>
> "O"代表选择（option）。如果谈判不能最后达成协议，那么双方会有什么选择？你可选择的机会越多，对方越认为你的产品或服务是唯一的或者没有太多选择余地，你就拥有越强的谈判资本。

"T"代表时间（time）。是指谈判中可能出现的有时间限制的紧急事件，如果买方有时间的压力，自然会增强卖方的谈判力。

"R"代表关系（relationship）。如果与顾客之间建立强有力的关系，在同潜在顾客谈判时就会拥有关系力。但是，也许有的顾客觉得卖方只是为了推销，因而不愿建立深入的关系，这样在谈判过程中就会比较吃力。

"I"代表投资（investment）。在谈判过程中投入了多少时间和精力？为此投入越多、对达成协议承诺越多的一方往往拥有越弱的谈判力。

"C"代表可信性（credibility）。潜在顾客对产品的可信性也是谈判力的一种。如果推销人员知道你曾经使用过某种产品，而他的产品具有价格和质量等方面的优势时，无疑会增强卖方的可信性，但这一点并不能决定最后是否成交。

"K"代表知识（knowledge）。如果你充分了解顾客的问题和需求，并预测到你的产品能如何满足顾客的需求，你的知识无疑就增强了对顾客的谈判力。相反，如果顾客对产品拥有更多的知识和经验，顾客就有较强的谈判力。

"S"代表技能（skill）。这可能是增强谈判力最重要的内容了，不过，谈判技巧是综合的学问，需要广博的知识、雄辩的口才、灵敏的思维。

三、谈判人员的配备

谈判者个体不但要具备政治、心理、业务等方面的素质，而且要恰如其分地发挥各自的优势，互相配合，以整体的力量征服谈判对手。谈判人员的配备直接关系着谈判的成败，是谈判谋略中技术性很强的学问。

在一般的商务谈判中，所需的知识大体上可以概括为以下四个方面：

第一，有关技术方面的知识。

第二，有关价格、交货、支付条件等商务方面的知识。

第三，有关合同法律方面的知识。

第四，有关语言翻译方面的知识。

根据谈判对知识方面的要求，谈判班子应配备下列相应的人员：（1）技术精湛的专业人员；（2）业务熟练的经济人员；（3）精通经济法的法律人员；（4）熟悉业务的翻译人员。

从实际出发，谈判班子还应配备一名有身份、有地位的负责人组织协调整个谈判班子的工作，一般由单位副职领导兼任，称为首席代表，另外还应配备一名记录人员。

这样，不同类型和专业的人员就组成了一个分工协作、各负其责的谈判组织群体，其模型如图 6-1 所示。

在这个群体内部，每位成员都有自己明确的职责。

（一）首席代表

首席代表是指那些对谈判负领导责任的高层次谈判人员，他们在谈判中的主要任务

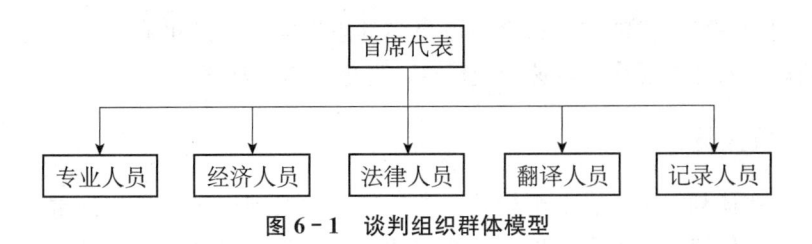

```
            首席代表
    ┌────┬────┼────┬────┐
  专业人员 经济人员 法律人员 翻译人员 记录人员
```

图 6-1　谈判组织群体模型

是领导谈判组织的工作,这就决定了他们除具备一般谈判人员的必要素养,还应阅历丰富、目光远大,具有审时度势、随机应变、当机立断的能力,以及善于控制与协调谈判小组成员的能力。因此,无论从什么角度来说,他们都应该是富有经验的谈判高手。其主要职责是:(1)监督谈判程序;(2)掌握谈判进程;(3)听取专业人员的建议;(4)协调谈判班子成员的意见;(5)决定谈判过程中的重要事项;(6)代表单位签约;(7)汇报谈判工作。

(二)专业人员

专业人员是谈判组织群体的主要成员之一。其主要职责是:(1)阐明己方参加谈判的愿望、条件;(2)了解商品的具体内容和价值体现;(3)弄清对方的意图、条件;(4)找出双方的分歧或差距;(5)与对方进行专业细节问题的磋商;(6)修改草拟谈判文书的有关条款;(7)向首席代表提出解决专业问题的建议;(8)为最后决策提供专业方面的论证。

(三)经济人员

经济人员又称商务人员,是谈判组织群体的重要成员。其主要职责是:(1)掌握该项谈判总的财务情况;(2)了解谈判对手在项目利益方面的预期指标;(3)分析、计算修改后的谈判方案所带来的收益变动;(4)为首席代表提供财务方面的建议;(5)在正式签约前提供合同或协议的财务分析表。

(四)法律人员

法律人员是重要谈判项目的必备成员,如果谈判小组中有一位精通法律的专家,将会非常有利于谈判所涉及的法律问题的顺利解决。其主要职责是:(1)确认谈判对方经济组织的法人地位;(2)提供法律方面的建议和意见;(3)监督谈判在法律许可的范围内进行;(4)检查法律文件的准确性和完整性。

(五)翻译人员

翻译人员在谈判中占有特殊的地位,他们往往是谈判双方进行沟通的桥梁。翻译的职责在于准确地传递谈判双方的意见、立场和态度。一个出色的翻译人员不仅要起到语言沟通的作用,而且必须能洞察对方的心理和发言的实质,既能改变谈判气氛,又能挽救谈判失误,增进谈判双方的了解、合作和友谊。

即使在谈判双方都具有运用对方语言进行交流的能力的情况下,也需配备翻译人员。

这样不仅可利用翻译提供的重复机会争取更多的思考时间,还可利用翻译复述谈判内容的时间密切观察对方的反应,迅速捕捉信息,考虑应对的战术。

(六)记录人员

记录人员在谈判中也是必不可少的,一份完整的谈判记录既是一份重要的资料,也是进一步谈判的依据。为了出色地完成谈判的记录工作,要求记录人员具有熟练的文字记录能力和一定的专业基础知识。其主要职责是准确、完整、及时地记录谈判内容。

延伸阅读

谈判组织群体的构成原则

谈判队伍由多方面的人员构成,可以满足谈判对多学科、多专业的知识需求。但如果队伍规模过大,调配又不灵,将会产生内耗,增大开支,不利于谈判的进行;如果人员过少,则难以应付谈判中需要及时处理的问题,拖长谈判期限,导致丧失时机、失去市场。因此,确定适度的谈判组织群体规模是筹建谈判队伍首先要考虑的问题。在筹建谈判小组、选择谈判人员、考虑谈判组织群体规模时,一般要遵循以下几个原则。

1. 根据谈判对象确定组织群体规模

如何确定谈判队伍的具体人数,没有统一的模式。一般商品的交易谈判只需三四个人。如果谈判涉及项目多、内容复杂,则可分为若干项目小组进行谈判,适当增加人员,但最多不应超过8人。国内外商务谈判的经验证实,一个谈判小组最佳的领导效益为3~4人,因为在这种规模下,最容易取得一致意见,最容易控制,因而也最容易发挥小组人员的集体力量。管理学家格拉丘纳斯进行了大量的组织内管理幅度与人际关系的研究,提出了管理人际关系的数学模型,即"当管理幅度按算术级数增加时,人员间的复杂关系按几何级数增加"。它可以用公式表示为:

$$R = n[2n - 1 + (n - 1)]$$

式中,n 为组织内所领导或管辖的人数;R 为由此产生的人际关系数。

由此可见,一个管理者能否有效管理和协调好一个团队,除了他的知识、能力、精力、职务性质对协调团队的人际关系有重要影响外,所辖团队的人数也是重要因素。

在一些重要的国际商务谈判中,会涉及更多、更广的专业知识,不仅要有商品知识、金融知识、运筹学知识,还必须懂得国际法律、国外的风土人情等,有时还需要某些方面的国际问题专家。这种谈判组织群体不仅规格要高,人数也较多,甚至超过10人。但这并不意味着谈判需要吸收所有相关专家同时参加。为了控制人员规模,有时采取人员轮换方法,当某几个人完成某部分谈判,而又要转换谈判内容时,可有准备地调换一个或几个谈判人员,而使总人数没有太大变动。同时也可发挥"外脑的作用",聘请专家作为顾问,或接受谈判班子的咨询,或为谈判人员献计献策。

2. 谈判人员应具有法人或法人代表资格

经济谈判是一种手段,目的是要达成协议,签订符合双方利益要求的合同或协议。谈判和协议签订的整个过程都是依据一定的法律程序进行的。谈判人员都应有法人或法人代表资格,拥有法人所具有的权利能力和行为能力,有权处理经济谈判活动中的一切事务。但作为法人或法人代表，只能行使其权限范围以内的权力，如有越权行为，应由本人负完全责任。

3. 组成谈判队伍时要贯彻节约原则

一支谈判队伍从参加谈判直到达成协议的整个过程必然要支出一定的费用，其中很多费用甚至需要支付外汇。在组织谈判小组时，要充分考虑到节省谈判费用支出的原则。国际商务谈判是企业经营活动的一个环节，谈判费用涉及企业经营成本，应尽量按经济规律要求，将其纳入企业整体经营活动加以考虑。

资料来源：商务谈判人员．https：//wiki.mbalib.com/wiki/商务谈判人员．

四、谈判班子成员的分工与合作

一场成功的谈判往往可以归功于谈判人员所具有的良好的个人素质，然而单凭个别人高超的谈判技巧，并不能保证谈判获得预期的结果，还需要谈判班子成员的功能互补与合作。就像一场高水准的交响音乐会，之所以最终赢得观众雷鸣般的掌声，主要在于每位演奏家的精湛技艺与和谐配合。

如何才能使谈判班子成员分工合理、配合默契呢？具体来讲，就是要确定不同情况下的主谈人与辅谈人、他们的位置与职责以及他们之间的配合关系。

所谓主谈人，是指在谈判的某一阶段或针对某一个或几个方面的议题进行发言并阐述己方立场和观点的谈判者。这时其他人处于辅助的位置，称为辅谈人。一般来讲，谈判班子中应有一名技术主谈人和一名商务主谈人。

主谈人作为谈判班子的灵魂，应具有上下沟通的能力，具有较强的判断、归纳和决断能力，能够把握谈判方向和进程，设计规避风险的方法，领导下属齐心合作、群策群力、打破僵局，实现既定的谈判目标。

确定主谈人和辅谈人以及他们之间的配合是很重要的。主谈人一旦确定，那么，己方的意见、观点都由他来表达，一个拳头对外，避免各吹各的调、各唱各的歌。在主谈人发言时，自始至终都应得到己方其他人员的支持。比如，口头上的附和"正确""没错""正是这样"等。有时在姿态上也可以做出赞同的姿势，如眼睛看着己方主谈人不住地点头等，辅谈人的这种附和，对主谈人的发言是一个有力的支持，会大大加强他说话的力量和可信度。如果己方主谈人在讲话时，其他成员东张西望、心不在焉，或者坐立不安、交头接耳，就会削弱己方主谈人在对方心目中的分量，影响对方的理解。

（一）洽谈合同技术条款的分工

在洽谈合同技术条款时，专业人员处于主谈人的地位，相应的经济人员、法律人员则处于辅谈人的地位。技术主谈人要对合同技术条款的完整性、准确性负责。在谈判时，对技术主谈人来讲，除了要把主要的注意力和精力放在技术方面的问题外，还必须放眼谈判的全局，从全局的角度来考虑技术问题，要尽可能地为后面的商务条款和法律条款的谈判创造条件。对经济人员和法律人员来讲，他们的主要任务是从经济和法律的角度向技术主谈人提供咨询意见，并适时地回答对方涉及经济和法律方面的问题，支持技术主谈人的意见和观点。

（二）洽谈合同商务条款的分工

在洽谈合同商务条款时，经济人员应处于主谈人的地位，而专业人员与法律人员则处于辅谈人的地位。

合同的商务条款在许多方面是以技术条款为基础的，或者是与之紧密联系的。因此，在谈判时，需要专业人员予以密切的配合，从技术角度给予经济人员有力支持。比如，在设备买卖谈判中，经济人员提出了某个报价，这个报价是否能够站得住脚，首先取决于该设备的技术水平。对卖方来讲，如果卖方的专业人员能以充分的证据证明该设备在技术上是一流的，即使报价比较高，也是顺理成章、理所应当的。而对买方来讲，如果买方的专业人员能提出该设备与其他厂商的设备相比在技术方面存在的不足，就动摇了卖方报价的基础，为己方谈判人员的还价提供了有力依据。

（三）洽谈合同法律条款的分工

在涉及合同中某些专业性的法律条款的谈判时，法律人员以主谈人的身份出现，法律人员对合同条款的合法性和完整性负主要责任。由于合同条款法律意义的普遍性，法律人员应参加谈判的全部过程。只有这样，才能对各项问题的发展过程了解得比较清楚，从而为谈判法律问题提供充分的依据。

第 2 节　谈判人员的谈判思维

一、谈判思维的概念

谈判思维是谈判者在谈判过程中理性地认识客观事物的行为和过程，是对谈判活动中的谈判标的、谈判环境、谈判对手及其行为间接、概括的反映。一个成功的谈判者必须能够正确认识谈判双方在谈判中所处的地位、相互作用的形式、性质、条件及其发展趋势，并根据这些变化采取相应的策略，这些需要在一个正确的思维模式下进行。辩证思维模式就是适合、正确、有效的思维模式。辩证思维是一种科学的思维形态，它要求人们客观、全面地看问题，从概念、判断、推理、论证四个方面进行全面、合理的推断。在谈判的过程中，概念是思维的基础细胞和出发点，并由概念组成判断，由判断组成推理，再由推理组成论证。推理和论证是概念、判断的转化形式。

二、谈判思维的要素

（一）概念

概念是谈判者对谈判客观对象普遍的、本质的、概括的反映，是谈判思维的第一环节。运用概念要遵守一条基本的逻辑规则，即概念要明确，就是要明白、准确。对于商务谈判中的每一个概念，都要明确它的内涵和外延，切忌因概念上的差异而带来重大的经济损失。例如，货物买卖谈判中涉及重量单位吨时，一定要明确是英制还是美制，因为不同的度量衡下吨的概念完全不一样。

（二）判断

判断是谈判者对谈判情形做出的一种确定性的识别和认定，这种识别和认定在思维中就形成了判断。它的内涵是四个对立统一的方面：同一与差异、肯定与否定、个别与一般、现象与本质，这四个方面同时也是判断的工具。判断的基本作用是使谈判者辨别对谈判中所涉及事物的确定性，从而确立谈判策略实施与运用的基础。商务谈判策略的正确实施与运用正是建立在谈判者的正确判断基础之上的。

（三）推理

推理是在分析客观事物矛盾运动的基础上，从已有的知识中推出新知识的思维形式。无论是辩证思维还是形式思维，都由前提和结论构成。也可以说，推理由概念和判断构成。

从思维活动的角度看，商务谈判的过程就是一个复杂的推理过程，谈判决策与谈判策略的变换是类比、归纳和演绎推理思维链条的最后环节。因此，在谈判过程中，存在如何认识推理过程的问题，还存在如何运用推理方式的问题。辩证逻辑是按辩证逻辑方式而非形式逻辑方式进行推理的，主张推理的客观性、具体性和历史性，是一种科学的推理。

（四）论证

论证是应用辩证的矛盾分析方法，以一些已被证实为真的判断来确定某个判断的真实性或虚假性的思维过程，也是综合运用概念、判断、推理等各种思维形式及其规律和逻辑方法的过程。通过论证，达到认识矛盾、解决矛盾的目的。论证一般由论题、论据和论证方式三个因素构成，论证过程对谈判策略的实施和运用具有更为重要的意义。

论证必须观点明确，立场坚定，思维敏捷，逻辑严密，通过摆事实、讲道理据理力争，依据充分的论据支持进行有力地反击，遏制对方的攻势，维护己方的利益。

案例 6-1

逆向思维策略的魔力

我国某公司在与外商谈判化工成套设备进口时，接连收到数家供应商的报盘价，但比事前的市调价都低。公司谈判人员感到事出有因，想暂停谈判查明原因，但又找不到合适的理由。这时谈判人员心生一计，让本方一位谈判人员私自放出风来，公司要求必须在十天后工程项目开工，设备必须尽快敲定。供应商都信以为真，立即摆出决不降价的态势，施压休会。该公司顺势而为，同意休会并迅速查明市场降价的原因，原来该项化工成套设备有重大技术突破，使原有技术设备面临淘汰，许多公司急于出售现有设备以减少损失。重开谈判后，该公司指出对方弱点，并迫其大幅降价，最后以较大的价格优势购得该套设备。该公司利用逆向思维策略出其不意，顺利达到自己的谈判目标。

资料来源：张利亚．逆向思维策略在商务谈判中的运用．四川经济管理学院学报，2007（4）．

三、谈判中的诡辩思维

在商务谈判过程中，任何不违背法律和行为规范的做法都是允许的，这里仅仅涉及谈判技巧问题，而与道德问题无关。有时，我们在谈判中也会运用诡辩思维。在运用诡辩思维时，要注意做到有节制，把握好度。谈判中的诡辩思维主要有平行论证、偷换概念、以相对为绝对、以现象代本质、泛用折中等表现方法。

（一）平行论证

平行论证是一种在洽谈中使用较多且每每奏效的诡辩术，西方的谈判术语又称其为双行道战术。实际上，平行论证是一种偷梁换柱或偷换主题的辩论伎俩，往往通过转移论题的方式来消除己方的不利因素或掩盖自身谈判条件的弱点，以达到压倒对方谋取己方利益的目的。在谈判过程中，当一方论证他方的某个弱点时，他方则虚晃一枪，据所占之理另辟战场，并着力对其论述，以牵制对手。平行论证的结果是混淆事物的因果关系，扰乱对方谈判人员的思维方式，从而使谈判失去确定的方向。因此，任何谈判人员对此都不能掉以轻心。当对方使用平行论证时，可以从两点击破：其一，坚持不懈地围绕一个论题做文章；其二，辨清两个论题之间的内在逻辑关系。

（二）偷换概念

偷换概念是论证时没有保持概念自身的同一性，在思维和论辩过程中违反同一逻辑要求，用一个概念去代替另一个概念从而产生逻辑错误。例如商家为了推销商品，常以买一赠一的广告招徕顾客，而前后的"一"往往不一致。常见的偷换概念方法有：

（1）将对方言论做出曲解，再假装已经推翻了对方真正的言论。

（2）断章取义——从对方真正的言论中选取有误导性的语句。

（3）选取其他与对方拥有相同立场的人，把他们支持该立场的软弱论据推翻，相当于已经辩倒"所有"拥有该立场的人，从而推翻该立场。

（4）虚构一个行为和信念遭受批评的人物，再声称该人物为对方言论不可或缺的部分。

偷换概念表面上看似乎推倒了对方的论据，但事实上这只是误导人的谬误，因对方真正的论据并没有被推翻。只要把偷换的部分进行还原，谬误也就不攻自破了。

（三）以相对为绝对

这是一种故意混淆相对判断与绝对判断的界线、以前者代替后者以期扼制、压倒对方谈判人员的论证方式。为了促使对方接受某个立场，经验丰富的谈判人员往往运用此方法控制对手,进而控制谈判发展的进程。这种方法尽管不公道,却颇见成效,俗称"虚张声势,诈唬人"。遇到这种情况也要从两个方面突破:一是抓现时与延时存在的相对性,以打破虚的绝对性;二是以绝对目标和绝对代价来判定事实的真伪。

(四)以现象代本质

这是指谈判者只强调问题的表面形式、表面现象,而不涉及问题的实质,从而掩盖自身的真实企图。在商务谈判中,只要坚持辩证思维的客观性、具体性原则,就能识破对方摆出的迷魂阵,从而把握事物的本质,使谈判循着客观公正的方向发展。例如,卖方同意降价,但要将远期三个月汇票改为即期汇票。表面来看似乎是降价了,但实际上通过支付方式上将买方融资优惠取消的手法把降价的损失悄悄地拿了回去。面对这种情形,谈判人员可以首先将现象具体化、个性化,以便进行正确的判断;其次,一分为二地驳斥,即肯定表面的是,否定本质的非;最后,简洁明了地揭示其本质目的,从而让对方的计划落空。

(五)泛用折中

泛用折中是指谈判人员面对两种差距极大或根本对立的观点,不做任何客观具体的分析,而用"和稀泥"的方式,假装糊涂的老好人,从抽象的概念上折中二者。面对这种局面时,谈判人员应强调客观效果,讲具体折中对象,讲谈判经过,说明为什么不能折中的理由等,打破对手的老好人形象。

总之,在商务谈判中,诡辩思维的表现形式多种多样,任何谈判人员对此都应有清醒的认识。从根本上说,对付玩弄诡辩伎俩者的最佳方法,是掌握好辩证逻辑的思维方法,以客观性、具体性、历史性三原则认清其诡辩本质并加以正确地处理。

第3节 商务谈判中的心理挫折

一、心理挫折

一个人在做任何事情时不可能都是一帆风顺的,总会遇到这样或那样的问题和困难,这就是我们平常所说的挫折。心理挫折并不是指具体活动受阻,而是指活动过程中人们的一种心理感受,或者说是一种感觉,包括由这种感觉引起的心态及情绪的变化。所谓心理挫折,就是指在某个行为活动过程中,人们自己认为或感觉遇到了难以克服的障碍和干扰等,从而在心理上形成挫折感,并由此产生忧虑、焦急、紧张、激动、愤怒、懊悔等情绪的心理状态。

心理挫折不同于平常所说的挫折。心理挫折是人们的一种主观感受,它的存在并不能说明在客观上就一定存在挫折或失败,也就是说心理挫折的存在并不一定意味着客观挫折的存在。反过来,客观挫折也不一定对每个人都会造成挫折感。由于每个人的心理素质、性格、知识结构、成长环境等都不相同,对同一事物或活动的反应也就不同。有的人可能会由于困难引发较大的挫折感，而有的人则可能会对困难、阻碍没有什么反应。同样的挫折感所产生的情绪变化也是不同的。比如，有的人在感到挫折后会沮丧、退缩甚至一蹶不振；而有的人则恰恰相反，遇到困难反而更有信心，更加全力以赴。

二、心理挫折对行为的影响

心理挫折虽然是人们的心理状态、感受，是一种内心活动，却对人的行为活动有着直接、较大的影响，并通过具体的行为反应表现出来。每个人在感到挫折时所引起的情绪变化是不同的，所以在行为上的反应和表现也各不相同。对绝大多数人而言，在感到挫折时的行为反应主要有以下几种：

（1）言行过激。人们在感到挫折时，最容易产生也是最常见的反应莫过于生气、愤怒了。在这种情况下，人们的言行就会超出原有的正常范围，如说出一些极端的话，做出一些挑衅性的行为等。比如，一个人去买一件东西，他在挑选商品或与老板讨价还价时，说了许多有关产品及商店的问题，这时老板容易产生一种心理挫折，说出一些过激的话，像"你买就买，不买就算了""我不卖了，你上别的地方买去"，甚至做出一些过激的动作，如推搡等。当然，在这种情况下每个人的反应不可能相同，这主要取决于每个人的个人素质以及他们平时的正常行为，因为过激本身就是相对于正常而言的。

（2）畏惧退缩。这种行为反应主要是人们在心理挫折的状态下对自己失去信心、缺乏勇气造成的。此时，人的敏感性、判断力都会下降，最终影响目标的实现。比如，一位刚毕业的律师与一位知名律师打一场官司，这位刚毕业的律师很容易产生心理挫折，缺乏应有的自信，在对簿公堂时，无论是他的判断力还是思辨能力甚至语言表达能力都会受到影响，这实际上也为对手的胜利提供了条件。

（3）盲目固执。这是指人们感受到心理挫折以后，往往不愿面对现实认真思考、判断，而是非常顽固地坚持一种错误的思想或意见，盲目地重复某种毫无意义的动作。

以上是几种较为常见和普遍的心理挫折的行为反应。此外，不安、冷漠等也是心理挫折的表现。人们在心理挫折时的情绪反应都是一种非正常的状态，无论对谁来讲都是一种不适的困扰甚至是苦恼的折磨。但心理挫折对人的行为的影响也因人而异，并不是所有人在遭受心理挫折时都会对行为产生消极、负面的影响。相反，对于一些非常振奋、善于在逆境中生存的人来讲，心理挫折以及客观的活动挫折反而更激发他的进取心，激励他不断前进，不断成功。这一点正是我们所追求的，也是谈判者应具备的心理素质。

三、商务谈判与心理挫折

（一）商务谈判中产生心理挫折的原因

在商务谈判中，谈判者会遇到各种各样的问题、困难和阻碍，由此引起谈判人员的心理波动，产生挫折是不可避免的。在商务谈判中，比较容易造成或形成谈判人员心理挫折的因素主要有以下几点：

第一,谈判者对谈判内容缺乏应有的了解,掌握的信息不够,制定的谈判目标不合理或者不可行。这种情况对谈判者容易造成心理挫折。比如,你非常喜欢一件衣服,于是暗自决定如果价钱不超过 300 元就买下,你请售货员帮你取下来,然后一边看衣服一边向售货员询问价钱。"2 780 元。"售货员漫不经心地答道。此时对你来讲就会产生很大的心理挫折,从而失去谈判的信心和勇气,最终很不情愿地将衣服还给售货员。

第二,由于惯例、经验、典范对谈判者的影响,谈判者容易形成思维定式,将自己的思维和想法禁锢起来。对于出现的新情况、新问题仍然按照经验、惯例去解决,这样既影响谈判的结果,也容易产生心理挫折。比如,你是一家商店的营业员,你们这个商店为"不二价商店"——从不讨价还价。有一位顾客找到你提出要打折,你不同意。顾客找出商品存在的疵点,如果你仍不同意打折,谈判就很容易陷入僵局,甚至破裂。

第三,由于谈判者自身的某些需要,特别是社会需求、尊重需求、自我实现需求,没有得到很好的满足或受到伤害时,容易造成心理挫折。假设你是公司业务部门的负责人,对公司要新上马的某个项目进行论证,收集了大量的统计资料,做了充分的准备。在论证会上,你满怀信心地讲完你的理由、论据之后向大家征求意见,这时你的一名下属站起来当众指出你的统计数字中存在逻辑错误。在这种情况下,你的自尊受到了伤害,必然会产生诸如气愤、沮丧、懊悔等情绪反应。

这些只是在商务谈判中容易造成谈判者心理挫折的常见因素,除此之外,导致谈判者心理挫折的原因还有很多,有一些来自谈判过程,还有一些来自谈判者本身,如谈判者的知识结构、自身能力等。

(二)心理挫折对商务谈判的影响

谈判是人与人之间斗智斗勇的一项交际活动,需要谈判者全力以赴,始终保持高度的敏感性和思辨能力。任何形式的心理挫折都会使谈判者反应迟钝、判断能力下降,从而无法取得满意的结果。

第 4 节 成功谈判者应具备的心理素质

一、崇高的事业心和强烈的责任感

崇高的事业心和强烈的责任感是指谈判者要以极大的热情和全部的精力投入谈判活动,以对自己工作高度负责的态度抱定必胜的信念去进行谈判活动。只有具有崇高事业心和强烈责任感的谈判者,才会以科学严谨、认真负责、求实创新的态度,本着对自己负责、对别人负责、对集体负责的原则,克服一切困难,顺利完成谈判任务。

二、坚韧不拔的意志

商务谈判不只是一种智力、技能和实力的比试,还是一场意志、耐性和毅力的较量。

一些重大的谈判往往不是一两轮就能完成的。对谈判者而言，如果缺乏应有的意志和耐心，是很难在谈判中取得成功的。意志和耐心不仅是谈判者应具备的心理素质，也是进行谈判的一种方法和技巧。

案例 6-2

戴维营和平协议的签订

著名的戴维营和平协议的成功签订，在很大程度上应归功于美国前总统卡特的耐心和意志。卡特是一个富于伦理道德的正派人，他最大的特点就是持久和耐心。有人曾评论说，如果你同他一起待上10分钟，你就会像服了镇静剂一样。

为了促成埃及和以色列的和平谈判，卡特精心地将谈判地点选在戴维营，那是一个没有时髦男女出入甚至普通人也很少去的地方。尽管那里环境幽静、风景优美、生活设施配套完善，但卡特仅为14人安排了两辆自行车作为娱乐设备。晚上休息，住宿的人可以任选三部乏味的电影中的一部看。到了第6天，每个人都把这些电影看过两遍了，他们厌烦得近乎发疯。但是每天早上8点，萨达特和贝京都会准时听到卡特的敲门声和那句熟悉的单调话语："你好，我是卡特，再把那个乏味的题目讨论上一天吧。"正是由于卡特总统的耐心、坚韧不拔、毫不动摇，到第13天，萨达特和贝京都忍耐不住了，再也不想为谈判中的一些问题争论不休，从而达成了著名的戴维营和平协议。

三、以礼待人的谈判诚意和态度

谈判的目的是较好地满足谈判双方的需要，是一种交际、一种合作，谈判双方能否互相交往、信任、取得合作，还取决于谈判双方在整个活动中的诚意和态度。谈判作为一种交往活动，能使人的尊重需求得到满足。要得到别人的尊重，前提是要尊重别人。谦虚恭让的谈判风格、优雅得体的举止和豁达宽广的胸怀是成功谈判者所必需的。在谈判过程中以诚意感动对方，可以使谈判双方互相信任，建立良好的交往关系，有利于谈判的顺利进行。谈判桌上谦和的态度和化敌为友的含蓄委婉，比任何场合的交谈都更为重要。例如，挨着谈判桌，摆出一副真诚的姿态，脸上露出淡淡的笑意，对方发言时总是表现出认真倾听的样子，常常是很讨人喜欢的。"是呀，但是……""我理解你的处境，但是……""我完全明白你的意思，也赞同你的意见，但是……"这些话既表示了对对方的尊重、理解、同情，同时又赢得了"但是"以后所包含的内容，使谈判向成功再迈进一步。

四、良好的心理调控能力

要完成伟大的事业没有激情是不行的。但在激情背后，限制我们激情所激发行动的是那种广泛、不受个人情感影响的观察。谈判是一种高智能的斗智比谋的竞赛活动，感情用事会给谈判造成不利影响。成功的谈判者应具有良好的心理调控能力，在遭受心理挫折时善于自我调节、临危不乱、受挫不惊，在整个谈判过程中始终保持清醒冷静的头脑、灵敏的反应能力、较强的思辨性和准确的语言表达，使自己的作用和潜能得到充分发挥，从而促进谈判的成功。

五、敏锐的感受能力和应变能力

感受能力就是对接触到的外界事物的接受能力，这种能力对于谈判者来说是非常重要的。尼尔伦伯格在《谈判的艺术》一书中有这样的描述：老练的谈判者能把坐在谈判桌对面的人一眼望穿，断定他将有什么行动和为什么会这样行动。合格的谈判者要随时根据谈判中的情况变化及有关信息，透过复杂多变的现象，抓住问题的实质，迅速分析，综合做出判断，并采取必要的措施，果断地提出解决问题的具体方案。

第5节 商务谈判的心理禁忌

一、必须避免出现的心理状态

（一）信心不足

在激烈的谈判中，如果信心不足，那么很难取得成功。即使达成了交易，也必然付出巨大的代价。在谈判中，八仙过海，各显神通，明比质量与价格，暗斗意志与智慧。谈判各方为了实现自己的目标，都充分运用各种谈判手段与技巧调整好自己的心理状态，试图从气势上压倒对方。如果信心不足则无力支撑谈判的全过程，在对方的攻击下，很可能中途就败下阵来。信心十足是谈判人员从事谈判活动的必备心理要素。有了充分的信心，谈判者才能使自己的才能得到充分的展示，潜能得到充分的发挥。在必胜信念的支撑下，谈判者能将自己的需求动机转变为需求行为，最终如愿以偿，实现目标。所以，无论如何，谈判人员都要信心十足，即使谈判出现十分困难的情形也不例外。

案例 6-3

各个击破的供货谈判

2020年，日本三家株式会社的老板同一天接踵而至，到江西省欣美工艺雕刻厂订货，其中一家资本雄厚的大商社要求原价包销该厂的佛坛产品。由此，该厂与三家商社在价格上展开了巧妙的谈判。

在这次谈判中，江西省欣美工艺雕刻厂查阅了日本市场的资料，明白了日本商社主要是因为本厂的木材质量上乘，技艺高超，制造出的产品质量高于别国而来订货的。于是该厂先不理那家大商社，而是先与小商社谈判，把产品与其他国家的产品做比较，在此基础上，该厂将产品当金条一样争价钱、论成色，使其价格达到理想的高度。首先与小商社拍板成交，造成那家大商社产生丢失货源的危机感。那家大商社不但急于订货，而且想垄断货源，于是大批订货，以致订货数量超过该厂现有生产能力的好几倍。该厂利用产品质量优势争价钱，先与小商社谈判，造成大商社的危机感。另外，该厂积极抓住两家小商社在谈判中信心不足、求货心切的心理，使价格达到了理想的高度，之后又利用大商社的急切心理，为谈判成功赢得了筹码。

资料来源：商务谈判 抓住对手谈判心理案例 3. （2013 - 05 - 20）. https://wenku.baidu.com/view/7b5d65e4998fcc22bcd10d88.html.

（二）热情过度

过分热情会暴露你的弱点和愿望，给人一种有求于他的感觉，这样就削弱了自己的谈判力，提高了对手的地位，本来比较容易解决的问题可能就要付出较大的代价。对于一般人来说，对于自己喜欢而又无法得到的东西，会有一种强烈的想要获得的意念，可能就会表现热情。但作为谈判者，要考虑到对方的反应，要用自己的一言一行来牵制对方，努力让谈判的局面朝有利于自己的方向发展。

当己方实力强于对方时，要让对方表现出热情很高，让对方巴结你，强烈要求和你成交，从而维护己方的优势地位。当己方实力弱于对方时，要表现出热情但不过度，感兴趣但不强求，不卑不亢，处之泰然。这样反而会使对方对自身产生怀疑，从而增强你的谈判力。当谈判出现分歧或僵局时，冷处理比热处理更有效。比如提出一个竞争对手，对方的态度和条件马上就会发生变化。

（三）不知所措

当出现某些比较棘手的问题时，如果没有心理准备、不知所措，就会签订对自己利益损害太大的协议，或者会处理不当，不利于谈判的顺利进行。

在谈判中，谈判对手性情不同，各种情形复杂多变，难以预料。如有为一点小事纠缠不清的，有思路不同而令人难以解释的，有故意寻衅滋事的……当这些事情发生时，应保持清醒的头脑，分析其原因所在，找出问题的症结。如果是对方蛮不讲理，肆意制造事端，应毫不客气，以牙还牙，不让对方得逞，以免被对方的气势压倒，使对方从中牟利。如果己方也有责任，则应以礼相待，消除隔阂，加强沟通。

当己方处于不利情形时，也不能不知所措。应做到事前对各种可能出现的最坏局面心里有底，尽量避免不利情况的发生。不知所措，只会乱了自己，帮了对手。谈判人员一定要学会遇险不惊、遇乱不烦。

二、对不同类型的谈判对手要区别对待

根据人们自我追求和行为习惯的不同，可以把谈判对手分为三类，即权力型、进取型和关系型。不同类型的谈判者会有不同的心理状态，采取不同的行为，所以我们要研究不同类型谈判对手的心理，避免触犯某些禁忌。

（一）与权力型对手谈判的禁忌

权力型对手以对别人和对谈判局势施加影响为满足。这类人的特点是，对于成功的期望一般，对于保持良好关系的期望一般，对于权力欲的期望也一般。这类人能够与对方建立友好关系，能有力控制谈判过程。对成功的期望是只要他带回去的结果能使自己的上级和同事满意就行了，在必要的情况下会做出让步，达成勉强满意的交易，而不愿意使谈判破裂。与这类人进行谈判的禁忌有两点：（1）试图去支配他、控制他；（2）逼迫他做出过多的让步，提出相当苛刻的条件。

（二）与进取型对手谈判的禁忌

进取型对手以取得成功为满足，对权力与成功的期望都很高，对关系的期望则很低。这类人尽力争取所有他认为重要的东西，极力向对方施加影响，以强权方式求得利益。这类人的目标可能定得并不高，主要是为了能容易地达到谈判目标，甚至超过目标。同这类人谈判，可让他负责谈判程序的准备，以满足他的权力欲，让他第一个陈述，从而使他觉得自己获得了某种特权，但是要注意控制整个谈判的程序。与这类人进行谈判的禁忌有四点：（1）不让他插手谈判程序的安排；（2）不听取他的建议；（3）让他轻易得手；（4）屈服于他的压力。

（三）与关系型对手谈判的禁忌

关系型对手以与别人保持良好的关系为满足，对成功与保持良好关系的期望很高，对权力的期望则很低。这类人更加期望对他的上级及公司的同事尽责，希望他带回去的协议能得到上级和同事的赞赏，同时也较多地注重与对方人员保持友好的关系。由于这类人热衷于搞好关系而不追求权力，在谈判中更容易处于被动地位。与这类人进行谈判的禁忌有三点：（1）不主动进攻；（2）对他让步过多；（3）对他的热情态度比较冷漠。

三、了解不同性格谈判对手的心理特征

在谈判过程中，必须了解不同性格谈判者的心理特征，根据不同的心理特征采取不同的对策，尽量避免触犯他们的禁忌，伤害他们的感情，造成不必要的心理隔阂，阻碍谈判的进行。

（一）与迟疑的人进行谈判的禁忌

这类人的心理特征是：（1）不信任对方。这类人不信任你，没有特殊的理由，只是怕受骗上当。怀疑是他保护自己的一种手段。如果想让他相信，就要拿出确切的证据。（2）不让对方看透自己。希望自己有一块领地不被人知晓，对方稍有靠近，他就会敏锐地感觉到，并采取一些行动，误导对方的看法。（3）极端讨厌被说服。你想一下子说服他是不可能的，即使你的话是真的，并没有骗他。你说得越多，他越不相信。（4）不立

即做出决定。这种人从来不仓促行事,做事要经过全面考虑才采取行动,不轻易相信别人,以至于有时延误了时机,完全根据自己的感觉、意志来行事。他们头脑清晰,考虑问题多。与这类人进行谈判的禁忌是:(1)在心理上和空间上过分接近他;(2)强迫他接受你的观点;(3)喋喋不休地进行说服;(4)催促他做出决定,不给他充足的考虑时间。

(二)与唠叨的人进行谈判的禁忌

这类人的心理特征是:(1)具有强烈的自我意识,喋喋不休,谈到最后也说不出个所以然来,内心深处却有不堪一击的弱点,尽力想用说话来弥补这个弱点。(2)爱刨根问底。凡事都要自己弄个明白,坚持自己的看法,好与人争辩。经常让人厌恶,浪费别人的时间。喜好驳倒对方,这也不行,那也不是,利用种种手段驳倒对方,看到对方被驳倒灰溜溜的样子,有一种满足感。(3)心情较为开朗。唠叨是某些人的习惯,不唠叨就难受,把想说的都毫不客气地吐出来后,心情就会开朗。其实,这种人并没有多少心机。与这类人进行谈判的禁忌是:(1)有问必答,这样会没有尽头;(2)和他辩论(即使在道理上能说服他,但买卖依然不能成交);(3)表现出不耐烦(不妨听之任之);(4)胆怯,想开溜。

(三)与沉默的人进行谈判的禁忌

这类人的心理特征是:(1)不自信。由于不善言辞,生怕被别人误解或小看,常常闷闷不乐,有自卑感。(2)想逃避。对于说话一事感到很麻烦,从来不会因没有说话而感到不自在,自然而然地以听者自居。表现欲差,不愿在人多的场合出头露面,对事物的认识依赖直觉,对好恶反应极为强烈。(3)行为表情不一致。当他面带微笑时,可能内心正处于一种焦虑和不耐烦的状态。(4)给人不热情的感觉。这些人看似态度傲慢,其实内心深处也有一种愿为他人做些事情的想法。因为答应不爽快,被认为是爱理不理的。与这类人进行谈判的禁忌是:(1)不善察言观色;(2)感到畏惧;(3)以寡言对沉默;(4)强行与之接触。

(四)与顽固的人进行谈判的禁忌

这类人的心理特征是:(1)非常固执。你说东,他谈西。你越想说服他,他就越固执地抵抗。这种人很难后退一步,合作起来很不愉快。(2)自信自满。自以为无所不能,认识事物带有片面性,只按自己的标准行事,往往听不进别人的意见。(3)控制别人。对某事拘泥于形式,深信自己的所作所为是绝对正确的,怕自己深信的一切被别人修正,相反,想让别人也按他的意志行事。(4)不愿有所拘束。个性外向者居多,精力充沛,多半在外爱与众人接触,做起事来很有魄力。与这类人进行谈判的禁忌是:(1)缺乏耐心,急于达成交易;(2)强制他,企图压服他;(3)对产品不加以详细说明;(4)太软弱。

(五)与情绪型的人进行谈判的禁忌

这类人的心理特征是:(1)容易激动。看到新东西有好奇心,如果很合他的意,马上就会表露出来，一般很难掩饰内心的变化。(2) 情绪变化快，兴趣和注意力容易转移。高兴时有股莫名的冲动，沉不住气，对谁都笑容可掬。心情不好时，敏感的情绪会迅速变化，有时甚至失去控制，恶语伤人。(3) 任性，见异思迁。什么事情都希望由着自己的性子来。情绪不稳定，一般没有知心的朋友，较为孤寂。与这类人进行谈判的禁忌是：(1) 不善察言观色，抓不住时机；(2) 找不到他的兴趣所在；(3) 打持久战。

延伸阅读

商务谈判十要诀

要有感染力：通过你的举止来表现你的信心和决心。这能够提升你的可信度，让对手有理由接受你的建议。

起点高：最初提出的要求要高一些，给自己留出回旋的余地。在经过让步之后，你所处的地位一定比低起点要好得多。

不要动摇：确定一个立场之后就要明确表示不会再让步。

权力有限：要诚心诚意地参与谈判，当必须敲定某项规则时，可以说你还需要得到上司的批准。

各个击破：如果你正和一群对手进行谈判，设法说服其中一个对手接受你的建议。此人会帮助你说服其他人。

中断谈判或赢得时间：在一定的时间内中止谈判。当情况好转之后再回来重新谈判。这段时间可以很短，如出去想一想，也可以很长，如离开这座城市。

面无表情，沉着应对：不要用有感情色彩的词语回答你的对手。不要回应对方的压力，坐在那里听着，不要有任何表情。

耐心：如果时间掌握在你手里，你就可以延长谈判时间，提高胜算。你的对手时间越少，接受你的条件的压力就越大。

缩小分歧：建议在两种立场中找到一个折中点，一般来说，最先提出这一建议的人，在让步过程中的损失最小。

当一回老练的大师：在反驳对方提议的时候不妨这样说："在我们接受或者否决这项建议之前，让我们看看如果采纳了另外一方的建议会有哪些负面效果。"这样做可以在不直接否定对手建议的情况下，让对方意识到自己的提议是经不起推敲的。

资料来源：商务谈判十大注意事项．(2016-11-07)．http：//blog.sina.com.cn/s/blog_b3e795a10102x1go.html.

◀ 小 结 ▶

1. 谈判的主体是人，筹备谈判的第一项工作内容就是人员准备，也就是组建谈判班子。谈判班子的素质及其内部协作与分工的协调，对于谈判的成功是非常重要的。

2. 谈判人员要求有过硬的政治思想素质、健全的心理素质、合理的知识结构、较高的能力素养、健康的身体素质等。

3. 谈判班子应配备的人员包括首席代表、技术精湛的专业人员、业务熟练的经济人员、精通经济法的法律人员和熟悉业务的翻译人员等。

4. 谈判思维是谈判者在谈判过程中理性地认识客观事物的行为和过程，是对谈判活动中的谈判标的、谈判环境、谈判对手及其行为间接、概括的反映。一个成功的谈判者必须能够正确认识谈判双方在谈判中所处的地位、相互作用的形式、性质、条件及其发展趋势，并根据这些变化采取相应的策略。

5. 辩证思维模式就是适合、正确、有效的思维模式，这种科学的思维形态要求人们客观、全面地看问题，从概念、判断、推理、论证四个方面进行全面、合理的推断。在谈判的过程中，概念是思维的基础细胞和出发点，并由概念组成判断，由判断组成推理，再由推理组成论证。推理和论证是概念、判断的转化形式。

6. 心理挫折是指在某个行为活动过程中，人们自己认为或感觉遇到了难以克服的障碍和干扰等，从而在心理上形成挫折感，并由此产生忧虑、焦急、紧张、激动、愤怒、懊悔等情绪的心理状态。对绝大多数人而言，在感到挫折时的行为反应主要有以下几种：言行过激，畏惧退缩，盲目固执。

7. 成功谈判者应具备的心理素质包括崇高的事业心和强烈的责任感、坚韧不拔的意志、以礼待人的谈判诚意和态度、良好的心理调控能力、敏锐的感受能力和应变能力。

8. 在谈判过程中，必须了解不同性格谈判者的心理特征，根据不同的心理特征采取不同对策，尽量避免触犯他们的禁忌。

复习与思考

一、基本概念
主谈人　　　　　谈判思维　　　　　心理挫折
心理调控能力

二、简答题
1. 优秀的商务谈判人员应该具备什么样的素质？
2. 怎样进行谈判人员的配备？
3. 谈判思维有几种？
4. 在谈判中，多数人感到心理挫折时的行为反应主要有哪些？
5. 成功谈判者应具备哪些心理素质？

三、论述题
1. 论述怎样组建一个强有力的谈判班子。
2. 试述心理挫折产生的原因。
3. 谈判中的心理禁忌有哪些？

第7章
商务谈判策略

"商务谈判中的策略，虽无导弹危机、劫持人质那样血淋淋的后果，但却事关时刻使人揪心的钱袋子。"[①] 由此可见谈判策略的作用所在。为了使谈判顺利进行并取得成效，谈判者应注意及时抓住有利时机，审时度势地制定并运用相应的谈判策略，从而在谈判中发挥己方的比较优势，争取主动权。在长期的谈判实践中，谈判人员根据各类谈判中遇到的问题及解决方法，总结出许许多多成功的谈判策略。本章对一些常见的谈判策略进行归纳总结，以便读者在谈判中灵活地加以运用，并通过掌握谈判策略，清楚地识别谈判对手的谈判策略，从而灵活地加以应对。

第1节 商务谈判策略概述

一、商务谈判策略的含义

从商务谈判的角度看，商务谈判策略是指谈判者在谈判过程中，为了达到己方某种预期目标所采取的行动方案和对策。具体来说，这一概念包括三层含义：（1）它是一种面向未来的整体概念；（2）它是实现某些目标的意愿，策略的选择对谈判将起到决定性的作用；（3）它是经过论证后的恰当选择。

在商务谈判实践中，正确运用策略涉及许多方面。一般来讲，应满足下列条件：一是谈判策略具有主观能动性，它不同于客观的目标条件所具有的标记性，而是要为实现

---

① 丁建忠. 国际商业谈判学. 北京：中信出版社，1996.

那些理想的结果而进行谋划，更具有实践性；二是按照时序采取行动，那种一劳永逸、以不变应万变的决策不能称为策略；三是谈判策略具有动态性，这是由商务谈判过程的复杂多变性决定的；四是随着商务谈判活动的进行，不确定因素逐步减少，即在谈判中能够快速、不间断甚至完整地得到原来不确定事物的信息。

二、制定商务谈判策略的程序

制定商务谈判策略的程序是指制定策略所应遵循的逻辑步骤，主要包括进行现象分解、寻找关键问题、确定目标、形成假设性解决方法、对解决方法进行深度分析、生成具体的谈判策略和拟订行动计划方案等七个方面。谈判策略的选择和灵活运用在于谈判人员的经验和智慧。

（一）进行现象分解

现象分解是制定商务谈判策略的逻辑起点。谈判中的问题、趋势、分歧、事件，必须分解成不同的部分，从中找出每一部分的意义之后再重新安排，借以找出最有利于己方的形式。

制定商务谈判策略的目的是判断谈判进程中进退的最有利时机，寻求恰当的手段或方式，借以达成最有利的协议。除了必须具有的分析能力和习惯，还必须针对谈判中的消长趋势随机应变，而不只是一眼看破玄机。

（二）寻找关键问题

进行现象分解与科学分析之后，就要有目的地寻找关键问题，即抓主要矛盾。因为只有找到关键问题，才能使其他问题迎刃而解。寻找关键问题要求采用抽象方法、问题分析、谈判对手分析、发展趋势分析等技术。

（三）确定目标

目标关系到谈判策略的制定，以及整个谈判的方向、价值和行动。确定目标是根据现象分解和关键问题分析得出的结论，根据己方条件和谈判环境要求，对各种可能目标进行动态分析判断的过程，其目的在于取得满意的谈判结果。

（四）形成假设性解决方法

这是制定策略的一个核心与关键步骤。对假设性解决方法的要求是必须既能满足目标，又能解决问题。方法是否有效，要经过比较才能鉴别，所以谈判人员在提出假设性解决方法时，要解放思想，打破常规，力求有所创新，并尽力使假设性解决方法切实可行。

（五）对解决方法进行深度分析

这是指对各种假设性解决方法根据可能与有效的原则进行排列组合、优化选择。对少数可行策略进行深入研究，为最终选择打下基础。准确地权衡利弊得失，要求谈判人员快刀斩乱麻，运用定性与定量相结合的分析方法。

（六）生成具体的谈判策略

这是指在深度分析得出结论的基础上，确定评价的准则，得出最后的结论。确定评价准则的科学方法是指明约束条件，做谈判环境分析，所谓"上策""下策"，就是对一种策略的评价。

（七）拟订行动计划方案

有了具体的谈判策略，还要考虑把这种策略落到实处，这就要按照从抽象到具体的思维方式，列出各个谈判者必须做的事情，把它们在时间、空间上安排好，并进行反馈控制和追踪决策。

三、商务谈判策略的制定方式

一般来讲，商务谈判策略的制定方式主要有仿照、组合和创新三种。

（1）仿照。对于规范性、程序性问题，采用仿照过去已有策略的方式。

（2）组合。将各种既有的策略，经分割、抽取，再重新综合在一起，构成新的策略。它从部分来说是仿照，而从整体来讲是创新。

（3）创新。对于非规范性、非程序性问题，需要从全局出发，去寻找变动中的最佳策略。例如，重新调整资源分配方案，以便增强某些实力而增加谈判主动权；利用自己与竞争对手之间竞争条件的差异，采取非传统性策略，把目标放在破坏对手所依赖的关键成功因素的优势上。这种方法称为主动攻击谈判策略，借助寻找新的谈判对象取得谈判优势。

四、商务谈判策略运用的基本原则

（一）周密谋划原则

谈判是一种高水平的智力游戏，舌战犹如枪战，其中的"刀光剑影"不难想象。只有周密谋划，才能取得预期的谈判效果。所谓周密谋划原则，就是在运用谈判策略时对每一环节、每一句话进行周密细致的运筹，做到胸怀大局、有勇有谋。

（二）随机应变原则

谈判桌上的攻防技巧、招数、套路很多，策略无穷，常用常新，同时形势也可能风云变幻，这就要求谈判者特别是主谈人随机应变。所谓随机应变原则，就是在运用谈判策略时要根据谈判的有利时机，灵活应对谈判形势的变化，做到"魔高一尺，道高一丈"。

（三）有理、有利、有节原则

商务谈判是买卖双方不断磋商、相互让步、解决争端，以求最后达成协议或签订合同的过程。就达成的协议或签订的合同而言,一般总是双方可以接受而且彼此均能获益的。这就要求谈判双方都要遵循有理、有利、有节的原则。所谓有理,是指在谈判磋商中,无论提的是建议还是反建议,都要掌握充分的材料与数据,有充分的说理内容,不是空洞的说教,更不是凭空臆测,或者无理坚持己见;所谓有利,是指谈判人员应当利用对自己有利的因素,促进谈判向预期的目标发展;所谓有节,是指在谈判磋商中涉及争议问题时,因关系到双方的利益,应掌握好分寸与火候,适可而止,切不可贪得无厌。

案例 7-1

有理有利有节:与天然气公司的一次谈判

2022 年 5 月,单位分给了我一套公寓房,我入住后不久就发现天然气无法使用,于是拿着天然气卡到天然气公司询问原因。营业厅人员告知我:"你的天然气表已经成了'长通气',也就是说,你前面的住户已经五年没有购买天然气,长期无偿使用天然气,已经欠费 3 000 多元了,必须补交欠款才能使用。"我对此表示质疑,没有购买天然气,天然气灶怎么能一直有气而且正常使用呢?营业厅人员回答:"天然气表由两部分组成,一部分是机械部分,另一部分是电子部分,电子部分损坏无法关闭阀门,机械部分没有损坏,可以继续通气使用并计费。"我反问:"既然'长通气'是天然气表损坏造成的,那么这个损失就应该由天然气公司承担。我又没有使用天然气,为什么让我交费?"营业厅人员傲慢地答复:"这个天然气表实际使用了天然气就必须交费,否则无法使用天然气。"由于天然气公司是垄断企业,面对营业厅人员的"霸气"回复,我无奈之下只有反映给单位公寓房管理部门。单位了解情况之后,委派一位口才很好、反应机敏的"谈判专家"马强与我一起再到天然气公司交涉。事前我们经过认真研判,想好了应对"话术",准备了多种方案,做到了心中有数。

到天然气公司后,我们与客户经理——吴经理进行谈判。吴经理自恃垄断地位,霸道地说,你们使用了天然气就应该补交费用,至于公寓房前面住户的"偷气"行为是你们管理不善造成的,与天然气公司无关。对于吴经理的强词夺理,马强保持平静,直截了当地指出了三点:第一,前面的住户之所以能够长期无偿使用天然气,是因为天然气表损坏。天然气公司每年都有入户安全检查,为什么没有发现天然气表损坏的情况呢?天然气公司肯定是有责任的。第二,天然气公司卖气,住户买气,这是天然气公司和住户之间的买卖交易行为,公寓房管理部门既没有管理的义务,也没有管理的手段。所以,公寓房管理部门不应当承担责任。第三,既然天然气表电子部分可能发生损坏,那么机械部分怎么能保证一定没有问题呢?机械部分的计费是否准确呢?面对我们有理有据的质疑,吴经理虽然自知理亏,但仍然坚持说,反正你们把气用了,也有责任。我们看到吴经理的态度有所缓和,于是进一步说,既然我们双方都有责任,那么这个损失就应该我们双方共同承担,您看这个费用怎么负担?吴经理说,那我们就各负担一半,你们要是不同意,随便到哪里去告,政府也行,法院也行。面对这种情况,马强对我使了一个眼色,这是我们提前约定好的"暗号",看来这就是天然气公司的底线了。我们最终答应了吴经理的方案。

在这次谈判中,天然气公司占据垄断地位,处于绝对优势。我们不打无准备之仗,事先想好了充足的理由，做到了"有理"。在谈判中，我们尽力争取利益，做到了"有利"。当谈判进行到最后，我们也做了适当的妥协和让步，避免了谈判破裂，做到了"有节"。总体来看，在我们整体处于劣势的情况下，能够迫使天然气公司承担责任，负担一半的费用，也能够说是一次成功的谈判。

资料来源：作者根据网络资料编写。

第 2 节　预防性策略

预防性策略就是己方在谈判中处于被动地位时所采取的保守策略。具体来说，预防性策略包括沉默寡言、声东击西、欲擒故纵、浑水摸鱼、疲劳战术等策略。

一、沉默寡言策略

沉默寡言策略是指在谈判中先不开口，让对方尽情表演，或多向对方提问并设法促使对方继续沿着正题谈论下去，以此暴露其真实的动机和最低的谈判目标，然后根据对方的动机和目标并结合己方的意图采取有针对性的对策。

这种谈判策略之所以有效，其根据在于：谈判中说的话越多，自己的底细就有可能暴露得越多，也就越有可能处于被动境地。同时也会使对方受到冷遇，造成心理恐慌，不知所措，甚至乱了方寸，从而达到削弱对方谈判力量的目的。细心地聆听对方说出的每一个字，注意对方谈判人员的措辞、表达方式、语气和声调，它们都可以为己方提供有效的信息。

要想有效地发挥沉默寡言策略的作用，应注意以下几点。

（1）事先准备。首先，要明确这种策略的运用时机，比较恰当的时机是报价阶段。在报价阶段，对方的态度咄咄逼人，双方的要求差距很大，适时运用沉默寡言策略可缩小差距。其次，要约束己方的反应。在沉默中，行为语言是唯一的反应信号，是对方十分关注的内容。所以，事先要准备好使用哪些行为语言，同时还要统一己方谈判人员的口径。

（2）耐心等待。只有耐心等待才可能使对方失去冷静，形成心理上的压力。为了忍耐可以做些记录，记录在这里可起到一箭双雕的作用。首先，它纯粹是做戏；其次，它可以帮助己方掌握对方没讲什么，对方为什么不讲这些而讲那些。全神贯注地聆听，加上冷静思考可准确无误地了解对方的看法，听出对方的弦外之音，感受对方的情绪，洞悉对方的真实意图，努力获得超出沉默寡言本身的效果。

（3）利用行为语言，搅乱对手的谈判思维。沉默寡言的本意在于捕捉对方的信息，推测对方的动机，因而可从需要出发，有目的地巧用行为语言，搅乱对方的谈判思维，最终牵住对方的鼻子乃至控制谈判的局面。

二、声东击西策略

"声东击西"曾见于《三国志·魏书·武帝纪》,指曹操与袁绍战于白马,谋士荀攸为曹操所出的计谋。唐朝人杜佑的《通典·兵六》中也有记载:"声言击东,其实击西。"意思是说,善于指挥打仗的人能灵活用兵,虽然他攻击的目标在西边,却偏要造成攻击东边的态势,以迷惑敌人,达到击败敌人的目的。将声东击西作为策略运用于商务谈判,指的是己方为达到某种目的和需要,有意识地将洽谈的议题引导到无关紧要的问题上,从而给对方造成一种错觉,使其做出错误的或违反事实本来面目的判断。

在商务谈判中,一般在以下情况使用声东击西策略:

(1) 作为一种障眼法,迷惑对方,转移对方的视线,隐蔽己方的真实意图,延缓对方所采取的行动,以求实现预定的谈判目标。例如,己方实质关心的是价格问题,又明知对方在运输方面存在困难,己方可以集中力量帮助对方解决运输难题,使对方在价格上做出较大的让步,从而达到声东击西的目的。

(2) 转移对方的注意力,使对方在谈判上失误,为以后若干议题的洽谈扫平道路。

(3) 诱使对方在对己方无关紧要的问题上纠缠,使己方抽出时间对重要问题进行深入的调查研究,迅速制订出新的方案。

(4) 对方是一个多疑者,并且逆反心理较重。

案例 7-2

非我莫属优势的消失

1985 年,我国某厂为引进一条浮法玻璃生产线到日本考察,经论证认为,日方的此项产品质量、技术均属世界一流。于是,该厂决定购买日方产品。但他们与日方在华办事处谈判人员多次谈判,均未达成协议。其原因是,日方自恃产品优良,要价过高,且谈判态度强硬,让步甚少。中方敏锐地意识到,如想攻克谈判僵局,并以优惠价格购得日方的产品,必须首先粉碎日方产品非我莫属的优势心理。为此,中方谈判班子制订了一个"声东击西"的周密计划。他们果断地终止了与日方的谈判,派员工直赴英国,发现英方产品确实不如日方产品,但他们还是向英方发出谈判邀请,并把英方来华谈判人员直接安排在日方办事处所在的宾馆。这一信息令极为敏感的日方谈判代表大为震惊。精明的日本人绝不愿意看见到嘴的肥肉让别人吞下,获得薄利总比没有得利好。于是,他们一反高傲的姿态,主动要求与中方恢复谈判,最终双方达到双赢,握手成交。

三、欲擒故纵策略

欲擒故纵策略是指对于志在必得的交易谈判,己方故意通过各种措施,让对方感受到自己满不在乎的态度,将自己的急切心情掩盖起来,从而压制对方开价的胃口,确保己方在预想条件下成交,进而实现先"纵"后"擒"的目的。具体做法为:务必使自己保持不紧不慢的状态。例如，日程安排上不显急切；在对方激烈强硬时，让其表现，采取"不怕承担后果"的轻蔑态度等。

采用这一策略时要注意：其一，立足点在"擒"，故"纵"时应积极地"纵"，即在"纵"中激起对手的成交欲望。运用的手法是：一方面表现己方满不在乎，利益关系不大；另一方面尽可能考虑对方的利益，处处为其着想，让其不愿被"纵"。其二，在冷漠之中有意给对方机会，只不过应在其等待、努力之后，再给机会与条件，让其感到珍贵。其三，注意言谈与分寸，即讲话要掌握火候，"纵"时的用语应有尊重对方的成分，切不可羞辱对手。否则，会转移谈判焦点，使"纵"失控。

四、浑水摸鱼策略

浑水摸鱼策略是当前国际谈判桌上一种比较流行的谈判策略，又可叫作炒蛋策略。这种策略故意将谈判秩序搞乱，将许多问题一揽子兜上桌面，让对方眼花缭乱，难以应付，慌乱失误，使己方在心理上占有绝对优势，从而趁机敦促对方达成有利于己方的协议。

生活经验告诉我们，当一个人面临一大堆杂乱无章的难题时，便会情绪紧张，精力不集中，自暴自弃，丧失信心。浑水摸鱼策略就是利用这种心理，打破正常的有章可循的谈判议程，将乱七八糟的非实质性问题同关键议题杂糅在一起，使人心烦意乱、难以应付，导致对方慌乱失措，滋生逃避或依赖己方的心理，己方便趁机敦促协议的达成。

破解浑水摸鱼策略的方法是：首先，要沉着冷静，坚定信念，在没有充分了解问题之前，不要和对手讨论和决定任何问题。其次，坚决要求对方回到谈判的正常秩序，逐项讨论和解决问题，遇到关键设计数据问题时，一定不可草率行事。最后，当对方利用材料和数据等实施浑水摸鱼策略时，要有勇气提出暂停谈判，以对各种材料和数据进行仔细研究，不要因图节省时间和精力，造成无法弥补的损失。

五、疲劳战术策略

疲劳战术策略是通过拖延达成协议的时间，反复讨论某一问题，或不间断地提出新问题，想方设法使对方疲劳，以至于产生厌倦和急躁心理，从而达到预定目的的策略。疲劳战术策略就是通过有意的超负荷、超长时间的谈判，以自己的耐心和韧性去消耗对手的谈判意志，来达到己方谈判目的的方法。运用这个策略，要抓住对方喜欢简单、快速、直接地解决问题，不喜欢复杂、烦琐、反复的心理。此策略在对方成交心切或者不耐烦的情况下尤为适用。常见的疲劳战术策略有：进行长时间的无效谈判，拖延谈判和达成协议的时间；在谈判中使问题复杂化，并不断地提出新问题进行纠缠；在谈判中制造矛盾，采取强硬立场，或将已经谈好的问题推翻重来，反复讨论；在谈判间隙，举行投对方所好的活动，使对方保持兴趣，直至疲劳；热情、主动地利用一切机会与对方攀谈，甚至在休息时间拜访对方，使对方缺少必要的休息等。

第 3 节　进攻性策略

在商务谈判中，占有主动权的一方其核心是争取尽可能多的利益，往往采取进攻性策略。进攻性策略具体包括针锋相对、以退为进、最后通牒、以柔克刚等策略。

一、针锋相对策略

针锋相对策略就是针对谈判对手的论点和论据，逐一予以驳回，进而坚持己方立场的毫不退让的策略。具体做法为：对方说什么，你跟着驳什么，并提出新的意见。在谈判过程中，应该围绕对方谈到的内容，有针对性地予以驳斥。例如，甲方说："我的人工费高，故产品售价高。"乙方驳道："你的人工费绝没有你说的那么高。"可谓针锋相对。又如，一方拍案而起，扬言："不谈了！"另一方则冷眼相对，驳道："谈不谈是你的权利，但你要对行为的后果负责！"

在使用该策略时应注意：驳斥对方时，要对准话题，不能走火、跑偏。否则，对方会说"你没听明白"，从而一下子瓦解你的话语体系。此外，话锋的锐利完全在于是否有理，而不在于是否声色俱厉。

二、以退为进策略

以退为进策略是指以退让的姿态作为进取阶梯的策略。暂时的退却是为了将来的进攻，有时退一步能够进两步，反而掌握了谈判的主动权。在这种策略中，退是一种表面现象，由于在形式上采取了退让，对方便能从己方的退让中得到心理满足，不仅思想上会放松戒备，而且作为回报，对方也会满足己方的某些要求，而这些要求正是己方的真实目的。商务谈判中的以退为进策略表现为先让一步，顺从对方，然后争取主动，反守为攻。

在市场经济条件下，以退为进的手法很多，主要表现在以下方面：

（1）替己方留下讨价还价的余地，以使对方在报价或还价时有所退却，满足对方的要求。

（2）不要让步太快。因为轻而易举获得己方的让步，不仅不会使对方在心理上得到满足，反而会使对方怀疑己方的让步有诈。慢慢让步，会使对方心理上得到满足，对方等待越久，也就越珍惜。

（3）让对方先开口说话，充分暴露对方的观点，隐藏己方的要求。这样，对方由于暴露过多，回旋余地就小，己方的针对性就会放大。

（4）不要做无谓的让步，以己方的每次让步换取对方的让步，或强调己方的困难处境，以争取对方的谅解和适当的退却。

（5）作为买方，记住说："我们非常喜欢贵方的产品，也乐意同贵方合作，遗憾的是我方只有这么多钱……"作为卖方，别忘了讲："我方的成本这么高，价格不能再降了……"

三、最后通牒策略

最后通牒策略是指当谈判双方因某些问题纠缠不休时，其中处于有利地位的一方会向对方提出最后交易条件，要么对方接受己方的交易条件，要么己方退出谈判，以此迫使对方让步的谈判策略。尽管最后通牒的形式多种多样，但都包括最后出价和最后时限这两个不可分割的内容。最后出价是指谈判一方给出了一个最低的价格，告诉对方不再进行讨价还价了，要么成交，要么谈判破裂。最后时限是指规定出谈判的最后截止日期，借此来向对方施加压力。

最后通牒策略是极有效的策略，它在打破对方对未来的奢望、击败犹豫中的对手方面起着决定性作用。最后通牒策略以强硬的形象出现，人们往往不得已而用之，只能是在谈判的最后阶段或最后关头。它的最后结果是可能中断谈判，也可能促使谈判成功。因为一般来说，谈判双方都是有所求而来的，谁都不愿白白地花费精力和时间空手而归。特别是在商务谈判中，任何一个商人、企业家都知道，自己一旦退出谈判，马上就会有许多等在一旁的竞争者取而代之。即便如此，使用最后通牒策略也必须慎重，因为它实际上是把对方逼到了无可选择的境地，容易引起对方的敌意。一般来说，只有在以下四种情况下，才能使用最后通牒策略：

（1）谈判者知道自己处于一个强有力的地位，别的竞争者都不如己方的条件优越，如果对方要使谈判继续进行并达成协议，只有找己方。

（2）谈判者已尝试过其他方法，但都未取得什么效果。这时，采取最后通牒策略是迫使对方改变想法的唯一手段。

（3）当己方将条件降到最低限度而不能再降时。

（4）当对方经过旷日持久的谈判，已无法再担负失去这笔交易所造成的损失而非达成协议不可时。

谈判者使用最后通牒策略时，总希望能够成功，其成功必须具备以下五个条件：

第一，送给对方的最后通牒方式和时间要恰当。一般是在送出最后通牒前，想方设法让对方在己方先做些投资。例如，先在其他次要问题上达成协议，在时间、精力等方面让对方有所消耗，等到对方的投资达到一定程度时，即可抛出最后通牒，使对方难以抽身。

第二，送给对方的最后通牒言辞要委婉，既要达到目的，又不至于锋芒太露。言辞太锋利的最后通牒容易伤害对方的自尊心，因此多半是自讨苦吃。例如："就是这个价钱，没什么可谈的了！""接受这个条件，否则到此为止！"而言词委婉的最后通牒效果要好一些。例如，"贵方的道理完全正确，可惜我们只能出这个价钱，能否再通融一下？"这种留有余地的最后通牒，替对方留下退路，易于被对方接受。

第三，拿出一些令人信服的证据，让事实说话。如果能就己方的观点拿出文件和道理来支持，那就是最聪明的最后通牒了。例如，"你的要求提得并不过分，我非常理解，只是我方单位的财务制度不允许"。

第四，送给对方的最后通牒内容应有弹性。最后通牒不要将对方"逼上梁山"，别无他路可走。应该设法让对方在己方的最后通牒中选择一条路，至少在对方看来是两害相权取其轻。

第五，送给对方的最后通牒要给对方留有考虑或请示的时间。在商务谈判中，让对方放弃原来的条件与立场是需要时间的。因此，谈判者送出最后通牒后，还要给对方留有考虑的时间，以便让对方有考虑的余地。这样，可使对方的敌意减轻，不至于弄巧成拙。

四、以柔克刚策略

以柔克刚策略通常也称为以软化硬、哭穷示弱、滴水穿石策略，是指面对咄咄逼人的谈判对手，可暂不做反应，避免正面冲突，以己方之静制对方之动，以持久战磨其棱角，挫其锐气，待其精疲力竭之后再发起反攻，从而达到反弱为强的谈判策略。该策略着眼于每个人都有恻隐之心、同情之心，不愿与对方正面对立，同时想方设法唤起对方同情、怜悯、宽宏大量、乐于助人的心理，以达成谈判的目标。

在运用该策略时，忍耐性一定要好，容许对方发泄情绪、指责，同时还要有礼貌，懂得幽默，以获得对方好感；必要时唤起对方的同情，或者聊聊共同话题拉近个人感情等，尽量使对方不放弃谈判，同时还要让对方意识到己方实在没有其他选择余地，只能出此下策。此外，也要伺机寻找对方的薄弱环节和谈判人员的个性弱点，以便最大限度地运用该策略。

运用该策略需要注意的方面有：必须找到拥有最终决策权的人；如发现不能使用此策略，要么改用其他策略，要么及时退出谈判，不要浪费有限的精力和时间。

第 4 节　综合性策略

在商务谈判中，有时也可能出现谈判双方势均力敌的状态，谈判者的地位平等，双方均想以势压人，往往收效甚微。因此，采取综合性策略就成为明智的选择。综合性策略主要包括软硬兼施、权力有限、货比三家等策略。

一、软硬兼施策略

软硬兼施策略是指在商务谈判过程中原则性问题毫不退却、细节问题适当让步的一种策略。谈判时，面对态度强硬的对手，可在坚持原则的条件下做一些顺水推舟的工作，等到对方锐气减退时，己方再发动反攻，力争反败为胜。

软硬兼施策略通俗地讲，又叫红白脸策略，它的具体做法有两种：一是两个人分别扮演红脸和白脸角色。"白脸"是强硬派，在谈判中态度坚决、寸步不让、咄咄逼人，几乎没有商量的余地。"红脸"是温和派，温文尔雅、说话柔和，但实际上是拿"白脸"当枪使,与"白脸"暗地里配合,共同目的是争取己方的利益。二是一个人同时扮演"红脸"和"白脸"。使用该策略时应注意:其一,扮"白脸"的人,既要"凶",又要出言在理,保持良好的形象。比如,态度强硬,寸步不让,但又处处讲理,绝不蛮横。外表上,不要高声大嗓,唾沫横飞,显出俗相,也不一定老是虎着脸,反倒可以有笑容,只是立场要强硬,条件要狠。其二,扮"红脸"的人,应该为主谈人或负责人,要善于把握火候,达到收放自如的境界,让"白脸"好下台,及时请对方表态。其三,若是一个人同时扮演红白脸,要机动灵活。如发动强攻时,声色俱厉的时间不宜过长,同时说出的话要给自己留有余地,否则会把自己逼到背水一战的境地。若由于过于冲动而被动,最好的解决方法就是暂停、休会或散会,通过改变时间,争取请示、汇报、研究被动局面的化解方法。

二、权力有限策略

权力有限策略是指谈判者为了达到降低对方条件、迫使对方让步或修改承诺条件的目的,采取转移矛盾,假借自己不能做主、上级没有授权等理由,故意将谈判工作搁浅,让对方心中无数地等待,再趁机反攻的一种策略。

从某种意义上说,受了限制的权力才会成为真正的力量,一个受了限制的谈判者要比大权独揽的谈判者处于更有利的状态。例如,可以优雅地向对方说"不",因为未经授权,这往往使对方大伤脑筋,迫使对方只能根据他们所拥有的权限来考虑问题。如果对方急于求成,虽然明知会有某种损失,也不得不妥协拍板。否则,就会冒谈判失败的风险。

成功地运用权力有限策略,对谈判者大获全胜很有作用。

(1) 权力有限策略可以有效地保护自己。谈判者的权力受到限制,也就是给谈判者规定了一个由有限权力制约的最低限度的目标。例如,买方"成交价格超过每件100元,必须请示上级",这种权力限制实际上是给对方的谈判者规定了一个最低限度目标——成交价格最多不能超过每件100元。所以,这种由有限权力制约的最低限度目标,可以对己方谈判者起到一定的保护作用。

(2) 权力有限可以使谈判者的立场更加坚定。

(3) 权力有限可以作为对抗对方的盾牌。

权力有限作为一种策略,有些是真正的权力有限,有些则不完全属实。有时谈判者本来有做出让步的权力,反而宣称没有被授予做出这种让步的权力,这实际上是一种对抗对方的盾牌。在一般情况下,对付这一盾牌时难以辨别真伪,对方只好凭自己的底牌来决定是否改变要求,做出让步。

有限制才有权力,谈判者欢迎这些限制,因为受到限制的权力往往能够出乎意料地获得成功。精心选择权力限制,对谈判结果有着极大的影响。

三、货比三家策略

不怕不识货,就怕货比货,有比较才有鉴别。货比三家策略是指在谈判某笔交易时,同时与几家供应商或采购商进行谈判，以选出其中最优一家的策略。此策略广为人知，也是商场上的千古信条。具体做法是：邀请同类产品的卖方或所需同类产品的买方，同时展开几个谈判，将各方的条件进行对比，择优确定合作伙伴。货比三家策略在使用时，应注意如下几个问题：

第一，选的对象要势均力敌，才有可比性。若对比对象相差过大，就应确定可比系数，使各家均有信心去争取交易。

第二，时间安排要便于分组穿插谈判，且可及时将各组谈判结果汇总，包括日程、方式和人员的安排。

第三，对比的内容要科学。货比三家策略客观上会造成工作量大，评比工作复杂，因此，应有快捷统一的评比方法和内容，以减少重复、不准确的工作，避免个人感情的影响。

第四，平等对待参加竞争者，但在谈判的组织上应该重点突出。平等地与各参加竞争的对手谈判是信誉的需要，重点突出是谈判全局的需要，二者缺一不可，相辅相成。

第五，慎守承诺。对于评选出的结果应慎守承诺。如遇落选竞争对手卷土重来，虽然其结果可能会带来好处，但应慎用该机会。对明文选中的对象应承担一定的信誉上的义务，且应充分了解落选者卷土重来的原因，才能重新审议。即便决定再谈判，也应把出新价的任务赋予卷土重来者，当该方新的条件有明显的优势时，再约被明文选中的一方谈；若不太有优势，则不必重谈。约已被选中的一方再谈时，也可以要求其重审成交条件。不过，两者均非强制，只是从说服鼓励的角度来坚持重审的必要性。如果被选中的一方在响应后其条件仍优于要求重谈者，就可以结束谈判；如果劣于重谈者，可再给被选中的一方一次机会。在这次努力之后，若差距不大，则仍选原成交者；若重新要求谈判者的条件十分明显地优于原成交者，则不得不改变选择的决定。不过，善后工作要做细。

第六，在多家采购者联合向多家卖者谈判时，应由有权威的单位统一起来，形成联合对外的机构，如同对特殊谈判主持人的要求一样，做到统一对外、统一技术要求、统一对外谈判策略。同时，还应有严格的纪律，以保守机密，各尽其职。

延伸阅读

18 种典型谈判策略

尼尔伦伯格经过实践摸索和理论研究，总结出了为贯彻应用谈判需要模式而设想的 18 种典型策略。

1. 忍耐策略。这种策略不是指那种单纯的谦让或沉默，忍耐是待机行事，是一种积极的积蓄力量。忍耐所面对的最大问题是外部因素不断地刺激和自己性格的冲动。如果你现在的忍耐已经开始导致你权益受损，过火的忍耐便成了谦让；如果你不待时机成熟便奋而反击，不足的耐性会导致操之过急。忍耐需要坚定的意志，要耐得住、发得出。哪些眼前的蝇头小利应当放弃，哪些根本利益必须捍卫，谈判者要有清醒的判断。

2. 出其不意策略。此策略特别突出手段、观点或方法的突然改变。这种改变往往是急剧的、令对手未曾预料到的、戏剧性的。出其不意就是要与人们的习惯思维相左，与事物发展的逻辑相左。另外，它通常是突发性的，令人毫无思想准备的。出其不意可以导致谈判气氛和谈判立场的突然改变。

3. 造成既成事实策略。这是一种比较冒险的策略，先通过行动造成对本方有利的事实，然后就这个事实后果与对方谈判。但是，如果想要造成既成事实再谈判，你就必须冒对方强烈抵制或报复的风险。所以，在采用这种策略之前，应当对对方可能的反应有所估计，并且对这种反应制定出相应的对策。如果对对方的反应缺乏应对措施，最好别冒这种险。

4. 不动声色退却策略。此策略是在不明显地刺激对方也不明确地承认自己失误的情况下改变自己的谈判手段，让对手忽略你的失误，不再关注你的过错。要做到不动声色，你的行为就应显得"正常"，而且在姿态、交易条件的改变上要注意不致使它成为提醒对方的把柄或由头。

5. 假撤退策略。此策略是在表面上做出退出谈判的姿态，而实际上却继续参加谈判的策略。注意不应将此策略理解为谈判条件上的后退，而是一种"不想谈判"的姿态。尼尔伦伯格认为，运用这种策略，需要有耐心、自制，再加一点诡异。目的是让对方以为你真的已经退出，而实际上你却依然在左右局势。

6. 逆向行动策略。此策略是采取与公认的一般倾向和目标恰恰相反的行动。一个偷偷进入戒备森严的基地获取了重要情报的间谍，在撤退时发现所有的出口都加了岗哨，不准任何人随意进入。他索性大大咧咧地径直找到门岗，声称他想在此找份工作干，问问可不可以放他进去，结果被赶了出去。

7. 设立限制策略。此策略是有预谋地在议题、议程、时间、地点、人数、级别等因素上设置某些限制，以向对方施加压力的谈判策略。例如，"我已订好了明天下午返程的机票，希望能在这之前达成协议。""我们经理出差了，你们只有找到副经理商量此事。""今天我们看来只能先讨论这一个问题，因为你们所需的第二个问题的资料我们没有带来。"设立限制必须小心，过分的限制可能迫使对手做出强烈反应甚至终止谈判，给己方造成被动。

8. 假动作策略。此策略也叫声东击西策略，它采用一种虚张声势或障眼法的手段转移对方的注意力，使之对事物的识别判断产生某种错误，进而己方以暗度陈仓的技巧达到自己的目的。假动作策略有时也可以作为试探对手的一种手段，看看对手有何反应，以便为自己制定对策提供依据。

9. 合伙策略。此策略是利益共享的机制，使各方在行动上尽量协调，努力使每个加入者都认同这一策略的有关方面，以各自不同的策略和方式相互支持。从根本上来说，合伙策略是各方将立场统一到共创利益的认识上，可以在一定程度上避免彼此的对抗。

10. 联系策略。此策略主要是利用与谈判的议题、内容、人员、环境、结果等有关因素的影响作用来对谈判对手施加影响。如利用名人的影响，利用对手上级权力的影响，利用对手尊重人物的声望的影响，利用广告的影响，等等。

11. 脱钩策略。此策略是在摸清对手的倾向性之后，利用对手的某些逆反心理来引导对手的方法。谈判者不是利用某种谈判因素的正面影响力，而是利用其负面影响力。例如公众推崇的某明星，谈判者却恰恰要揭该明星的短，引起对方对这位明星的反感，进而下意识地避其影响。

12. 纵横交错策略。此策略是有意识地与对手胡搅蛮缠，将关键问题与枝节问题混在一起，以求得乱中取胜的效果。特别是谈判者欲达到谈判的某种目的有所突破时，这种策略可以起到掩护的作用。

13. 散射策略。此策略是扩大谈判范围的策略。谈判者以这种手段企求获得某一点的突破。有时谈判老是围绕某一问题纠缠，进展缓慢，谈判者便可以采用这种策略，将谈判的范围扩大，使得影响谈判进程和结果的因素在数量上和影响的机会上都有所增加，这样，才可能创造出解决问题的新条件。

14. 随机化策略。此策略主要是运用数理统计及概率论原理对某种不确定的事物在事前进行分析推断，以分析推断的结果为谈判的基础，为自己增加盈利机会的策略。这种策略要求谈判者有较扎实的工程数学基础和推断能力，同时对于偶然因素的把握应非常敏锐。

15. 任意取例策略。此策略就是以半撒谎、半夸张的手法选取某一事例，引导对手的策略。比如你曾参与过某项工程作业，然后你并不是那项工程的主管或主持人，但俨然以对该工程十分了解的姿态发表意见。由于你在某些方面是真实的，这就为你的那些不真实的话获得对方的信任打下了基础。

16. 蚕食策略。此策略强调在与对手交锋的时候，不急于对对手此时十分在意的利益强行瓜分或进行明显的抢夺，而应弱化这种企图，以不在意的姿态一点一滴地获取。要不动声色，要声东击西，要把这件事做得自然。谈判者在姿态上至少应表现出对于获得的东西无所谓，你在姿态上的大度可以大大降低对方对此事的警惕性。

17. 夹叉射击策略。此策略就是在抛出你的交易条件之前，先抛出一些较为相似的条件作为试探，慢慢靠近目标。采取这种策略可以排除某些对方给你设置的障碍，让其自行拆去。

18. 代理人策略。此策略被尼尔伦伯格认为是相当重要的一种策略而特别重视。他认为，由于代理人受一方之托而具有强烈的倾向性，因而给谈判的形式带来了特殊的影响。

资料来源：尼尔伦伯格. 谈判的艺术. 上海：上海翻译出版公司，1986.

◀ 小　结 ▶

1. 商务谈判策略是指谈判者在谈判过程中，为了达到己方某种预期目标所采取的行动方案和对策。

2. 制定商务谈判策略的程序是指制定策略所应遵循的逻辑步骤，主要包括：（1）进行现象分解；（2）寻找关键问题；（3）确定目标；（4）形成假设性解决方法；（5）对解决方法进行深度分析；（6）生成具体的谈判策略；（7）拟订行动计划方案。

3. 沉默寡言策略是谈判中最有效的防御策略之一，其含义是，在谈判中先不开口，让对方尽情表演，或多向对方提问并设法促使对方继续沿着正题谈论下去，以此暴露其真实的动机和最低的谈判目标，然后根据对方的动机和目标并结合己方的意图采取有针对性的对策。

4. 为了有效地发挥沉默寡言策略的作用，在谈判前要认真准备；谈判中要耐心等待；也可以适当运用行为语言，搅乱对手的谈判思维。

5. 以退为进策略是指以退让的姿态作为进取阶梯的策略。在这种策略中，退是一种表面现象，由于在形式上采取了退让，对方便能从己方的退让中得到心理满足，不仅思想上会放松戒备，而且作为回报，对方也会满足己方的某些要求，而这些要求正是己方的真实目的。商务谈判中的以退为进策略表现为先让一步，顺从对方，然后争取主动，反守为攻。

6. 最后通牒策略是指当谈判双方因某些问题纠缠不休时，其中处于有利地位的一方会向对方提出最后交易条件，要么对方接受己方的交易条件，要么己方退出谈判，以此迫使对方让步的谈判策略。最后通牒策略手法比较强硬，如运用不当会对谈判产生负面影响。因此，在迫不得已的情况下才能使用最后通牒策略，运用最后通牒策略的手法也要适当。

7. 软硬兼施策略是指在商务谈判过程中原则性问题毫不退却、细节问题适当让步的一种策略。

8. 权力有限策略是指谈判者为了达到降低对方条件、迫使对方让步或修改承诺条件的目的，采取转移矛盾，假借自己不能做主、上级没有授权等理由，故意将谈判工作搁浅，让对方心中无数地等待，再趁机反攻的一种策略。

9. 货比三家策略的具体做法是，邀请同类产品的卖方或所需同类产品的买方，同时展开几个谈判，将各方的条件进行对比，择优确定合作伙伴。

◁ 复习与思考 ▷

一、基本概念

商务谈判策略　　　　沉默寡言策略　　　　最后通牒策略
软硬兼施策略

二、简答题

1. 简述运用商务谈判策略的原则。
2. 简述制定商务谈判策略的主要步骤。

三、论述题

1. 如何运用最后通牒策略？
2. 试论应在什么情况下运用声东击西策略。

第8章
商务谈判语言技巧

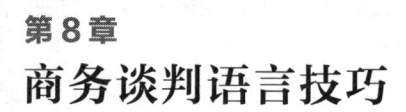

商务谈判的过程其实就是谈判双方语言表达、交流、沟通、协商的过程。语言在商务谈判中犹如桥梁，往往决定了能否成功到达谈判的彼岸。商务谈判过程中要坚持正确价值观，传递正能量，努力达到"三善"境界：善解人意，善于表达，善于合作。恰当灵活地运用语言技巧，能赢得期望的谈判结果。本章主要介绍商务谈判语言特别是有声语言和无声语言的技巧。

第1节 商务谈判语言概述

一、商务谈判语言的类别

商务谈判语言多种多样，从不同的角度可以分为不同的类型。

（一）按语言的表达方式划分

按语言的表达方式，商务谈判语言可分为有声语言和无声语言。有声语言是指通过人的发声器官来表达的语言，一般理解为口头语言，这种语言借助人的听觉交流思想、传递信息。无声语言是指通过人的形体、姿势等非发声器官来表达的语言，一般解释为行为语言，这种语言借助人的视觉传递信息、表明态度。在商务谈判过程中，巧妙地运用这两种语言，可以产生珠联璧合、相辅相成的效果。

(二)按语言的表达内容划分

按语言的表达内容,商务谈判语言可分为专业语言、法律语言、外交语言、文学语言、军事语言等。

1. 专业语言

专业语言是指有关商务谈判业务内容的一些术语,不同的谈判业务有不同的专业语言。例如,产品购销谈判中有供求市场价格、品质、包装、运输、保险等专业术语,工程建筑谈判中有造价、工期、开工、竣工、交付使用等专业术语,这些专业语言具有简单明了、针对性强等特征。

2. 法律语言

法律语言是指商务谈判业务所涉及的有关法律规定的用语,不同的商务谈判业务要运用不同的法律语言。每种法律语言及其术语都有特定的含义,不能随意解释与使用。法律语言具有规范性、强制性和通用性等特征。通过法律语言的运用,可以明确谈判双方的权利、义务、责任等。

3. 外交语言

外交语言是一种弹性较大的语言,其特征是模糊性、缓冲性和幽默性。在商务谈判中,适当运用外交语言既可以满足尊重对方的要求,又可以避免失去礼节;既可以说明问题,又可以为进退留有余地。但过分使用外交语言,会使对方感到缺乏合作诚意。

4. 文学语言

文学语言是一种富有想象力的语言,其特点是生动活泼、优雅诙谐、适用面宽。在商务谈判中恰如其分地运用文学语言,既可以生动明快地说明问题,又可以缓解谈判的紧张气氛。

5. 军事语言

军事语言是一种带有命令性的语言,具有简洁、自信、干脆利落等特征。在商务谈判中,适时运用军事语言可以起到坚定信心、稳住阵脚、加速谈判进程的作用。

二、语言技巧在商务谈判中的地位和作用

商务谈判的过程是谈判双方运用各种语言进行洽谈的过程。在这个过程中,商务谈判对抗的基本特征,如行动导致反行动、双方策略的互含性等都通过谈判语言集中反映出来。因此,语言技巧的效用往往决定双方的关系状态,乃至谈判的成功与否。其地位和作用主要表现在以下三个方面。

(一)商务谈判成功的必要条件

成功的商务谈判都是谈判双方出色运用语言技巧的结果,正如《沃顿商学院最受欢迎的谈判课》一书中提到的:"恰当的表达方式非常有帮助,但你必须注意使用方式。"

在商务谈判中，同样一个问题，恰当地运用语言技巧可以使双方听来饶有兴趣，而且乐于合作；否则，可能让对方觉得是陈词滥调，产生反感情绪，甚至导致谈判破裂。面对冷漠的或不合作的强硬对手，通过超群的语言及艺术处理，能使其转变态度，这无疑向商务谈判的成功迈出了关键一步。因此，成功的商务谈判有赖于成功的语言技巧。

（二）处理谈判双方人际关系的关键环节

商务谈判对抗的行动导致反行动这一特征，决定了谈判双方的语言对彼此的心理影响及其对这种影响所做出的反应。在商务谈判中，双方人际关系的变化主要通过语言交流来体现，双方各自的语言都表达了自己的愿望、要求，当这些愿望和要求趋向一致时，就可以维持并发展双方良好的人际关系，达成皆大欢喜的结果；反之，则可能使这种人际关系解体，严重时双方关系破裂，导致谈判失败。因此，语言技巧决定了谈判双方关系的建立、巩固、发展、改善和调整，决定了双方对待谈判的基本态度。

（三）阐述己方观点的有效工具和实施谈判技巧的重要形式

在商务谈判过程中，谈判双方要把己方的判断、推理、论证等思维成果准确无误地表达出来，就必须出色地运用语言技巧这个工具。同样，要想使自己实施的谈判策略获得成功，也要出色地运用语言技巧。

三、正确运用商务谈判语言的原则

（一）客观性原则

谈判语言的客观性是指在商务谈判中，运用语言技巧表达思想、传递信息时，必须以客观事实为依据，并且运用恰当的语言，向对方提供令人信服的依据。这是一条最基本的原则，是其他一切原则的基础。离开了客观性原则，无论语言技巧多高超，都只能是无源之水、无本之木。

坚持客观性原则，从供方来讲，主要表现在：介绍本企业的情况时要真实；介绍商品性能、质量时要恰如其分；报价要恰当可行，既要努力谋取己方利益，又要不损害对方利益；确定支付方式时要充分考虑到双方都能接受、双方都较满意的结果。从需方来说，谈判语言的客观性主要表现在：介绍自己的购买力时不要水分太大；评价对方商品的质量、性能时要中肯，不可信口雌黄，任意褒贬；还价要充满诚意，如果提出压价，要有充分的根据。

如果谈判双方均能遵循客观性原则，就能给对方真实可信和以诚相待的印象，从而缩小双方立场的差距，使谈判成功的可能性增加，并为今后长期合作奠定良好的基础。

（二）针对性原则

谈判语言的针对性是指根据谈判的对手、目的、阶段的不同，使用不同的语言。简言之，就是谈判语言要有的放矢、对症下药。

不同的谈判对手，身份、地位、性格等会存在差异；即使是同一谈判对手，随着时间、场合的不同，其需要、价值观和想法等也会有所变化，这就要求谈判人员必须针对这些差异巧妙地运用语言技巧。从使用语言的角度看，如果能够充分重视这些差异并区别对待，就会带来较好的谈判效果。

（三）逻辑性原则

谈判语言的逻辑性是指商务谈判语言要概念明确、运用恰当，推理符合逻辑规定，证据确凿，有说服力。

在商务谈判中，逻辑性原则反映在问题的陈述、提问、回答、辩论、说服等各个语言运用方面。陈述问题时，要注意术语概念的同一性，问题或事件及其前因后果的衔接性、全面性、本质性和具体性。提问时要注意察言观色、有的放矢，要注意和谈判议题紧密结合在一起。回答时要切题，不要答非所问。说服对方时要使语言、声调、表情等恰如其分地反映人的逻辑思维过程。同时，还要善于利用谈判对手在语言逻辑上的混乱和漏洞，及时驳倒对手，增强自身语言的说服力。

提高谈判语言的逻辑性，要求谈判人员必须具备一定的逻辑知识，包括形式逻辑和辩证逻辑，同时还要求在谈判前准备好丰富的材料，进行科学整理，然后在谈判桌上运用逻辑性强和论证严密的语言表述出来，促使谈判工作顺利进行。

（四）隐含性原则

隐含性原则是指在商务谈判中运用语言艺术时，要根据特定的环境与条件，委婉而含蓄地表达思想、传递信息。

隐含性原则在很多方面集中反映了语言运用的艺术性，它除了表现在口头语言中，还表现在无声语言中，即无声的行为语言本身就隐含着某种感情和信息。

尽管前面我们强调语言表达要遵循客观性、针对性、逻辑性原则，但这并不是说在任何发问下都必须直来直去、露而无遮，相反，在谈判中根据不同条件，掌握和运用迂回、婉转的语言表达方式，有时会收到良好的效果。

（五）规范性原则

谈判语言的规范性是指谈判过程中的语言表述要文明、清晰、严谨、准确。

坚持谈判语言的规范性原则，应注重四点：

第一，注重文明礼貌。谈判所用语言，必须符合商界的特点和职业道德要求。无论出现何种情况，都不能使用粗鲁、污秽或攻击辱骂的语言。在涉外谈判中，要避免使用意识形态分歧大的语言，如剥削者、霸权主义等。

第二，注重清晰易懂。谈判所用语言，必须口音标准，不能用方言或黑话、俗语之类与人交谈。

第三，注重抑扬顿挫。谈判语言应当抑扬顿挫，避免吞吞吐吐、词不达意、声音微弱、大吼大叫或感情用事等。

第四，注重准确规范。谈判语言应当精确严谨，特别是在讨价还价等关键时刻，更要注意一言一语的准确性。在谈判过程中，由于一言不慎导致谈判走向歧途，甚至谈判失败的事例屡见不鲜。因此，必须认真思索，谨慎发言，用严谨、精练的语言准确地表述自己的观点、意见。

在商务谈判的实践中，要坚持上述几个原则的有机结合和辩证统一。只有这样，才能达到提高语言说服力的目的。

第 2 节　有声语言技巧

一、陈述技巧

陈述是有条有理地表达事物、事实或己方的观点。在商务谈判的各个阶段，都离不开陈述。在谈判过程中，陈述大体包括入题、阐述两个部分。

（一）入题技巧

谈判双方刚进入谈判场所时，难免会感到拘谨，尤其是谈判新手在重要谈判中，往往会产生忐忑不安的心理。为此，必须讲求入题技巧，采用恰当的入题方法。

1. 迂回入题

为避免谈判时单刀直入、过于直露，影响谈判的融洽气氛，谈判时宜用迂回入题的方法。例如：从题外话入题，介绍一下季节或天气情况，或以当前的社会新闻、旅游、艺术、社会名人等作为话题；从介绍己方谈判人员入题，简略介绍己方人员的职务、学历、经历、年龄等，既打开了话题，消除了对方的忐忑心理，又充分显示了己方强大的阵容，使对方不敢轻举妄动；从自谦入题，如果对方在己方所在地谈判，可谦虚地表示各方面照顾不周，也可称赞对方的到来让这里蓬荜生辉，或者谦称自己才疏学浅，缺乏经验，希望通过谈判建立友谊，等等；从介绍己方的生产、经营、财务状况入题，可先声夺人，给对方提供一些必要资料，充分显示己方雄厚的财力、良好的信誉和质优价廉的产品等基本情况，从而坚定对方谈判的信心。总之，迂回入题要做到新颖、巧妙、不落俗套。

2. 先谈细节问题，后谈原则问题

围绕谈判的主题，先从洽谈细节问题入题，条分缕析、丝丝入扣，到各项细节问题谈妥之后，自然而然地就会达成原则性的协议。

3. 先谈原则问题，后谈细节问题

一些大型的商务谈判由于需要洽谈的问题千头万绪，双方高级谈判人员不应该也不可能介入全部谈判，往往要分成若干等级，进行多次谈判，这就需要采取先谈原则问题、后谈细节问题的方法入题。一旦双方就原则问题达成一致，洽谈细节问题就有了依据。

4. 从具体议题入手

大型商务谈判总是由具体的一次次谈判组成，在每一次谈判会议上，双方可以首先确定本次会议的商谈议题，然后从这一具体议题入手进行洽谈。

（二）阐述技巧

1. 开场阐述

谈判入题后，接下来便是双方进行开场阐述，这是谈判中的一个重要环节。

（1）开场阐述的要点：一是开宗明义，明确本次谈判所要解决的主题，以集中双方的注意力，统一双方的认识；二是表明己方通过洽谈应当得到的利益，尤其是对己方至关重要的利益；三是表明己方的基本立场，可以回顾双方以前合作的成果，说明己方在对方所享有的信誉，也可以展望或预测今后双方合作中可能出现的机遇或挑战，还可以表示己方可采取何种方式，为双方共同获得利益做出贡献等；四是尽可能简明扼要地阐述己方原则；五是让对方明白己方的意图，创造协调的洽谈气氛。

（2）把握对方开场阐述的反应：一是认真耐心地倾听对方的开场阐述，归纳弄懂对方开场阐述的内容，思考和理解对方阐述的关键问题，以免产生误会；二是如果对方开场阐述的内容与己方意见差距较大，不要打断对方的阐述，更不要立即与对方争执，而应当先让对方说完，认同对方之后再巧妙地转换话题，从侧面进行反驳。

2. 让对方先谈

在商务谈判中，当你对市场态势和产品定价的新情况不太了解，或者尚未确定购买何种产品，或者无权直接决定购买与否的时候，一定要坚持让对方首先说明可提供何种产品、产品的性能如何、产品的价格怎样等，然后你再审慎地表达意见。有时即使你对市场态势和产品定价比较了解，心中有明确的购买意图，而且能够直接决定购买与否，也不妨先让对方阐述利益要求、报价和介绍产品，在此基础上再提出自己的要求。这种后发制人的方式经常能收到奇效。

3. 坦诚相见

谈判中应当提倡坦诚相见，不但将对方想知道的情况坦诚相告，而且可以适当透露我方的某些动机和想法。

坦诚相见是获得对方同情和信赖的好方法，人们往往对坦率诚恳的人有好感。不过，应当注意，与对方坦诚相见，难免要冒风险。对方可能利用你的坦诚逼你让步，你可能因为坦诚而处于被动地位。因此，坦诚相见是有限度的，并不是将一切和盘托出，应以既赢得对方信赖又不使自己陷于被动、丧失利益为度。

案例 8-1

拉弟埃的"秘密武器"

20 世纪 70 年代，空中客车公司想向印度销售一批飞机，但是世界经济一片萧条，各国航空公司经营均不景气，空中客车又是个刚起步的新公司，要打开局面，更是难上加难。贝尔纳·拉弟埃受命于危难之际，稍做准备就飞往了印度首都新德里。见到印度航空公司的主席拉尔少将，拉弟埃开口第一句话是："我真不知该怎样感谢您，因为您给了我这样的机会，使我在生日这一天又来到了出生地。"通过开场白他告诉拉尔少将，他出生在印度并深爱这片土地。随后拉弟埃解释,他出生时父亲是作为法国企业家被派驻印度的,这些话使拉尔少将感到开心愉快,于是设宴款待拉弟埃。初战告捷,拉弟埃化解了对手的敌对情绪,逐渐营造了和谐、融洽的谈判气氛。

紧接着,拉弟埃从包中取出一张珍藏已久的相片,神色凝重地呈给拉尔少将:"将军,请看这张照片。""这不是圣雄甘地吗!"拉尔少将无限崇敬地感叹道。拉弟埃投其所好,一步一步赢得拉尔少将的好感:"请将军再看看,圣雄甘地旁边的小孩是谁?那就是我!"拉弟埃满怀深情、无限幸福地回忆着往事,拉尔少将完全被感动了。可想而知,拉弟埃顺利签下了一笔飞机大单,空中客车公司打开了印度航空的新领域。

资料来源:范红. 商务谈判开局气氛的营造. 科教导刊(电子版),2015(5):142.

二、提问技巧

提问是商务谈判中经常运用的语言技巧。通过巧妙而适当的提问,可以摸清对方的需要,把握对方的心理状态,并准确表达己方的思想,其目的是了解情况、打开话题,以利沟通。针对不同的目的,可以提出不同的问题;对同一问题,也可以用不同的方法、从不同的角度发问。

(一)提问的方式

1. 引导性提问

引导性提问是指对答案具有强烈暗示性的问句。这类问题几乎令对手毫无选择地按发问者所设计的答案作答。这是一种反义疑问句的句型,在谈判中往往会使对方对自己的观念产生赞同的反应。例如,"讲究商业道德的人是不会胡乱提价的,您说是不是?""这样的算法对你我都有利,是不是?""成本不会很高吧,是不是?"

2. 坦诚性提问

坦诚性提问是指一种推心置腹、友好性的发问。这类问题一般是对方陷入困境或有难办之处,出于友好帮其排忧解难的发问。这种发问能制造某种和谐的气氛。例如,"告诉我,你至少要销掉多少?""你是否清楚我已提供给你一次很好的机会?""要改变你的现状,需要花多少钱?"

3. 封闭式提问

封闭式提问是指足以在特定领域中带出特定答复(如"是"或"否")的问句。这类问题可以使发问者获得特定资料或确切的回答。例如,"你是否认为'上门服务'没有可能?""贵公司第一次发现食品变质是什么时候?""你们给予H公司的折扣是多少?""我们能否得到最优惠的价格?"这类发问有时会有一定的威胁性,如上述第三句。如果改用"是非问"的句型,语气就大不一样,效果就好多了。

4. 证实式提问

证实式提问是针对对方的答复重新措辞,使其证实或补充(包括要求引申或举例说明）的一种发问。这类问题不但足以确保谈判各方能在述说"同一语言"的基础上进行沟通，而且可以挖掘比较充分的信息，以示发问者对对方答复的重视。例如，"您刚才说对目前所进行的这笔买卖可以做出取舍，这是不是说您拥有全权跟我进行谈判？""您说贵方对所有的经销点都一视同仁地按定价给予30％的折扣，请说明一下，为什么不对销售量较大的经销点给予更大折扣作为鼓励呢？"

5. 多层次式提问

这是含有多种主题的问句，即一个问句中包含多种内容。例如，"您能否将这个协议产生的背景、履约的情况、违约的责任，以及双方的看法和态度谈一谈？"这种问题因含有过多的主题而使对方难以周全把握。心理学家认为，一个问题最好只含有一个主题，最多不能超过两个主题，这样才能使对方有效地把握。

（二）提问四要素

在谈判中适当地发问是发现需要的一种手段。一般应该考虑四个主要因素：提出什么问题；如何表述问题；何时进行发问；对方将会产生什么反应。具体的注意事项如下：

(1) 注意发问时机。应该选择对方最适合答复问题的时候发问。

(2) 按平常的语速发问。太急速的发问，容易使对方认为你不耐烦或持审问态度；太缓慢的发问，容易使对方感到沉闷。

(3) 事先应打好发问的腹稿，以提高发问的效能。

(4) 对初次见面的谈判对手，在谈判刚开始时应该先取得同意再发问，这是一种礼节。

(5) 由广泛的问题入手再转向专门性的问题，将有助于缩短沟通的时间。这样，可以在对方回答广泛问题的时候，注意其提供的有关专门性问题的答案。

(6) 所有的问询都必须围绕一个中心议题，并且尽量根据前一个问题的答复构造问句。

(7) 提出敏感性问题时，应该说明一下发问的理由，以示尊重。

(8) 杜绝使用威胁性的发问和讽刺性的发问，也应该避免盘问式的发问和审问式的发问。

三、回答技巧

有问必有答，问与答是人们语言交流的重要形式。在商务谈判中需要巧问，更需要巧答。谈判由一系列问答构成，巧妙而得体的回答与善于发问同样重要，可以说不会回答，就等于不会谈判。掌握回答的基本技巧与原则是谈判者语言运用的部分内容。

（一）回答的方式

1. 含糊式回答

这样可以避免把自己的真实意图暴露给对方，给对方造成判断上的混乱和困难。这种回答由于没有做出准确的说明，因而可以做多种解释，从而为以后的谈判留出回旋余地。

2. 针对式回答

针对式回答即针对提问人心里假设的答案明确具体地回答问题。这种回答方式的前提，在于弄清对方提问的真实意图。否则，提供的答案很难满足对方的要求，弄不好还会泄露自己的秘密。

3. 局限式回答

局限式回答即将对方提问的范围缩小后再回答。在商务谈判中，并不是所有问题的回答对自己都有利，因而在回答时必须有所限制，选择有利的内容回答对方。例如，当对方提问产品的质量时，只回答几个有特色的指标，利用这些指标给对方留下产品质量好的印象。

4. 转换式回答

转换式回答即在回答对方的问题时，把商务谈判的话题引到其他方向。这种方式也就是我们常说的"答非所问"。但这种答非所问，必须是在前一问题的基础上自然转来的，没有雕琢的痕迹。例如，当对方提问价格时可以这样回答，"我想你肯定会提这一问题，关于价格我相信一定会使您满意，不过在回答这一问题之前，请让我先把产品的几种特殊功能说明一下。"这样就自然地把价格问题转到了产品的功能上，使对方在听完自己的讲话后，把价格建立在产品质量的基础上，这对己方无疑是有利的。

5. 反问式回答

反问式回答即用提问对方其他问题的方式回答对方的提问。这是一种以问代答的方式，这种方式为自己以后回答问题留下了机会，对于一些不便回答的问题也可以用这一方法解围。

（二）回答应遵循的原则

在谈判的整个问答过程中，往往会使谈判的各方或多或少地感到一股非及时答复不可的压力。在这股压力下，谈判者应针对问题快速反应，做出有意义、有说服力的回答。回答的技巧不在于回答对方的"对"或"错"，而在于应该说什么、不应该说什么和如何说，这样才能产生最佳效果。具体应遵循的原则是：

（1）谈判是交流的过程，其中少不了倾听的因素。倾听可以更多地了解对方，隐蔽自己，还有利于做出更好的决策，掌握谈判的主动权。

（2）谈判之前应做好充分准备，预先估计对方可能提出的问题，回答之前应给己方留有充分的思考时间，特别是多假设一些难度较大的棘手问题来思考，并准备好回答策略。

（3）对没有清楚了解真正含义的问题，千万不要贸然作答。

（4）对一些不便回答的问题，绝不和盘托出。

> **延伸阅读**
>
> ### 谈判高手的巧答
>
> 有些擅长回答的谈判高手，其技巧往往在于给对方提供的是一些等于没有答复的答复。以下便是一些实例：
>
> "在答复您的问题之前，我想先听听贵方的观点。"
>
> "很抱歉，对您所提及的问题，我并无第一手资料可作答复，但我所了解的粗略印象

是……"

"我不太清楚您所说的含义是什么,请您把这个问题再说一下。"

"价格是高了点儿,但是我们的产品在关键部位使用了优质进口零件,延长了产品的使用寿命。"

"贵公司的要求是可以理解的,但是我们公司对价格一向采取铁腕政策。因此,实在无可奈何!"

第一句的应答技巧在于用对方再次叙述的时间来争取自己的思考时间;第二句一般属于模糊应答法,主要是为了避开实质性问题;第三句是针对一些不值得回答的问题,让对方澄清他所提出的问题,或许当对方再说一次的时候,也就找到了答案;第四句和第五句,是用"是……但是……"的逆转式语句,让对方先觉得是尊重他的意见,然后话锋一转,提出自己的看法,这叫"退一步而进两步"。

第 3 节　无声语言技巧

商务谈判是人与人之间的对抗,为了促使谈判成功,除了注重有声语言,仔细观察、收集对方发出的无声语言也是十分重要的。世界著名非语言传播专家伯德维斯泰尔指出,两个人之间一次普通的交谈,语言传播部分还不到35%,而非语言部分则传递了65%以上的信息。

作为一名商务谈判者,应该具有丰富的无声语言知识,掌握无声语言技巧,这对于洞察对方的心理状态、捕捉其内心活动的蛛丝马迹,进而促使谈判朝着有利于己方的方向发展具有重要意义。

表达无声语言的媒介有两大部分:一是人体语言;二是物体语言。前者是通过人的肢体和面部表情等的变化传递信息;后者则是通过人对物品位置的不同处理来传递不同信息。本节主要介绍人体语言和物体语言的表现规律及运用技巧。

一、无声语言的作用

无声语言的认知是无声语言观察和运用的基础。无声语言的认知是一个过程,它主要依据认知者过去的经验及对有关线索的掌握。无声语言的作用表现在四个方面。

(一)代替作用

无声语言沟通在谈判中可以替代语言所要表达的意图,特别是当语言不便或不能表达谈判者意图,或语言表达不合时宜或对方难以领悟时,无声语言的运用能够取得明显的效果。

(二)补充作用

无声语言可以丰富语言所要表达的内容,对于语言所要表达的信息,无声语言在不同程度上起着辅助表达、增强力量、加重语气的作用。

（三）暗示作用

谈判者如果想从一种态度转向另一种态度，可通过表情语调的调整或体态的运用来完成。这体现了无声语言的强烈暗示作用，在传递信息的同时还能给人自然、真切的感觉。

（四）调节作用

由于商务谈判环境、对象等外部条件不同，在遭遇僵局等状况时，可通过无声语言的动作调节，使谈判主体产生的不适心理较快地恢复正常。

二、人体语言技巧

人体语言技巧主要是通过眼睛、表情、声调、手势、姿态等表现一定的思想内容。

（一）眼睛语言

"眼睛是心灵的窗户"，这句话道出了眼睛具有反映内心世界的功能。眼睛能够明确地表达人的情感世界，注视的方向、方位不同，会产生不同的眼神，从而传递和表达不同的信息。在商务谈判中，常见的眼睛语言有：

（1）对方的视线经常停留在你的脸上或与你对视，说明对方对谈判内容很感兴趣，急于了解你的态度和诚意，成交的可能性较大。

（2）交谈涉及价格等关键内容时，对方经常避免与你视线相交，说明对方把价抬得偏高或把买价压得过低。

（3）对方的视线经常左右转移、眼神闪烁不定，说明对你所谈的内容不感兴趣，但又不好意思打断你的谈话从而产生了焦躁情绪。

（4）对方的视线在说话和倾听时一直他顾，偶尔瞥一下你的脸便迅速移开，表明对方对生意诚意不足或只想占大便宜。

（5）对方眨眼的时间明显长于自然眨眼的时间时，说明对方对你所谈的内容乃至你本人产生了厌烦情绪，或表明对方较之你产生了优越感乃至藐视你。

（二）表情语言

面部表情在商务谈判的传达信息方面起着重要的作用，特别是在谈判的情感交流中，表情占了很大的比例。

（1）表示有兴趣：眼睛轻轻一瞥；眉毛轻扬；微笑。

（2）表示疑虑、批评甚至敌意：眼睛轻轻一瞥；皱眉；嘴角向下。

（3）表示感兴趣：亲密注视（视线停留在双目与胸部的一个三角区域）；眉毛轻扬或持平；微笑或嘴角向上。

（4）表示严肃：严肃注视（视线停留在前额的一个三角区域）；眉毛持平；嘴角持平

或微微向下。

(5) 表示不置可否、无所谓：眼睛平视；眉毛持平；微笑。

(6) 表示距离或冷静观察：眼睛平视，视线向下；眉毛持平；微笑。

(7) 表示发怒、生气或气愤：眼睛睁大；眉毛倒竖；嘴角向两边拉开。

(8) 表示愉快、高兴：瞳孔放大；嘴张开；眉毛上扬。

(9) 表示兴奋与暗喜：眼睛睁得很大；眉毛上扬；嘴角持平或微微向上。

(三) 声调语言

(1) 对方说话时吐字清晰，声调柔和且高低起伏不大，语气变化的情绪色彩较淡，句尾少有"啊""嗯""是不是"等零碎语言。这种人大多是文化素质较高、富有谈判经验的人员。

(2) 说话时声调忽高忽低、语速较快、语气变化中情绪色彩很浓的对手，大多是刚出道的年轻新手，缺乏经验和耐心，不擅长打持久战。

(3) 吐字含糊不清、语调多用低沉的喉音，说明对方对你所谈的内容乃至你本人都不感兴趣甚至厌烦，或者是下意识地向你表示对方的交易优势和心理优势。

(四) 手势语言

手势是人们在交谈中用得最多的一种行为语言，在商务谈判中常见的手势有：

(1) 伸出并敞开双掌，说明对方忠厚诚恳、言行一致。

(2) 说话时掌心向上，表示谦虚、诚实、屈从，不带有任何威胁性。

(3) 掌心向下，表示控制、压抑、压制，带有强制性，会使人产生抵触情绪。

(4) 挠头，说明对方犹豫不决，感到为难。

(5) 对方托腮时若身体前倾，双目注视你的脸，意味着对你所谈的内容颇感兴趣；若是身体后仰托腮，同时视线向下，则意味着对你所谈的内容有疑虑、有戒心、不以为然甚至厌烦。

(6) 搓手，表示对方对谈判结局的急切期待心理。

(7) 当彼此站立交谈时，若对方双手交叉于腹部，意味着对方比较谦恭、有求于你，成交的期望值较高；若双臂交叉、叠至胸前且上身后仰，意味着对方不愿合作或优势、傲慢的态度；若倒背双手的同时身体重心在分开的两腿中间，意味着对方充满自信和愿意合作的态度；若背手时做稍息状，则意味着戒备、敌意、不愿合作、傲慢甚至蔑视。

(8) 食指伸出，其余手指紧握，呈指点状，表示教训、镇压，带有很大的威胁性。这种行为令人讨厌，在谈判中应尽量避免。

(五) 姿态语言

(1) 一般性的交叉跷腿的坐姿（俗称"二郎腿"），伴之以消极的手势，常表示紧张、缄默和防御态度。

(2) 架腿。对方与你初次打交道时采取这种姿势并仰靠在沙发背上，通常带有倨傲、戒备、猜疑、不愿合作等意思；若上身前倾同时又滔滔不绝地说话，则意味着对方是个热情但文化素质较低的人，对谈判内容感兴趣。

（3）并腿。交谈中始终或经常保持这一姿势并上身直立或前倾的对手，意味着谦恭、尊敬，表明对方有求于你，自觉交易地位低下，成交期望值很高。时常并腿后仰的对手大多小心谨慎、思虑细致全面，但缺乏信心和魅力。

（4）分腿。双膝分开、上身后仰，表示对方是充满自信、愿意合作、自觉交易地位优越的人。

（5）十指交叉、搂住后脑，显示一种权威、优势和自信。

（6）一手支撑着脑袋，说明对方处于思考状态。

（7）对方若频频弹烟灰、一根接一根地抽烟，往往意味着内心紧张、不安，借烟雾和抽烟的动作来掩饰面部表情和可能会颤抖的手，这种情况十有八九是谈判新手或正在采取欺诈手段。

（8）点上烟后却很少抽，说明对方戒备心重或心神不宁。

三、物体语言技巧

物体语言是指在摆弄、佩戴、选用某种物体时传递的某种信息，实际上也是通过人的姿势表示信息。在商务谈判中可能随身出现的物品有笔、本、眼镜、提包、帽子、香烟、打火机、烟斗、茶杯以及服装、衣饰等。这些物品拿在手中、戴在身上，呈现不同的姿势，反映不同的内容与含义。

（1）手中玩笔，表明漫不经心，对所谈问题不感兴趣或显示其不在乎的态度。

（2）慢慢打开笔记本，表示关注对方的讲话；快速打开笔记本，说明发现了重要问题。

（3）猛推一下眼镜，说明对方因某事而气愤。

（4）摘下眼镜，轻轻揉眼或擦镜片，说明对方精神疲倦，对争论不休的问题厌倦，或者正在积蓄力量准备再战。

（5）如果轻轻拿起桌上的帽子，或轻轻戴帽，则可能表示要结束这轮谈判，或暗示告辞。

（6）打开包表示可能想再谈新的问题，合上包表示到此为止，夹起包则可能无法挽留。

（7）抽烟时把烟向上吐，表示有主见、傲慢和自信；向下吐，则表示情绪低沉、犹豫、沮丧等。

案例 8-2

从肢体语言探知客户真实想法

某日，A 同事刚与客户谈判结束，就到办公室找其他同事聊天："刚才那位客户没成交真是太可惜了！客户对这个项目比较认可，打算近期开始运作，而且整个费用也在预算范围，优惠方面也沟通了，不清楚是哪个方面出了问题，各位帮我分析分析。"

A同事是公司里有三年工龄的业务老手，谈判技巧和方向思路方面已经颇为熟练。因此同事们在复盘观看整个谈判的视频时，重点观察一些细节方面。果不其然，在聊到企业扶持问题的时候，客户一直反复地把眼镜摘下来揉眼睛，并且第三次揉眼睛过后就直接把眼镜放在桌面上，直到结束！

对于近视的人，每当开会或是与人聊天时，如果碰到感觉是在浪费时间但又不得不应付的情况，往往会将眼镜摘下来，然后敷衍到结束。所以可想而知，A同事客户的问题大概率就是出现在这个地方。

资料来源：根据网络资料整理撰写。

四、无声语言表现规律

在商务谈判过程中，谈判双方表达自己的立场和观点时，经常是综合运用人体语言和物体语言，如果不注意它们之间的内在联系，就无法取得良好的效果，更不能准确判断对方的心理状态。因此，把无声语言传递的信息分类，把能说明和反映各类信息的各种无声语言综合起来，进而探讨无声语言的表现规律很有必要。

（一）表示思考状态的无声语言

（1）一手托腮、手掌撑住下巴，手指沿面颊伸直或放在嘴巴下方，身体向前微倾，表示正在做决断性思考。
（2）不时用手敲自己的脑袋，或者用手摸摸头顶，表示正在思考。
（3）视线左右频繁活动，而且很有规则，表示正在积极思考。
（4）在谈话中忽然将视线垂下，表示所谈的某件事情引起了他的思考。
（5）将眼镜摘下，表示想用点时间稍作思考。

（二）表示情绪不稳定的无声语言

（1）握手时，掌心冒汗，多为情绪激动、内心失去平衡。
（2）四处张望、视线变化频繁，说明心里不安和有警戒意识。
（3）不断变换站、坐等姿态，身体不断摇晃，说明焦躁和情绪不稳。
（4）双脚不断地做交叉、分开的动作，表示情绪不安。
（5）说话无故停顿、时常清嗓子、声音时大时小、说话内容前后矛盾，表示对方情绪不稳。
（6）扭绞双手，身体不自觉地颤动，将香烟中途掐灭或燃着放在烟灰缸里，表示焦虑、情绪紧张。
（7）猛拉裤管，不时轻敲桌面，表示左右为难、犹豫不决。

（三）表示性格的无声语言

（1）不敢抬头正视对方或被注视时将视线避开的谈判者，多具有自卑感。

（2）谈判强调以"我"为中心、说话时抑扬顿挫明显、频繁提出自己的主张和使劲与人握手的谈判者，多具有主动、自傲的性格。

（四）表示心情不满的无声语言

稍带醉意，就立即想吐露自己的事情，表示可能对环境不满；谈话中不断把视线转向别处或拨弄手指，表示已厌烦谈话；借开玩笑破口大骂或指桑骂槐，说明在发泄内心的不满。

五、运用无声语言技巧应注意的问题

第一，无声语言不是对人的行为状态、含义的精确描述，而是含义既广又深、可变性强，有时无声语言所表达的并不一定和内在本质相一致，在商务谈判中有意制造假象也屡见不鲜，谈判者应根据实际情况谨慎、机智地识别和应付各种问题。

第二，弄清无声语言运用的场合、时间和背景。场合是指谈判地点，包括谈判桌前、宴会和居所等；时间是指谈判所处的阶段（初期、中期、末期）；背景是指客观条件（如个性、能力、关系状况等）。只有当上述条件都有利时，无声语言才能取得最佳效果。

第三，应善于观察。由于无声语言直接作用于人的视觉，一切尽在无声之中，这就要求在倾听对方的同时悉心观察对方，体会对方给出的各种暗示信息，并采取相应的方式，与对方交换信息，适时做出较为准确的判断，促使谈判朝着有利于己方的方向发展。

◀ 小　结 ▶

1. 商务谈判语言从不同的角度可以分为不同的类型：按语言的表达方式分为有声语言和无声语言；按语言的表达内容分为专业语言、法律语言、外交语言、文学语言、军事语言等。

2. 正确运用商务谈判语言要坚持客观性、针对性、逻辑性、隐含性、规范性等原则。

3. 陈述是有条有理地表达事物、事实或己方的观点，它包括入题和阐述两个部分。

4. 商务谈判的入题可以根据实际情况分别从以下四个方面切入：（1）迂回入题；（2）先谈细节问题，后谈原则问题；（3）先谈原则问题，后谈细节问题；（4）从具体议题入手。

5. 开场阐述要开宗明义，表明己方通过洽谈应当得到的利益及己方的基本立场。

6. 提问是商务谈判中经常运用的语言技巧。通过巧妙而适当的提问，可以摸清对方的需要，把握对方的心理状态，并准确表达己方的思想，其目的是了解情况、打开话题，以利沟通。

7. 回答是谈判中的一个重要环节，因此在谈判之前应做好充分准备，预先估计对方可能提出的问题，回答之前应给己方留有充分的思考时间，特别是多假设一些难度较大的棘手问题来思考，并准备好回答策略。在谈判中对对方提出的问题要谨慎作答。

8. 无声语言也是谈判语言的一个重要组成部分。表达无声语言的媒介有两大部分：一是人体语言；二是物体语言。在谈判过程中谈判对手通过表情、动作等可以反映出有声语言以外的一些信息。谈判人员应当注意观察谈判对手的无声语言，更深入地了解谈判对手的心理。

◁ 复习与思考 ▷

一、基本概念

有声语言　　　　　无声语言　　　　　陈述

提问　　　　　　　证实式提问　　　　物体语言

二、简答题

1. 商务谈判语言按语言的表达方式和语言的表达内容可分别分为哪几种？
2. 正确运用商务谈判语言的原则是什么？
3. 眼睛语言有哪几种？它们各表示什么意思？
4. 暗示谈判者处于思考状态的无声语言有哪些形式？
5. 运用无声语言应注意哪些问题？

三、论述题

试述在商务谈判中提问的注意事项。

第 9 章
僵局处理技巧

在商务谈判过程中，经常会由于各种各样的原因，谈判双方僵持不下、互不相让。应该说，这种现象是比较客观和正常的，诸如相互猜疑、意见分歧、激烈争论等现象也比较常见。但是，对这些现象如果处理不当，谈判双方无法缩短彼此的距离，形成僵局，就会直接影响谈判工作的进展。"不谋万世者，不足谋一时；不谋全局者，不足谋一域。"谈判中出现僵局时，要树立大局意识和全局观念，把握准大局势的发展方向，深刻理解谈判目标、长远利益与短期利益的关系，在必要时候能够勇于牺牲局部、小我、暂时利益，为战略决策实现和长远发展的大局让路。本章主要分析商务谈判过程中产生僵局的原因、避免僵局的方法和应对僵局的技巧。

第 1 节　产生僵局的原因

一般来说，谈判僵局是指在谈判过程中，双方因暂时不可调和的矛盾而形成的对峙。僵局使谈判双方陷入一筹莫展、进退两难的尴尬境地。出现僵局不等于谈判破裂，但它严重影响谈判的进程，如不能很好地解决，就会导致谈判破裂。当然，并不一定在每次谈判中都会出现僵局，但也可能一次谈判出现几次僵局。谈判僵局通常可以分为潜在僵局和现实僵局，其主要区别在于，谈判双方对谈判议题以及谈判态度对立程度不同。前者的对立情绪还未爆发，后者的对立则已充分外露。为了有效地处理谈判僵局，首先要了解和分析产生僵局的原因。

一、谈判双方角色定位不对等

当今社会异彩纷呈，企业的规模大小不一，生产的产品也种类繁多，经营方式多种多样，因此，参与各种商务谈判的企业也并非都是实力相当、经营性质一致的。经常存在洽谈双方一方强、一方弱，一方大、一方小等差别。这种情况往往容易使双方在进入谈判时的角色定位产生偏差，例如，强者一方容易自认为高于对方，凌驾于对方之上，说话时的口气颇有"大家之气"，从而忽视了谈判双方在谈判地位、人格上的平等性，导致对方不能接受这种谈判形式或过程，使谈判陷入僵局。下列几种类型就是这一原因所致。

（一）谈判形成一言堂

在商务谈判中，除了书面形式的谈判，双方还需要借助语言来传递信息、磋商议题，最终达成协议。然而，在谈判中如果一方无视对方的存在，滔滔不绝地论述自己的观点而忽略对方的反应和陈述，必然导致对方的不满和反感，从而形成潜在僵局，有时情况还会更严重。

在谈判活动中，也常有一些人以为只要尽可能多地陈述自己的观点，就能使对方信服，从而获得谈判的成功。他们不知道，一般人是不愿意长时间听别人讲话的，因为长时间听别人讲话是一种负担。此外，谈判一方若长时间讲话，就意味着剥夺了对方表达或充分表达自己意见的机会，最终形成僵局。

（二）谈判一方缄口沉默或反应迟钝

谈判的一方在谈判中沉默寡言，看似认真地倾听，但反应非常迟钝或不置可否，极易引起对方的种种猜疑和戒备，甚至引起对方的不满，从而给对方心理上造成某种压力，形成谈判场面的难堪，造成僵局。造成这种僵局的人常常对此不以为然，然而它违背了信息流具有双向流动性的规律。在商务谈判活动中，谈判一方不仅要向对方发送信息，还要获得反馈信息，因为对谈判的控制和调节是建立在信息反馈基础之上的。

（三）主观反对意见

主观反对意见形成僵局，并不一定是谈判内容本身造成的，而是谈判一方从自身的爱好、习惯等方面出发造成的。例如，"你的产品很不错，但没有什么用"。此时若针锋相对，就会引起谈判双方争吵，形成僵局。

（四）滥施压力和圈套

在商务谈判中，常有些人凭借自己的经济实力或争强好胜的性格，向对方施展阴谋诡计，设置圈套，迷惑对方，以达到平等条件下难以实现的谈判目标。为了阻止阴谋得逞，对方需要花大量精力破解圈套，有些谈判代表可能会产生被捉弄的感觉，一气之下拒绝再谈，造成僵局。

（五）偏见或成见

偏见或成见是指对所谈议题提出不合乎逻辑或带有强烈感情色彩的意见。例如，谈判一方提出某设备的喷漆不应该用深绿色，而应该用浅绿色，并喋喋不休地指责深绿色对人心理产生的影响等。对这类枝节问题过于苛求就会以偏概全，引起对方的强烈不满，造成僵局，甚至使谈判最终失败。

二、事人不分

许多精明的商务谈判者在实际谈判工作中，都十分注意将谈判内容与谈判者个人分开，谈判过程做到对事不对人。因此，不管你对对方的谈判组成员（某个人甚至某些人）有多大的成见或多深的情感，此时都应该把它搁置起来，就事论事。这样才能做到公正合理，保证谈判双方的利益。遗憾的是，在实际谈判过程中，有些人往往事人不分，使谈判工作陷入困境。类似这样的情形有以下几种。

（一）借口推托

人们常常从没有根据的推演中得出结论，并把这些作为对人的看法和态度，而不去想其他的解释也可能是正确的。当然，有时这样的估计并不是有意的。例如，有些人在刚刚坐到谈判桌上的时候，发现与他谈判的是比自己小得多的年轻人，或是女性等，觉得与之对阵有辱自己的身份，便起身告辞："对不起，单位里出现了××问题要我速回，谈判工作由××同志代替。"这可能使对方很不高兴，容易形成潜在的僵局。

（二）偏激的感情色彩

由于一方对对方的谈判人员有偏见甚至反感，因此，在谈判过程中，如果把握不好，就容易言行不慎，伤害对方的感情或有损对方的人格，这样形成的僵局很难处理。例如，"我知道你下一步一定会说……""你的这种伎俩并不见得有多么高明""难道你不觉得你讲话过于冗长了吗？"等等。一些有经验的谈判专家认为，许多谈判人员维护个人的面子甚于维护公司的利益。如果在谈判中一方感到丢了面子，他会奋起反击，为挽回面子，甚至不惜退出谈判。

（三）自我与现实模糊

在谈判中，由于双方所处的对峙地位，对对方总有一种戒备心理，因此常常从本位的立场看问题，这样就容易把自己的感觉与现实混在一起，受隐蔽假设的影响，常常曲解对方的原意。于是，误解强化成见，导致恶性循环，谈判就会搁浅。

（四）总是在立场上讨价还价

在实质性谈判过程中，双方往往在讨价还价中各持一种立场，争执不下。双方越是坚持自己的立场，产生的分歧就会越大。这时，双方真正的利益被这种表面的立场掩盖，而且双方为了维护各自的面子，总想迫使对方改变立场。于是，谈判变成了一种意志力的较量，自然陷入僵局。例如，一桩进口机械设备买卖，卖方要价 20 万元，而买方报价 10 万元，卖方要一次性付款，买方则坚持分两次付清。这样一来，只要任何一方不妥协，就会形成僵局。

三、信息沟通的障碍

有效的商务谈判有赖于有效的交流。在实际谈判过程中，很多不同观点的产生乃至最后形成僵局，都是双方交流不够引起的。缺乏交流形成的障碍主要有以下四个。

（一）没有听清讲话的内容

这主要是由于陈述的一方词不达意，而使双方在某一问题上产生分歧；或者是由于听的一方心不在焉或是轻视对方，未能集中注意力倾听对方的陈述；或者是由外部环境的干扰等其他物理因素造成的。

（二）没有理解对方的陈述内容

实际谈判过程中对对方陈述的内容理解不到位或理解错误，主要原因在于：（1）谈判双方在谈判内容所涉及的专业知识、业务水平以及教育水平等方面存在差距；（2）谈判双方文化背景不同或缺少沟通。

（三）枯燥呆板的谈判方式

某些人谈判时非常紧张，如临大敌，说话时表情呆板，过分讲究针对性和逻辑性。而这种对抗性强的谈判氛围，极可能降低对方达成此次谈判成功的信心。于是当谈判中有了较小的争执时，对方会认为其缺乏诚意，以致谈判陷入僵持状态。

（四）不愿接受已理解的内容

由于这一原因而形成的谈判障碍，除了是双方在某种利益上的分歧太大，还有可能是一方虽已理解却不愿接受这种理解。因为谈判者是否能够接受现实，往往受其心理因素的影响，包括对对方的态度、与对方以往打交道的经历，以及个人的偏见或成见等。

四、其他

（一）缺乏必要的策略和技巧

尽管谈判双方可能在以上诸如角色定位、事人关系乃至信息沟通方面都十分注意，但有时也会因表达、讨价还价等方面缺乏一些技巧而使谈判僵持不下，无法进展。

（二）外部环境发生变化

谈判中环境发生变化，谈判者对己方做出的承诺不好食言，但又无意签约，采取不了了之的方式拖延，使对方忍无可忍，造成僵局。例如，在购销谈判中市场价格突然发生变化，或是一种同类型新产品已投入市场等，如果按原承诺执行，企业就会蒙受损失；若违背承诺，对方又不接受，就会形成僵局。

（三）软磨硬泡式的拖延

在谈判中，如果谈判一方就议题迟迟不拿出自己的方案，或是采取死缠烂打的架势，让对方接受自己的不合理要求，就会使对方厌倦，他们可能会采用强硬的方法予以对抗。

（四）人员素质低下

某些谈判者在谈判桌上争强好胜，一切从"能压住对方"出发，说话犀利刻薄，频频向对方发动攻势，甚至在一些细枝末节上也不甘示弱；有些人还以揭人隐私为快事，伤害对方的尊严。涵养较深的人会暂时忍让，让其尽情表演，关键时刻再迫使其付出更大的代价；进攻性强的人便会恶语相向。这样，谈判自然就会陷入僵局。

（五）合理要求的差距

许多商务谈判中，即使双方都表现出十分友好、坦诚与积极的态度，但如果双方对各自所期望的收益存在很大差距，谈判也会搁浅。当这种差距难以弥合时，那么合作必然走向流产，僵局便会产生。

第 2 节　避免僵局的产生

分析僵局产生的原因可知，有一些僵局是由谈判者的主观原因造成的，对这类僵局最好的解决办法是避免其产生。有一些僵局是不能很好地处理对方的意见造成的，对这类僵局要从处理好对方的意见入手。此外，还有一些僵局是由一些客观原因造成的，对这类僵局要从协调、化解方面做文章。总之，解决谈判僵局的途径、方法是多种多样的。

一、避免僵局的态度

处理谈判僵局最有效的途径是将形成僵局的因素消灭在萌芽状态。为避免僵局的形成，在谈判过程中谈判者应持如下态度。

（一）欢迎反对意见

从"褒贬是买主"的意义上讲，谈判人员提出的反对意见一方面是谈判顺利进行的障碍，另一方面又是他们对议题感兴趣或想达成协议的信号。所以，听到对方的反对意见应"闻过则喜",持欢迎态度,因为这标志着实质性的谈判已经开始。

站在对方的立场来看,被提意见的一方如果态度诚恳和热心,就会影响对方的心理,使他们感到自己受到尊重。只有在这种情况下,对被提意见一方的说服工作才能奏效。

(二)保持冷静

在谈判中会出现形形色色的反对意见,其中包括那些不合理的反对意见。在这种情况下,谈判人员一定要谨慎行事,切不能用愤懑的口吻反驳对方的意见。从心理学的角度看,商务谈判双方的供求决定都受理智和感情的控制,如果谈判双方对某些议题出现争吵或冷嘲热讽,即使一方的意见获胜也难以使对手心悦诚服,以至于对立情绪难以消除,无法达成协议。因此,谈判人员应注意研究对方的心理状态,变争吵为倾听,这样对立状况就可能化解。然后,再用对方可以接受的语气委婉地予以说服,使谈判顺利进行。如心平气和地对对方说:"这些情况我们都认可,您能否换个角度来分析……"利用事实根据来证明谈判内容的正确性,可以消除与转化对方的疑虑和不同见解。

(三)遵循平等互利的原则

谈判双方尽管从规模和经济实力看有大小、强弱之别,但在法律上享有的权利、义务是平等的。恃强凌弱,损人利己,并不能建立良好的公共关系;如果在强大的谈判对手面前诚惶诚恐,不敢维护自己合理的利益,一味让步,只能使对手认为你软弱可欺,进而提出更加苛刻的要求。

(四)欣赏对方

在谈判中,谈判人员要善于发现对方的优点,在适当的时候、适当的地点,采用适当的话题来称赞对方,例如,"别人都说你有这些优点,依我看,你还有别的优点……"对方听到这出人意料而又合乎情理的称赞,会产生一种特别的喜悦感,相应地也会以欣赏的态度看待你,这样有利于谈判工作的进展。切记说话时目光要平视对方,并用诚恳、平静的语气,千万不可用过头的话去奉承或讥讽对方。

(五)敢于承认错误

"三思而后言之",人要为自己说过的话负责,千万不可口出戏言。但一般人难免出错,特别是在谈判中常常会因为一句话闹得不欢而散。在这种情况下,说了错话的一方应敢于承认错误,或直接向对方道歉,获取对方的原谅,或立刻镇定下来,随后再若无其事地夸奖对方。例如,"虽然如此,但我认为这也正是你吸引我的魅力所在",这样可以转移对方的注意力,缓解尴尬的局面。

(六)语言要适中,语气要谦和

语言要适中是指谈判者与对方洽谈业务时既不能多讲,也不能寡言。谈判者语言适中的好处有:一方面,可以满足对方自尊心的需要;另一方面,可以将自己的看法、意见反馈给对方,试探对方的反应。此外,谈判者语言适中还可以形成对等的谈判气氛。在谈判中,声调要适当,古希腊哲学家亚里士多德在《修辞学》一书中指出,什么时候说得响亮，什么时候说得柔和，或者介于两者之间；什么时候说得高，什么时候说得低，或者不高不低……这些都是关系到演讲成败的关键问题。概括来说，谈判人员在谈判中忌盛气凌人、攻势过猛、以我为主，也忌含糊不清、枯燥呆板。

（七）积极探寻对方的价值

人被承认其价值时，即使是小小的价值，也总是喜不自胜。因此，在谈判中经常肯定对方的价值，就成为使对方产生好感、增强合作意识的重要因素。

例如，我国北方某市在开发经济项目时，与一位美籍华人洽谈一个合资经营化纤的项目。起初，由于对我方政策、态度不甚了解，该华商戒心很强。我方由主管工业的副市长亲自出面与之谈判。在会谈过程中，我方态度友好坦率，肯定了对方为家乡发展做贡献的赤子之心，明确指出国家的发展需要华商的大力支持，我方非常欢迎华商回国投资，并对投资项目给予优惠政策。该华商十分感动，打消了原有的顾虑和担心，最后与我方签订了意向书。

（八）抛开成见，正视冲突

许多谈判人员把僵局视为失败，在这种思想的作用下，不是采取积极的措施加以缓和，而是消极躲避，企图竭力避免，在谈判开始之前就祈祷能顺利地与对方达成协议、完成交易，别出意外或麻烦。特别是当他负有与对方签约的使命时，这种心情就更为迫切，为避免出现僵局，会事事处处迁就对方，一旦陷入僵局，就会很快失去信心和耐心，甚至怀疑自己的判断力，对预先制订的计划产生动摇，还有的人后悔当初不该如何如何。这种思想阻碍了谈判人员更好地运用谈判策略。事事处处迁就的结果，就是达成一个对己不利的协议。

应该看到，僵局出现对双方都不利。如果能正确认识，恰当处理，就会变不利为有利。我们不赞成那种把僵局视为一种策略，运用它迫使对方妥协的办法，但也不能一味地妥协退让。这样不但避免不了僵局，还会使自己十分被动。只要具备勇气和耐心，在保全对方面子的前提下，灵活运用各种策略和技巧，僵局就不是攻克不了的堡垒。

（九）认真倾听

在对方发言时，己方代表一定要认真倾听，对对方的话表示出极大的兴趣，其间可用一些身体语言（如点头、微笑、赞同式手势等）表达你的专心和关注。这种态度一方面可向对方传递对其尊重的信号，调动其发言的积极性，获取一些意想不到的信息；另一方面可较为明确、充分地弄清楚对方的意见，为在下一步的谈判工作中掌握主动权做好准备。

二、避免僵局的方法

（一）把人与问题分开

1. 切记谈判者首先是人

谈判实际上是人与人之间的一种沟通过程。因此，一个基本事实是：与你沟通的不是对方的抽象代表，而是活生生的人。是人，就会有情绪，有需求，有观点。然而，谈判活动的这一人性层面有时是很难预测的。如果不能迅速地觉察和妥善地处理对方在人性层面的反应，往往就会给谈判带来致命的危害。

人在谈判过程中会产生两种表现：一方面，谈判过程中会产生互相都满意的心理，随着时间的推移建立一种互相信赖、理解、尊重和友好的关系，进而使下一轮的谈判更顺利、更有效率。人们自我感觉良好的心理状态与给别人留下一个好印象的愿望，会使他们更注意其他谈判者的利益。另一方面，人也会变得愤愤不平、意志消沉、谨小慎微、充满敌意或尖酸刻薄。他们感到自我受到威胁；他们从个人私利的角度看待世界，并常常把自己的感觉与现实混在一起；他们歪曲了你的原意，而误解会增加偏见，并导致互相对抗的恶性循环。由于无法对可能的解决办法做出合理的探讨，最后必将以谈判失败告终。

做到把人与问题分开处理，需要从看法、情绪、误解这三个方面着手。当对方的看法不正确时，应寻求机会予以纠正；当对方情绪太激动时，应给予一定的理解；当发生误解时，应设法加强双方的沟通。在谈判中，不仅要这样处理别人的"人的问题"，而且要这样处理自己的"人的问题"。在思想上要把自己和对方看作同舟共济的伙伴，把谈判视为一个携手共进的过程。在方法上，要把对方当作"人"来看待，了解他的想法、感受、需求，给予应有的尊重，把问题按照其价值来处理。

2. 处理好实质利益与关系利益的关系

每个谈判者都希望达成满足自己实质利益的协议，这是他进行谈判的动机。除此之外，谈判者还有与对方的关系利益。一个古董商既希望在买卖上谋利，又想把顾客变为一个长期客户。如果不能满足双方的利益，谈判者至少希望保持一种能接受协议的工作关系。但是，在实际谈判中，这两方面往往会纠缠在一起，很多人容易将人与问题混在一起。有些话可能仅针对问题而言，但听起来却像是在进行人身攻击。

实际上，讨论实质性问题与保持良好的工作关系并非互不相容。只要谈判各方能够在心理上准备按照合理的利益单独处理这些问题，把关系的基础放在明确的认识、清楚的表达、适当的感情和向前看的观点之上，关系利益和实质利益的问题就会变得容易处理，也就能避免因人的感情问题而造成的僵局。

要从满足双方的实际利益出发，发展长期的贸易关系。例如，国外某市有一个收音机电视机修理商协会，生意长期不景气，很想寻找一条合适的途径发展规模、扩大影响，于是协会提出与电台合作。经过协商，双方达成这样的协议：电台为协会免费做广告宣传，协会则把电台的节目单张贴在修理铺的橱窗上，还保证所有修好的收音机都能收到该电台的节目；同时，协会负责在所在地区进行调查，及时向电台反馈该地区的电台广播情况。协议的结果是双方都获益了。协会得到电台免费提供的价值数万美元的广告宣传，而电台获得了更多的听众和信息，双方一直合作得很好。

（二）平等地对待对方

1. 站在对方的立场看问题

从对方的立场估计形势是十分困难的，但这又是谈判者应掌握的最重要的技巧之一。

只认识到对方与自己看问题有差别是不够的,如果你想对别人产生影响,还需要了解对方的观点,了解对方确信的感情力量。为了达到这一目标,你要先把自己的判断放在一边,试着分析对方的想法。他们会同你一样强烈地认为自己的想法是正确的。理解他们的观点并不等于同意他们的观点,对别人思想方法的理解会使你校正对形势的判断,但这并不是理解别人观点所付出的代价,而是一种收益,不仅可以缩小冲突范围,还有助于增加自己的利益。

2. 不要因为自己的问题去责备别人

人们易于让对方为自己的问题承担责任。"你们公司从来不负责任。你们每次为我们工厂检修发电机时,总是糊弄,现在发电机又坏了。"责备别人是人们很容易采取的形式,特别是在你觉得对方确实应负责任时。但是,即使是有道理的责备,也会产生相反的效果。对方在你的攻击下会采取防卫措施,反对你所说的一切,或是拒绝听你的话,或是反唇相讥。但如果换一种说法,效果就大不一样:"你检修的那台发电机又坏了。这个月已经坏了三次,第一次坏时,它整整停了一个星期。我们厂需要连续运转的发电机,我希望你能告诉我们如何才能减少发电机停转的损失。我们是该换一家修理公司,还是向制造商提起诉讼或是采用其他方式?"

3. 讨论各自的认识

一个消除认识分歧的方法是把它们摆出来,与对方讨论这个问题。只要双方都不是基于己方所看待的问题去责备另一方,而是以坦诚的态度来对待,这样的讨论就能带来对方所需要的理解,并让对方认真听取你的意见。人们常常在谈判中把对方的认识当成无关紧要的东西,当成与协议无关的东西。恰恰相反,与对方进行明确的、有说服力的交流,会使对方喜欢听取你想表达的意见,这可以说是谈判者的最佳投资。

4. 使自己的建议与谈判对方的价值观相符,保全对方的面子

在谈判中,人们固执地坚持己见,不是因为桌面上的建议根本无法接受,而是因为他们在感情上过不去,不想给人以向对方让步的印象。如果能把内容层次化、概念化,以求得公正的结果,对方就可以接受。保全面子可把协议、原则和谈判者的自我形象协调起来,其重要性不应被低估。

(三)不在立场问题上讨价还价

1. 着眼于利益而不是立场

许多谈判者容易针对各方问题的要求发生冲突,既然目标是取得一致的立场,他们自然会思考、讨论要求和问题,在谈判过程中形成僵局。这样,双方就无法解决根本利益的问题。可见,规定问题的是利益。谈判中的基本问题不在于立场上的冲突,而在于各方需要、愿望、忧虑和担心上的冲突。在谈判中,双方应着眼于问题的解决,而不是斤斤计较于对方的看法和判断。为了将面对面的态势变成肩并肩的情形,双方可明确表示:"我们都是经商的人,只有努力满足你的要求和你所代表的利益,才能达成有利于我们的协议。反过来也一样。让我们携起手来,一起想方设法为满足大家的共同利益而努力吧!"

2. 从不同的立场寻求利益

当你从不同的立场寻求利益时，常会发现既满足你的利益又满足对方利益的选择。协调利益而不是在立场上妥协，是因为在相反的立场背后，存在比冲突利益更多的共同利益。我们常常认定，如果对方的立场与我们相反，那么其想法也必然与我们的想法相反；如果我们要求维护自身的利益，那么他们必然会攻击我们；如果我们要求降低费用，那么他们必然要求增加费用。但是，在许多谈判中，仔细观察基本利益就会发现，共同利益与协调利益比冲突利益要多。

下面举例说明一个厂家与代理商的共同利益：

第一，双方都要求稳定。厂家希望有一家稳定的代理商；代理商希望有长期的货源供应者。

第二，双方都希望维持现有的营销状态。代理商想要继续做此产品的地区代理；厂家希望提高产品的销售量和声誉。

第三，双方都希望维护好良好的关系。厂家希望代理商按时交付货款；代理商希望厂家保证产品质量和供应量。

它们的利益并不冲突，只是不同而已。因为代理商可能不想因拖欠货款被断货源；厂家也不想失去这家销售业绩良好的代理商。它们的共同利益有长期的业务往来、提高销售量的协议和双方彼此迁就的良好关系。在权衡这些共同利益和冲突利益后，增加与减少价格上的冲突利益将更好解决。双方可签订协议：产品价格由市场需求状况确定；另外规定，若代理商在 15 天内回款，厂家将给予一定的让利。

恰恰是因为利益的不同使协议成为可能。拿一双 300 元的鞋来说，买鞋者与卖鞋者关注的重点有所不同：对于卖鞋者来说，他的利益在 300 元上，而不在鞋上；对于买鞋者来说，他喜欢的是鞋而不是 300 元。于是交易便做成了。共同利益与不同却互补的利益，一起成为明智协议的组成部分。

3. 要进行必要的利益讨论

谈判的目的在于满足自己的利益。当你就此进行交流时，达到目的的机会便会增多。对方可能不知道你的利益是什么，你也可能不知道对方的利益是什么。一方或双方可能关注过去的恩怨而忽视未来的要求，或者都没有倾听对方的意见。这样在讨论利益时又怎能不被僵化的立场束缚呢？

要使双方的利益讨论深入且取得成效，以下几个方面是有必要注意的：

第一，把对方的利益作为问题的一部分，每个人都容易关心自身的利益，而忽视别人的利益。如果对方觉得自己被理解，就会注意倾听，因为他认为能理解自己的人是明智而且富有同情心的，能理解自己的人的意见也是值得听取的。因此，要想使对方关心你的利益，就要先表明你关心他的利益。

第二，向前看，而不是向后看。值得注意的是，我们太容易对别人过去的言行做出反应。两个人常常会把谈判变成演说，但实际上没有这种必要。人们在一些问题上存在分歧，就会反复地争论，似乎只有这样才能达成协议。事实上，这种争论只是一种形式或纯粹是一种消遣。每个人的核心论点都是反对对方，指责对方固执己见、不做让步。

双方都不会妥协，也不会影响对方。如果你问两个人为什么争论，回答总是为某种原因，而不是为某种目的。无论是夫妻之间、公司之间，还是企业之间的争论，人们总是回答对方的所作所为，而不是追求自身的长远利益。

第三，要具体而灵活。在谈判中，你应该知道将来的结果，并随时准备吸收新的意见。为避免因满足某些要求而难以最后决定，人们在谈判时并不带着确定的计划，而是与对方坐下来，看看他们给予什么，要求什么。同时，还应把重点从认定利益转移到确定特定的选择上，并保持对这些选择的灵活性。

第四，对问题硬，对人软。你可以强硬地谈自己的利益，像一些谈判者谈论其立场一样。实际上，把自己放在难以改变的立场上是不明智的，但坚持自己的利益则是明智的。如果你对人与问题不分，他们会感到个人受到攻击，因而采取防卫措施。因此，有经验的谈判者总是给予对方的人以肯定的支持，同时，对于该强调的问题毫不含糊。这样，既有利于问题的解决，又不会伤害感情。

（四）提出互利的选择

1. 寻求共同利益

关于共同利益，有三点值得记住：

第一，每一次谈判都潜藏着共同利益，即使不是非常明显。问问自己：我们是否有保持关系的共同利益？是否有合作与互相得益的机会？是否有像公平价格那样的双方都同意的共同原则？

第二，共同利益是机会而不是天赐。为确保其应用，必须做一番工作。要把共同利益明确地表述出来，将它系统地阐述为共同目标。例如，作为炼油厂的董事长，你可以与市长订立一个共同目标，在3年内为该市新建5个企业。对新企业每5年中免税1年，这就不是市长对你的让步，而是追求共同目标的行动。

第三，强调共同利益，会使谈判更顺利、更和谐。救生船上的乘客带着有限的食物漂流在汪洋大海中时，对食物分配的分歧要从属于到达岸边的共同利益。

2. 协调分歧利益

协议总是以分歧为基础的。例如，在达成协议之前，股票的购买者总是说服出售者。如果他们都认为股票看涨，出售者可能就不会卖了。促使交易成功的是购买者认为看涨，而出售者认为看跌。观念上的分歧构成了交易的基础。

许多有创见的协议都反映了通过分歧而达成协议的原理。在利益上与观念上的分歧可能会使你深受其益，使对方付出的代价减少。

如果要把协调总结为一句话，那就是：寻求对你代价低、对对方好处多的东西，反之亦然。在利益、重点、观念、预测和对风险的态度上的分歧使协调成为可能，正如谈判者的格言所讲的那样："在分歧中求生存。"

最后需要特别加以说明的是，要使谈判免于陷入僵局，还必须经常注意坚持使用客观标准，如市场价格、惯例、科学的判定、职业标准、效率、法院裁定的价格、道德标准、习惯等。它会以特有的公正性、客观性，使谈判双方达成一致协议。

案例 9-1

奥康与 GEOX 公司的双赢谈判

浙江奥康集团是国内知名鞋业生产企业，GEOX 公司是世界鞋业巨头之一。两家企业达成协议：奥康负责 GEOX 在中国的品牌推广、网络建设和产品销售，GEOX 借奥康之力布网中国，而奥康也借 GEOX 的全球网络走向世界。

1. 谈判前的精心准备

GEOX 曾用两年时间对中国市场进行调研，先后考察了 8 家中国知名的鞋业公司，为最终坐到谈判桌前进行了周密的准备。谈判中，波莱加托（GEOX 谈判代表）能把几十页的谈判框架、协议条款熟练背出，令在场的人大吃一惊。波莱加托的中国之行安排得满满的，去奥康考察只有 20% 的可能，谈判成功预期很低，合作机会也很小。但奥康的宗旨是：即便只有 1% 的成功机会也绝不放过。奥康为迎接波莱加托一行进行了周密的准备和策划。首先，他们通过一名翻译全面了解对方公司的情况，包括对方的资信情况、经营状况、市场地位、此行目的以及对方谈判者个人的一些情况。其次，为了使谈判对手有宾至如归的感觉，奥康专门成立了以总裁为首的接待班子，拟定了周密的接待方案。从礼仪小姐献给刚下飞机的谈判方波莱加托一行的鲜花，到谈判地点的选择、谈判时间的安排、客人入住的酒店预订，整个流程都是奥康精心策划、精心安排的，结果使得谈判对手"一直很满意"，为谈判最终获得成功奠定了基础。

2. 营造和谐氛围

王振滔（奥康集团总裁）努力寻找奥康与 GEOX 的共同点，并把此次谈判的成功归结为"除了缘分，更重要的是奥康与 GEOX 有太多相似的地方"。的确，GEOX 以营销起家，短短 10 多年时间，年产值就达 15 亿欧元，产品遍及全球 55 个国家和地区，增长速度达到 50% 以上，由一家酿酒企业跨入世界一流制鞋企业行列。奥康则是从 3 万元起家，以营销制胜于中国市场，经过 15 年的发展，产值超过 10 亿元。年轻、富有远见和同样的跳跃性增长轨迹，奥康与 GEOX 在很多方面是如此惊人的相似，难怪双方惺惺相惜。

为了营造氛围、消除利益对抗，奥康在上海黄浦江包下豪华游轮宴请谈判对手，借乘船赏月品茗的美好氛围消除利益冲突引发的对抗，平衡谈判双方的实力。波莱加托对王振滔亲自策划的这些活动非常满意，也对奥康的策划能力有了更深的认识。

谈判毕竟不是为交友而来，谈判者花在联络感情上的时间总是有限的，如果要找一种方法，能够用较少的成本赢得对手的友谊和好感，那就非赠送礼物以表情达意莫属了。王振滔选择寓含奥康和 GEOX 完美无缺之意的"花好月圆"青田玉雕，送给波莱加托。礼物虽轻，但表达了赠送人的情真意切。谈判双方建立真诚的友谊和好感，对日后的履约和合作具有重要的意义。

3. 以让步对僵局进行回避

GEOX 有备而来，拟定了长达几十页的协议文书，每一条都相当苛刻，为了达成合作，双方都做了让步。但在两件事上出现重大分歧，一是对担保银行的确认上，奥康一方提出以中国银行为担保银行，对方不同意，经过权衡，双方本着利益均衡的原则，最后达成妥协以中国香港的一家银行为担保银行。另一件事是双方关于以哪国法律解决日后争端的问题产生了分歧，此问题使谈判一度陷入破裂的边缘。波莱加托提出必须以意大利法律为准绳，但王振滔对意大利法律一无所知，而予以坚决抵制。王振滔提议用中国法律，也因波莱加托对中国法律一窍不通而遭到了坚决反对。眼看着所做的努力将前功尽弃，最后双方各让了一步，达成妥协，以第三国法律（英国）为解决争端的法律依据。

奥康和 GEOX 的合作无疑是一项互利的合作。王振滔认为，GEOX 看中的不仅仅是奥康的硬件，更多的还是其软件，是一种积极向上、充满活力的企业精神，还有奥康人一直倡导的诚信。奥康看中的则是 GEOX 这艘大船，它要借船出海，走一条国际化的捷径。从表面上看谈判双方的既得利益并不是均衡的，奥康所得（借船）远远低于 GEOX 所得（奥康的硬件和软件），因此，引来诸多专业人士的担忧或谴责。然而，王振滔平和的背后并不缺少商人的精明，他指出："许多人预言说我们'引狼入室'，而我们是'与狼共舞''携狼共舞'。"

资料来源：谈判学经典案例 奥康与 GEOX 公司合作谈判案例分析．（2017-11-16）．https：//www.docin.com/p-2048157149.html．

第 3 节　应对僵局的技巧

一、间接应对潜在僵局的技巧

所谓间接处理技巧，就是谈判人员借助有关事项和理由委婉地否定对方的意见。具体的方法有以下几种。

（一）先肯定，后否定

在回应对方提出的意见时，先对意见或其中一部分略加承认，然后引入有关信息和理由予以否定。例如，需方谈判代表说："用这种包装的商品我们不能要！"经过分析，供方认为他们的意见是为讨价还价找借口。这时供方可用先肯定后否定的方法来处理："是啊！许多用户都认为这种包装的商品不容易卖掉，但是，如果真正了解这种包装的使用价值，也许会改变原来的看法，事实上有许多实例可以说明。"再如，需方说："我们不需要送货，只要价格优惠！"根据分析，这种意见源于需方对利润的追逐。对于这种意见不要直接予以答复，而应这样做："你的意见有一定道理，但你是否算过这样一笔账：价格的优惠总额与送货的好处相比，还是送货对你更为有利。"供方先承认需方的意见，然后进行核算和比较，最后间接否定需方的反对意见。

（二）先利用，后转化

这种方法是谈判一方直接或间接利用对方的意见说服对方。例如，"你方所购买商品的数量虽然很大，但是要求价格折扣幅度太大，服务项目也过多，所以这笔生意无法做。"对此，需方可以这样进行说服："你提出的这个问题太实际了，正如你所说，我们的进货数量很大，其他企业是无法与我们相比的，所以我们要求价格、折扣幅度大于其他企业是可以理解的，也是正常的。再说，今后我们还会成为你的主要合作伙伴，这样可以减少你对许多小企业的优惠费用。从长远看，这种做法是互惠互利的。"再如，"你们厂方的广告费用、包装费用开支太大了，你们如能削减一些，给我们公司多一点利润，我们公司可成为你们最忠实的推销伙伴。"厂方可以这样说："你可知道，该商品畅销，正是我们的广告起了作用，让它家喻户晓，大家都知道这种商品的用途，别致的包装给该商品赋予了个性，所以赢得了人们的青睐。"

（三）先提问，后否定

这种方法是谈判者不直接回答问题，而是提出问题，使对方回应自己提出的反对意见，从而达到否定原来意见的目的。例如，某运输公司为了得到一家建筑公司的订单，派一名业务员前去洽谈。托运方在考虑是否签订订单时说："我们不需要你们公司笨重的大型卡车，××运输公司的中小型卡车更适合我们的需要。"在这种情况下，业务员要达成交易，必须使对方认识到他们确实需要大型卡车。业务员采用提问法来解决这一问题。

承运方："请问你们需要的运输工具主要用来干什么？"

托运方："我们是建筑承包公司，当然是用来运输建筑材料，为施工服务了。"

承运方："你们在确定所需要车的型号时，看重的是哪些方面？是质量、速度、运载量，还是操作灵活性？"

托运方："我们看重的是速度、运载量、操作灵活性。"

承运方："喔！原来你们喜欢速度快、运载量大和操作灵活的车辆。"

托运方："是的。"

承运方："操作灵活是我公司××大型卡车的优点之一，其他型号或牌号的车辆在这方面是无法比拟的。"

托运方："是吗？我要亲眼看一看。"

承运方："你们每天运载货物的重量是多少？运输里程是多少？"

托运方："每天运载量大约18吨，运输里程200公里。"

承运方："在这种情况下，大型卡车每天需要跑一趟，中小型卡车每天需要至少跑两趟。"

托运方："那是当然。"

承运方："你认为每天跑一趟还是跑两趟对你们单位更为有利呢？"

托运方："让我考虑一下……"

承运方："怎么样，有什么想法？"

托运方经过比较，认为大型卡车对自己更为有利。每天跑一趟，省下来的时间还可以在工地做些其他服务，于是达成了交易。在整个谈判过程中，业务员让对方回应了他自己提出的反对意见。

这种方法的优点是可以避免与对方发生争执，是一种比较好的方法。需要指出的是，在使用这种方法时，首先，必须了解对方提出反对意见的真正原因和对方的生产经营情况，之后层层深入地进行提问，才能取得预期的效果。其次，提问时不要以审讯、质问的方式，而是要用委婉的方式。如果不注意以上两点，就会激怒对方，使此法失效。

（四）先重复，后削弱

这种做法是谈判人员先用比较婉转的语气把对方的反对意见复述一遍，然后再回应。复述的原意不能变，文字或顺序可颠倒。

例如，谈判一方说："你厂的××商品又涨价了，太不合理了！"回应方不妨这样说："是的，我们了解你的心情，价格同去年相比，确实高了一些，你不希望涨价……"对方说："那是当然。"这时洽谈的气氛就会得到缓和，显得比较温和了，这实际上就意味着削弱了反对意见，接下来的辩护也就容易起到更好的作用。

（五）条件对等

直截了当地拒绝对方必然会使双方的关系恶化。不妨在拒绝之前，先要求对方满足你的条件：如对方能满足，则你也可以满足对方的要求；如对方不能满足，那你也无法满足对方的要求。这就是条件对等法。这种方法往往被外国银行的信贷人员用来拒绝向不合格的发放对象发放贷款。实际上，这是一种留有余地的拒绝。银行方面的人绝不能说借贷的人"信誉不可靠"或"无还款能力"等。那样既不符合银行的职业道德，也意味着断了自己的财路。否则银行方面万一看走了眼，这些人将来飞黄腾达了呢？所以，银行方面的人总是用条件对等法来拒绝不合格的发放对象，既拒绝了对方，又不伤和气。

以上方法对解决潜在僵局是行之有效的，但是，由于它们本身具有局限性，在使用时要结合实际谈判过程的具体情况，权衡利弊，视需要而定，尤其是注意研究分析对方的心理活动、接受能力等，切忌不分对象、场合、时间而千篇一律地使用。

二、直接应对潜在僵局的技巧

这是直接答复对方反对意见的一种处理技巧，一般可采用的方法有如下九种。

（一）列举事实法

事实和有关的依据、资料、文献等具有客观标准，因而在谈判过程中大量引入事实和数据资料文件，能使对方改变初衷或削弱反对意见。在我国，各级职能部门颁布的文件具有一定的权威性，很少有人对它产生怀疑。因此，这也是一种力量。面对潜在的僵局，你不妨利用它展开有力的攻击。但切忌引入复杂的数据和冗长的文件，以免作茧自缚。例如，在一次商务谈判中买方指出，卖方的产品价格又上涨了。卖方赶紧解释，公司全球性的价格信息网反映，伦敦、东京、纽约等地的同类产品价格都有上涨，其上涨幅度超过了公司。买方指出，根据我们的调查，贵公司产品价格的上涨幅度已超过平均涨幅。卖方抛出一个新的事实，因为公司在产品结构上做了改进，其成本费用是每台××元。若考虑这一因素，公司的涨幅的确低于平均涨幅。买方无言以对。

（二）以理服人法

以理服人法即用理由充分的语言和严密的逻辑推理影响或说服对方。但是，在运用时要考虑对方的感情和"面子"问题。例如，有一次在广州小天鹅饭店，我国某企业与加拿大客商洽谈一个项目。当谈到双方相互考察时，外商问我方怎样安排考察。我方人员回答："按照对等的原则，双方各安排5人，你们负担我们什么费用，我们也负担贵方什么费用。"加拿大客商听了很不高兴地说："这不是对等，加拿大费用高，你们中国费用低。"我方人员又一次申辩："双方人员数量和考察时间是一样的，这就是对等，符合国际惯例。具体到负担接待费用的多少，各国的情况不一样，就像你们吃西餐我们吃中餐，不好用价格来平衡，不能说对等不对等。"加拿大客商听后夸奖我方人员坚持对等原则不让步的做法。协议就这样达成了。

（三）以情动人法

人人都有恻隐之心。当谈判中出现僵局时，一方可在不失国格、人格的前提下，稍施伎俩，如说可怜话："这样决定下来，回去要挨批、降职、扣薪水""拜托您，高抬贵手吧"。或者装可怜相：某卖主在二次降价后坚守价格，双方对峙，形成僵局。为了打破僵局，他邀请买方去其居住的旅馆洽谈，买方人员走进房间，只见主谈人头上缠着毛巾，腰上围着毛毯，脸上挂着愁容，表现出一副病态。卖主讲："头痛、胃疼、腰难受，被你们压得心里急。"心里急，不假；头痛也可能是真的。这一招很有感染力。买方一些人认为"他可怜，话语真切"，从而有了同情心，这就是一方感动另一方促成协议达成的例子。

（四）归纳概括法

这种方法是谈判人员将对方提出的各种反对意见概括为一种，或者把几条反对意见放在同一时刻讨论，有针对性地加以解释和说明，从而起到削弱对方观点与意见的效果。例如，对方提出以下反对意见：你提供的产品质价不相符；你的产品不会受消费者欢迎；对于这种产品应提供更多的服务……对此，你不妨把这些反对意见概括为产品质量的意见，进而以产品质量问题为主加以说服和解释。

（五）反问劝导法

谈判中常常会出现莫名其妙的压抑气氛，这就是陷入僵局的苗头。这时谈判人员适当运用反问法，以对方的意见来反问对方，可以防止陷入僵局，而且能够有效地劝说对方。例如，在一次关于某种农业加工机械的贸易谈判中，中方主谈人面对日本代表高得出奇的报价，巧妙地采用了反问劝导法来加以拒绝。中方主谈人共提出了四个问题：

(1) 不知贵国生产此类产品的公司共有几家？
(2) 不知贵公司的产品价格高于贵国某品牌的依据是什么？
(3) 不知世界上生产此类产品的公司共有几家？
(4) 不知贵公司的产品价格高于某品牌（世界名牌）的依据是什么？

这些问题使日方代表非常吃惊。他们不便回答也无法回答。他们明白自己报的价格高得过分了，就设法自找台阶，把价格大幅降了下来。

（六）幽默法

幽默以它的机智、风趣给人以智慧的启迪，以一种愉悦的方式让人们获得精神上的享受。谈判中本来轻松、和谐的气氛可能因双方在实质性问题上的争执而突然变得紧张，甚至剑拔弩张，一步就跨到谈判破裂的边缘。这时双方面临的最急迫问题并不是继续争个"鱼死网破"，而是尽快使谈判气氛缓和下来。在这种情况下，诙谐幽默无疑是最好的方法，幽默可以让紧张的气氛一下子变得轻松愉快起来。运用幽默的语言，可以委婉地对对方进行批评，可以含蓄地拒绝对方的某种要求。运用幽默的语言可以把说话者的本意隐含起来，话中有话，意在言外。在生活中，具有幽默感的人常常受到人们的欢迎和喜爱，在谈判中，谈判者具有幽默感也是非常重要的。

某青年拿着乐曲手稿去见著名作曲家罗西尼，并当场演奏。罗西尼边听边脱帽。青年问："是不是屋内太热了？"罗西尼说："不，我有一个见到熟人就脱帽的习惯，在你的曲子里我碰到的熟人太多了，不得不频频脱帽啊！"青年的脸红了，因为罗西尼用幽默的方式委婉地道出了他抄袭别人作品的事实。

（七）站在对方立场上说服对方

在谈判中，可以站在对方的立场上讲清道理，使对方切实感到他原来所坚持的意见必须改变才行，从而扭转谈判的僵局。

（八）适当馈赠

在谈判中，当对方就某一问题与我方争执不下时，我方可避其锋芒，从侧面了解对方的个人喜好，投其所好地馈赠小礼品，让对方从细微处体会我方对此次谈判工作的真心实意，从而在双方之间营造出一个良好的气氛。

（九）场外沟通

正规的谈判场所容易给谈判者心理上带来压力。所以，当谈判双方在场内因某些问题剑弩相对而不得解时，可尝试换个轻松的环境，在场外的玩乐中消除彼此间的隔阂，增进友谊，就僵持的问题重新交换意见，以促成谈判成功。

三、打破现实僵局的技巧

对潜在僵局采取以上技巧处理无效，潜在僵局就发展成现实僵局。这时应该面对现实，采取有效的方法打破僵局，使谈判继续下去。

（一）荣辱与共

在谈判出现僵局的时候，从共同利益着眼，强调双方共损共荣是一条行之有效的技巧和策略。2023年11月17日，习近平在亚太经合组织第三十次领导人非正式会议上讲话时强调："我们应该秉持亚太合作初心，负责任地回应时代呼唤，携手应对全球性挑战，全面落实布特拉加亚愿景，建设开放、活力、强韧、和平的亚太共同体，实现亚太人民和子孙后代的共同繁荣。"[①] 习近平掷地有声的话语，以中国智慧回答了世界之问、历史之问、时代之问，为共创亚洲和世界美好未来注入了强大信心和更多正能量，也给我们打破现实僵局提供了更多的启发。

（二）推迟答复

在谈判中，有时会碰到一些问题，当双方僵持不下时，可以把它们暂时搁置起来先讨论别的问题，等条件成熟后再回头解决这些问题。以下情况应用这一技巧是合适的：

（1）如果你不能马上给对方一个比较满意的答复，应先搁置一边。
（2）反驳对方的反对意见缺乏足够的例证时，应暂时放下。
（3）立即回答会使己方陷入矛盾之中，最好不要马上回答。
（4）如果对方的反对意见会随着谈判的深入而逐渐减少或削弱，己方可以不立即回答。
（5）对方提出的反对意见离题甚远，己方可以不立即回答。
（6）对于谈判人员由于心情不佳而提出的一些借口或反对意见，最好不予答复。

（三）推心置腹

面对谈判双方"你死我活"的争论，人们一般认为只有法庭才能解决。其实有些僵局不必麻烦第三者，双方只要推心置腹地交换一下意见，就可化解一场冲突。例如，双方都死守自己的立场不让步，这时谈判一方不妨这样说："你瞧，我们这种态度怎么能解决问题呢？我们各有不同的利益和目的，为什么不相互交换一下彼此的了解、彼此的感受和彼此的需要呢？"现实谈判中有许多僵局是运用这种方法化解的。本来谈判双方是对立的，而有了交换意见的态度后，双方就转化为合作伙伴了，最终双方会找出解决的办法，双方的需要都可获得满足。

（四）休息缓冲

当谈判双方精疲力竭、对某一问题的谈判毫无进展时，可建议暂时休息，以便缓和一下气氛，同时双方可借此机会养精蓄锐，以便以良好的心情继续谈判。

一般情况下，休息的建议是会得到对方积极响应的。休息不仅有利于自己一方，对对方、对共同合作也十分有益。在僵局形成之前，建议休息是一种明智的选择。如果在洽谈中某个问题成为绊脚石，使洽谈无法顺利进行，这时聪明的办法就是在双方对立起来之前及时休息。否则，双方为了捍卫自己的原则不得不互相对抗。只要双方的目标是"谋求一致"，那么休息就是为了寻找解决双方在洽谈中碰到的问题的方法。

在这种情况下，运用休息的方法是大有裨益的。双方辅助谈判的技术人员、商业界

---

① 习近平出席亚太经合组织第三十次领导人非正式会议并发表重要讲话. 人民日报，2023-11-19.

和金融界人员自由结合成小群休息闲聊，谋求他们取得某些积极成果的共同目的。在休息期间，我方要考虑的问题应该是明确的：研究怎样进行下一阶段的洽谈；归纳一下正在讨论的问题；检查我方小组的工作情况或者对下面可能出现的僵局提出新的处理设想；同时要注意怎样重新开谈，考虑下一步的洽谈方案等。

一般来讲，休息是一个有很大潜在影响的策略和技巧，适当地运用这一技巧，可以帮助谈判者渡过难关，达到共同获利的目的。

（五）权威影响

当谈判遇到僵局时，可请地位较高的领导者出席，表明对处理僵局问题的关心和重视；或运用明星效应，向对方介绍社会知名人士使用本产品后有利于己方的言论。对方就有可能"不看僧面看佛面"，放弃原先较高的要求。例如，湖南一酒厂生产的伏特加酒要到美国市场上推销，该厂聘请了一位美国推销专家，这位专家让湖南这家酒厂把第一批生产出来的1万瓶酒编成号。然后在圣诞节前夕准备了精美的贺卡，分别寄给100多位美国著名的大企业家，并写明"我厂生产了一批新酒，准备将编号第××号至第××号留给您，如果您要，请回信。"节日前夕能收到大洋彼岸的贺卡，他们喜悦万分，自然纷纷回信，并寄钱求购。然后，这位美国推销专家拿着100位一流大企业家的回信，再去找批发商进行生意谈判，结果一谈即成，大获成功。

（六）改变谈判环境

正规的谈判场所容易带来一种严肃的气氛。当谈判双方话不投机时，这样的环境就更容易使人产生一种压抑、沉闷的感觉。遇到这种情形，作为东道主，可以首先提出把争论问题放一放，组织双方人员搞一些轻松的活动，如游览观光、出席宴会、运动娱乐等。在轻松愉悦的环境中，双方可以不拘形式地对某些僵持的问题继续交换意见，寓严肃的讨论和谈判于轻松活泼的气氛之中。谈判的一方可邀请对方到自己家去玩，以便达到更换谈判地点的目的。

（七）变换谈判组成员

在现代生活中，人们更加重视自己的面子和尊严。所以，谈判一旦出现僵局，谁都不肯先缓和或做些让步。及时变换谈判组成员是一个很体面的缓和式让步技巧。需要指出的是，变换谈判组成员首先必须在迫不得已的条件下使用，其次要征得对方的同意。例如，美国一家公司与日本一家公司进行一次比较重要的贸易谈判，美国派出了自认为最精明的谈判小组，大多是30岁左右的年轻人，还有一名女性。到日本后却受到了冷遇，不仅公司总经理不肯出面，就连分部的负责人也不肯出面接待。在日本人看来，年轻人，尤其是女性，不适宜主持如此重要的会谈。美方迫不得已撤换了这几个谈判人员，然后日本人才出面洽谈。

（八）注意疏导

谈判双方出现意见对立的僵局以后，除了要注意冷静地聆听对方对自己观点的阐述，还要变换自己谈话的角度，善于从对方的角度解释我方的观点，或寻找双方共同的感受，鼓励对方以利己的动机，从共同的信念、经验、感受和已取得的合作成果出发，积极、乐观地看待暂时的分歧。

（九）改变交易形式或营销组合

改变交易形式是指将大家不愿意接受的交易形式改为能接受的形式。例如，把竞争的形式改为协作的形式；或者扩大谈判人员的范围，可将双方的领导者、工程技术人员和管理人员吸收进来，共同想办法解决问题。

改变营销组合策略是指改变谈判双方对产品、价格、渠道、促销四个方面的组合内容。

（十）巧妙让步

根据古今中外的谈判经验，当谈判陷入僵局时，一般最好是耐心等待对方主动提出让步，如果双方都不主动提出，可以用一种保全面子的方式向对方示意。其实，明智的让步是一种非常有力的谈判工具，应学会运用。有关让步的一些原则与技巧，我们在前面章节的有关部分已做了比较详细的阐述，这里不再做过多的说明。

（十一）专门研究

当谈判陷入困境时，最有效的策略之一是成立特别研究小组。比如，当交货问题陷入僵局时，就需要由供货方的生产管理人员与购货方的成员组成一个特别研究小组，为了双方的共同利益，讨论具体的交货问题。

成立特别研究小组的最大好处在于，可以把妨碍会谈横向铺开的因素单独抽出来。通过特别研究小组，把那些与问题有关的人员组织起来，进行专门的研究。优秀的洽谈小组领导者经常采用这个策略。这样做也给特别研究小组成员一种压力：他们必须全权代表整个谈判班子解决这个问题，以便有效地消除在此之前双方在某一议题上产生的不愉快。与此同时，谈判双方的其他成员可以将注意力集中在别的议题上，或者考虑其他需要处理的问题。

（十二）利用僵局

利用相持不下的僵局是谈判中最有力的一种战略，没有什么比它更能试探出对方的决心和实力了。尽管如此，大部分人仍不希望有僵局产生。

无数次谈判的经历使人们体验到，一旦开始谈判，就希望能顺利和对方达成协议，完成交易。因此，每当谈判碰到僵局时，人们自然就会感到气馁而失掉信心，并且开始怀疑自己的判断力，往往会自问："假如我不曾如此说或如此做，情况是否会不同呢？""我应该接受对方最后一次的出价吗？这个僵局对我们的声誉有没有影响呢？"这些问题往往会缠绕着谈判者，也难怪谈判者害怕僵局。特别是当他们为一个大公司服务时，一个利益不大的合同总比僵局易于向上级交差。更糟糕的是，当别的竞争者只要再做点让步就可能会抢走生意时，僵局的压力变得更大了。而这时，谈判者往往忘记可以用僵局来缓和对方的态度，这也就是人们常讲的当局者迷、旁观者清。

僵局如同其他技巧一样，是值得考虑采用的。当然，没有任何技巧是永远适用的。在没有上级支持的情况下，即使这种战略有效，谈判者也往往不愿冒险使谈判陷入僵局。上级如何才能帮助他的员工使用这种战略技巧呢？他必须改变员工视僵局为失败的观念，而是要把僵局看作全盘计划中的一种战术加以运用；提供合作和耐心，使他们能够打破僵局而获胜。更重要的是，要向他们保证，僵局并不等于失败。要告诉谈判者应该具有不怕因僵局而引起别人怀疑他们的商业谈判力的勇气。

这种技巧是对双方实力和决心的严格考验。在打破僵局后，买方和卖方的态度一定会变得和缓，如果双方仍然保全了面子的话，就更容易达成协议了。所以那些愿意尝试这种战略的人，往往都能够达成更有利的交易。不过，这是个带有高度危险性的技巧。有时僵局会就此僵住，以致再无法打开。

（十三）中止谈判

在谈判一时无法进行下去时，可考虑暂时中止谈判。在双方决定退席之前，可向对方再重申一下己方所提的方案，使对方在冷静下来后有充分的时间去考虑。此外，还要明确下次再谈的时间、地点等。

（十四）转移话题

在谈判中，当对方固执己见，并且双方观点相差甚大，特别是对方连续提出反对意见、态度十分强硬等不良情况出现时，常常需要采用转移话题技巧，即为转移对方对某一问题的注意力或控制对方的某种不良情绪，而有意将谈话的议题转向其他方面。

谈判中，最忌将话题引入牛角尖，以致进退维谷，不能自拔。出现这种情况多半是对方受偏见影响所致。遇到这种谈判对手，谈判者应当机立断，转移话题，改变对方先入为主的偏见，使其解除心理自卫反应，促使谈判成功。

转移话题时，只有选用对方感兴趣的话题，才能使风向转变。例如，在工业界用户中，与客户休戚相关的因素有质量差异、价格、售后服务等，应该根据客户的不同情况选择不同的话题，转移谈判的进程。在谈判中，如果对方反对意见强烈，并不愿继续谈下去，谈判人员此时最明智的做法就是装聋作哑，不去直接反驳对方，而是努力使谈判继续下去，用别的话题淡化对方的心理自卫反应。

（十五）变换议题

在谈判过程中，由于某个议题引起争执，一时又无法解决时，谈判各方为了寻求和解，不妨变换一下议题，把僵持不下的议题暂且搁置一旁，等其他议题解决之后，再在友好的气氛中重新讨论僵持的议题。

（十六）寻求第三方案

谈判各方在坚持自己的谈判方案互不相让时，谈判就会陷入僵局。这时破解僵局的最好办法是，各自都放弃自己的谈判方案，共同寻求一种可以兼顾各方利益的第三方案。

例如，某大型企业开发出一种新产品，某小型企业的产品是与之配套的一种零件，两个企业就这种新产品的配套问题进行谈判，因价格问题陷入僵局。大型企业出价每个零件7元，小型企业要价8元，互不相让。大型企业的理由是若每个零件超过7元，就很难迅速占领市场。小型企业的理由是若每个零件低于8元，企业将会亏损。表面上看，双方都要维护自己的利益，实际上，买卖做不成，双方都谈不上利益，做成买卖是双方的共同愿望。在这一前提下，双方交换了意见，最后以每个7.3元达成协议。这样的结果是，大型企业解决了占领市场的难题，而小型企业虽然是微利供货，但也有了收获，与这一大客户建立了长期的合作关系，该种新产品占领市场后还可以提高本厂配套产品的知名度，拥有长期可观的经济效益。

（十七）多方案选择

当对方坚持条件而使谈判陷入僵局时，己方可以将是否接受对方的条件改为让对方选择自己的条件来打破僵局。可以提出多种方案，如两条生产线可以放在一个厂房，也可以放在两个不同的厂房，还可以合并成一条生产线等；包含价格、机票、住宿、交通在内的为A价，不包含的为B价等，让对方从中选择。当对方认为其中的某一方案可以接受时，僵局就破解了。

（十八）利益协调

双方在同一问题上发生尖锐对立，并且各自的理由充分，双方均不能说服对方，从而使谈判陷入僵局时，可采用利益协调技巧，即让双方都能够从短期利益与长期利益的结合上看问题。双方要共同意识到，如果只追求眼前利益，可能会失去长期利益，这对双方都是不利的。只有双方都诚意合作和做出让步，才能保证双方的利益都得到实现。

（十九）以硬碰硬

当对方通过制造僵局给己方施加压力，妥协退让已无法满足对方的欲望时，应采用以硬碰硬的技巧向对方反击，让对方放弃过高的要求；可以揭露对方制造僵局的用心，让对方自己放弃所要求的条件；必要时也可以离开谈判桌，以显示自己的谈判立场。如果对方真想与你谈成这笔交易，他们还会来找你。这时，他们的要求就会降低，谈判的主动权就掌握在你手里了。

（二十）回顾成果

当就某一问题发生冲突时，谈判双方都应冷静下来，回想以往的合作历史，多强调双方之间的共同点，这样就会削弱对立情绪，化干戈为玉帛。

（二十一）问题上交

当谈判陷入僵局，采用上述方法又不能奏效时，谈判双方可将问题提交各自的委派者或上级主管部门，由其提供解决方案，或亲自出面扭转僵局。如卖方只提供集成度为3万个晶体管的集成电路技术，而买方要求可做8万个晶体管的集成电路技术，双方相持不下,谈判无法继续进行。此时双方均请示上级,并由政府的高级领导出面谈。在他们之间讨论并决定问题后,双方谈判人员再继续谈。

(二十二)调解和仲裁

当谈判出现严重对峙,其他方法均不奏效时,可运用调解和仲裁技巧。它们都是借助第三方的工作解决僵局问题的手段。如某技术转让项目的谈判中,卖方主谈人采取强硬态度,玩边缘政策,买方拂袖而去,使谈判中断。该公司所在国驻买方所在国使馆商务参赞出面拜会买方主谈人的上级,使谈判得以恢复,这里外交官成了中间斡旋人。

但是,调解与仲裁是两个不同的概念。两者的主要区别在于,调解不能强制谈判双方接受解决办法,而仲裁可强制谈判双方接受仲裁结果,并予以实施。换句话说,仲裁的结果具有法律效力,而调解的结果没有。

调解人和仲裁者即第三方的服务对解决严重僵局价值很大。归纳起来有以下几点:

(1)第三方的介入能够找出顾全双方面子的方法,出面邀请对立的双方继续会谈,不仅能使谈判者比较满意,也使双方的组织者感到满意。

(2)争执中的双方在第三方面前,无论采取怎样强硬的态度都没有关系,而他们所表现出的强硬立场还可以满足公司对他们的期望。

(3)综合双方的利益和要求,提出符合实际情况的解决方案,往往容易被双方接受,使他们能够一起合作以解决问题。

(4)对谈判双方而言,支付第三方的费用总比僵局或交易破裂所引起的损失少。

调解和仲裁是处理严重僵局的有效方法,在谈判实践中可灵活运用。需要指出的是,当发现调解人、仲裁人持有偏见时,应及时提出,必要时也可对他们的行为起诉,以保护自己的利益不受损失。

案例 9-2

NBA 停摆谈判是如何打破僵局的

2011 年 7 月 1 日,NBA(美国男子篮球职业联赛)原劳资协议正式到期。在经历长达近 3 小时的终极谈判之后,球员工会代表和资方代表仍然没有就新的劳资协议谈判达成一致。于是 NBA 总裁宣布停摆开始。

NBA 劳资双方在"硬工资帽"制度、利益分配等重大问题上存在巨大分歧。球员方面愿意接受一份 5 年内减少薪金总额 5 亿美元的提案,但他们拒绝接受资方提出的 6 200 万美元"硬工资帽";资方则希望同时达成一份 10 年协议,确保每年的薪金支出不超过 20 亿美元,而 10 年的劳资协议是球员方面无法接受的。球员工会希望得到 54.3% 的分成,留给球队 45.7%,这样一来,球员工资从联盟总收入的 57% 降低到 45%;在原劳资协议仍然有效的最后一天,劳资双方进行了最后一次谈判,这次双方仍然存在巨大分歧,没能达成任何协议。

在停摆开始的一个月里,球员代表与 NBA 的老板纷纷就自己的想法对对方表达不满。球员认为老板太过吝啬,球员赚钱并不容易,老板还要在这基础上削减他们的收入,这得到部分强硬派球员的支持,纷纷攻击老板。而作为老板的资方则认为球员近几年来已经获得足够的薪金，而大部分球队年年亏损，出现入不敷出的情况，为了保障球队的利益，不得不削减球员的收入，以弥补球队的损失。老板表示，如果球员工会不同意资方提出的方案，资方将和工会抗争到底，让停摆继续下去。

对劳资双方来说，现在最需要的可能就是一个第三方来打破沉默了。没过多久这个第三方就出现了，他的名字叫奎恩。他和 NBA 劳资双方关系都不错，也有着丰富的交易经历和类似经验。奎恩担任 NBA 球员工会的首席顾问已经 20 年了，在过去二三十年中和联盟总裁打过无数次交道，可以说是知根知底。因此劳资双方都寄希望于奎恩。在第三方奎恩的调解下，劳资双方握手言和，重新回到谈判桌，就之前的分歧展开商讨，并很快达成新的协议。长达两个半月的谈判僵局至此结束。

资料来源：2011 年美国男篮职业联赛停摆谈判僵局的始末．(2018-12-07)．https：//wenku.so.com/d/354c498e54281344dd7c2848e598843b．

◀ 小 结 ▶

1. 谈判僵局是指在谈判过程中，双方因暂时不可调和的矛盾而形成的对峙。

2. 潜在僵局和现实僵局的主要区别在于，谈判双方对谈判议题以及谈判态度对立程度不同。前者的对立情绪还未爆发，后者的对立则已充分外露。

3. 由于谈判双方角色定位不对等，会造成谈判工作陷入僵局。其主要表现为：谈判形成一言堂；谈判一方缄口沉默或反应迟钝；主观反对意见；滥施压力和圈套；偏见或成见。

4. 由于谈判中事人不分，也会导致谈判工作陷入困境。类似这样的情形有：借口推托；偏激的感情色彩；自我与现实模糊；总是在立场上讨价还价。

5. 信息沟通方面的障碍让谈判双方交流不到位，产生分歧，乃至最后形成僵局。这些障碍常见的有：没有听清讲话的内容；没有理解对方的陈述内容；枯燥呆板的谈判方式；不愿接受已理解的内容。

6. 在谈判过程中，形成谈判僵局的原因多种多样，除了谈判双方角色定位不对等、事人不分以及信息沟通的障碍，缺乏必要的策略和技巧、外部环境发生变化、软磨硬泡式的拖延、人员素质低下以及合理要求的差距等也会形成僵局。

7. 避免谈判僵局的态度有：欢迎反对意见；保持冷静；遵循平等互利的原则；欣赏对方；敢于承认错误；语言要适中，语气要谦和；积极探寻对方的价值；抛开成见，正视冲突；认真倾听。

8. 要协调好谈判僵局，必须把人与问题分开。首先，要切记谈判者是人，会有情绪，有需求，有观点；其次，要处理好实质利益与关系利益的关系。

9. 为避免谈判僵局的出现，应平等地对待对方：第一，站在对方的立场看问题；第二，不要因为自己的问题去责备别人；第三，讨论各自的认识；第四，使自己的建议与谈判对方的价值观相符，保全对方的面子。

10. 在商务谈判中，应着眼于利益而不是立场；可从不同的立场寻求利益；要进行必要的利益讨论。

11. 间接应对潜在僵局的技巧有：先肯定，后否定；先利用，后转化；先提问，后否定；先重复，后削弱；条件对等。

12. 直接应对潜在僵局的技巧有：列举事实法、以理服人法、以情动人法、归纳概括法、反问劝导法、幽默法、站在对方立场上说服对方、适当馈赠以及场外沟通。

13. 打破现实僵局的技巧有：荣辱与共、推迟答复、推心置腹、休息缓冲、权威影响、改变谈判环境、变换谈判组成员、注意疏导、改变交易形式或营销组合、巧妙让步、专门研究、利用僵局、中止谈判、转移话题、变换议题、寻求第三方案、多方案选择、利益协调、以硬碰硬、回顾成果、问题上交以及调解和仲裁。

复习与思考

一、基本概念
谈判僵局　　　　潜在僵局　　　　偏激的感情色彩
归纳概括法　　　调解　　　　　　现实僵局

二、简答题
1. 避免僵局的态度有哪些？
2. 避免僵局的方法有哪些？
3. 打破谈判僵局的方法有哪几种？

三、论述题
1. 试论商务谈判中产生僵局的原因。
2. 如何理解僵局的积极意义和消极意义？

第 10 章
优势谈判技巧

策略与技巧是既有紧密联系又有明显区别的两个概念。前者是指人们谋事的计策和方略，往往是针对全局的战略；后者是指人们进行某项活动的具体技术及其灵活性。本书第 8 章和第 9 章分别介绍了商务谈判语言技巧和僵局处理技巧，而商务谈判技巧的选择和运用在很大程度上取决于谈判中双方实力的大小强弱，因而从本章开始以商务谈判双方实力强弱为标志，说明一些常用的、带有典型意义的谈判技巧及其运用方法。本章着重介绍在商务谈判活动中实力处于优势的一方常常选择的应对技巧。

第 1 节　不开先例技巧

一、不开先例技巧的原理

不开先例技巧通常是指在谈判过程中处于优势的一方，为了坚持和实现提出的交易条件，采取对己有利的先例来约束对方，从而使对方就范，接受己方交易条件的一种技巧。它是一种保护卖方利益、强化自己谈判地位和立场的最简单有效的方法。买方如果居于优势，对于有求于己的推销商也可参照应用。下面是冰箱进货商（甲方）与供货商（乙方）关于一批冰箱价格所进行的谈判实况。

甲："你们提出的每台 1 700 元，确实让我们难以接受，如果你们有诚意成交，能否每台降低 300 元？"

乙："你们提出的要求实在令人为难，一年来我们对进货的 600 多位客户都是这个价格，要是这次单独破例给你们调价，以后与其他客户的生意就难做了。很抱歉，每台

1 700 元的价格不能再降了。"

在这个关于冰箱价格的谈判实例中,冰箱供应者面对采购者希望降价的要求,为了维持己方提出的交易条件而不让步,便采取了不开先例的手法。对供应者来讲,过去给买方的价格都是每台 1 700 元,现在如果答应了采购者的降价要求,就是在价格问题上开了一个先例,进而造成供应者在今后与其他客户发生交易行为时也不得不提供同样的优惠条件。所以,精明的供应商始终以不能开先例为由,委婉地回绝对方提出的降价要求。供应者在价格谈判中,成功地运用了不开先例的技巧,其原理是利用先例的力量来约束对方,使其就范。先例的力量主要源于先例的类比性、对方的习惯心理和对方对先例的无知。

先例的类比性是指谈判者所采用的先例与本次谈判在交易条件、市场行情、竞争对手等方面的相似程度,谈判者可以根据先例与本次谈判的类比性,用处理先例的方式来处理本次商务活动。如果谈判者所采用的先例和本次谈判没有类比性,那对方就会指出先例与眼下谈判的不同点,先例的处理方式不适合本次谈判,这样,先例就起不到约束对方的作用,自然也就失去了力量。可见,先例要有力量,必须与本次谈判具有类比性。

先例的力量不仅源于先例的类比性(处理问题时往往都是以过去的做法为标准),还来自对方的习惯心理。因为人们面对同样的事情时,过去是怎样做,现在就应该怎样做。过去的习惯(长时间形成的),成了唯一正确的不可更改的处理行为规范。有了这样的习惯心理,先例便自然而然地具有了力量。

除此之外,先例的力量还来自对方对先例的无知。先例之所以能够在谈判中让对方就范,关键在于对方常常难以获得必要的情报和信息,来确切证明己方宣传的先例是否属实。在对方难以了解事情的真相,对己方宣传的先例没有真正破解前,对方只能凭主观判断,要么相信,要么不相信,再加之一些辅助手段的运用,对方不得不相信先例,从而成为先例的"俘虏"。

二、不开先例技巧的运用

不开先例技巧的核心是运用先例来约束对方。这里的先例是指同类事物在过去的处理方式。商务谈判中采用的先例主要有三种情况:与对方过去谈判的先例、与他人过去谈判的先例、外界通行的谈判先例。想成为一个成功的商务谈判者,在运用不开先例技巧时必须充分运用好各种先例,为自己的谈判成功服务。特别是在面对下列各种情形时,应运用不开先例技巧:一是谈判内容属于保密性交易活动;二是交易商品属于垄断商品;三是市场有利于己方而对方急于达成交易;四是对方提出的交易条件难以接受。

运用不开先例技巧的目的在于让对方接受己方提出的交易条件。这一技巧运用得成功与否,取决于谈判者所采用的先例的力量大小和提出的交易条件的适度性。它们之间具有正相关性。为此,在实际操作中,我们不仅需要反复衡量交易条件,注意交易条件的合理性、适度性,让对方有接受的余地,而且要反复强调不开先例的事实与理由,通过强化先例的真实性和可信度,让对方对己方宣传的先例深信不疑。同时,还要运用类比性强的先例,着重强调本次交易与先例在交易条件、市场行情、竞争情况、相关因素等方面的相似性，通过强化先例的类比性，使先例的力量得到充分发挥。

三、不开先例技巧的破解

在商务谈判中，面对谈判对手采用不开先例技巧时，我们应采用积极的策略进行破解。

第一，收集信息，吃透先例。商务谈判中只有收集到必要的情报资料，消除对先例的无知，才可破解先例，从而使对方使用的这一招数失灵。

第二，克服习惯心理的约束。成功的谈判者要勇于打破常规，跳出自己的经验圈子，以免被习惯、经验捆住手脚。应有"市无常形"的观念，要以变化了的诸多条件作为开展谈判的根本依据。

第三，证明环境条件已发生变化以使先例不再适用。一位冰箱采购员面对供货方不肯降价时指出："是的，过去一直是以 1 700 元成交的，但是，伴随着新冠疫情在全球范围的扩散，冰箱市场销售疲软，冰箱都有不同程度的降价，我方提出的要求显然是合理的。"在本例中，采购员就是通过指出先例与本次交易的差异性（市场行情已经变化）来证明先例的非通用性，有效反击了不开先例技巧。

📝 **案例 10-1**

谈判中的"尚方宝剑"与"免死金牌"

在谈判中，所谓"尚方宝剑"就是谈判时对方秉持的准则，例如企业的规章制度、声明，政府的红头文件等。这些准则让你的谈判对象不需要事事都去请示，只要按照准则就可以马上做出反应。谈判中，如果我们听到对方说这样的话：我们公司前三个月都不给新员工交社保，这就是对方在使用"尚方宝剑"。这个时候千万不要顺着对方的思路走——规章制度就是如此，只能这样了。要么不合作，要么委屈一点吃亏合作吧。这样回应对方，显然忘记了"免死金牌"。所谓"免死金牌"就是帮助对方回忆特例，并且努力让自己符合特例，以此来维护自己的合法权益。例如针对上例，我们可以回应："但是《劳动合同法》里说了，试用期也必须给员工交社保。如果公司不能给我交，谁给我交呢？或者说，公司不交社保，那交什么呢？"这样说的好处是，第一指出对方的不恰当甚至违法行为；第二努力帮助对方找到别的解决方案。

资料来源：根据网络资料整理撰写。

第 2 节　价格陷阱技巧

一、价格陷阱技巧的原理

价格陷阱技巧是利用商品价格波动信息和人们的不安情绪所设的诱饵，诱使对方的注意力集中于价格而忽略其他条款的一种技巧。价格陷阱技巧之所以有效，是因为它充分利用了人们的心理因素。一是利用了人们买涨不买落的求购心理——市场上商品价格下跌时，人们一般不愿购买，期盼价格进一步下降；相反，市场上商品价格上涨时，人们唯恐价格继续上涨，积极买进，这种心理正好被价格陷阱技巧利用。二是利用了人们价格中心的心理定式。谈判者一般都将交易价格作为商务谈判中最重要的条款，因为它是涉及双方利益的关键问题。价格在交易中的这种重要性往往使人产生一种价格中心的心理定式，认为只要在价格上取得了优惠就等于整个谈判大功告成。虽然有些谈判的确是这样，但也有一些谈判（如一些大型、复杂的商务谈判）牵涉面广、内容多，价格并不一定就是商务谈判中的主要问题。而价格陷阱技巧正是利用人们价格中心的心理定式，使买方仅从价格上得到一些优惠，而失去了比单纯价格优势更为重要的东西，从而损失了实际利益。

二、价格陷阱技巧的运用及其破解

价格陷阱技巧又叫价格诱惑技巧，其运用旨在诱使对方跳入价格陷阱。为增加该种技巧成功的可能性，谈判者可与规定期限技巧结合起来加以运用。所谓规定期限技巧，是指谈判一方向对方提出达成协议的时间期限，超过这一期限，提出者将退出谈判，以此给对方施加压力，使其无可拖延地做出决断，以求尽快解决问题。比如，有一个供应商讲："某种商品的价格即将上涨20％，要是采购者一周内在订货合同上签字，就免除了因价格上升而带来的损失。"在这里，卖方一方面给买方设置价格陷阱，另一方面又给买方施加时间压力，诱使买方草率、快速地做出购买决策，达到签订合同的目的。

谈判中面对对方的价格陷阱技巧，如何破解呢？以下三条建议可供采纳：

第一，不要轻信对方的宣传，应在冷静、全面考虑之后再采取行动，切忌被对方价格上的优惠迷惑。

第二，不要轻易改变自己确定的谈判目标、计划和具体步骤，要相信自己的判断力，排除外界环境的干扰，该讨价还价就讨价还价，该反击就果断反击，绝不手软。

第三，不要在时间上受对方所提期限的约束而匆忙做出决定。良好的心理素质、有耐心、遇事从容不迫，对谈判者来讲是十分重要的。一般而言，买方在谈判中能够抵御卖方的各种招数，坚持得越久，最终得到的实惠和好处也就越多；相反，如果买方招架不住卖方的各种手法和招数，急于订购其商品，必然给自己带来很大损失。

第3节　先苦后甜技巧

一、先苦后甜技巧的原理

先苦后甜技巧是一种先用苛刻的虚假条件使对方产生疑虑、压抑、无望等心态，以大幅降低其期望值，然后在实际谈判中逐步给予优惠或让步，使对方满意地签订合同，己方从中获取较大利益的一种技巧。生活中人们常用的"漫天要价，就地还钱""杀价要狠"等均属于此类手法。

在一次商品交易中，买方想要卖方在价格上多打些折扣，但同时也估计如果自己不增加购货数量，卖方很难接受这个要求。于是，买方以价格、质量、包装、运输条件、交货期限、支付条款作为洽谈业务的蓝本。此谓先给对方一点"苦"，然后在讨价还价的过程中，买方先让卖方明显地感到在绝大多数的交易项目上买方都做了重大让步，此谓后给对方一点"甜"。这时，卖方鉴于买方的慷慨表现，在比较满意的情况下，往往会同意买方在价格上多打些折扣的要求。结果，买方并没有多费口舌就实现了自己的目标。

先苦后甜技巧在商务谈判中发挥作用的原因在于：人们对来自外部的刺激信号，总以先入之见作为标准并用来衡量后入的其他信号。若先入信号为甜，再加一点苦，则感到更苦。若先入信号为苦，稍加一点甜，则感到很甜。在谈判中，人们一经接触便提出许多苛刻条件的做法，恰似先给对方一个苦的信号，后来的优惠或让步，有时尽管只是一点点，也会使人感到已经占了很大便宜，从而欣然在对方要求的条件上做出较大让步。

二、先苦后甜技巧的运用

与其他谈判技巧的运用一样，先苦后甜技巧的有效性也是有限度的。在决定采用这一手法时应该记取"过犹不及"的格言。一般而言，开始向对方所提的要求不能过于苛刻，要有分寸，不能与通行的惯例和做法相去甚远。否则，对方会觉得己方缺乏诚意，以至于终止谈判。

在实际操作中，为了较好地发挥这一技巧的效力，最好将谈判组成员进行分工。比如，可以让第一个人先出场，提出较为苛刻的条件和要求，给对方酿些"苦酒"，并且表现出立场坚定、毫不妥协的态度，扮演一个十足的"鹰派"角色唱红脸。然后，随着谈判活动的展开和深入，"鹰派"自然会出现与对方相持不下、争得不可开交的时候，谈判组的第二个人便可登场了。他和颜悦色、举止谦恭，给人一种和事佬的形象，扮演一个温和恭顺的"鸽派"角色唱白脸。他通情达理，愿意体谅对方的难处。虽然其面有难色，但表示愿意做"鹰派"角色的工作，从其立场上一步一步地后退。实际上，最终所剩下的那些条件和要求正是他们所要达到的目标。

三、先苦后甜技巧的破解

在谈判对方运用先苦后甜技巧时，最有效的破解方法是及时识破。以下两种对策可供参考：

第一，了解对方的真正需要。运用先苦后甜技巧总是先提出一些苛刻的要求，以向对方施加压力，降低其期望值并动摇其信心。因而，面对对方提出的一大堆苛刻要求，谈判者应善于通过调查研究，分辨出哪些是对方的真正需求，哪些是对方故意提出的虚假条件，把谈判重点放在对方真正关心的需求上。要是对方真正关心的需求与己方的利益并不矛盾，则应尽量满足；要是有利害冲突，就应在坚持原则的前提下，本着互惠互利的原则协商解决。

第二，针锋相对，退出或拒绝谈判。当对方提出许多苛刻条件时，如能针锋相对，表示退出或拒绝谈判，那么，对方会有弄巧成拙的感觉。当然这种选择需三思而后行。

第 4 节　规定期限技巧

一、规定期限技巧的原理

规定期限技巧是谈判一方向对方提出达成协议的时间期限，超过这一期限，提出者将退出谈判，以此给对方施加压力，使其无可拖延地尽快做出决断，以求尽快解决问题的一种技巧。在商务谈判实践活动中，大多数谈判，特别是双方争执不下的谈判，基本上都是到了谈判的最后期限或者临近这个期限，才会出现突破进而达成协议的。每一个交易行为都包含时间因素，时间限制的无形力量往往会使对方在不知不觉中接受谈判条件。

二、规定期限技巧的运用

规定期限技巧的运用必须把握好时机，当谈判中出现下列情况时，可以选择运用这一谈判技巧。

（1）对方急于求成，如急需采购生产用的原辅料"等米下锅"时。
（2）对方存在众多竞争者，且竞争达到一定的激烈程度时。
（3）己方不存在众多竞争者，竞争不激烈时。
（4）己方最能满足对方某一特别主要的交易条件时。
（5）对方谈判小组成员存在意见分歧时。
（6）发现与对方因交易条件差距太大，达成协议的可能性不大时。

选用规定期限技巧，目的在于促使对方尽快地达成协议，而不是使谈判破裂，所以在运用过程中还必须注意以下几点：

第一，所规定的最后期限给对方留有可接受的余地。不管什么情况，都应将最后期限的规定说成是由于某些客观原因造成的，具有一定的合理性。否则，不仅会造成该种技巧的失效，而且有可能使谈判夭折。

第二，所规定的最后期限必须是严肃的，虽然该期限是可以更改甚至废除的，但在最后期限到来之前，提出最后期限的一方要表明执行最后期限的态度是坚决的，绝不能将自己提出的最后期限视同儿戏。

第三，在规定最后期限的同时，也可辅之以心理攻势，以一些小的让步做配合，给对方造成机不可失、时不再来的感觉，以此说服对方接受己方提出的条件和要求。

三、规定期限技巧的破解

对于对方所提出的最后期限,可持以下态度加以破解:

第一,要重视对方所提出的最后期限。不管是真是假,不能把这个最后期限认为是可有可无之事,因为对方提出这一最后期限,必然事出有因,应认真对待。

第二,要有耐心,不可轻易让步。应该相信,所谓最后期限绝不是机不可失、时不再来。更为重要的是,在规定的最后期限内进行的谈判是否能达到己方所努力争取的结果。绝不可放弃原则,在"最后通牒"下草率地达成协议。

第三,想方设法越过对方直接谈判人员,通过与其同行、上级的交往摸清最后期限是真是假,相机采取相应对策。

第5节 最后出价技巧

一、最后出价技巧的原理

最后出价技巧是谈判一方给出了一个最低的价格,告诉对方不准备再进行讨价还价,要么在这个价格上成交,要么谈判破裂的一种技巧。西方谈判界把最后出价形象地描述为"要么干,要么算"。

二、最后出价与最后期限的关系

最后出价与最后期限是不可分割的两个方面,在谈判过程中,这两种技巧往往合二为一混合使用,只是在使用中侧重点不同。

第一,规定了最后期限,不是说可以让对方提出无限的要求,己方可以做出无限的让步,只要谈判在最后期限前结束就可以了。相反,在规定最后期限的同时,也一定给出了一个最后出价。所以,实际上是指在最后期限前、在最后出价的基础上结束谈判。

第二,规定了最后出价,也不是说谈判时间可以任意拖延下去,而是同时规定了结束谈判的时间。二者只是侧重点不同,强调的方面不同,给人的印象不同罢了。

三、最后出价技巧的运用

最后出价很容易把谈判双方逼到"不成功,便成仁"的境地,造成双方的对抗,导致谈判破裂。一般来说,商务谈判中谈判者不愿意中断谈判。因为任何经理、老板都明白,市场竞争是何等激烈,一旦自己退出谈判,很可能有许多在旁的竞争者会乘虚而入,取代自己的位置。所以,在商务谈判中对使用最后出价的战术往往是慎而又慎的。

当谈判出现以下情况时,可以考虑选择最后出价技巧来达到自己的目标:

（1）谈判的一方处于极为有利的地位，"皇帝的女儿不愁嫁"，对方只能找己方谈判，任何人都不能取代己方的位置。

（2）讨价还价到最后，所有的谈判技巧都已经使用过，但均无法使对方改变立场，做出己方所希望的让步。

（3）讨价还价到这样一种情况，己方的让步已经到了极限，再做任何让步都将带来巨大的损失，而对方还在无限制地提出要求。

在运用最后出价技巧时，切记最好由谈判队伍中身份最高的人来表达，态度要强硬，语言要明确，同时讲清正反两方面的利害。

四、最后出价技巧的破解

对于对方所提出的最后出价，可持以下态度加以破解：

第一，不管是真是假，应重视对方所提出的最后出价。在未掌握确切消息前不可轻视对方，应认真对待。

第二，要沉着冷静，不可轻易让步。面对此情，不可草率行事，可从对方的蛛丝马迹（如神态、动作）中寻求信息。此外，利用一切可能的机会摸清对方给出最后出价的原因，并考证此价是否符合行情，它与此行谈判目标的差距是否可接受等。只有充分掌握了信息，才可保证在谈判中的主动权。

第6节 故布疑阵技巧

一、故布疑阵技巧的原理

故布疑阵技巧是谈判一方向对方泄露己方虚假信息，引诱对方步入迷阵，并从中谋利的一种技巧。通常的做法有：提出某个含糊不清而又不太重要的问题加以讨论；将一个本来很简单的问题复杂化，把水搅浑；提供一些详细琐碎的资料，使之成为对方的负担；节外生枝，另辟战场，以此分散对方的精力；改变计划，突然提出一项新建议，使每件事情又得重新做起；问东问西，答非所问，故意装糊涂；借口资料丢失，必须凭记忆把它们汇集起来，从而偷梁换柱，窜改数据或其他内容。这样做的目的都在于干扰对方，打乱对方的阵脚，以便乘虚而入，达到目的。

故布疑阵技巧主要利用了对方想获得己方谈判中的秘密的心理，故意不露痕迹地向对方泄露虚假的信息，迷惑对方。在大多数人的意识中，由间接途径得到的信息，常常比正式公开的资料更可信。因此，对方丢失的备忘录、遗忘的便条等常被认为是真实情况。同样是这些资料，如果是在谈判桌上直接递交给对方，对方不一定会感兴趣。如有位承包商得到了一个大型建筑项目的承包合同，他需要把其中的大部分工程转包给其他较小的承包商。当然，在转包的过程中肯定要千方百计地压低承包价格，以保证自己获得尽可能多的利润。按惯例他采取招标的方式。有意思的是，每当有投标者来拜访他，都会很意外地发现在写字台边上有一张手写的竞价单。对于这一"意外"的发现,投标者暗自庆幸。他们看到了这张竞价单,就表明只要他出更低的价格,就有中标的可能,却不知这张竞价单是承包商有意放在那里的。承包商借故离开几分钟就是要让那些精明的投标人来窥探虚实。结果,每个投标者都"自觉"地按照那位承包商的意图行事了。

二、故布疑阵技巧的运用

有经验的谈判者在谈判中常常采取故布疑阵技巧,有意向对方传递导致他判断错误的信息,施放一些烟雾来干扰对方,使对方的计划被打乱或受误导,使谈判对其有利。《三国演义》中的"蒋干盗书"就是故布疑阵技巧的巧妙运用。

当然,要实现故布疑阵的目标,最重要的一点是要做得一切都合乎情理。否则,被对方识破真相,就会落个聪明反被聪明误的结果。不管你的资料是真是假,能够使对方深信不疑的最佳办法,便是把机密泄露给他。所谓的机密,对于己方只不过是一些无足轻重的虚假的备忘录、便条、文件等信息;你可以把这些东西遗忘在走廊中,或者把它们放在对方容易发现的废纸堆里。不过要注意,运用这种技巧需要两个条件:一是为对方创造获取机密的有利条件;二是使对方相信并感到惊喜,因为无意中得到的情报对他们太重要了。

像军事上的秘密计划常常在战场上死去的军官身上发现一样,谈判一方会对获得的另一方无意间暴露的便条等认真分析,逐条研究。因为他们相信,关于对手的这些确切信息确实来之不易。

三、故布疑阵技巧的破解

故布疑阵技巧尽管运用巧妙,但也有破绽,因而可以对其进行破解,破解的方法如下:

第一,谈判者应具备高超的观察力和应变力,在关注对方一举一动的同时,洞察其举动的真实意图,并据此制定灵活有效的应对策略。

第二,要用心收集和准备充足的谈判资料,以便在对方故布疑阵时,以不变应万变的态势对待,以免落入对方设下的圈套。

第三,若确定对方急切与己方达成协议,且己方胜券在握,可间接揭露对方使用此技巧的真实目的,指出在谈判中故意出差错是非常不道德的,不利于双方今后的合作。

✎ **案例 10 - 2**

"物以稀为贵"

南方某省的茶叶丰收了,茶农们踊跃地将茶叶交到了茶叶收购处,这使得本来库存量就不小的茶叶进出口公司库存更多,形成积压。如此多的茶叶让进出口公司的业务员很犯愁,如何设法销出去呢?正在这时,有外商前来询问。进出口公司感到这是一个极好的机会,下决心一定要把握住这次机会,既要把茶叶卖出去,还要设法卖个好价钱。

为此，该公司做了周密的布置。在向外商递盘时，该公司将其他各种茶叶的价格按当时国际市场的行情逐一报出，唯独将红茶的价格提高了。外商看了报价，当即提出疑问："其他茶叶的价格与国际市场行情相符，为什么红茶的价格那么高？"该公司代表坦然地说道："红茶报价高是因为今年红茶收购量低，库存量小，加上前来求购的客户很多，所以价格只能上涨。中国有句古话叫'僧多粥少'，就是这个意思。"外商对该公司代表的话将信将疑，谈判暂时中止了。

随后的几天，又有客户前来询盘。该公司照旧以同样的理由、同样的价格回复他们。又有许多客户来询盘，得到的回复依旧。这是怎么回事？真的像所说的那样吗？若是真的需求量大而库存小的话，那可得快些签订购货合同，否则有可能价格还会提高。外商心中没有底。虽说他们对红茶的报价心存疑问，想去了解真正的产量与需求量等问题，但是他们在此地没有办法了解这个问题，只能靠间接的途径去了解。而其他途径就只是向其他客户询问，可询问的结果与自己得到的信息是一致的。于是外商赶快与该公司关于购销红茶一事签订了合同，唯恐来迟了无货可供。

最后的成交价当然是按照卖方的报价且没有降低。这样一来，其他客户纷纷仿效，该公司在很短的时间内就把积压的红茶销售一空，而且卖了个好价钱。

◆ 小 结 ◆

1. 不开先例技巧是指在谈判过程中处于优势的一方，为了坚持和实现提出的交易条件，采取对己有利的先例来约束对方，从而使对方就范，接受己方交易条件的一种技巧。

2. 不开先例技巧一般在四种情况下使用：一是谈判内容属于保密性交易活动；二是交易商品属于垄断商品；三是市场有利于己方而对方急于达成交易；四是对方提出的交易条件难以接受。

3. 破解不开先例技巧的策略有：收集信息，吃透先例；克服习惯心理的约束；证明环境条件已发生变化以使先例不再适用。

4. 价格陷阱技巧是利用商品价格波动信息和人们的不安情绪所设的诱饵，诱使对方的注意力集中于价格而忽略其他条款的一种技巧。

5. 先苦后甜技巧是一种先用苛刻的虚假条件使对方产生疑虑、压抑、无望等心态，以大幅降低其期望值，然后在实际谈判中逐步给予优惠或让步，使对方满意地签订合同，己方从中获取较大利益的一种技巧。

6. 破解对方的先苦后甜技巧，一方面要了解对方的真正需要；另一方面可采用针锋相对的方式，退出或拒绝谈判。

7. 规定期限技巧是谈判一方向对方提出达成协议的时间期限，超过这一期限，提出者将退出谈判，以此给对方施加压力，使其无可拖延地尽快做出决断，以求尽快解决问题的一种技巧。

8. 运用规定期限技巧的时机有：对方急于求成时；对方存在众多竞争者，且竞争达到一定的激烈程度时；己方不存在众多竞争者，竞争不激烈时；己方最能满足对方某一特别主要的交易条件时；对方谈判小组成员存在意见分歧时；发现与对方因交易条件差距太大，达成协议的可能性不大时。

9. 最后出价技巧是谈判一方给出了一个最低的价格，告诉对方不准备再进行讨价还价，要么在这个价格上成交，要么谈判破裂的一种技巧。

10. 最后出价与最后期限是不可分割的两个方面，在谈判过程中，这两种技巧往往合二为一混合使用，只是在使用中侧重点不同。

11. 故布疑阵技巧是谈判一方向对方泄露己方虚假信息，引诱对方步入迷阵，并从中谋利的一种技巧。

复习与思考

一、基本概念

不开先例技巧　　　　先苦后甜技巧　　　　规定期限技巧
故布疑阵技巧　　　　最后出价技巧　　　　价格陷阱技巧

二、简答题

1. 在哪些情况下适宜使用不开先例的谈判技巧？
2. 简要阐述运用最后出价技巧的最佳时机。
3. 规定期限技巧与最后出价技巧的异同点表现在哪些方面？
4. 在运用规定期限技巧的过程中，需要注意哪些问题？

三、论述题

1. 商务谈判中，面对对方使用价格陷阱技巧，该如何应对？
2. 如何正确使用故布疑阵技巧？面对对方使用故布疑阵技巧，该采取什么策略？
3. 在商务谈判中，为什么先苦后甜技巧能发挥作用？
4. 试论当对方提出谈判最后期限时，该如何把握谈判的主动权。

第11章
劣势谈判技巧

习近平在博鳌亚洲论坛2022年年会开幕式上的主旨演讲中强调："'安危不贰其志，险易不革其心。'人类历史告诉我们，越是困难时刻，越要坚定信心。""任何艰难曲折都不能阻挡历史前进的车轮。面对重重挑战，我们决不能丧失信心、犹疑退缩，而是要坚定信心，激流勇进。"[①]

当商务谈判处于劣势时，谈判人员心理上会遭受较大冲击，如果心理素质不过关，自信心遭受打击会直接影响谈判的进程和结果。所以，即使在谈判中处于劣势，在行为方式上也应该诚挚友好、不卑不亢，变消极因素为积极因素，推动谈判气氛向友好、平等，富有建设性的方向转化。在商务谈判活动中，实力弱小而处于劣势的一方可以尝试采用吹毛求疵技巧、先斩后奏技巧、攻心技巧、疲惫技巧、权力有限技巧和攻克阴谋谈判技巧等。熟练把握和恰当运用这些技巧，有利于控制谈判的方向和进程，取得最佳的谈判效果。

第1节 吹毛求疵技巧

一、吹毛求疵技巧的原理

吹毛求疵就是故意挑剔毛病，想方设法找出毛病和缺点，迫使对方做出让步。在谈

---

① 习近平．携手迎接挑战，合作开创未来——在博鳌亚洲论坛2022年年会开幕式上的主旨演讲．人民日报，2022-04-22．

判中，谈判者进行讨价还价时，对方的目标越高，对己方越不利。如果对方的目标很高，要价往往居高临下，成交价格也就很难降低。因此，己方首先要降低对方的目标，给对方的商品挑出毛病，就等于贬低产品的价值，对方心目中就失去了商品价格应有的基础。吹毛求疵技巧是谈判中处于劣势的一方在谈及对方的实力或优势时采取回避态度，而专门寻找对方的弱点，伺机打击对方的士气，从而获得相关利益的一种谈判技巧。

苹果熟了，正是上市的时候，果园里一片繁忙景象，一家果品公司的采购员来到果园。

"多少钱一公斤？"

"2元。"

"1.7元行吗？"

"少一分也不卖。"

不久，又一家公司的采购员走上前来。

"多少钱一公斤？"

"2元。"

"整筐卖多少钱？"

"零买不卖，整筐2元一公斤。"

接着这家公司的采购员挑出一大堆毛病来，如苹果的质量、大小、色泽等，其实对方是在声明：瞧你的商品多次。卖主显然不同意他的说法，在价格上还不肯让步。买主却不急于还价，而是不慌不忙地打开筐盖，拿起一个苹果掂量着、端详着，不紧不慢地说："个头还可以，但颜色不够红，这样上市卖不上价呀！"接着伸手往筐里掏，摸了一会儿摸出一个个头小的苹果："老板，您这一筐，上面是大的，筐底可藏着不少小的，这怎么算呢？"边说边继续在筐里摸，一会儿又摸出一个带伤的苹果："看，这里还有虫咬，也许是雹伤。您这苹果既不够红，又不够大，算不上一级，勉强算二级就不错了。"这时，卖主沉不住气了，说话也和气了："您真想要，还个价吧。"双方终于以每公斤1.7元的价格成交了。第一个买主遭到拒绝，而第二个买主却能以较低的价格成交，这里的关键在于，第二个买主在谈判中采取了吹毛求疵技巧，说出了压价的道理。

吹毛求疵技巧是通过再三挑剔，提出一大堆问题和要求来运用的，尽管有的是真实的，有的是虚张声势，但都可以成为讨价还价的理由，达到以攻为守的目的。同时，从心理角度分析，买方运用这种技巧讨价还价，可使买方精明强干的行为得到体现，促使卖方重视买方，从而提高买方的谈判效果。

二、吹毛求疵技巧的运用

吹毛求疵技巧能使谈判一方充分争取到讨价还价的余地，如果善于运用，无疑能使一方大受其益，买方恰到好处地提出挑剔性问题，是运用吹毛求疵技巧的关键所在。只有掌握了商品的有关知识，才有助于对商品进行正确的估价，才能将毛病挑到点子上，使对方泄气。一般来说，买方应在商品质量、性能等使用价值和成本价格、运输等方面寻找瑕疵。如果你在吹毛求疵时面面俱到，抓不住重点，击不中要害，不但不足以说明问题，还会引起对方的怀疑，以为你在故意刁难，这样，谈判就很难进行下去了。吹毛求疵的方式常常采用对比法，即将商品及其交易条件与其他商品及其交易条件相比较，使卖方不得不承认自己的弱点和不足，伺机予以攻击，实现自己的目标。另外，对一些优质产品、名牌产品，不能一味贬低，对某些商品的贬低如果过火，可能会激怒对方。

三、吹毛求疵技巧的破解

吹毛求疵技巧在商场中已证明是行得通的，但从相互立场来说，在商谈实战中，面对别人运用吹毛求疵技巧时，又该如何应对呢？

（1）必须有耐心。那些虚张声势的问题及要求自然会渐渐地露出马脚，并且失去影响力。

（2）遇到实际问题，要直截了当、开门见山地与买主商谈。

（3）对于某些问题和要求，要避重就轻或视若无睹地一笔带过。

（4）当对方在浪费时间、节外生枝，或做无谓的挑剔或无理的要求时，必须及时提出抗议。

（5）向买主建议一个具体且彻底的解决方法，而不去讨论那些没有关联的问题。

不过，千万不要轻易让步，以免对方不劳而获。对方的某些要求很可能只是虚张声势，因此卖主应该尽量削弱买主的声势，不要让他轻易得逞。同时，卖主也可以提出某些虚张声势的问题来增强自己的议价力量。

吹毛求疵技巧能使你在交易中充分争取到讨价还价的余地，如果能够巧妙地运用，必然会带来无穷的益处。

第 2 节　先斩后奏技巧

一、先斩后奏技巧的原理

先斩后奏技巧也称人质策略，是指在商务谈判中实力较弱的一方通过一些巧妙的办法先成交、后谈判而迫使对方让步的技巧。其实质是让对方先付出代价，并以这些代价作为"人质"，扭转自己在谈判中的被动局面，让对方衡量所付出的代价和中止成交所受损失的程度，被动接受既成交易的事实。

一位司机在回家途中汽车突然发生故障，必须送去修理，汽车修理工移开了汽车的传动系统，同时估计了一下修理费用，约需 150 元。第二天，司机一到修理厂便知整个传动系统必须重新装配，因为整个传动系统有一半已被拆散了，地上全是零件。修理工给了司机一个选择的机会：要么付转盘的 150 元加上将传动系统拼装起来的费用 90 元，共计 240 元；要么换一个 600 元的传动系统。和大多数人一样，司机思考再三，最终选择了前者。在汽车的传动系统被拆散后，这个修理工在商谈中已占了上风，因为他握有车身作为"人质"，而司机不得不委曲求全。

二、先斩后奏技巧的运用

先斩后奏的具体手法主要有以下几种：

（1）买方先获得了卖方的商品，然后以各种理由要求降低商品价格或推迟付款时间。

（2）买方先让卖方根据自己的需要组织货源，而当卖方将货源组织上来以后再提出苛刻的条件，让卖方处于被动。

（3）买方让卖方根据自己提供的样品和产品数量开工生产，然后减少订货，造成对方产品生产出来后人为积压卖不出去的假象。

（4）买方先赊购卖方的产品，到期后又借口自己资金不足无力偿付，要分期付清货款，使卖方处于被动地位。

（5）买方先让卖方的产品装车、装船，然后要求赊购、延迟付款、降价等。

（6）卖方先获得买方的预付款，然后寻找理由提价或延期交货。

（7）卖方先提供一部分买方急需的产品，然后借故停止供应，使买方因不能继续获得这种产品而造成生产、销售不能顺利进行，从而向买方提出抬高价格等新的要求。

（8）卖方收取甲级产品的货款，交付的却是乙级产品的货物。

上述各种手段如果没有正当理由，都是缺乏商业道德的表现，不宜采用。不过，作为商务谈判者，很有必要认识其各种表现形式，懂得运用和破解的有关知识和策略。

三、先斩后奏技巧的破解

谈判中遇上对方采取先斩后奏技巧，如果不积极主动地加以反击，就会使自己陷入"生米煮成熟饭"、无可奈何的境地。相反，如果及时地采取应对的举措，就能扭转被动局面。

（一）不给对方先斩后奏的机会

先斩后奏技巧能为交易一方所采用并且有成效，原因之一是双方所签合同有疏漏之处，由此被其中一方钻了空子。要预防对方违约、毁约，就一定要使合同尽可能地完备，使对方无机可乘，让对方没有"先斩"的机会，并以严厉的处罚条款来制约对方的违约行为。

（二）采取法律行动

面对对方制造的先斩后奏，缺乏谈判经验和法律知识的人往往以私了了事，殊不知这样做更加助长了对方的侥幸心理，甚至会让对方得寸进尺。正确的做法应该是拿起法律武器，通过诉讼加以解决。法律裁决总是依据合同契约的，尽管整个审判过程费时费力，但是最终结果是于己有利的。

（三）以牙还牙，针锋相对

当对方故意制造既成事实、威逼己方就范时，也可以采取同样的手段来对付对方，

"以其人之道，还治其人之身"，尽可能相应地掌握对方的"人质"，目的是使对方占不到便宜，不得不按原合同协议办事或重新进行公平的谈判。

（四）做好资信调查

一个有经验且老练的谈判者不应轻信他人的承诺，即使在交易中要先付定金或押金，也必须做好资信调查，签署多种情况下的退款保证。

案例 11-1

外贸公司的"回马枪"骗局

浙江永康的 A 公司某次接到来自南亚某国 B 公司的五金产品订单。因该产品型号特殊，市场上没有现成的产品，必须要定做。B 公司向 A 公司下订单、报价格，双方经商谈后签订生产合同，约定 B 公司先预付 30% 货款，剩余 70% 到 A 公司交货时再行支付。A 公司收到预付款就开始生产，其间 B 公司也一直和 A 公司联系，关心产品质量和生产进度。

两个月后，当 A 公司已完成订单任务 90% 的时候，B 公司突然来电，以公司破产为理由拒绝按时接收货物并支付货款。A 公司前期生产的产品因为是特殊定做的产品，正常市场上根本没有销路，遂变成库存积压货物。A 公司资金被大量挤占，经营形势窘迫。然而，过了半年，突然有客户向 A 公司打听购买该批库存货物，而且将价格压得非常低。为维持资金周转，A 公司最终不得不低价出售该批货物。

在外贸领域，类似的骗局并不罕见。要想预防，在签订合同时就必须备注，特殊定做产品预付款 30%，定金 30%～50%，另外还要加上违约赔款条例以维护自身的利益。

资料来源：根据网络资料整理撰写。

第 3 节　攻心技巧

一、攻心技巧的具体实施方式

在战争中，兵家认为攻心为上；在商战中，谈判过程中攻心战运用亦颇多。攻心技巧是谈判一方采取让对方心理上不舒服或感情上软化以使对方妥协退让的一种技巧。在商务谈判中，使用的具体计策主要有以下几种。

（一）满意感

这是一种使对方在精神上感到满足的技巧。为此，要做到礼貌、文明，同时关注对方提出的各种问题，并尽力解答。解答内容以有利于对方理解己方的条件为准，哪怕他重复提问，也应耐心重复同样的解答，并争取做些证明，使你的解答更令人信服。此外，还要接待周到，使对方有受尊重的感觉，必要时可请高层领导出面接见，以给足其面子。

谈话最好是叙述双方的友谊，分析对方做成该笔交易的意义，也可宏观评述双方立场的困难程度，最后表示愿随时给予帮助的态度。莎士比亚说过："人们满意时，就能付出高价。"所以，制造对方的满意感，运用满意感技巧，可以弱化对方的进攻，加强己方的谈判力度。

（二）头碰头

这是一种在大会谈判之外，双方采取小范围会谈以解决棘手问题的做法。其形式为由双方主谈人加一名助手或翻译进行小范围会谈，可以在会议室，也可以在休息厅或其他地方。家宴或游玩，也可以成为小范围会谈的形式。这种技巧有加强的心理效果，突出了问题的敏感性、任务的重要性和责任感。此外，小范围易于创造双方信任的气氛，谈话更自由，便于各种可能方案的探讨，态度也易于灵活表现。

（三）鸿门宴

鸿门宴系典故，项羽欲杀刘邦而设此计。在商务谈判中，主要指做某件事表面是一回事，而本质却另有所图。鸿门宴之策，其形可用，其意也可参考，只是意不在杀人，而在促其前进、尽快达成协议。酒席之间，容易缓和气氛，减少心理上的戒备和双方对立的情绪，遇到贪杯之徒，更可在交杯之中融为"兄弟"，以瓦解其谈判立场。

（四）恻隐术

恻隐术是一种通过扮可怜相，唤起对方的同情心，从而达到阻止对方进攻的做法。常用的表现形式有：(1) 说可怜话。例如："这样决定下来，回去要被批评。""我已经退到悬崖边，要掉下去了。""拜托您，高抬贵手！"等等。(2) 扮可怜相。比如在谈判桌上低声下气地请求条件，或精心化装，表现自己的痛苦。当然，恻隐术的运用要注意人格，同时在用词与扮相上不宜太过分。尤其当谈判者作为政府或国有企业代表时，除了人格，还有国格之分寸。此外，还应看对象，毫无同情心的对手是不吃软招的，非但不吃，反而会讥笑这种行为。

（五）奉送选择权

这是一种故意摆出让对方任意挑选自己可以接受的两个及以上解决方案中的某一个，而自己并不反悔，以使对手感到一种大度和真诚，从而放弃原来的想法或追求，随着自己的方案思考的做法。具体做法为：谈判者就某一议题，例如技术服务费，提出几种方案由对方选择；或就几个议题同时提出解决方案，由对手选择；或者互为选择条件，即若取设备费为 A，则取服务费为 B，由对方取其中一项，简单地讲就是，你取我的服务费方案，我取你的设备费建议等。

使用该技巧时，应注意以下两点：其一，各种方案的分量。首先，应在自己成交或接受的范围内留有一定的余地。其次，每个方案的实际分量尽量相当（表现形式可以有别），即便有差距也不要太大，主要在物与钱或简与繁的差别上做方案。其二，抛出选择方案的时机。一般在双方经过激战之后，或谈判相持较长时间之后，或谈判结束前夕，效果最佳。否则，对方非但不会领情，反而认为你软弱可欺或余地很大。

例如，上海甲公司欲引进外墙防水涂料生产技术，乙公司与丙公司报价分别为 220 万美元和 200 万美元。经调查了解，两家公司技术与服务条件大致相当，甲公司有意与丙公司成交。在终局谈判中，甲公司安排总经理与总工程师同乙公司谈判，而全权委托技术科长与丙公司谈判。丙公司得知此消息后，主动大幅降价至 160 万美元与甲公司签约。这表明丙公司显然对信息掌握不全，急于成交，结果当然对自己不利。攻心和阴谋型的谈判者的确不容易应付，也许最好的办法就是先看他表演，不要轻易做出决定。

二、攻心技巧的破解

在商务谈判中，攻心技巧有时的确有助于实现己方的谈判目的，如果对方采用此种技巧，我们可采取下列对策加以破解。

（1）保持冷静、清醒的头脑。在对方发起攻心战时，千万别让自己的心理失去平衡。当出现情绪不安、心情烦躁时，可采取休息甚至中止谈判等办法，让自己的心情平静下来，保持头脑清醒，而不能盲动。特别是当对方初次与自己合作时，只谈事实，不涉及个人感受，要时刻提醒自己，不能感情用事，情绪化地处理谈判中的重要问题往往会事与愿违。

（2）弄清对方恭维的真正目的，坚持在任何情况下不卑不亢，不为所动。要学会区分对方是发自内心地佩服你，还是口是心非，出于某种需要而言不由衷。

（3）对对方充满感情的话语，要进行归纳和重新措辞，使之成为非情绪化的表白。在表示你了解其感受的同时，也应表明己方所持的态度和立场。

案例 11-2

挤进 Verizon 商店的中兴通讯

中兴通讯是全球领先的综合通信解决方案提供商。公司通过为全球 160 多个国家和地区的电信运营商和企业网客户提供创新技术与产品解决方案，让全世界用户享受语音、数据、多媒体、无线宽带等全方位沟通。公司成立于 1985 年，在香港和深圳两地上市，是中国最大的通信设备上市公司，以良好的信誉和过硬的质量赢得了全世界广大顾客的信任，成为国际上知名的品牌。但是，21 世纪初，当它最初出现在美国商店货架上的时候，只是一个备受歧视、遭人冷落的"杂牌"。为了让产品成功进军美国市场，中兴在美国组建了销售团队推动销售，并积极争取美国运营商的合同。中兴曾经多次在美国最有影响力的大型传媒上刊登广告试图以价廉打动美国人。每刊登一次广告，就降一次价，结果，广告费用去一大笔，商品就是销不动。而一再降价，使商品形象变差，愈加无人问津。后来中兴选定美国两大电信运营商之一的 Verizon 为推销主攻对象，希望它能成为当地销售中兴产品的"领头羊"。接下来，中兴美国子公司首席执行官乔治·孙在吃了 Verizon 总经理几次闭门羹以后第五次去撞门，终于见了面。Verizon 总经理说："你们的产品屡次降价，像一只泄气的皮球，踢来踢去没人要。"回到公司后，乔治·孙立即采取措施，从寄卖行取回全部中兴手机，取消降价销售，并在当地报纸上重新刊登广告，重塑商品美好形象。乔治·孙带着刊登新广告的报纸，满怀信心地再次去见 Verizon 总经理。没想到总经理又以"中兴公司没有做好售后服务"为由再次拒销。乔治·孙微笑着接受了总经理的批评，回公司后立即设立中兴手机特约维修服务部，专门负责产品的售后服务和维修工作。随后又刊登大幅广告，公布中兴手机特约维修服务部的地址和电话号码，并做出郑重承诺：保证顾客随叫随到。

但是，Verizon 总经理在第三次见面时继续刁难乔治·孙，再次提出中兴手机在当地形象不佳，不受消费者欢迎而拒绝销售。不过，乔治·孙已感到这位总经理拒绝的由头越来越少，离成交已经不远了。

之后，乔治·孙立即召集全体工作人员开会，要求从第二天起，每人每天拨五次电话，向 Verizon 公司询问购买中兴手机的事宜。接连不断的询购电话让 Verizon 的职员误将中兴手机列入待交货名单。

Verizon 总经理终于主动约见了乔治·孙。一见面 Verizon 总经理就对乔治·孙吼道："你搞什么名堂，制造舆论，干扰我公司的正常工作，太不像话了！我问你，电话是不是你安排人打的？"乔治·孙等这位总经理发泄一通，火气稍消一点后，镇定自若地开始与他交谈。他回避了 Verizon 总经理的提问，把话题岔开，大谈中兴手机的优点，称其为中国国内最畅销的产品。然后，他态度诚恳，十分坚定地对 Verizon 总经理说："我三番五次来见你，一方面是为了本公司的利益尽职尽责；另一方面也是为了贵公司的利益考虑。中国国内最畅销的手机放到 Verizon 的柜台上，同样会成为畅销商品，一定会成为贵公司的摇钱树！"

Verizon 总经理听了这番话，说道："你们中兴公司产品的利润低，比其他通信产品的折扣率低 2%，除非你们立即提高折扣率，否则，我公司不经销。"

乔治·孙并未急于答应 Verizon 总经理提高折扣率的要求，而是巧妙地算了另一笔账："折扣率高 2% 的商品，摆在柜台上卖不动，贵公司获利不会增多；中兴手机的折扣率虽然低点，如果商品卖得很快，资金周转快，贵公司不是会获得更大的利益吗？"

乔治·孙诚恳的态度、入情入理的发言终于打动了这位总经理，同意代销，但条件十分苛刻：中兴手机上柜后，如果一个星期之内卖不动，必须退货。乔治·孙答应了。回到驻地后，乔治·孙立即选派两名相貌英俊、口齿伶俐的年轻推销员送 100 部手机去 Verizon 的通信柜台，告诉他们这些手机是百万美元订货的开始，一定不能掉以轻心，并要求他们把货送到后留在柜台上，与 Verizon 的店员并肩推销，同时要与店员搞好关系，休息时轮流请店员到附近的咖啡馆喝咖啡。如果一周之内这些手机卖不出去，他俩就不要再回公司了。

就这样，中兴通讯终于挤进了 Verizon 商店。畅销的中兴手机使 Verizon 大获其利。Verizon 总经理亲自登门拜访乔治·孙，并当即签订合同，决定下一个年度增加中兴手机的采购量。从此，中兴通讯成功打入美国市场。

第 4 节　疲惫技巧

一、疲惫技巧的原理

在商务谈判中，实力较强的一方常常咄咄逼人、锋芒毕露，表现出居高临下、先声夺人的气势。对于这类谈判者，疲惫技巧是一种十分有效的应对技巧，其目的在于通过许多回合的疲劳战，逐步消磨对方趾高气扬的锐气，同时扭转不利于己方和被动的局面。待对方精疲力竭、头昏脑涨之时，己方则可乘机反守为攻，抱着以理服人的态度，摆出己方的观点，力促对方做出让步。疲惫技巧是通过软磨硬泡干扰对方的注意力，瓦解其意志，从而在对方精疲力竭、站脚不稳时，己方反守为攻，促成对方接受己方的条件，最终达成协议的一种技巧。

心理学研究表明，人的心理特点及素质差别很大。例如，在性格、气质方面，人人不同，而个性上的差异又使人们的行为具有独特的色彩。一般而言，性格急躁、外露、富于挑战性的人往往缺乏耐心和忍耐力，一旦其气势被压住，自信心就会丧失殆尽，败下阵来。而遏制其气势的最好办法就是采取马拉松战术，避其锋芒，攻其弱点，在回避与周旋中消磨其锐气，做到以柔克刚。

二、疲惫技巧的运用

疲惫技巧可从以下几个方面加以运用：
（1）连续紧张地举行长时间的无效谈判，拖延谈判和达成协议的时间。
（2）在谈判中使问题复杂化，并不断提出新问题进行纠缠。
（3）在谈判中制造矛盾，采取强硬立场，或将已谈好的问题推翻重来，反复讨论。
（4）在谈判间隙，举行投对方所好的活动，使对方保持浓厚的兴趣，直至疲劳。
（5）热情、主动地利用一切机会与对方攀谈，甚至在休息时间拜访对方，使对方缺少必要的休息。

某项目谈判，双方谈判安排的内容很多，早、中、晚均工作，一口气 10 多个小时，直至次日凌晨 4 点达成协议，合同签署。一方只顾高兴，且因疲劳未做具体成交后双方交易内容的认定工作，另一方却仔细检查了成交时己方的得失。直到签约后，当时未做检查的一方才通知另一方，在货单中有 3 台设备的价格未计入交易总价。另一方则认为：成交是双方让步的结果，既然 3 台设备未从货单中抹去，或将其价计入总价，应认为是降价条件，是成交的前提。同时强调，已达成协议签约，此内容已通报有关各方，不宜改动，否则将引起误会，于信誉不利。经过双方反复磋商，最后仅计入漏掉货物价格的一半。

这个例子是成功运用疲惫技巧的案例。在运用中还要注意，要求己方事先有足够的思想准备和人力准备。在谈判刚刚开始时，对于对方所提出的种种盛气凌人的要求，采取回避、周旋的方法，暗中摸清对方的真实情况，寻找其弱点，采取柔中有刚的技巧。有时，即使己方控制着谈判局面，占上风，也不能盛气凌人、不可一世。采取这一技巧最忌讳的就是硬碰硬，应防止激起对方的对立情绪，导致谈判夭折。运用疲惫技巧时，你欲采用的日程表需征得对方同意，不能强迫加班，强加于人，否则也无效果。另外，运用疲惫技巧也是一种"拼命"行为，己方人员尤其是主谈人的身体条件应能适应。运用这种技巧，必定有复核的工作，绝不能图省事，再疲劳也必须坚持复核。

第5节　权力有限技巧

一、权力有限技巧的原理

权力有限技巧是当谈判人员发觉自己正在被迫做出不能接受的让步时，申明没有被授予这种承诺的权力，以促使对方放弃所坚持的条件的一种技巧。这种技巧通常是实力较弱一方的谈判人员抵抗到最后时刻使出的一张"王牌"。

二、权力有限技巧的运用

在商务谈判中，一个权力受了合理限制的谈判者要比大权独揽的谈判者处于更加有利的地位。因为一个谈判者的权力受到合理限制之后，他的立场会更坚定，就可以毫无顾忌地告诉对方，关于某某问题，我不能做主，因为公司（或上级）没有给予我此项权力，我已经在我的权限内尽到了最大的责任（或做出了最大的让步）……言外之意是，该笔交易能否达成协议的关键是对方，如果对方不能在其权限内做出让步，那么交易未达成的责任在对方，从而把谈判失败的责任全部推给对方。这种权力的限制一般包括金额的限制、条件的限制、程序和公司政策的限制、法令和保险的限制、委员会的限制及其他有利的限制。在这些限制中，有些能使我们有更充分的时间去思考，使我们更坚定自己的立场，进而迫使对方不得不让步；有些则能使我们有机会想出更妙的解决方法，更有能力与对方周旋。也许最重要的是：能够考验对方的决心，顾全自己的面子，同时又能使对方很有面子地让步。所以，受了限制的权力反而成为己方力量的源泉。

从对方来讲，大多数人是不肯放弃已付出的劳动和进一步努力争取的结果，同时也不会轻易承担某项失败的责任，于是就很可能做出较大的让步。另外，有权一方若不肯做出最大的让步，要么交易不能达成，要么去找对方的上级或上级的上级，但不管是对方的哪一位，都会面临一种新的地位关系和人际关系，进而导致为此付出更多的代价。不仅如此，在心理上还会存在怀疑和忧虑，即使找到对方的上级，交易是否就能达成呢？如果照样不能达成，不但白费了心机，还惹恼了权力受到限制的当事人。因此，多数有全权的商务谈判者宁愿做出较大的让步，也不会去找对方的上级直接洽谈。商务谈判中的这一情形经常被一些谈判者利用，他们往往要求公司或上级明令限制其一部分权力，即使实际上未加限制，也要诡称其权力被限制了，以便在谈判中能够向对方施加压力。

三、权力有限技巧的应对

当对方采用权力有限技巧迫使己方让步时,不要轻易受其迷惑而让步,应弄清真相,了解对方有权力者是谁,然后可以要求跟对方有权决定的人直接洽谈;或者坚持对等的原则,表示己方也保留重新考虑任何问题或修改任何允诺的权力。这样,可以有效抑制对方滥用权力有限技巧对己方施加压力。

第 6 节 攻克阴谋谈判技巧

一、对待阴谋型谈判作风的态度

在谈判过程中,正规的谈判就应光明正大,公平达成协议。但是,一些谈判对手并不仅仅使用符合道德规范的策略方法,为了自己的利益和欲望,可以不择手段,甚至使用各种阴谋诡计来诱惑对方达成不公平的协议。例如,制造虚假情报,进行人身攻击,施加压力等。在多种伎俩中,有的是非法的,有的是不道德的,也有的仅仅令人不愉快。其作用是帮助使用者在谈判中取得主动,获得成功。我们不提倡靠搞阴谋诡计去实现自己谈判的目标,但必须对其有所认识,有所防范,有所反击,以正确的态度和姿态去应对它。在面对对方使用各种诡计时,除了揭露,可以忍耐,也可以针锋相对开展斗争。通过忍耐,可以避免对方利用你的气愤取得好处,也可通过某种途径"感动"对方,争取好的结果。通过针锋相对,对对方的诡计也可如法炮制,打击其嚣张气焰。

二、常见的阴谋诡计及其应对技巧

(一)应对故意欺骗技巧

故意欺骗是对方在陈述客观情况时,故意隐瞒真实情况,编造一些虚假消息,欺骗对方的一种卑鄙手段。比如,谈判一方讲:"这种产品是引进目前国际上最先进的设备生产的,质量性能一流。"而实际上,引进的生产设备充其量是十年前的产品,是外国某家企业淘汰下来的。欺骗手段主要有下列几种情形:

(1)借与你谈判之机,诱使你披露全部或部分情报,而他却并不一定想与你做交易。许多情况下,别有用心的对手采用此种伎俩是想让你抛出建议,然后再用这些建议向其他有目标的客户压价或抬价,从而寻找他认为最理想的客户进行交易。

(2)提供一大堆空有其表的资料,让你在其中寻找。虽然从中也可发现星星点点的有用情报,但更多的是用假象欺骗你。如提供过时的价格标准、不符合实际的数字、夸大的产品质量性能、失效的技术专利等,以期引诱你与其商洽。

(3)派遣没有实权的人与你洽谈,以试探你的立场、态度,或故意透露给你错误的情报，诱骗你上当。

（4）在个别情况下，还会出现谈判一方擅自改动协议内容、单方毁约的行为。因此，必须仔细审查协议书的内容，看责任条件是否清楚、措辞是否严谨，避免可能出现的漏洞与疏漏。

面对阴谋诡计，要警惕对方在谈判中故意使用的各种手段，必须对商谈的内容一丝不苟，严肃认真，学会察言观色。编假话欺骗对方，常常会出现前言不搭后语，甚至自相矛盾的情况。仔细观察，你就会发现这些破绽，尤其是当对方向你介绍一些比较重要的情况，或回答你提出的关键问题时，最好不要只听一面之词就匆忙做出决定，一定要反复调查核实，寻找一切机会证明对方所讲的内容，以降低和避免上当受骗的可能性。

（二）反车轮战技巧

车轮战技巧即以多个助手针对某个论题或几个论题，轮番上阵，与对手辩论，在会场上造成一种紧张、强硬的气氛，在精神上给对手施加压力，迫使其在疲于应战中主动退却的技巧。一般来说，这种技巧有利于新换上来的谈判者，因为这使他有机会推翻以前所做的让步，重新开始讨论，延缓合同的签订，或者更换讨论的话题，而对方却仍在努力使新谈判者熟悉过去所争论和所协定的内容。

对付车轮战术的方法主要有：

（1）你不必重复已做过的争论，这只会使你精疲力竭。
（2）如果新对手一口否认过去的协定，你要耐心等待，他可能会回心转意。
（3）你可以用很好的借口使谈判搁浅，直到原先的对手再换回来。
（4）不论对方是否更换谈判者，你最好有心理准备。
（5）如果新对手否认过去的协定，你也可以借此理由否认你所许过的承诺。
（6）有时改变可能对己方反而有利，因为对方可能会提出新的建议或让步。
（7）与新对手私下好好谈谈。

（三）反人身攻击技巧

进行人身攻击，有的表现为一方谩骂另一方，甚至拍桌子、踢凳子，高声喊叫。其目的是用激烈的对抗方式向对方施加各种压力，迫使对方屈服。也有的表现为用讽刺挖苦的语言嘲笑、羞辱对方，使对方陷入尴尬难堪的境地，借以出心头之气，或迫使对方让步。还有的表现为采用或明或暗的方式，使对方产生身体上和心理上的不适感，导致为了消除这种不适而屈服。比如，他可能暗示你没有知识，拒绝让你说话，或故意让你重复说过的话，他们还可能在你讲述一些问题时不用眼睛看你。甚至故意给对方造成不舒服的环境，像别扭的座位、过亮或过暗的光线、持续的会谈等，这些都会给对方造成极不愉快的心理。

应对这种伎俩，首先要保持情绪上的镇静，保持清醒、冷静的头脑。事实上，当对方向你大喊大叫、挥拳击掌时，就是希望看到你心慌意乱、不知所措的样子。只要你能顶住压力、处变不惊，以局外人的身份静观他的"表演"，最先泄气的一定是对方。对于一些人的讽刺挖苦，有时可持不理会的忍耐态度，有时要义正词严地指出，予以必要的提醒和警告。要让对方认识到，他的做法对你丝毫无损，只会破坏他自己的形象。对于环境造成的不适，要明确地提出来，让对方及时改善，必要时还可退出谈判或者提出抗议。

（四）对付强硬措施技巧

有些权力欲很强的谈判者，喜欢坚持强硬的毫无妥协的立场，声称某些条款没有任何考虑、通融的余地。他们往往是"要么干，要么算"，在谈判中使用强硬的手段，在某些方面常固执得不近情理，企图将强硬当作一种赌博，先向对方摊牌，然后迫使其让步。

对付强硬措施的办法就是灵活，如果对方强硬你也强硬，甚至比他更强硬，双方的僵局就不可避免。要是对方强硬，你软弱妥协，很可能你会被剥夺得一干二净。强硬的显著特征就是抓住某一点不放，这样，要说服对方放弃强硬立场，灵活性是必不可少的。有时可以打断对方的谈话来对付他，也可以提出一些问题，让对方解释他为什么不能改变立场。

（五）反威胁技巧

威胁是谈判中用得较多的伎俩。但是，谈判专家对一些典型案件的研究表明，威胁并不能达到使用者的目的，它往往会损害双方的关系，导致谈判破裂。优秀的谈判者不仅不赞成使用威胁，而且尽量避免使用威胁的字眼。表达同样的意思有各种方式，如果有必要指出对方行为的后果，就指出那些你意料之外的事，陈述客观上可能发生的情况，而不提出你能控制发生的事。从这个意义上讲，警告比威胁好得多，也不会引起反威胁。

面对威胁，有效的应对手法是无视威胁，对其不予理睬，你可以把它看作与己无关的废话，或是对方感情冲动的表现。事实上使用威胁看起来很强硬，但实际上却是虚弱的表现。当然，有时也可一针见血地指出威胁可能产生的后果。

（六）反虚假出价技巧

虚假出价在商场上表现为使用者一方利用虚假报价的手段，排除同行的竞争，以获得谈判的机会，可一旦进入实质性的谈判阶段，就会改变原先的报价，提出新的苛刻要求。此时，另一方很可能已经放弃了考虑其他谈判对手，不得已而同意其新的要求和条件。

某人想以 30 万元的价格卖掉一辆高级轿车，便在报纸上登了广告，没过几天，几个有兴趣的买主来看货，其中一位愿意出价 28.5 万元，并且预付了 1 万元的定金，卖方也接受了，于是拒绝了其他买主，只等对方交钱完成交易。可是一连等了几天，丝毫不见动静。然后，电话铃响了，对方很遗憾地说，由于合伙人与妻子不同意，实在无法继续完成交易。同时，他还提到他已经调查并比较过相同类别的车价，这辆车的实际价值只有 25 万元。卖方一开始非常生气，因为他已经回绝了其他买主。可是，他接着开始怀疑，也许市面上的价格正如对方所讲的，同时也不愿意一切从头开始——再去登广告找买主，再去和买主接洽以及再去做那些琐碎的事情。结果是双方一定会以少于 28.5 万元的价格成交。

虚假出价与抬价策略大同小异，其差别主要是：前者的目的在于消除竞争，排除其他竞争对手，使自己成为交易的唯一对象。也正因为如此，虚假出价才成为一种诡计，具有欺骗性。

对付这种欺骗的方法很多：一是要求对方预付大量的定金，使其不敢轻易反悔；二是要注意随时保有两三个其他交易对象，以便在出问题时进退自如，避免"在一棵树上吊死"；三是在必要时提出一个截止日期，如到期还不能与对方就主要条款达成协议，就终止谈判；四是如果对方提出的交易条件十分优厚，就应考虑对方是否在使用这一伎俩，可在几个关键问题上试探对方，摸清其底细。

◀ 小 结 ▶

1. 在商务谈判中，处于劣势的一方并非无所作为，只要采取适当的谈判技巧，也能取得最佳的谈判效果。

2. 吹毛求疵技巧是谈判中处于劣势的一方在谈及对方的实力或优势时采取回避态度，而专门寻找对方的弱点，伺机打击对方的士气，从而获得相关利益的一种谈判技巧。有效运用这一手段能使谈判一方充分争取到讨价还价的余地，大受裨益。

3. 先斩后奏技巧也称人质策略，是指在商务谈判中实力较弱的一方通过一些巧妙的办法先成交、后谈判而迫使对方让步的技巧。这一技巧的运用方法有很多种，表现形式也多种多样，但在运用中不可违背商业道德，对其技巧的破解应有所了解。

4. 攻心技巧是谈判一方采取让对方心理上不舒服或感情上软化以使对方妥协退让的一种技巧。满意感、头碰头、鸿门宴、恻隐术和奉送选择权是几种具体计策，在应对时最重要的就是保持清醒冷静的头脑。

5. 疲惫技巧是通过软磨硬泡干扰对方的注意力，瓦解其意志，从而在对方精疲力竭、站脚不稳时，己方反守为攻，促成对方接受己方的条件，最终达成协议的一种技巧。运用这一策略，正是抓住了人们喜欢简单、快速、直接地解决问题，不喜欢复杂、烦琐、反复的心理状态。此战术在对方成交心切或不耐烦时尤为适用。

6. 权力有限技巧是当谈判人员发觉自己正在被迫做出不能接受的让步时，申明没有被授予这种承诺的权力，以促使对方放弃所坚持的条件的一种技巧。受到限制的权力才具有真正的力量，一个权力受了合理限制的谈判者要比大权独揽的谈判者处于更加有利的地位。

7. 攻克阴谋谈判技巧，包括应对故意欺骗技巧、反车轮战技巧、反人身攻击技巧、对付强硬措施技巧、反威胁技巧和反虚假出价技巧。在使用过程中应进行对比介绍，谨防在谈判中遭到"暗算"。

◀ 复习与思考 ▶

一、基本概念

吹毛求疵技巧　　　　　　先斩后奏技巧　　　　　　疲惫技巧

权力有限技巧

二、简答题
1. 在谈判中,如何应对吹毛求疵技巧?
2. 怎样运用先斩后奏技巧?
3. 如何应对权力有限技巧?
4. 怎样运用疲惫技巧?

三、论述题
1. 试述攻心技巧的几种主要计策。
2. 试述应对阴谋型谈判作风的技巧。

第 12 章
均势谈判技巧

均势谈判主要源于双方在谈判均势状态下已经形成利益共同体，无论谈判结果如何，都将"一荣俱荣，一损俱损"。因此，在谈判中要做到互相迁就、真诚沟通、密切协作，在和谐轻松的氛围中完成谈判。要提防谈判一方打破平衡，恶化谈判气氛的企图。当谈判双方势均力敌时，为避免出现"拉锯战"的情况，谈判者应有所作为、审时度势，打破相持不下的局面，争取谈判桌上的主动。迂回绕道、货比三家、旁敲侧击、为人置梯、激将、休会、开放和投石问路等，是在这种情况下使用频率较高的谈判技巧。

第 1 节 迂回绕道技巧

一、迂回绕道技巧的原理

《孙子兵法》中有以迂为直的谋略，英国军事理论家哈利也曾说："在战略上，那漫长的迂回道路，往往是达到目的的最短途径。"在谈判中，如果与对方直接进行谈判的希望不大，迂回谈判就成为一种重要的技巧，可以收到单刀直入无法收到的效果。

迂回绕道技巧是当谈判环境、情势不允许进攻而又必须正面出击时，所采取的通过其他途径与对方接触、建立感情后再进行谈判的一种技巧。这种技巧之所以常常奏效，是因为任何人的生活都是丰富多彩的，除了工作还有丰富多彩的业余活动，而这些业余活动往往是他最感兴趣的事情。如果在这方面你能成为他的伙伴或支持者，感情就很容易拉近，从而也容易换来经济上的合作。

二、迂回绕道技巧的运用

美国的杜维诺公司向一家饭店推销面包,杜维诺派销售人员和部门经理亲自上门推销,并向这家饭店做出价格优惠、服务上门、保证供应、保证质量的承诺,还表示了愿意建立长期合作关系的愿望,但饭店经理就是不买它的面包。后来杜维诺采用了迂回战术,杜维诺了解到该饭店的经理是一个名叫"美国旅馆招待者"组织中的一员,并十分热衷于这一活动,是该组织的主席,不论该组织的会议在什么地方召开,他都会不辞辛苦地参加。了解到这些情况后,当杜维诺再见到饭店经理时,绝口不谈面包一事,而是谈论那个组织,饭店经理十分高兴,跟他谈了半小时,显得十分兴奋,并建议杜维诺加入这一组织。几天之后,杜维诺接到了这家饭店购买面包的订单。

有时,如果针对对方的疑虑或拒绝直接说下去,可能会越说越僵。这时应微笑着将对方的拒绝暂时搁置起来,转换成其他话题,以分散对方的注意力,瓦解对方内心所筑起的"心理长城",待时机成熟再言归正传,这样往往会出现"山重水复疑无路,柳暗花明又一村"的新天地。

案例 12-1

从直接讨论到迂回说服

广东玻璃厂厂长率团与美国欧文斯科宁公司就引进先进的玻璃生产线一事进行谈判。双方在部分引进还是全部引进的问题上陷入了僵局,我方的部分引进方案美方无法接受,断然拒绝。

这时,我方首席代表虽然心急如焚,但还是冷静分析形势:如果一个劲儿说下去,就可能会越说越僵。于是他聪明地改变了说话的战术,由直接讨论变成迂回说服。"全世界都知道,欧文斯科宁公司的技术是一流的,设备是一流的,产品是一流的。"我方代表转换了话题,在微笑中开始谈天说地,先来一个第一流的诚恳而又切实的赞叹,使欧文斯科宁公司因谈判陷入僵局而产生的抵触情绪得以很大程度的消除。"如果欧文斯科宁公司能够帮助广东玻璃厂跃居中国一流,那么全中国人民都会很感谢你们。"到这里,刚离开的话题又转了回来,但由于前面的那些话消除了对方心理上的对抗,所以这些话似乎也顺耳多了。

"贵方当然知道,现在意大利、荷兰等几个国家的代表团正与我国北方省份的玻璃厂谈判引进生产线事宜。如果我们这次的谈判因为一点小事而失败,那么不但是广东玻璃厂,欧文斯科宁公司方面也将蒙受重大的损失。"这里的损失当然不仅是生意,而说话中使用"一点小事"来轻描淡写,目的是引起对方对分歧的关注。同时指出谈判万一破裂将给对方带来巨大损失,完全为对方着想,这一点对方不容拒绝。

"目前,我们的确有资金方面的困难,不能全部引进,这一点务必请美国同仁理解和体谅,而且希望在我们困难的时候,你们能伸出友谊之手,为将来的合作奠定良好的基础。"这段话说到对方心里去了,既通情又达理,不是在做生意,而是朋友间的互相帮助,因此双方迅速签订了协议,打破了僵局,问题迎刃而解,为我国节约了大量外汇。

广东玻璃厂的首席谈判代表在面对美国企业的拒绝时，没有直接对抗，而是采用迂回绕道技巧，从而化解了谈判中产生的矛盾，取得了谈判的成功。

资料来源：商务礼仪与谈判案例分析．（2020-11-05）．https：//max.book118.com/html/2020/1103/5320021301003020.shtm.

迂回绕道技巧在运用中要注意三点：

第一，要心中有数，不可信口开河，怎么迂回都离不开讨论的主旋律。

第二，迂回要持之有据，言之成理。迂回中所提及的各种理由，对方应没有考虑过，或至少考虑得不周全。这样说出来的话才有信息量，才会引起对方的注意。

第三，说话要自信。谁说话更自信，更有技巧，谁就会赢得胜利。

第 2 节　货比三家技巧

一、货比三家技巧的原理

企业的经营决策实质上就是一种选择，即从两个以上的备选方案中选择最优方案。货比三家技巧是在谈判某笔交易时，同时与几个供应商或采购商进行谈判，以选择其中最优合作者的一种技巧。此技巧广为人知，也是商场上常用的千古信条。

某项目因两个卖主谈判态度不同，且条件有异，买主便与态度积极、条件基本满意的一家草签了合同。在正式签订合同之前，态度不积极的一家又主动找上门来，希望继续合作。为了妥善处理草签合同的约束性、两个卖方之间的关系，买方请来两个卖主同时在两个房间就关键条件进行谈判，买方主谈人轮流交换两个卖方的条件，直到最后一方无力列出新条件为止。只用了几小时就结束了谈判，仍然选择第一家卖主。不过，通过新一轮货比三家的谈判，买方又比原来的条件多得到 15 万套产品的试车材料、5 人免费考察、连续 3 年代销 30％产品等优惠条件。

二、货比三家技巧的运用

货比三家技巧的具体做法是：邀请同类产品的卖方或所需同类产品的买方，同时展开几摊谈判，将各摊的条件进行对比，择优授予合同。货比三家技巧在运用时应注意如下几个问题：

（1）所选对象要势均力敌，比起来才有效。如果比较对象力量不均，应制造可比之处，使各家均有信心去争取交易。

（2）时间安排要便于分组穿插谈判，且可及时将各组谈判结果汇总。时间安排包括日程、方式和人员的安排。

（3）对比的内容要科学。由于货比三家技巧客观上工作量较大，评比工作复杂，因此，应有快捷统一的评比方法和内容，以减少重复、不准确的工作，避免个人感情的影响。

（4）平等对待参加竞争的各方，但在谈判的组织上应有重点突破。平等地与各方参加竞争者谈判是信誉的需要，重点突破是谈判全局的需要，两者缺一不可，相辅相成。

（5）慎守承诺。对于评选出的结果应慎守承诺，如遇落选者卷土重来，虽然其结果会带来好处，但应慎用该机会。首先，对明文选中的对象应承担一定的信誉上的义务，且应充分知晓落选者卷土重来的原因，才能重新审议。即便决定再谈，也应把出新价的任务赋予卷土重来者，当该方新的条件有明显优势时，再约被选中的一方谈；若不太有优势，则不必重谈。约已被选中的一方再谈时，可以启发式诱导，或委婉地表示重审成交条件，也可以明确要求重审成交条件。不过，两者均非强制，只是从说服鼓励的角度来坚持重审的必要性。如果被选中的一方在响应后其条件仍优于要求重谈者，可以结束谈判；如果劣于重谈者，可再给被选中的一方一次机会。在这次努力之后，若差距不大，则仍选原成交者，若重新要求谈判者的条件十分明显地优于原成交者，则不得不改变选择的决定。不过，善后工作要做细。

（6）在多家采购者联合向多家卖者谈判时，应由有权威的单位统一起来，形成联合对外的机构，如同对特殊谈判主持者的要求一样，做到统一对外、统一技术要求、统一谈判策略。同时，还应有严格的纪律，保证保守机密、各尽其职。

第3节　旁敲侧击技巧

旁敲侧击技巧是在谈判过程中场外交涉时，以间接的方法与对方互通消息，进行心理与情感交流，使分歧得到解决，从而达成协议的一种技巧。

旁敲侧击技巧的存在是因为有实际的需要。一个谈判者，一方面可能必须摆出毫不妥协的姿态给己方的人看，另一方面又必须在对方认为合理的情况下和对方交易，以达成协议。不管是买主还是卖主，都会受这种双重压力的困扰。这也是谈判双方会建立间接谈判关系的原因。

并不一定每一件事情都要在会议桌上提出来，彼此建立的间接关系能使消息在摩擦最少的情况下传达给对方。假如对方拒绝这个非正式提出的条件，双方都不会有失掉面子的忧虑；如果一个条件在谈判时被正式拒绝了，则很可能会引起对方的指责，而导致双方感情破裂，造成不良影响。所以，间接的沟通方式可以帮助谈判者和公司在不妨碍情面的前提下，悄悄地放弃原先的目标，而某些有偏差的目标也可以借由半正式或非正式的沟通方式加以修正。以下所列的方式足以用来弥补正式会谈的不足：

（1）有礼貌地结束每一次谈话。
（2）在正式谈判之外秘密地讨论。
（3）以跌价来探测对方的意见，或者故意放出谣言。
（4）故意遗失备忘录、便条和有关文件，让对方拾取并加以研究。

（5）请第三方做中间人。
（6）组成委员会进行研究、报告和分析。
（7）充分借助报纸、刊物或广播媒介。

暗示和引导是旁敲侧击技巧最常见的运用，是指在谈判中使用"先言他物，以引起所咏之词"的战术。对于敏感的谈判者来说，使用暗示和引导的方法很容易奏效，就如同高明的医师用暗示的手法治疗因心理疾病造成的生理疾患，聪明的广告设计者用暗示的手法诱导消费者一样。暗示是旁敲侧击的具体手段，但是，使用这种技巧一定要隐蔽，要让对方在毫无觉察的情况下接受己方的建议，才能达到预期的效果。

第 4 节　为人置梯技巧

一、为人置梯技巧的原理

为人置梯技巧是想方设法给对方提供改变其观点并能被他接受的合理理由的一种技巧。这种技巧就是当对方已经做出一定的许诺或表明一种坚定的态度，而自己又不能改变自己的立场时，你要改变对方的观点，首先要顾全他的面子，给他一个台阶下。

从心理学、社会学的角度研究人，可以得出这样的结论：一般人总是没有正视自己错误的勇气。谈判中，让对方放弃自己的立场和主见，也就等于承认他自己是错误的，他的自尊心会难以接受。而且，谈判双方的地位是平等的，任何一方的批评和指责，另一方都可以不予理睬，甚至针锋相对。一个精明的谈判者知道怎样给人面子，消除对方接受己方条件的心理障碍，使对方不至于出尔反尔、下不来台。

二、为人置梯技巧的运用

在商务谈判中，为人置梯技巧是经常使用的一种技巧，使用该技巧时需注意：

（1）为哪些谈判者置梯。需要置梯的是那种既爱面子又很聪明的谈判者，爱面子决定了他需要台阶下；聪明决定了他会"借坡下驴，顺水推舟"。

（2）在什么条件下置梯。置梯的时机是在谈判对方已经意识到自己的错误，但碍于情面或不愿放弃既得利益而没有承认错误时。

（3）为对方置什么样的梯。通常的做法是强调客观原因。比如，可以把对方的错误解释为掌握的资料有限，财务人员、技术人员提供的数据有误等。

（4）为人置梯技巧的使用并不排除在有些情况下，需要正面严肃地指出对方的错误。当谈判的形势或问题需要谈判者直接指出对方的错误时，不能优柔寡断，但态度要诚恳，不要得理不饶人。

第 5 节　激将技巧

一、激将技巧的原理

激将技巧是以语言刺激对方的主谈人或其重要助手，使其感到坚持自己的观点和立场会直接损害自己的形象、自尊心、荣誉，从而动摇或改变所持的态度的一种技巧。

激将技巧可以直接刺激对方主谈人。例如，一方说："贵方谁是主谈人，我要求能与有签约决定权的人谈判。"此话直接贬低了对方主谈人的权力，目的在于激起对方（尤其是年轻、资历浅的谈判人员）急于表现自己的决定权或去争取决定权，使己方谈起来方便，且伺机得利。也有以此"将军"的做法："既然你有决定权，为什么不马上回答我方明确合理的要求，你还要向上级请示吗？"迫使对方主谈人正视己方的条件。此外，还有间接刺激对方主谈人的做法，即通过主谈人的主要助手来刺激主谈人。例如，在一项谈判中，卖方主谈人不吃激将技巧，买方反过来对卖方聘用的律师讲："你是律师，知道买卖应公道。公道的价，不怕讲。贵方不告诉我方技术费的计算依据，我们怎么能接受呢？"律师被说动了，同样的论题、理由，从律师的角度无言以辩，只能接受。此时，主谈人再被激将时，就难以抗拒了。

二、激将技巧的运用

在商务谈判中使用激将技巧的目的是要最终达成协议。需要强调的是，激将技巧是一种逆向说服对方的技巧。使用此技巧时需要注意以下几个方面：

（1）激将的对象一定要有所选择。一般来说，商务谈判中可以采用激将技巧的对象有两种：第一种是不够成熟、缺乏谈判经验的谈判者。这样的谈判者往往有自我实现的强烈愿望，总想在众人面前证明自己，容易为言语所动，这些恰恰是使用激将技巧的理想突破口。第二种是个性特征非常鲜明的谈判者。对自尊心强、虚荣心强、好面子、爱拿主意的谈判者都可使用激将技巧，鲜明的个性特征就是突破口。

（2）使用激将法应尊重对方的人格尊严，切忌以隐私、生理缺陷等为内容贬低对方谈判者。商务谈判中选择能力大小、权力高低、信誉好坏等去激对手，往往能取得较理想的效果。

（3）使用激将技巧要掌握好限度，没有一定的度，激将技巧收不到应有的效果；超过限度，不仅不能使谈判朝预期的方向发展，还可能产生消极后果，使谈判双方产生隔阂和误会。比如，在诸葛亮智激黄忠时，如果在黄忠当众立下军令状后诸葛亮仍然以言语相激，对黄忠的实力表示不信任，黄忠就很可能认为诸葛亮根本看不起自己，两人会由此产生误会。

（4）激而无形、不露声色，往往能使形势不知不觉地朝自己预期的方向发展。如果激将技巧使用得太露骨，被对方谈判者识破，不仅达不到预期效果，反而使己方陷入被动，而且有可能被高明的谈判对手利用，反中圈套。

（5）激将用的是语言，而不是态度，更不是道德绑架。用语要切合对方特点，切合追求目标，语气要和气友善，蛮横不能达到激将的目的，只能激怒对方。

当然，一个优秀的谈判人员不但要善于使用激将技巧，而且要善于识破激将技巧，在商务谈判中沉着应付，不为对手的激将法所动。

第 6 节　休会技巧

休会技巧是谈判进行到一定阶段或遇到某种障碍时，由谈判一方或双方提出中断会谈，以便使双方谈判人员都有机会重新研究、调整对策和恢复体力的一种技巧。从表面上看，休会是为了谈判人员恢复体力和精力，但实际上，休会的作用已远远超出这一内容，休会也成为谈判人员调节、控制谈判过程，缓和谈判气氛，融洽双方关系的一种策略和技巧。

一、休会可以达到的目的

（1）仔细梳理争议的问题，抓住重要的问题。
（2）可进一步对市场形势进行研究，以证实自己原来观点的正确性，思考新的观点与自卫方法。
（3）可以召集各自谈判小组成员，探索变通途径。
（4）检查原定的策略及战术。
（5）研究讨论可能的让步。
（6）决定如何对付对方的要求。
（7）分析价格、规格、时间与条件的变动。
（8）缓解体力不支或紧张的情绪。
（9）应付谈判出现的新情况。
（10）缓和谈判一方的不满情绪。

二、休会技巧的运用时机

（1）回顾成绩，展望未来。在会谈某一阶段接近尾声时休会，便于双方人员借休息之便，分析讨论这一阶段的进展情况，预测下一阶段谈判的发展，提出新的对策。
（2）打破低潮，扭转颓势。精力充沛是进行高效率谈判的保证，如果谈判时间拖得过长，谈判人员会出现体力不支、头脑不清、注意力不集中的情况，应在会谈出现低潮时休会，休息一下，再继续谈判。
（3）避免僵局，保持气氛。在会谈将要或已经出现僵局时，双方观点出现分歧是常有的事，如果各持己见、互不妥协，会谈难免会陷入僵局，此时继续谈判徒劳无益，有时甚至会适得其反，使以前的成果付诸东流。此时休会，可以使双方冷静下来，客观地分析形势，采取相应对策，避免谈判陷入僵局。

（4）消除对抗，争取一致。谈判一方对谈判内容、程序、进度等方面出现不满意的情况，可能会采取消极对抗的办法。这样，会谈就会变得拖拖拉拉，效率很低。这时，一方可以提出休会，进行短暂的休整后，重新开始谈判，改变不利的谈判气氛。

（5）缓冲思考，探求新路。在谈判中，由于是两方进行交涉，新情况、新问题会层出不穷。如果出现意外情况，会谈难以继续进行，双方可提出休会，各自讨论协商，提出处理办法。

三、休会技巧运用中应注意的问题

（1）提出休会的一方要说明休会的必要性并经对方同意。如果提出者在对方同意之前擅自离开谈判桌，则会影响双方的关系以致谈判破裂。

（2）要确定休会的时间，即恢复谈判的时间，时间长短视双方冲突的程度、谈判人员的精力状况以及解决问题所需的时间而定。

（3）休会之前要简要总结一下前面谈判的进展情况。

（4）提出休会和讨论休会时，要避免谈过多的新问题或对方非常敏感的问题，以便创造缓解紧张气氛的时机。

四、休会期间谈判人员应考虑的问题

（1）归纳一下前一阶段讨论的问题。
（2）检查己方的谈判情况和成效。
（3）研究谈判对方的情况。
（4）明确双方的分歧。
（5）对下一步谈判提出新的设想。
（6）决定是否向上级或本部报告。
（7）如何做好下一阶段的开场陈述。

五、休会技巧破解的方法

如果遇到对方采用休会策略，而己方不想休会时，破解的方法如下：

（1）当对方因谈判时间拖得过长、精力不济要求休会时，应设法留住对方或劝对方再多谈一会儿，或再讨论一个问题。因为此时对手精力不济，容易出差错，意志薄弱者容易妥协，所以延长时间就是胜利。

（2）当己方提出关键问题，对方措手不及、不知如何应付、情绪紧张时，应拖其继续谈下去，对其有关休会的暗示、提示佯作不知。

（3）当己方处于有利地位，正在使用极端情绪化的手段去激怒对方，摧毁其抵抗力，

对方已显得难以承受时，对对方的休会提议可佯作不知、故意不理，直至对方让步，最终同意己方的要求。

第 7 节　开放技巧

一、开放技巧的原理

开放技巧是指谈判人员在谈判过程中以开诚布公的态度，向对方坦露自己的真实思想和基本要求，促使对方通力合作，使双方在诚恳、坦率的气氛中有效完成各自使命的一种技巧。

开放技巧的心理依据是，任何人都希望别人信任自己、尊重自己，也希望自己的建议或意见能够被别人采纳或接受。而要想取得别人的信任，首先就应当开诚布公，相信对方。

二、运用开放技巧应注意的问题

（1）是否运用开放技巧，应根据调查和了解到的对方谈判者的资信和作风情况来确定。

如果对方谈判者属于见利忘义之徒，对其采取开放技巧则于己不利，而且很可能被其利用或钻空子。

（2）技巧终究是技巧，不管哪些方面的开放，绝不可像"竹筒倒豆子"一样倾倒无遗，而应根据对方谈判者的实际表现和进展情况确定和调整开放度。

第 8 节　投石问路技巧

一、投石问路技巧的含义

投石问路技巧是在谈判过程中，当己方对对方的商业习惯或真实意图等不大了解时，通过巧妙地向对方提出大量问题，引导对方尽量做出正面的、全面的回答，然后从中得到一般不易获得的资料，并抓住有利时机达成有利于己方的交易的一种技巧。

商业顾问机构首席代表在购买东西时，经常采用投石问路技巧，通过许多假设性提问，获得颇有价值的资料，引导新的选择途径。

（1）假如我们订货的数量加倍或减半呢？

（2）假如我们和你们签订一年的合同呢？

（3）假如我们将保证金减少或增加呢？

(4) 假如我们提供材料呢？
(5) 假如我们提供工具呢？
(6) 假如我们要买几种产品，不只购买一种产品呢？
(7) 假如我们让你们在淡季接下这份订单呢？
(8) 假如我们提供技术援助呢？
(9) 假如我们改变合同的形式呢？
(10) 假如我们买下你们的全部产品呢？
(11) 假如我们改变产品的规格呢？
(12) 假如我们分期付款呢？

任何一个问题都使买主更进一步了解对方的商业习惯和动机，卖主想要拒绝回答也是很容易的，所以大多数卖主宁愿降低价格，也不愿接受这种疲劳轰炸式的提问。

二、投石问路技巧的运用

运用投石问路技巧必须掌握好时机，它一般适用于谈判开始时的摸底阶段。因为在摸底阶段，使用该技巧有助于了解对方的要求和意向，在此基础上选择最佳的成交条件和方式，有利于谈判取得成功。如果谈判已十分深入，再运用此技巧只会引起分歧，打乱正常的谈判程序，甚至导致之前议定的条款发生变化而影响谈判的顺利进行。

采用投石问路技巧时，应注意以下几个方面：

第一，提问的方式要恰当。如果问题规定的回答方式能够得到使对方接受的判断，那么这就是一个恰当的问题，反之就是一个不恰当的问题。概括起来，提问形式有六种类型：一是一般性提问，如"你认为如何""你为什么这样做"等；二是直接性提问，如"这不就是事实吗"等；三是发现事实性提问，如"何处""何人""何时""何事何物""如何""为何"等；四是探讨性提问，如"是不是""你认为"等；五是选择性提问，如"是这样，还是那样"等；六是假设性提问，如"假如……怎样"等。这些提问方式是有力的谈判工具，我们必须审慎地、有选择地、灵活地运用。

第二，提问要有针对性。在谈判中，一个问题的提出要把问题的解决引导到交易能否做成这一方向上，并给予足够的时间使对方做出尽可能详细的正面回答。为此，谈判者必须根据对方的心理活动有针对性地提出问题。例如，当需方不感兴趣、不关心或犹豫不决时，供方应询问一些引导性问题："你想买什么东西？""你愿意出多少价？""你对我们的消费调查报告有什么建议？""你对我们的产品有什么不满意的地方？"等等。提出这些引导性问题后，供方可根据需方的回答找出一些理由来说服对方，促使买卖成交。

第三，尽量避免暴露提问的真实意图，不要与对方争辩，也不必陈述己方的观点。

三、投石问路技巧的应对

这种技巧通常为买方采用，主要目的是弄清卖方的虚实，尽可能得到一些通常不易得到的资料，从而做出最佳选择。作为卖方，针对买方提出的种种假设，要仔细考虑后再做答复，否则会失去谈判的主动权。卖方对付投石问路技巧的方法主要有：

（1）努力找出买方的真正动机，因为他不可能做那么多选择，你不妨有意提供一些资料，引导其朝有利于己方的方向发展，如签订长期合同、扩大订货数量等。

（2）反问买主是否准备马上订货。

（3）永远不要对"假如"的要求马上估价。

（4）如果买主投出一块"石头"，最好立刻要求对方以订货作为条件。

（5）并不是每个问题都值得回答。你可以要求对方提出"保证"，这是整个交易的一部分，如果没有公平交易的法律或其他人的同意，对方不得不提出保证。

（6）有的问题应该花很长的时间来回答，也许比限制买主的截止日期还要长。

一个精明的卖主可以将买主所投出的"石头"变成一个很好的机会。针对买主这种想知道更多资料的要求，也可以乘机向买主提出更有利于自己的要求或建议。

◀ 小　结 ▶

1. 在商务谈判活动中，谈判双方实力相当，谁都没有明显的优势时，可以运用均势谈判技巧，以达到打破相持不下局面的目的。

2. 迂回绕道技巧是当谈判环境、情势不允许进攻而又必须正面出击时，所采取的通过其他途径与对方接触、建立感情后再进行谈判的一种技巧。

3. 货比三家技巧是在谈判某笔交易时，同时与几个供应商或采购商进行谈判，以选择其中最优合作者的一种技巧。

4. 旁敲侧击技巧是在谈判过程中场外交涉时，以间接的方法与对方互通消息，进行心理与情感交流，使分歧得到解决，从而达成协议的一种技巧。

5. 为人置梯技巧是想方设法给对方提供改变其观点并能被他接受的合理理由的一种技巧。这种技巧就是当对方已经做出一定的许诺或表明一种坚定的态度，而自己又不能改变自己的立场时，你要改变对方的观点，首先要顾全他的面子，给他一个台阶下。在运用过程中应该注意对象、条件、内容的选取，这样才能取得预期的效果。

6. 激将技巧是以语言刺激对方的主谈人或其重要助手，使其感到坚持自己的观点和立场已直接损害自己的形象与自尊心、荣誉，从而动摇或改变所持的态度的一种技巧。一般来说，可以分为直接刺激和间接刺激两种，在使用中应把握使用的限度，不可过激。

7. 休会技巧是谈判进行到一定阶段或遇到某种障碍时，由谈判一方或双方提出中断会谈，以便使双方谈判人员都有机会重新研究、调整对策和恢复体力的一种技巧。

8. 开放技巧是指谈判人员在谈判过程中以开诚布公的态度，向对方坦露自己的真实思想和基本要求，促使对方通力合作，使双方在诚恳、坦率的气氛中有效完成各自使命的一种技巧。

9. 投石问路技巧是在谈判过程中，当己方对对方的商业习惯或真实意图等不大了解时，通过巧妙地向对方提出大量问题，引导对方尽量做出正面的、全面的回答，然后从中得到一般不易获得的资料，并抓住有利时机达成有利于己方的交易的一种技巧。

◀ 复习与思考 ▶

一、基本概念

迂回绕道技巧　　　　货比三家技巧　　　　为人置梯技巧
激将技巧　　　　　　开放技巧　　　　　　投石问路技巧

二、简答题

1. 迂回绕道技巧在运用时应注意哪些问题？
2. 在谈判中运用为人置梯技巧时应注意哪些问题？
3. 在运用休会技巧时，休会期间谈判人员应考虑的问题是什么？
4. 当对方运用投石问路技巧时，己方应如何应对？

三、论述题

试述在谈判中如何将均势转化为优势，并最终达成交易。

第13章
涉外商务谈判技巧

涉外商务谈判不仅在国际商务活动中占据相当大的比重,而且具有相当重要的地位。谈判的成功与否,直接关系到整个国际商务活动的效果,关系到企业能否在海外市场建立必要的销售网络、获得理想的合作伙伴、取得进入市场的良好途径等。涉外商务谈判在表现出其重要性的同时,也不断向人们展示出其复杂性。一个国内谈判专家并不必然是一个成功的涉外商务谈判高手。要想在涉外商务谈判中取得满意的效果,就需要谈判人员充分把握涉外商务谈判的特点和要求,深刻体悟"义利相兼、以义为先"的正确义利观,还要树立起大局观、长远观、整体观,用系统思维来谋划,有力有序解决涉外谈判中出现的各种问题矛盾。这不仅对那些以国际市场为舞台的企业经营者来说是必要的,而且对所有参与国际商务活动并期待理想效果的人来说都是必要的。本章在前文阐述谈判基本原理及一般技巧的基础上,对涉外商务谈判的特点、要求和文化差异等做进一步阐述,分析一些典型国家和地区的谈判特点和风格。

第1节　涉外商务谈判的特点与要求

涉外商务谈判,是指跨越国(境)界的分属于不同国家和地区的商务活动主体为实现各自的目的而进行的磋商。

国内商务谈判和涉外商务谈判都是商务活动的组成部分,它们是企业发展国内市场与国际市场业务的重要手段。国际商务活动是国内商务活动的延伸,涉外商务谈判则可以视为国内商务谈判的延伸与拓展。国内商务谈判和涉外商务谈判之间既存在明显的区别,也存在密切的联系,还存在许多共性特征。

一、涉外商务谈判与国内商务谈判的共性特征

（一）为特定目的与特定对手进行的磋商

国内商务谈判和涉外商务谈判都是商务活动主体为实现其特定的目的而与特定对手进行的磋商。作为谈判，其过程都是一种双方或多方之间进行的信息交流，"取"与"予"是兼而有之的过程，谈判过程中所适用的多数技巧并没有质的差异。

（二）谈判的基本模式一致

与国内商务谈判相比，涉外商务谈判中必须考虑各种各样的差异，但谈判的基本模式一致。事实上，由于风俗文化、基本制度等多方面的差异，谈判过程中信息沟通的方式、重点讨论的问题等都会有很大的不同，但与国内商务谈判一样，涉外商务谈判同样遵循从寻找谈判对象开始，到建立相应关系、提出交易条件、讨价还价、达成协议，直至履行协议结束这一基本模式。

（三）国内、国际市场经营活动的协调

国内商务谈判和涉外商务谈判是经济活动主体从事或参与国际经营活动的两个不可分割的组成部分。尽管国内商务谈判与涉外商务谈判可能由不同的团队负责，但由于企业必须保持其国内商务活动和国际商务活动的衔接，国内商务谈判与涉外商务谈判之间存在密切的联系。在进行涉外商务谈判时，必须通盘考虑相关的国内商务谈判的结果或可能出现的状况。

二、涉外商务谈判与国内商务谈判的区别

涉外商务谈判主要是跨越国界的谈判，与国内商务谈判相比，其根本区别源于谈判者成长和生活的环境及谈判活动与谈判协议履行的环境的差异。国内商务谈判双方通常生活在共同的政治、法律、经济、文化和社会环境之中。在谈判中，谈判者主要应考虑的是双方公司及谈判者个人之间的差异。而在涉外商务谈判中，谈判双方来自不同的国家，各自生活在不同的政治、法律、经济、文化和社会环境之中，这种差异不仅造成了谈判过程中谈判行为的差异，而且会对未来谈判协议的履行产生重大影响。由于上述背景的差异，在涉外商务谈判中，谈判者会面临若干在国内商务谈判中极少出现的问题。

（一）语言的差异

在国内商务谈判中，谈判双方通常不存在语言差异（谈判者通常认同并能使用共同的官方语言），从而也就不存在因语言差异而导致的信息沟通障碍。但在涉外商务谈判中，语言问题以及由此引起的其他问题始终值得引起谈判者的注意。即便是在使用相同语言的国家，如使用英语的美国、英国，在某些表达上也存在一定的差异。语言差异，

特别是在两种语言中都有类似的表达但含义差别较大时,以及某种表达只在一种语言中存在时,极易引起沟通上的混淆与分歧。

(二)沟通方式的差异

不同文化背景的人群有各自所偏好和习惯的沟通方式。涉外商务谈判中的双方经常属于不同的文化圈,有各自习惯的沟通方式。习惯于不同沟通方式的双方之间要进行较为深入的沟通,往往会产生各种各样的问题。在高语境文化国家(如中国、日本等),人们的表达通常较为委婉、间接;而在低语境文化国家(如美国、德国等),直截了当的表达较为常见。高语境文化的谈判者比较注重发现和理解对方没有通过口头表达出的意思,而低语境文化的谈判者则偏爱较多地进行口头表达,直接发出或接收明确的信息。来自这两种不同文化背景的谈判者在进行谈判时,一方可能认为对方过于鲁莽,而另一方则可能认为对方缺乏谈判的诚意,或将对方的沉默误解为对其主张的认可。沟通方式的差异不仅表现为口头表达的直接或间接,还表现为不同国家或地区的人在表达过程中肢体语言运用上的巨大差异。有些国家或地区的人在进行口头表达的同时,伴随着大量的动作语言;而另一些国家或地区的人则不习惯在较为正式的场合运用幅度较大的动作语言。值得注意的是,与口头语言和书面语言一样,动作语言同样表现出一定的地域性,相同的动作在不同国家或地区的含义可能完全不同,甚至截然相反。

(三)时间和空间观念的差异

在不同的国家或地区,人们的时间观念有着明显的差异。就谈判而言,有些国家或地区的谈判者时间观念很强,将严格遵守时间约定视为一种基本的行为准则,是尊重他人的表现。如在美国,人们将守时看成商业活动和日常生活的基本准则之一,比预定时间提早到达经常被视为急于成交的表示,而迟到则会被看作不尊重对方,至少是不急于成交的表示。但在拉丁美洲或阿拉伯国家,如果这样去理解对方在时间上的行为,则可能很难达成任何交易,因为这些国家或地区的谈判者有着完全不同的时间观念。

空间概念与时间概念是两个完全不同的问题。在不同的文化环境中,人们形成了不同的心理安全距离。在与一般人的交往中,如果对方突破这种距离,就会使自己产生不适。有关研究表明,在某些国家,如法国,在正常情况下人们相互之间的心理安全距离较短,而一般美国人的心理安全距离则比法国人长。如果谈判者对这一点缺乏足够的认识,就可能使双方都感到不适。

(四)决策结构的差异

谈判的重要准则之一是必须同拥有相当决策权限的人谈判,至少也是与能够积极影响有关决策的人员谈判。这就需要谈判者了解对方企业的决策结构,了解能够对对方决策产生影响的各种因素。由于不同国家的政治经济体制和法律制度等存在较大差异,企业的所有制形式存在较大差异,商务活动中的决策结构也有着较大差异。以在国内商务活动中的习惯做法去评判对手,可能会犯各种各样的错误。如在有些国家,企业本身对有关事务拥有最终决策权,而在有些国家,最终决策权则可能属于政府有关主管部门,对方企业的认可并不意味着合同一定能被履行。而同样是在企业拥有决策权的情况下，企业内部的决策权在不同的国家或地区也会有很大的差异。

在注意到不同国家企业决策结构差异的同时，尤其值得注意的是政府介入国际商务活动的程度和方式。政府对国际商务活动的干预包括通过制定一定的政策，或通过政府部门的直接参与来鼓励或限制某些商务活动的开展。通常情况下，社会主义国家的政府对国内和国际商务活动的介入程度较高，但这并不是说资本主义国家的政府不介入企业的国内和国际商务活动。在意大利、西班牙及法国，某些重要的经济部门就是政府所有的。当商务活动涉及国家的政治利益时，政府介入的程度可能更高。20世纪80年代初，跨越西伯利亚的输油管道建设问题就充分印证了这一点。当时美国某公司的欧洲附属公司与苏联签订了设备供应合同，但该欧洲附属公司在美国和欧洲国家的政府分别介入的情况下，处于十分被动的局面。美国政府要求该欧洲附属公司不提供建设输油管道的设备与技术，而欧洲国家的政府则要求该欧洲附属公司尊重并履行供应合约。争议最终通过外交途径得以解决。由于国际商务活动中可能面临决策结构差异和不同程度的政府介入，因而涉外商务谈判可行性研究中的对手分析远比国内商务谈判中的有关分析复杂。在某些情况下，谈判者不仅要有与对方企业谈判的安排，而且要有与对方政府谈判的打算。

（五）法律制度的差异

基于不同的社会哲学有不同社会发展轨迹的差异，不同国家的法律制度往往存在较大的差异。要保证谈判活动的正常进行和谈判协议的顺利履行，必须正确认识法律制度的差异。在涉外商务谈判中，不仅不同国家的法律制度存在明显的不同，不同国家法律制度得以遵照执行的程度也有较大不同。谈判者需要遵守那些自己并不熟悉的法律制度，同时，还必须充分理解有关的法律制度，了解其执行情况，否则就很难切实保护自身的利益。

案例 13-1

准确查明和适用外国法 维护当事人合法权益

2017年2月25日，中远大连公司代理新鑫海公司签发提单，载明托运人鑫联升公司，装货港中国大连，卸货港印度那瓦舍瓦，共6个集装箱。该提单下的货物于2017年3月23日在卸货港卸船，新鑫海公司的卸货港代理向收货人发出提货通知。截至2019年12月5日，该提单下的集装箱货物仍堆存在码头，处于印度海关监管之下，无人提货。新鑫海公司起诉请求鑫联升公司返还集装箱或赔偿集装箱价值及利息，并连带支付滞箱费、堆存费、港杂费等费用及利息。

大连海事法院审理认为，新鑫海公司主张本案适用提单约定的法律。鑫联升公司提交的电放申请保函明确记载，同意将提单中的所有条款（包括所有背面条款以及管辖权及法律适用条款）作为运输合同的一部分，鑫联升公司与新鑫海公司就法律适用达成了一致的意思表示。

根据提单背面首要条款和法律适用条款的约定，本案应当适用提单背面条款第二十七条第一项约定的新加坡法律。根据委托查明的新加坡法律中与涉案争议相关的规定，大连海事法院判决：鑫联升公司向新鑫海公司支付滞箱费及利息、集装箱损失等。

涉外案件审理中的核心程序问题在于如何确定适用的准据法。若准据法为域外法时，则需要对该域外法的具体内容准确查明并正确适用。域外法的准确查明和适用对于依法处理涉外民商事案件，营造法治化营商环境具有重要意义。该案件的判决结果体现了准确查明、适用外国法定分止争的良好效果，为加快构建并完善域外法查明及适用的法律机制提供了有益的经验。

资料来源：最高法发布第三批涉"一带一路"建设典型案例．（2022-02-28）．https：//www.court.gov.cn/zixun/xiangqing/347711.html.

（六）谈判认识的差异

不同文化中的人对参与谈判的目的及所达成合同的认识也有很大差异。如在美国，人们通常认为，谈判的首要目的也是最重要的目的，是与对方达成协议，并将双方达成协议视为一项交易的结束，至少是有关这一交易的磋商的结束。而在东方文化中，如日本，人们则将与对方达成协议和签署合同视为正式开始双方之间的合作关系。对达成协议这种理解上的差异直接关系到人们对待未来合同履行过程中所出现的各种变化的态度。根据完成一项交易的解释，双方通常不应修改合同条款；而若将签署协议视为开始合作关系，则随着条件的变化，对双方合作关系做某些调整是十分合理的。

（七）经营风险的差异

在国内商务活动中，企业面临的风险主要是因国内政治、经济、社会、技术等因素变化而可能导致的国内市场条件的变化。在国际商务活动中，企业在面临这些风险的同时，还要面临比这些风险复杂得多的国际经营风险，包括国际政治风险，如战争、国家之间的政治矛盾与外交纠纷、有关国家政局及政策的不稳定等；国际市场变化风险，如原材料市场和产成品市场供求状况的急剧变化；汇率风险，如一国货币的升值或贬值等。国际商务活动中的这些风险一旦成为现实，就会对合作双方的实际利益产生巨大的影响，对合同的顺利履行构成威胁。因此，谈判者在磋商有关的合同条件时，就应对可能存在的风险有足够的认识，并在订立合同条款时考虑采取某些预防性措施，如订立不可抗力条款，采用某种调整汇率和国际市场价格急剧变化风险的条款等。

（八）谈判地域的差异

在面对面的涉外商务谈判中，至少有一方身处自己相对不熟悉的环境。由此必然会带来一系列的问题，如长途旅行所产生的疲劳、较高的费用、难以便捷地获得自己所需要的资料等。这种差异往往要求谈判者在参与涉外商务谈判前，付出更多的时间进行更充分的准备。

三、涉外商务谈判成功的基本要求

涉外商务谈判与国内商务谈判并不存在质的区别，但是，如果谈判者以与对待国内谈判对手、对待国内商务活动同样的逻辑和思维去对待涉外商务谈判对手和处理涉外商务谈判中的问题，显然难以取得谈判的圆满成功。尤其是当今世界正经历百年未有之大变局，国际局势不稳定、世界经济低迷、保护主义抬头、全球市场不断萎缩。在此情况下，我国提出加快构建新发展格局，持续推进"一带一路"建设，增设进口贸易促进创新示范区，增加自周边国家进口，推进内外贸一体化，发展"丝路电商"。未来，随着对外贸易的体量和范围不断扩充，对国际贸易全过程所有参与者将提出更高的要求。这就要求谈判者在树立合作共赢的发展理念前提下，培养谈判战略思维意识和能力，提高涉外商务谈判的系统性、预见性。因此，在涉外商务谈判中，除了要把握前几章阐述的一般原理和方法，谈判者还应注意以下几个方面。

（一）做好谈判前的调查和准备工作

涉外商务谈判的复杂性要求谈判者在谈判前进行更为充分的调查和准备：一是充分了解和分析谈判对手，明确对方和可能的谈判者个人的状况，分析政府介入（有时是双方政府介入）的可能性及其可能带来的问题；二是研究商务活动的环境，包括国际政治、经济、法律和社会环境等，评估各种潜在的风险及其可能产生的影响，拟定各种防范风险的措施；三是合理安排谈判计划，选择谈判地点，针对对方的策略做好反策略的准备；四是准备多种谈判方案，应对情况突变。

（二）正确认识并对待文化差异

谈判者对文化差异必须有足够的敏感性，尊重对方的文化习惯和风俗。西方社会有一句俗语，"在罗马，就要做罗马人"，正所谓"入乡随俗，出国问禁"。在涉外商务谈判中，仅仅"把自己的脚放在别人的鞋子里"是不够的，谈判者不仅要善于从对方的角度看问题，而且要善于理解对方看问题的思维方式和逻辑判断方式。任何一个国际商务活动中的谈判人员都必须认识到，文化是没有优劣的，必须尽量避免模式化地看待另一种文化。

涉外商务谈判受到各自国家或地区的政治、经济、文化等多种因素的影响，其中最难把握的就是文化因素。由于谈判者受其价值观、思维方式等文化差异的限制，其谈判风格各不相同。因此，要顺利开展商务活动，必须了解和掌握不同国家的文化背景和由此形成的谈判风格，并在此基础上扬长避短、有的放矢，才能在涉外商务谈判中游刃有余、获得成功。表13-1是不同国家谈判风格的比较。

表13-1 谈判风格的比较

欧洲国家	美国	日本
传统的个人主义	个人奋斗的个人主义	传统的集体主义
个人领导	个人领导	集体一致领导
背景决定地位	成功决定地位	职务决定地位
注重诚实	注重奖励	注重名誉
没有耐心	非常没有耐心	很有耐心

续表

欧洲国家	美国	日本
简短的准备	很少的准备	长时间的准备
公平报价	合理报价	漫天要价
适当让步	很少让步	很大让步
有一定权力	有全部权力	没有权力
采用说服策略	采用进攻策略	采用协调一致的策略
提供允诺	进行威胁	信守合同
注重逻辑	注重事实	注重直觉
追求满意的交易	追求最好的交易	追求长期的交易
避免损失	获得胜利	取得成功
讲究礼仪	不拘礼节	讲究礼貌
重视人际关系	重视法律	重视人际关系

（三）具备良好的外语技能

谈判者能够熟练运用对方的语言，至少双方能够使用一种共同语言来进行磋商交流，对提高谈判过程中交流的效率、避免沟通中的障碍和误解有着特别重要的意义。

第 2 节 文化差异及其影响

"十里不同风，百里不同俗"。文化差异会对谈判者的行为、心理及思维方式产生深刻的影响。在涉外交往中，要真正做到尊重交往对象，必须尊重对方独有的文化，而要做到这一点，首先要承认、了解文化差异的存在和影响，并以此增进谈判双方之间的理解和沟通，更好地向对方表达合作的条件和诚意。

一、文化差异的内涵

文化是人类在社会历史发展过程中创造的物质财富和精神财富的总和，是历史的积淀，同时也是不同地域、不同国家和不同民族特质的一种载体。它包含一定的思想和理论，是人们对伦理、道德和秩序的认定与遵循，是人们生活的方式与准则。虽然在历史的进程中不同文化相互影响和渗透，但是不同国家和民族的文化依然保持了各自独特的一面。

文化差异是指不同地域、不同国家、不同民族间文化的差别，如语言文字、价值观念、风俗习惯、宗教信仰、道德观念、行为准则等方面的差异。不但不同民族、国家、地域之间存在文化差异，即使一个国家不同地域之间也会存在文化差异。它既会给商务谈判带来矛盾和冲突，也会给商务谈判带来竞争优势。在跨文化谈判中，谈判双方要了解文化差异，互相尊重彼此的文化习惯，注意来自不同背景的人在讨价还价、介绍情况、观点争执和方法原则上所表现出来的文化特征和反映出来的文化风格。

二、文化差异的四个维度及其对谈判活动的影响

文化维度理论是跨文化理论中具有影响力的理论之一，是荷兰心理学家吉尔特·霍夫斯泰德（Geert Hofstede）提出的一个跨文化交流的框架理论，该理论的基础是对数十个国家和地区的 10 万多名 IBM 员工的问卷调查，涵盖从工人到高层管理人员的各阶层、不同收入群体的人。霍夫斯泰德认为，文化不是一种个体特征，而是具有相同社会经验、受过相同教育的许多人所共有的心理程序。不同的群体、不同国家或地区的人们，这种共有的心理程序之所以会有差异，是因为他们向来受着不同的教育、有着不同的社会环境和工作经历，从而也就拥有不同的思维方式。他把文化差异归纳为四个基本的维度，不同文化之间的差异都可以追溯到基本维度中的一个或几个。这些维度是：个人主义/集体主义、权力距离、不确定性规避、男性化/女性化。

（一）个人主义/集体主义对谈判目标的影响

霍夫斯泰德认为，个人与集体的融合程度是区分个人主义与集体主义的标准。在以个人主义为主要特点的社会，集体、社会关系松散，人们以自我为中心，强调个人成就和个人的权利，相互依赖程度弱。相反，集体主义社会中的个人往往被看作群体中的一员，集体、社会关系紧密，他们期望得到"群体之内"的人员的照顾，个人以集体为荣，并要对集体保持绝对的忠诚。作为集体主义社会的一员，人们往往强调和谐共处，相互依赖程度强。

（二）权力距离对谈判决策的影响

霍夫斯泰德的权力距离是指，在国家、机构或组织里，人们接受或期待权力分布不平等状况的程度。高权力距离社会的成员接受等级的不平等，而低权力距离社会的成员倡导人与人之间的平等，强调个人权利及民主。在高权力距离的国家，地位等级的象征非常重要，上级或领导拥有的特权被认为是理所当然的，而员工倾向于对权威的服从。在低权力距离的国家，员工并不接受管理阶层的特权，他们更强调个人的能力。

（三）不确定性规避对谈判进度的影响

不确定性规避是指一个社会对不确定因素和模糊情景的容忍程度。不确定性规避程度较高的社会成员往往努力减少未知因素或非常见情景出现的频率。他们惧怕冒险，喜欢计划和循规蹈矩，习惯于按规矩和规则做事。他们更相信权威，乐于通过权威的意见和专业知识来规避不确定性。相反，不确定性规避程度较低的社会成员习惯于变化的因素，喜欢冒险，讨厌太多的规则。

（四）男性化/女性化对谈判风格的影响

霍夫斯泰德在对男性化的研究中指出，男性化的特点是强调竞争、成就、果断、雄

心和权力,注重自我表现,认为人们活着就是为了工作。与之相反,女性化更注重感情,富于同情心,强调福利、生活的质量以及和谐的关系等,通常认为人们工作是为了更好地生活。属于男性化社会的谈判代表在谈判遇到冲突时,较少做出让步,他们通常表现出坚决的态度和咄咄逼人的势头。而属于女性化社会的谈判代表注重气氛的和谐,在谈判遇到僵局时,往往会给予适当的让步。

三、跨文化谈判中的中外文化差异

跨文化谈判中的中外文化差异主要体现在语言、宗教信仰、社会习俗、思维模式、利益意识与人情意识等各个方面。涉外商务谈判人员要培养跨文化意识,掌握必备的知识,提高跨文化商务交往能力。

(一)语言的差异

语言是人类所特有的用于表达和交流思想的工具,是一种既特殊又普遍的社会现象。语言是文化的根本,每一种语言都被赋予特殊的文化内涵。在国际贸易活动中,文化差异的存在导致了不同语言之间交流转换的困难,对国际商务交往具有很大影响。有时,一个相同的广告往往会因为语言的差异在市场上呈现出完全不同的效果。

(二)宗教信仰的差异

宗教是一种社会现象和社会行为,它包括指导思想、组织、行动、文化等方面的内容。自人类成为具有社会性的群体以来,宗教就作为具有培养和加强人的社会性作用的一种重要的社会行为而成为社会的必需。作为意识形态层面的宗教,对国际贸易也会产生影响。商务谈判过程中,要将对方的宗教信仰作为重要因素来考虑。不同的宗教有不同的文化禁忌,一旦触及,就会给谈判带来不利的影响。

> **案例 13-2**
>
> **"一带一路"沿线国家运营中的跨文化问题**
>
> 某国际著名公司曾经在泰国推出一则收录机的电视广告。广告开始,佛祖法相庄严,闭目凝神,潜心修炼,纹丝不动,而戴上收录机耳机之后,竟然眉飞色舞、手舞足蹈,佛祖之威严和宗教之虔诚荡然无存。泰国是"佛教之国",该国际著名公司的广告亵渎了佛祖,触犯了泰国国教,激起了泰国人的愤怒。泰国政府强令该公司立即停播此广告,同时规定,一年里任何公众媒体不得刊登有关该公司的消息,该公司损失巨大。
>
> 该公司的教训警醒着在"一带一路"沿线国家运营的中国企业:应对各国的跨文化禁忌有充分了解和掌握,秉持诚信经商、尊重当地文化的原则。
>
> 资料来源:根据网络资料整理撰写。

(三)社会习俗的差异

社会习俗是长期逐渐养成的一时不容易改变的行为、倾向或社会风尚。它不仅会影响消费者的消费价值观，而且会影响人们的工作和思维模式。一个成熟的跨国公司必定是一个了解目标国文化的公司、一个注重文化差异的公司。世界著名的希尔顿酒店非常重视风俗习惯的差异，针对其所在地区或国家市场的需要进行各具特色的装潢和个性化服务，同时鼓励厨师利用当地的原料烹饪符合地方风味的佳肴。每个国家都有自己的习俗与禁忌。比如，中国人用握手表示友好，但如果与德国人握手，他会惶惑不安；中国人吃饭用筷子，西方人则用刀叉。这些日常生活习惯也会影响谈判中的沟通。跨文化谈判中，微妙的表情、手势等体态语言的交往沟通也有很大差异。美国人用大拇指和食指做成圆圈来表示"OK"，在日本这却是表示钱的符号，在法国则表示零或毫无价值，而在其他国家可能还有其他的意思。

（四）思维模式的差异

西方文化的思维模式注重逻辑和分析，而东方文化的思维模式则表现出直觉整体性。由于思维模式存在差异，不同文化的谈判者呈现出谈判方式上的差异。按照讨论问题的先后顺序可将谈判方式区分为横向谈判和纵向谈判。横向谈判是首先确定谈判所涉及的所有议题，将各项议题综合起来考虑，循环反复地讨论，齐头并进，交错进行。纵向谈判是对所确定的议题按先后顺序一个一个依次进行谈判。一般来说，选择横向谈判还是纵向谈判应根据谈判内容和谈判活动的具体情况而定，而实际上这更受思维模式的影响。比如，美国人往往采用纵向谈判方式，而法国人主要采用横向谈判方式；美国的谈判人员喜欢以一揽子交易的方式，按议题的先后顺序依次进行商谈，而法国谈判人员喜欢先为谈判议题勾勒一个大致的轮廓，然后经过反复交谈确定议题中的各个项目。

（五）利益意识与人情意识的差异

西方人具有强烈的利益意识，在谈判过程中关注的是能否获得利益。中国谈判者在关注利益的同时，还存在人情意识。由于儒家文化的影响根深蒂固，自古以来，我们在人际交往中讲究礼节。谈判过程中，西方人着装整洁、举止得体、谈吐文雅、礼尚往来，也非常重视谈判者之间的人际沟通，但这一切都是围绕利益展开的，他们不会因为人情而牺牲利益。在涉外商务谈判中，建立良好的人际关系和相互信任是谈判成功的重要因素，但过分注重人情、看重面子则会妨碍人们客观地认识和处理问题。

延伸阅读

文化差异所导致的招聘结局

日本的一家公司要招聘10名员工，经过严格的面试，公司从300多名应征者中选出了10位佼佼者。发榜这天，一个叫水原的青年看见榜上没有自己的名字，痛不欲生。正当水原悲伤之时，公司却传来好消息：水原的成绩原是名列前茅的，只是由于计算机的错误导致了水原的落选。正当水原一家人欣喜若狂之时，公司又传来消息：水原被公司除了名。原因很简单，公司老板说：如此小的挫折都受不了，这样的人在公司是难成什么大事的。

美国的一家公司要招聘10名员工，经过严格的面试，公司从300多名应征者中选出了 10 位佼佼者。发榜这天，一个叫汤姆的青年看见榜上没有自己的名字，痛不欲生。正当汤姆悲伤之时，公司却传来好消息：汤姆的成绩原是名列前茅的，只是由于计算机的错误导致了汤姆的落选。正当汤姆一家人欣喜若狂之时，美国各大州的知名律师都来到汤姆的家中，他们千方百计地鼓动汤姆到法院告这家公司，让公司支付巨额的精神赔偿，并自告奋勇地当汤姆的律师。

德国的一家公司要招聘 10 名员工，经过严格的面试，公司从 300 多名应征者中选出了 10 位佼佼者。发榜这天，一个叫萧恩的青年看见榜上没有自己的名字，痛不欲生。正当萧恩悲伤之时，公司却传来好消息：萧恩的成绩原是名列前茅的，只是由于计算机的错误导致了萧恩的落选。正当萧恩欣喜若狂之时，萧恩的父母却坚决反对自己的儿子进入这家公司。他们的理由不容置疑：这家公司工作效率如此差劲，进入这家公司对儿子毫无益处。

第 3 节　涉外商务谈判中的技巧

多国性、多民族性、谈判对象的多层次性是国际贸易的重要特征。不同国家、不同民族、不同地域的人，其价值观、消费习俗、生活方式、文化背景等差异极大，形成了各具特点的谈判风格。只有充分了解和熟知这些，才能在涉外商务谈判中掌握主动、游刃有余。

一、与美国人谈判

美国的历史文化传统决定了美国人外向型的性格特点，表现为直率、自信、果断且充满幽默感，直接向对方表露出真挚、热忱的情绪，随时能与别人进行滔滔不绝的洽谈，即使是与陌生人初次见面，也会表现出老友久别重逢般的亲热之情。在涉外商务谈判的过程中，美国人把他们的这些性格特点带到了谈判桌上。

（一）美国人参与商务谈判的特点

1. 灵活自信，善于表达

在谈判开始前，美国人就会兴致勃勃地步入会场，表现出他们对谈判成功的信心和把握，从而达到一种先声夺人、从气势上压倒对方的效果。谈判中，他们语气明确、肯定，不断地发表见解、提出要求，以积极的态度和诚意来谋求己方的经济利益。他们精力充沛、头脑灵活，能在不知不觉间将一般性交谈迅速引向实质性商洽。在谈判桌上，美国人利用策略的目的，是让对手同他们一样注重长远利益和整体利益，并希望对手做出适当的让步。美国人喜欢与"高手"——与自己同样精明的谈判者交往，当对手同样自信和多谋时，他们会心生敬意，从而更易于洽谈。因此，与美国人谈判就要针锋相对，这样不仅不会引起对方的反感，反而会博得对方的赏识。

2. 珍惜时间，注重效率

美国人非常珍惜时间，因为在他们的观念中，时间是一种特殊的商品，其价值是可以估算的。他们经常精确到以"分"来计算时间。比如，年薪 10 万美元，每分钟就值 8 美元，美国谈判者不愿浪费一分钟去做无聊的会客和毫无意义的谈话。假使被别人占用了 10 分钟，他会感到自己被偷走了 80 美元。因此在涉外商务谈判中，许多美国谈判者约好时间，走进办公室，坐下来就谈正事。他们认为直截了当就是效率，是尊重对方的表现，也表明自己知道对方很忙，不愿意浪费对方的宝贵时间。在谈判中，最成功的谈判人员就是能熟练地掌握把一切事物用最迅速、简洁、令人信服的语言表达出来的艺术的人。然而，由于世界各国对时间的重视程度不同，他们有时不得不耐下心来，尽量试着去适应对方的谈判节奏。当然，这并不是说美国谈判者只是一味无原则地等待，他们的期望值就是不超出自己心目中的最后期限，一旦突破此期限，谈判就很有可能破裂。

3. 重视利润，积极务实

在许多美国谈判者看来，谈判做生意的唯一目的就是获取利润。美国人积极务实，利他主义不是他们做生意的主要动机，而是意外的副产品，只有利润才是至关重要的。对他们而言，关系最大的是谈判，而不是参加谈判的人员，在多数情况下，双方素昧平生，并不需要互相认识。若能建立良好的个人关系当然最好，但那往往要花费宝贵的时间，只要对象合适、条件合适、时间合适，就可以进行洽谈。如果某种做法有利于合理而有效地达成目标，他们就采取那种做法。如果出现另一种能使生意做得更好的办法，他们就会立即做出改变。他们把高效率和取得进步看得比保持已有习惯更重要。在美国，只要一个人在经济上取得成功，就会受到人们的敬重。因此，能否取得更多利润始终为他们所关注。

4. 重合同，法律观念强

美国是一个高度法制化的国家，其法律观念也充分体现在商业交易中。美国人认为，交易最重要的是经济利益。为了保证自己的利益，最公正、最妥善的办法就是依靠法律、依靠合同。因此，他们特别看重合同，认真审慎地讨论合同条款，尤其重视合同违约的赔偿条款。一旦双方在合同履行中出现意外，就严格依据双方事先约定的责任条款处理。因此，美国人在商务谈判中对于合同条款的讨论十分详细、具体，他们关心合同适用的法律，以便在合同执行过程中能顺利地解决各种问题。

5. 优越感强，不轻易让步

美国人有着一种几乎是与生俱来的优越感，这种优越感体现在谈判者身上，便是对自己的谈判方式坚信不疑，认为这是最顺其自然、合乎逻辑的。谈判时，他们不仅希望对方同意，而且希望对方当场同意。有时在进行第一次谈判时，他们甚至就带着空白合同，随时准备签约。如果看出对方对他们的谈判感兴趣但尚未下定决心，他们可能给其尝点甜头，如主动介绍情况、打消对方疑虑、提供种种便利条件等，以便把犹豫不决的外国人拉到谈判桌上。但在正式洽谈中，他们却很少做出诸如减价等让步，在他们心目中，一味地让步不是因为缺乏信心、害怕失败，就是根本不懂谈判策略。当然，美国人也并非一味地坐等别人屈从于他们的条件，而是积极通过公关、广告宣传等方式，笼络对方的感情，树立自己的形象，突出自己的优势，从而使谈判对手心甘情愿地接受他们提出的条件，取得谈判的最后成功。

6. 族裔多，谈判风格迥异

由于美国移民较多、族裔混杂，各地商人的习惯和谈判风格有较大的差异。以纽约为中心的东部商业团体中，犹太人的势力很强，他们头脑灵活，精于讨价还价，精通国际贸易业务知识，因此在与其进行商务交往时要特别慎重。美国中部的商人以北欧血统居多，他们和蔼可亲、喜欢交际、恪守信用，一旦取得他们的信任，便有望将生意长期做下去，然而一旦背信弃义就很难恢复信用。西部商人性格直爽，但生意经验略为生疏，因而非常注重文字契约，契约的内容详细、明确，以免日后产生纠纷。美国南部商人待人诚恳但性情急躁，往往喜怒哀乐形之于色，有时会大发脾气。他们注重文字契约和商业信用，合同中应尽量详细列明各项条款。

（二）与美国人谈判的要诀

1. "是"与"非"必须明确清晰

明确表明态度是与美国人谈判时一条基本的原则，当无法接受对方的条款时，要明确地告知对方，而不应含糊其词或迟迟不作答复，否则会导致日后产生纠纷。

2. 对待纠纷必须诚恳、认真

出现纠纷要积极诚恳地面对，不要刻意赔笑脸，因为在美国人看来，出现了纠纷而争论时，双方的心情都不好，此时的笑容必定是装出来的，这会使他们更加生气，甚至认为你已经自认理亏了。

3. 不要指名批评某人

在与美国人的谈判中，指责对方公司中某人的缺点，或把以前与某些人的摩擦旧话重提，或贬低己方竞争对手公司的缺点等，都是不可取的。

4. 谈判时间不宜过长

除非特殊需要，与美国人的谈判时间不宜过长。因为美国公司每月、每季都必须向董事会报告经营利润情况，如果谈判时间过久，就会对美国人失去吸引力。因此，只要报价基本合适，谈判进行了两三个回合，就应及时拍板成交。

二、与德国人谈判

德国人严谨敬业，守信自律，说话简单明了，做事雷厉风行。

（一）德国人参与商务谈判的特点

1. 充分准备，周密部署

德国人的思维具有很强的系统性和逻辑性。在谈判开始之前，他们就会索取有关公司业务开展、银行借贷、经营组织等情况的参考材料，并想方设法同对方的技术人员和顾客进行交谈，从而掌握翔实的第一手资料，使谈判立足于坚实的基础之上。

2. 自信心强，很少让步

德国人性格倔强、自负，缺乏灵活性和妥协性，因此在交易中很少让步，讨价还价的余地不大。在谈判中，德国人习惯以本国产品作为衡量的标准，强调自己方案的可行性，有时甚至十分固执，而他们自己往往在签订合同前的最后时刻想方设法使对方做出让步。因此，与德国人打交道，最好在他们报价之前进行摸底，对可能成为双方争论焦点的问题给予客观合理的分析，以对方容易接受的方式阐明自己的立场。

3. 清晰果断，有条不紊

德国人喜欢明确表示自己希望做成的交易，准确规定交易方式，详细列出谈判议题，提出详尽的报价表，并预判谈判中的一些不利因素。在谈判过程中，不论是对问题的陈述还是商品的报价都明确而果断，推动谈判按日程规定环环相扣、有条不紊地进行，有效避免了无休止的拖延和无意义的纷争。在他们眼中，评价一个谈判者能力高低的标准，就是看他所经办的事情能否得到快速有效的处理。

4. 诚实守信，认真履约

德国人注重遵守各种社会规范和纪律。他们对签订合同非常慎重，只有将各项条款的每一个细节都搞清楚之后才会签约。一旦合同生效，他们不仅自己会遵守规定、严守信用，而且会要求对方恪守合约，绝不轻易毁约。德国人多以信用交易为主，不常使用支票进行结算支付，他们一般是在交货 30 天或 40 天后付款，除非特殊情况，否则他们不会同意开支票。德国商人很少背信弃约，极高的履约率为他们在国际市场上树立了良好的信誉和形象。

5. 谋求建立和发展长久合作关系

德国谈判者希望通过一笔生意与贸易伙伴建立起长久的合作关系，而不喜欢"一锤子"买卖。他们会在生意正式敲定之前举办一些社交活动，这实际上是谈判活动的前奏，目的在于加深彼此的了解和友谊，等关系发展到一定阶段，谈判过程中的障碍自然会减少。因此，若想在德国长期立足，适当的感情投资是必不可少的。

（二）与德国人谈判的要诀

1. 做好充分准备

德国人在谈判前会进行充分的专业准备，因此和德国人谈判，也一定要做好各方面的准备，以便回答他们关于公司和其他方面的详细提问，用令人满意的回答表明自己的实力。如果事先准备不足，谈判中思维混乱，就会引起他们的反感和不满。另外，德国人经常在签订合同之前的最后时刻试图压价，对此要有所准备。

2. 尊重商权

在德国的法律条文中，关于商权保护规定得严格而明确。例如，取消代理契约的时候，就必须支付若干年期间的年平均交易所得利益，在未付给补偿金以前不能取消代理契约。在与德国人合作时，务必要重视商权的处理，不可大意。

3. 务必守时

同严肃认真的德国人打交道时，不仅谈判不能迟到，其他社交活动也不能随便迟到。否则，他们的厌恶之情就会溢于言表，从而破坏谈判的气氛。

4. 尊重契约

订立契约之后，德国人就会开始认真履约。例如，尽管有时他们未在发票上签字，但到了付款日期，也一定会汇款过来。外国客商不仅要遵守严格的交货日期要求，还要遵守严格的索赔条款。只有认真履行合同，才能在德国人心目中增强信誉度。

5. 保持耐心

在正式签约之前，德国人会一丝不苟地收集、了解一切可能得到的信息，还要与对方进行一系列的讨价还价，这都需要一定的时间。这就要求谈判人员足够耐心，避免急躁，以免使他们产生不信任感。

6. 尽量不在晚上安排工作

德国人工作起来常常废寝忘食，但他们对家庭生活也很看重，尤其到了晚上，会与家人团聚，共享天伦之乐。因此，与德国人的谈判尽量不要安排在晚上，谈判者个人也尽量不要因公务在晚上去打搅他们，甚至连礼节性的拜访也应尽量避免。

三、与英国人谈判

英国是世界上资本主义发展最早的国家，历史上有过非常强盛的时期，曾经辉煌的历史赋予英国人很强的民族自豪感和排外心理。总的来说，英国人高傲、保守，保持着一种不慌不忙的绅士风度。

（一）英国人参与商务谈判的特点

1. 性格傲慢、保守

在人际交往中，开始时英国人总是保持一段距离，然后才一步一步接近，交往中比较讲究礼仪和绅士风度。因此，在与英国商人的谈判中要主动介绍商品情况、提供报价等，同时要在谈判中注意修养和风度。另外，英国人的等级观念比较重，在交往与谈判中很看重资格。

2. 时间观念很强

英国人严格遵守约定的时间，通常拜会英国人或与他们洽谈生意需要预约，并最好提前到达，以获得他们的信任和尊重。

3. 态度比较严谨

英国商人的谈判态度比较严谨，只要他们认为某一个细节没有解决，是绝对不会同意签约的。对此要有耐心，急于求成往往适得其反。

4. 不轻易认错

面对谈判过程中遇到的纠纷，英国商人会毫不留情地进行争辩，不会轻易认错。但他们也重视逻辑和证据，对于谈判中的争端，若能提供证据材料并坚持耐心合理的说服，不仅可以消除分歧达成一致，而且能获得他们的好感。

（二）与英国人谈判的要诀

1. 礼尚往来，平等交往

虽然与别国的谈判者会谈也应注意礼节，但从礼节追求到对交往的态度，英国绅士更容易因小事而引起误会。只有充分注重礼节，才更容易得到自由对话、畅快表达意见的权利，营造友好的谈判氛围。此外，在对话人的等级上，诸如职位、年龄、文化教育水平、社会地位上应尽可能对等，这有利于推进谈判、加强讨价还价的力度。

2. 利用"架子"求实惠

外交式的、绅士般的风格常常使英国谈判者受到来自形象的约束，无形中产生心理压力。对此应充分利用，在谈判中予以大力宣扬，把对方架得越高，就越容易在谈判中施压。只要掌握确凿的证据，在有理、有力的论证下，英国谈判者不会为坚持其不合理的立场而失去面子。由于将其形象架得高，施加压力时，言语会更加有力，对其自尊心的刺激也更大，谈判效果自然会更好。

四、与俄罗斯人谈判

（一）俄罗斯人参与商务谈判的特点

1. 固守传统，缺乏灵活性

在涉外谈判中，一些俄罗斯人仍然带有明显的计划体制的痕迹。在进行正式谈判时，他们喜欢按计划办事，如果对方的让步与他们原定的目标相吻合，则容易达成协议；如果有差距，想让他们让步会特别困难，有时甚至他们明知自己的要求不符合客观实际，也不会做出妥协。

2. 注重技术细节

俄罗斯人特别重视谈判项目中的技术内容，这是因为引进技术要具有先进性、实用性。由于技术引进项目通常比较复杂，对方在报价中又可能会有较大的水分，为了尽可能以较低的价格购买最有用的技术，他们特别重视技术的具体细节，索要的材料也包罗万象，如详细的车间设计图纸、零件清单、设备装配图纸、原材料证明书、化学药品和各种试剂、各种产品的技术说明、维修指南等。

3. 善于讨价还价

俄罗斯人十分善于同外国人做生意，如果想引进某个项目，首先会对外招标，引来数家竞争者，随后不慌不忙地进行选择，并采取各种手段，让争取合同的对手之间竞相压价、相互残杀，最后坐收渔翁之利。俄罗斯人是讨价还价的行家里手，不论你的报价多么公平合理，计算怎样精确，他们都不会相信，总是千方百计地挤出其中的水分，达到他们认为理想的结果。

（二）与俄罗斯人谈判的要诀

1. 配备技术专家

在与俄罗斯人谈判时，可能要就产品的技术问题进行大量反复的磋商，为了能及时准确地对技术细节进行阐述，必须有充分的准备，在谈判中配备技术方面的专家。

2. 谨慎订立索赔条款

同俄罗斯人谈判，要十分注意合同用语，语言要精确，不能随便承诺某些不能做到的条款，对索赔条款要十分慎重。例如，在出口一方国家的气候条件下，产品可能不会出现问题，但不能轻易拍胸脯保证机器设备在任何温度下工作都没有问题，更不能做出产品出现问题后愿意赔偿一切损失的承诺。否则，出口方可能会十分被动，其产品有可能被送到西伯利亚雅库茨克的工厂去，如果产品在 -30 ℃ 的气温中冻住了，生产线停产并使工厂没有达到生产额度，那么毫无疑问，要付给对方巨额的赔偿金。

3. 选择适当的报价策略

对俄罗斯人的报价策略有两种形式：第一种是报出你的标准价格，然后力争做最小的让步。可以事先印好一份标准价格表，表上所有价格都包含适当的溢价，给谈判留下余地；第二种是公开在标准价格上加上一定的溢价（如 15%），并说明这样做的理由是同其做生意承担的额外费用和风险。一般来讲，第二种策略要好些，因为如果在报价之初就固定一个价格，几个星期甚至数月后，情况可能会发生很大变化，俄罗斯的通货膨胀率远超欧美。所以，如果俄罗斯人不用硬通货支付交易额，那么，与他们做买卖就很有可能吃亏，所以对俄罗斯人要尽量缩短报价期限，并充分考虑报价在合同期内所受通货膨胀的影响。

五、与日本人谈判

日本文化深受中国传统文化的影响，儒家思想文化、道德意识已深深积淀于日本人的内心，并体现在行为方式中。日本人慎重、规矩、礼貌、耐心、自信，事业心和进取精神都很强，工作勤奋刻苦，态度认真且一丝不苟。

（一）日本人参与商务谈判的特点

1. 重视人际关系

日商在同国外客商进行初次商务往来时，比较喜欢进行个人的直接面谈接触，特别是许多中小企业。与自己找上门的客商相比，日本厂商对经过熟人关系介绍来的客商往往更乐于接触，因为介绍人已对想与他见面的客商的公司情况及其在公司中的地位做出了说明。通过这种沟通，他们能初步了解对方，在心理上做好准备。在谈判中，日本人尽力避免直接争论，因为在激动时会说出不得体的言辞，冲突对双方都不利。通常日本人不会直截了当地拒绝谈判对手的建议，使对方难堪，他们总是老练地运用彬彬有礼和模棱两可的态度来消除意见的分歧。重视发展人际关系，把生意关系人性化，这是日本在谈判中屡获成功的重要保证。

2. 精于讨价还价

日本人在与外国人面对面谈判时，会对年长者、某方面强于自己的人彬彬有礼、殷勤谦恭。在国外，他们尊重所在国家或地区的礼节和习惯。然而，在这背后却隐藏着"一定要赢"的战略。在谈判中，日本人经常在说笑中讨价还价，这反映了一种礼貌在先、慢慢协商的风格，使谈判在友好的气氛中进行。为了与谈判对手建立信赖感，日本人首先会介绍自己公司的历史和成绩，向对方表明其好意，说明双方合作的可能性，随后进行一些个人间的杂谈，以便与对方建立亲密关系。杂谈往往以"您是第一次来日本吗？""旅行愉快吗？"等一些基本提问开始，接着亲密地谈起各自家族成员情况、双方的共同兴趣以及对两国友好城市发展的看法，逐渐使对方放松戒备，为讨价还价做好心理上的准备。在谈判过程中，日本人的报价往往水分很大，然后再经过漫长的讨价还价过程成交，所以对日商的报价要特别留心，认真做好比价工作，做到心中有数。相反，日本人在还价时往往杀价较狠，但只要你拿出有说服力的资料或证据，他们还是愿意接受的。因此，不要因日本人杀价过狠而动摇谈判的信心。

3. 集体决策，配合默契

日本企业的谈判团多由以前共事过的人员构成，彼此之间相互信赖。即使是初次共事的成员，相互之间也配合默契。日本人在同外国企业谈判时，喜欢与地位相当的人接洽，这是因为日本谈判团内部角色分工很明确，等级意识也很强。他们利用不同层次的人出场与谈判对手不同层次的人交际，探听情报、研究对策、施加影响、争取支持。谈判时，由谈判组成员努力争取、讨价还价，最后由决策者出面稍做让步，达到谈判目的。

4. 固执、冷静，不轻易妥协

在谈判中，日本人几乎会毫不退让地坚持原有条件。一次又一次地商谈，他们始终重复原有的主张，提出同一个目标，谦恭的外表下隐藏着誓不妥协的决心。终身雇佣制造就了日本人的耐心和固执己见，他们相信坚持不懈就能克服重重障碍，相信自己的不屈不挠会使谈判对手最终妥协。在遇到出人意料的问题时，日本人对任何要求都不急于答复，他们相信"沉默是金""祸从口出"。当面对一些不愿回答又必须回答的问题时，他们多半会说："这是一个很好的问题，反过来我想问一下你是怎样认为的。"有时他们也会摇摇头，微微一笑说："对这个问题我一点也不明白"，"实际上我也搞不清楚"，或者"此事还是问一下别人为好"。某种程度上，他们把能否将心事不表露在脸上作为衡量谈判者是否成熟的标志。

5. 充分利用时间，极具耐心

日本人在谈判中的耐心是举世闻名的。日本人的耐心不仅表现为缓慢，而且表现为准备充分，考虑周全，谈判有条不紊，决策谨慎小心。当日方谈判代表仔细推敲某一问题时，总是一下子变得沉默不语。一些外国人对这一点常常不能理解，很容易掉进圈套，等他们醒悟时后悔莫及。其实，只要再耐心地等待几分钟，一切都会圆满解决。为了一笔理想的交易，他们可以毫无怨言地等上两三个月。耐心使日本人在谈判中具有充分的准备，耐心使他们多次成功地击败那些急于求成的欧美人，耐心使他们成功地运用规定期限技巧，耐心使他们赢得了一次又一次主动。所以，与日本人谈判，缺乏耐心或急于求成恐怕会输得一败涂地。

6. 重视贸易的长远效应

日本人在国际商务活动中，重视销售额远胜于重视利润，他们追求规模效益，把扩大市场占有率放在首位。日本人善于在国际贸易中运用吃小亏占大便宜和卡关键、放长线、钓大鱼等经营策略。对此，在交往中一定要保持清醒的头脑，冷静分析，不要为小利而冲动，要进行全面长远的权衡。

7. 重视相互的信任与尊重

日本人非常重视相互的信任与尊重。在商务谈判中，如果对方带律师参加，日本人会认为这是不信任的表现，反而会增加谈判的阻力。当发生争执时，日本人通常不选择诉诸法律，因为在很长的历史中，日本不是靠法律而是靠仲裁来解决争端的。与日本人进行交易，不能一接触就谈生意，往往要把大量的时间用于开场白，强调合作的诚意和好处，这些诚意要反复强调，并贯穿整个洽谈过程。通过相互赞扬以示尊重对方的做法，已逐渐成为一种客套和礼仪。

（二）与日本人谈判的要诀

1. 寻找合适的中间人牵线搭桥

在与从未打过交道的日本企业谈判时，要尽量在谈判前获得日方的信任。公认的最好办法是取得日方认为可靠的另一个信誉很好的企业的支持，即找一个信誉较好的中间人。在谈判的初始阶段，就是在面对面地讨论细则之前，往往由中间人出面，中间人告诉你是否有可能将谈判推向下一步。中间人在沟通双方信息、加强联系、建立信任与友谊上都有着不可估量的作用。所以，在与日方谈判时，要千方百计地寻找合适的中间人牵线搭桥。中间人既可以是企业、社团组织、皇族成员、知名人士，也可以是银行、为企业提供服务的咨询机构等。

2. 保全面子

与日本人谈判要注意的首要问题是保全他们的面子，要做到这一点，以下三个方面需要注意：第一，不要直接指责日本人，否则肯定会有损相互之间的合作关系。较好的方法是把自己的建议间接地表达出来，或采取某种方法让日本人自己谈起棘手的话题，或通过中间人去交涉令人不快的问题。第二，避免直截了当地拒绝日本人。如果不得不否定某个建议，就尽量婉转地表达，或做出某种暗示，也可以陈述你不能接受的客观原因，要绝对避免使用羞辱性、威胁性的语言。第三，不要当众提出令日本人难堪或他们不愿回答的问题。有的谈判者喜欢运用令对方难堪的战术来打击对方，但这种策略对日本人最好别用。如果让其感到在集体中丢了面子，那么圆满的合作就不存在了。

3. 尽量避免选派35岁以下的人与日本人谈判

日本企业实施年功序列制，他们认为，员工年龄愈大，在企业的工龄愈长，技术熟练程度愈高，功劳也就愈大。因此，日本企业的中高级管理人员年纪都较长。美国一位高级技术公司的经理这样告诫人们:"派一个年轻人去同日本的高级经理人员谈判,人家都已经是 65 岁的老人了,这不是存心戏弄人家吗?"可见,如果派一名年轻人去同日本年长的经理人谈判,意味着对谈判对手的不尊重。

4. 准确领悟日本人的表达

不要把日本人礼节性的表示误认为是同意的表示。在谈判中,日方代表可能会不断地点头,并且说"嗨"。但是日本人这样说往往并不代表同意,而是在提醒对方,他在注意听。当日方谈判代表在仔细推敲某一问题时,总是一下子变得沉默不语。这一点常常叫一些外国人"丈二金刚摸不着头脑"。一次,美国国际电话电报公司与日本一家公司进行一项商业谈判,在一切都谈妥后,美国国际电话电报公司就在双方均已认可的合同上签了字。可是当这份合同送到日本那家公司总裁面前请他签字时,这位总裁却坐在那里一动不动,沉思默想。见此状,美国国际电话电报公司的经理以为日本公司的总裁不肯签字,于是急忙同意再付给日方 25 万美元。其实,美国国际电话电报公司的经理只要再耐心等待几分钟,就能为自己公司省下这一大笔钱。要想在同日本人的谈判中取得成功,有人这样概括:千万不要把你心中想的告诉对方,要不动声色;要有无限的耐心;要使自己显得彬彬有礼,一句话,就是要像地道的日本人那样。

六、与阿拉伯人谈判

阿拉伯人的商业活动一般由扩大了的家族来指挥。在阿拉伯国家,人们十分看重对家庭和朋友所承担的义务,相互提供帮助、支持和救济,家族关系在社会经济生活中占有重要地位。

(一)阿拉伯人参与商务谈判的特点

1. 节奏缓慢,喜欢讨价还价

阿拉伯人在商务谈判中,往往要花很长时间才能做出最终决策。他们特别重视谈判的早期,在这个相互试探、摸清情况的阶段,他们其实已就谈判中的一些问题间接地与对方进行了讨论。这种社交式的、内容广泛且气氛轻松的会谈,大大增加了正式谈判取得成功的可能性。当其他地区的谈判者为了寻求合作前往拜访阿拉伯人,第一次很可能不但得不到自己期待的结果,反而会被对方的健谈所迷惑,有时甚至第二次乃至第三次都接触不到实质性的话题,这是阿拉伯人商务谈判的一大特点。此外,阿拉伯人认为做生意必须讨价还价,否则就不是严肃的谈判。在他们看来,评价一场谈判不仅要看争取到了什么利益,还要看是如何争取的,只有经过艰苦努力争取来的利益才更有意义和价值。

2. 中下级人员发挥重要的作用

谈判者在谈判中常常需要同两种人打交道:首先是决策者,其次是专家和技术人员。专家只对一些宏观性的问题感兴趣,较少顾及技术细节,尤其不喜欢看到长篇大论的陈述报告;而技术人员却希望对方尽可能提供一些结构严谨、内容翔实的技术资料,以便仔细地论证。在阿拉伯国家，谈判的决策是由上层人员负责的，但中下级谈判人员向上级提供的意见及建议会受到高度重视。这是因为许多阿拉伯人的决策者地位是靠金钱及家庭关系获得的，他们的实际业务经验少得可怜，有的甚至对公司运转情况一无所知，不得不依靠自己的助手和下级工作人员。

3. 通过代理商开展业务

几乎所有阿拉伯国家的政府都坚持让外国公司通过阿拉伯代理商来开展业务，不管该国公司的生意伙伴是个人还是政府部门，这就为阿拉伯人提供了一个理想的职业。当然，此举在一定程度上也为外国公司提供了便利，一个好的代理商对开展业务会大有好处。比如，它可以帮助雇主同政府有关部门取得联系，促使它们尽早做出决定，快速完成日常的监督工作，加速冗杂的文件报批，帮助安排货款回收、劳务使用、物资运输、仓储乃至膳食等事宜。在涉及大笔生意时，代理商可以帮助外国公司找到合适的关系，使谈判的项目尽快获得政府的批准。

（二）与阿拉伯人谈判的要诀

1. 尊重阿拉伯人的宗教信仰

在阿拉伯国家，宗教信仰直接影响着国家的政治、经济和人们的日常生活，因此，要想与阿拉伯人打交道，就必须熟悉阿拉伯人的宗教信仰。

2. 放慢谈判节奏

在谈判中，阿拉伯人看了某项建议后，会将它交给手下的技术专家论证是否有利可图并且切实可行。如果感兴趣，他们会在自认为适当的时候安排由专家主持的下一次会谈，以缓慢的节奏推动谈判的进展。与阿拉伯人谈判，往往是欲速则不达，因为他们喜欢用悄无声息的、合乎情理的方式开展自己的业务，而不喜欢咄咄逼人的推销方式。因此，不管实际情况如何，都要显得耐心、镇定，即便原定计划不能实现，也要从容不迫。

3. 讲究拜访策略，不断增进感情

阿拉伯人非常好客和讲礼貌，对远道而来并且亲自登门的外国客人十分尊重，不管手头有多么紧要的事情，他们都会想方设法表示欢迎。但是，当阿拉伯人问及拜访他的原因时，千万不要一开始就讲"如果谈判成功，将给你一个发财致富的机会"之类的推销行话，最好的表达方式是告诉对方自己的来访是为了得到他的帮助。在首次拜访即将结束之时，要有礼貌地感谢主人的热情接待，并借机询问是否可以改日再来。一般来说，阿拉伯人是不会拒绝客人再访的请求的。当合同开始生效时，拜访的次数可以减少，但是定期重温、巩固和加深已有的良好关系是在阿拉伯国家取得成功的关键，这会使崇尚兄弟之情的阿拉伯人感到合作伙伴是重信义、讲交情之人，而这种印象往往使客商在以后的谈判中获得意想不到的回报。

4. 数字、图形、文字相结合增强说服力

许多阿拉伯人不习惯花钱买原始材料和统计数据，他们不欣赏不能实际摸到的产品。因此，在与阿拉伯人谈判时应采取多种形式，将抽象服务项目变成看得见、摸得着的有

形事物，并采取数字、图形、文字相结合的方式加以说明，增强说服力，提升沟通效果。如果在谈判中确实需要提供一些附加材料，就要将这些材料进行精细的翻译。在翻译中，除了要注意使用恰当的语言，还应注意翻译的文种是否符合需要，因为在阿拉伯国家有许多外籍员工，他们可能成为产品或服务的主要使用者。

七、与拉美人谈判

一般来讲，拉美人的生活节奏比较慢，这也在谈判中明显地表现出来。

第一，注重私交，朋友关系重于一切。在拉丁美洲，人们多是通过家族关系获得信息的。私人间的关系远比公司间的关系重要得多。私人间的友情和关系对商务活动的开展有着重要作用。拉丁美洲绝大多数国家的人注重建立在双方相互信任、相互依靠基础上的长期关系。建立这种关系可能会消耗金钱和时间，也考验你的意志，但十分必要。在这些国家的商业活动中，你会发现拥有这种关系比你代表的公司实力更具有实际意义。

第二，避免在谈判中涉及敏感问题。拉丁美洲有许多国家和地区，党派众多，观点纷呈，国家间的矛盾冲突也比较多，要避免在谈判中涉及敏感问题。

第三，在拉丁美洲，各国政府对进出口和外汇都有不同程度的限制，而且差别较大。一些国家对进口审查很严，一些国家对外汇进出国境有繁杂的规定和手续。所以，一定要认真调查研究，有关合同条款也要写清楚，以免发生事后纠纷。拉美人尽管在合同条款中愿意讨论并敲定细节内容，但并不重视合同的履行，常常是签约之后又要求修改，合同履约率并不高。另外，这些国家经济发展速度不平衡，时常出现通货膨胀问题，所以，在对其出口交易中，应力争用美元支付。

第四，拉丁美洲人的时间观念不强。多数人对时间的认识是让时间服从自己，所以，约会迟到是经常的事。在许多国家，赴宴可以晚到半小时或一小时。他们拥有众多的假期，往往在洽商的关键时刻，他们要去休假，生意就只好等休假之后再商谈。

案例 13-3

周总理技巧高超的赞扬语

1971 年 7 月 9 日，美国总统国家安全事务助理基辛格秘密访华，与中国政府商谈尼克松访华、中美关系正常化问题。

由于长期处于紧张的对峙状态，美国政府当时对中国相当陌生，并存有许多误解。基辛格等人来中国之前，尼克松曾不止一次地设想这次与中国领导人会谈时的情形，以为中方会拍桌子，叫喊着打倒美帝，勒令他们退出中国台湾，滚出东南亚。基辛格一行人怀着忐忑不安的心情，踏上了"神秘"的中国国土。看到在机场迎接他们的叶剑英等人表情严肃，基辛格等人非常紧张。

可是，当周总理在钓鱼台国宾馆会见他们，与他们交谈以后，基辛格一行人原本紧张的心理顿时消失得无影无踪。周总理是怎样神奇地做到这一切的？他微笑着握住基辛格伸过来的手，友好地说："这是中美两国高级官员二十几年来第一次握手。"基辛格会意地笑了，他把自己的随员一一介绍给周总理。令基辛格等人吃惊的是，中国的总理对他们每个人都是那么熟悉，随之说出的每句话都是暖心的赞扬。周总理握着霍尔德里奇的手说："我知道，你会讲北京话，还会讲广东话。广东话我都讲不好。你在香港学的吧？"他握着斯迈泽的手说："我读过你在《外交季刊》上发表的关于日本的论文，希望你也写一篇关于中国的。"他握住洛德的手摇晃着，说道："小伙子，好年轻。我们该是半个亲戚。我知道你的妻子是中国人，在写小说，我愿意读到她的书，欢迎她回来访问。"周总理的话，好像春雨洒落在基辛格等人的心田。此后的会谈顺利展开，并获得了成功。

周总理看似简单平常的欢迎词，其实句句都是技巧高超的赞扬语。作为人际关系大师、伟大的外交家，周总理深知，基辛格一行人此次秘密访华，肩负着恢复美中两国外交关系谈判的重要政治使命，其心理必然是紧张的。为了消除他们的紧张心理，周总理故意淡化其扮演的政治角色，抓住基辛格的几位随员工作、生活中的个性细节，分别进行亲切、自然而又大方、得体的赞扬。而且，周总理事先做足了功课，对基辛格等人的工作、生活以及他们亲属的情况都了如指掌。因此，周总理对他们每个人的赞扬是既细致准确，又暖人心房。如此赞扬，怎能不令人倾倒？

资料来源：杨诗. 向周总理学赞扬方法. 刊授党校，2017（8）.

◀ 小　结 ▶

1. 国内商务谈判和涉外商务谈判都是商务活动的重要组成部分，它们之间既存在十分明显的区别，也存在密切的联系，还存在许多共性特征。其共性特征主要表现在：为特定目的与特定对手进行的磋商，谈判的基本模式一致，国内、国际市场经营活动的协调。其区别主要表现在：语言的差异，沟通方式的差异，时间和空间观念的差异，决策结构的差异，法律制度的差异，谈判认识的差异，经营风险的差异，谈判地域的差异等。

2. 在跨文化谈判中，谈判双方要了解文化差异，互相尊重彼此的文化习惯，注意来自不同文化背景的人在讨价还价、介绍情况、观点争执和方法原则上所表现出来的文化特征和反映出来的文化风格。

3. 霍夫斯泰德把文化差异归纳为四个基本的维度：个人主义/集体主义、权力距离、不确定性规避、男性化/女性化。这四个维度会在跨文化谈判中对谈判目标、谈判决策、谈判进度和谈判风格产生影响。

4. 多国性、多民族性、谈判对象的多层次性是国际贸易的重要特征。不同国家、不同民族、不同地域的人，其价值观、消费习俗、生活方式、文化背景等差异极大，形成了各具特点的谈判风格。只有充分了解和熟知这些，才能在涉外商务谈判中掌握主动、游刃有余。

◀ 复习与思考 ▶

一、基本概念

涉外商务谈判　　　　　文化差异

二、简答题
1. 涉外商务谈判成功的基本要求是什么?
2. 简述跨文化谈判中的中外文化差异。

三、论述题
1. 如何理解文化差异的四个维度对谈判活动的影响?
2. 试述不同的文化背景下世界主要国家(地区)谈判者的风格。

第 14 章
商务谈判的法律规定

商务谈判不仅是一种经济行为,而且是一种法律行为。因此在进行商务谈判时,首先必须符合有关的法律规定,才能称为合法行为或有效行为,得到法律的承认和保护。可以说,谈判中熟练运用法律是取得成功的基本保证之一。各国对商务谈判的法律规定,有的包含在民法中,有的包含在商法中,有的还制定有专门的法规。而在实际业务中,国内商务谈判因只涉及本国的法律,情况比较简单;而国际商务谈判则会涉及两个或两个以上国家的法律,有时还会涉及某些国际公约或某些国际惯例,因而情况要复杂得多。本章主要介绍法律在商务谈判中的地位和作用,以及国内外商务谈判的基本原则与基本法律规定。

第 1 节 法律在商务谈判中的地位与作用

在现代大量的社会活动和商务活动中,要通过谈判、协商签订具有一定约束力的契约,以及各种相关文书,以确定当事人各自的权利和义务。这些文件,特别是有关承担义务和责任的关键部分,一字一句必须含义明确、概念清楚,绝不可语言模糊、模棱两可,否则极易引起争议,后果难以预料。2018 年修订的《中华人民共和国宪法》规定:"全国各族人民、一切国家机关和武装力量、各政党和各社会团体、各企业事业组织,都必须以宪法为根本的活动准则,并且负有维护宪法尊严、保证宪法实施的职责。"2021年 1 月 1 日起施行的《民法典》规定:"中华人民共和国领域内的民事活动,适用中华人民共和国法律。""民事主体的人身权利、财产权利以及其他合法权益受法律保护,任何组织或者个人不得侵犯。"这些都表明了在商务谈判中可以依据和运用法律来维护自身权益。

一、法律能使商务谈判趋向公平与合理

  法律属于上层建筑的范畴，其与经济基础的联系最为直接，是经济基础最直接的反映。法律是统治阶级意志的体现，是一定时期内以经济为基础的社会各种政治力量对比关系的产物，而经济法是社会经济关系的重要调节器，是保证社会经济秩序的安全阀。一国的经济法是确立国家内部机关、社会组织和其他经济实体的经济法律地位，以及调整它们在经济管理过程和经营协调活动中所发生的经济关系的法律规范的总称。它不仅约束国有经济与集体经济的行为，也约束私营经济和个体经济的行为。一旦一方侵犯了另一方法定范围内的权利，另一方就可以依据法律规定，与对方进行交涉、谈判，以维护自身的合法权益，谈判就会在平等的条件下进行，其结果也就会趋近公平。

  国际经济法是调整国家之间、国际组织之间、国家与国际组织之间、国家与他国私人之间、国际组织与私人之间以及不同国籍私人之间相互经济关系的法律规范的总称。它不仅约束大国的行为，也约束小国的行为，发达国家与不发达国家在法律面前都是平等的。例如，联合国大会1962年通过了关于自然资源永久主权的八项原则的宣言，1974年通过了《建立新的国际经济秩序宣言》和《各国经济权利和义务宪章》，从而把主权原则扩展到经济方面，使各国的经济主权及经济自主和独立成为新的国际经济秩序的基本原则。这就使国际法逐渐改变了过去那种强国限弱国、大国欺小国的局面，逐渐趋向平等。依据这种公认的较为公平的行为准则进行谈判，结果也会趋向公平。

二、法律能促使商务谈判趋向科学化

  任何谈判都是在代表某一组织、集团或个人利益的谈判代表之间进行的，而各位谈判代表的个性与素质又各不相同，如强硬型谈判对手自信而傲慢；不合作型谈判对手以自我为中心，善用谈判技巧；而阴谋型谈判对手有时为了满足自身的利益和欲望，常使用一些诡计来诱惑对方达成不公平的协议。在这种情况下，由于法律是把符合客观规律的、确实行之有效的制度和方法条文化并使之固定下来，规范性、强制性和稳定性是它的基本特征之一。当谈判依据这种固定的、具有科学性的法律时，就能促使谈判摆脱那种纯粹以谈判者自身素质决定胜负，或以玩弄骗术获取成功的现象。此外，在谈判协议签订后，对不善意执行者，法律仍有控制权，凡违法的，都要受到制裁，这样就使谈判各方必须通过法律来约束自己的言行。总之，谈判通过法律的规范和强制摆脱了随意性，趋向科学化。

  比如，在如何判定合同的有效性上，我国《民法典》规定："行为人与相对人以虚假的意思表示实施的民事法律行为无效。""基于重大误解实施的民事法律行为，行为人有权请求人民法院或者仲裁机构予以撤销。"其中，行为人对行为的内容有重大误解，是指行为人因对行为错误认识，使行为的后果与自己的真实意思相悖，并造成较大的损失。由于意思表示存在重大误解而订立的合同，有关当事人有两种选择：如果当事人请求变

更,人民法院应予以变更;如果当事人请求撤销,人民法院可以酌情变更或撤销。从国际商法中可以看到,各国法律一致认为,并不是任何意思表示的有误,都足以使表意人主张合同无效或撤销合同,因为如果这样的话,交易安全就缺乏必要的保障。但与此同时,各国法律也都承认,在某些情况下,做出允诺有误的意思表示的一方可以主张合同无效或撤销合同,这是为了使某些并非故意做出错误意思表示的当事人不致承担过重的责任。

三、法律能促使商务谈判趋向正规化

法律作为上层建筑中最直接反映经济基础的部分,是人为制定的,但人们并非凭空形成法律条文,总是在参照各种惯例和习俗的基础上形成各种法规,其间就使有关的处理各类关系的一般通行做法从不正规变为正规。例如,贸易惯例并不是法律,并不具有法律的普遍约束力,从严格意义上讲,它还不正规。但是,当法律做出规定即"一旦当事人在合同中采用了某项惯例,它对合同双方当事人就具有了约束力"时,它就变为正规条文了。谈判以该条法律为依据,这项惯例就毋庸置疑地具有法律效力。《联合国国际货物销售合同公约》规定,双方当事人业已同意的任何惯例和他们之间确立的任何习惯做法,对双方当事人均有约束力;除非另有协议,双方当事人应视为已默示地同意对他们的合同或合同的订立适用双方当事人已知道或理应知道的惯例,而这种惯例,在国际贸易上,已为有关特定贸易所涉同类合同的当事人所广泛知道并为他们所经常遵守。这类条文使惯例转化为法规。因此,是否遵守这些惯例就不是当事人是否愿意的问题,而是是否违法的问题了。

法律面前无戏言。所以,依法规范谈判能使谈判行为乃至谈判双方之间的关系正规化。正规化之所以重要,是因为它可以减少谈判中的交易成本,节约谈判双方的时间和精力。目前,通过互联网进行双边贸易谈判的情况屡见不鲜,在这种贸易双方代表并不直接见面的远距离谈判过程中,一切依法律操作就变得尤为重要。

案例 14-1

中化公司与克虏伯公司合同纠纷的法律适用问题

2008年4月11日,中化国际(新加坡)有限公司(以下简称中化公司)与德国蒂森克虏伯冶金产品有限责任公司(以下简称克虏伯公司)签订了购买石油焦的采购合同,合同约定:中化公司向克虏伯公司采购燃料级石油焦25 000吨,石油焦的HGI指数典型值为36~46;本合同应当根据美国纽约州当时有效的法律订立、管辖和解释。中化公司按约支付了全部货款。然而,经双方认可的装货港检验,克虏伯公司交付的石油焦HGI指数仅为32。中化公司据此认为克虏伯公司的行为构成根本违约,请求判令解除合同,克虏伯公司返还货款并赔偿损失。

对此,江苏省高级人民法院一审认为,本案系国际石油焦买卖合同纠纷,虽然双方当事人在合同中约定涉案合同应当根据美国纽约州当时有效的法律订立、管辖和解释,但在诉讼中双方当事人均选择《联合国国际货物销售合同公约》(以下简称《销售合同公

约》)作为确定其权利义务关系的依据,而当事人所在国新加坡与德国均为《销售合同公约》的缔约国,故涉案合同应适用公约的有关规定。根据《销售合同公约》有关规定,克虏伯公司提供的石油焦 HGI 指数远低于合同约定标准,导致石油焦难以在国内市场销售,实际上剥夺了中化公司签订涉案采购合同期望得到的利益,无法实现其签订买卖合同时的预期目的,构成根本违约,判决支持中化公司的诉讼请求。克虏伯公司遂向最高院提出上诉。

最高院审理认为,本案审理首先适用《销售合同公约》。对于审理案件中涉及的问题公约没有规定的,应当适用当事人选择的美国法律。根据《销售合同公约》的规定,克虏伯公司交付的货物与合同约定不符,构成违约,但中化公司能够以合理价格予以转售货物,不构成公约规定的根本违约情形。据此,最高院终审判决,撤销原判,改判克虏伯公司承担部分货款及堆存费损失。

"一带一路"建设的不断推进,必将导致沿线国家之间的经济交易格外频繁,法律冲突的解决和协调的重要性尤为凸显。交易双方在合同签订的过程中,对于如何处理纠纷,应当明确合同关系适用的准据法和国际条约,这是妥善解决争议的前提条件。

资料来源:中化国际(新加坡)有限公司诉蒂森克虏伯冶金产品有限责任公司国际货物买卖合同纠纷案. (2019-02-25). https://www.chinacourt.org/article/detail/2019/02/id/3736877.shtml.

第 2 节　合同文本谈判

合同文本谈判是指商业交易条件形成后的法律鉴证文字谈判。合同文本既有法律的原则约束,又有谈判者的主观能动作用。其主要表现形式为合同正文和合同附件。

一、合同正文的谈判

(一)合同正文的结构

合同是民事主体之间设立、变更、终止民事法律关系的协议。我国《民法典》规定:当事人订立合同,可以采用书面形式、口头形式或者其他形式。书面形式是合同书、信件、电报、电传、传真等可以有形地表现所载内容的形式。以电子数据交换、电子邮件等方式能够有形地表现所载内容,并可以随时调取查用的数据电文,视为书面形式。合同正文的结构,即通常所讲的合同条文或合同条款的构成。每一笔交易都由相应的合同条款来反映,条款或多或少,绝非随意而为,而有其内在规则:该多的条款不能少,该少的条款不必多。

1. 合同条款的分类

合同条款可以分为基本条款和补充条款。基本条款包括商品名称、品质规格、数量、价格条件、包装、交货条件和付款条件,补充条款包括保险、检验、索赔、不可抗力、仲裁条款等。

2. 合同正文条款的组合原则

（1）量体裁衣原则。书写合同正文，犹如给人裁衣，应先量体而后裁制，否则，缝制不出合体的衣着，也写不出合适的合同正文。若将简单的交易以复杂的合同体现，犹如儿童穿着成人服装；若将复杂的交易以简单的合同体现，又如成人穿着童装。二者既可笑，又达不到目的。量体裁衣原则包括两层意思：

第一，结构分量。以货物交易与技术交易为例，单一的商品交易合同在结构上可能为轻型，合同条款也许十余条就足以说明双方的责权问题。而技术交易则可能涉及硬件和软件，条款数量必然很大，否则说不清交易各方的权利和义务。

第二，用语分寸。首先是指各条款的命名要贴切，能够准确地反映交易性质；其次是指各条款的用语量要合适，能够准确反映交易内容。总之，能说明交易内容即可，不要过于迷恋文字游戏，否则会使主题内容模糊不清。

（2）纲举目张原则。这是指合同条款组合应从"纲"抓起，并以此带出分条目的书写原则。合同条款的"纲"为基本条款，"目"为补充条款。这一原则反映了合同正文撰写中的次序规则和主从规则。

第一，次序规则。在思考和撰写合同正文时，应首先将合同的基本条款提炼出来。所谓提炼，是指针对各种不同的交易使基础的条款具有灵活性和变化性。例如，合同品质条款，在商品交易中可以表述为产品规格条款，而在许可证技术交易中又可表述为许可证条款。基本条款确定后，补充条款就好办了。

第二，主从规则。在合同正文的思考上应遵循基本条款是主导地位条款，补充条款是为其服务或随其演变的从属地位条款的原则。例如，上例中品质条款的命名发生变化后，补充条款应与之呼应。

（二）合同正文谈判的组织

在合同正文谈判的组织实施过程中，应遵循语意一致、前后呼应、公正实用、随谈随写等原则。

1. 语意一致原则

这是指双方使用的语言与所想表达的意愿应完全一致。我国《民法典》规定：合同文本采用两种以上文字订立并约定具有同等效力的，对各文本使用的词句推定具有相同含义。各文本使用的词句不一致的，应当根据合同的相关条款、性质、目的以及诚信原则等予以解释。不同国家、不同文化背景的谈判者谈判时，这一点尤为重要。为了实现这一原则，必须遵守以下几条规则：

（1）共识规则。这是指不同文化背景的谈判者必须放弃各自的独特性而取双方能够达成共识或能准确表明双方意愿的字句。按此规则，在合同条文中不得采用诸如土语及其他不同文字之间无法绝对准确对应的描述性用词。例如，法语"séjour"一词在描述专家费用时就易引起误会，因为中文译为"逗留"。如规定逗留费用由中方负责，那么该包括哪些内容呢？法国人会说："在中国期间所发生的所有费用。"这将包括吃、住、行以及相关延伸费用。显然该词不符合中国的惯例，双方可按"共识规则"放弃该词，改换另一种双方认可的表达方式。

（2）简明规则。这是指合同文字造句过程中应坚持简单、达意，避免法律式的造句，避免多定语的句型。以简单句型表达明确无误的意愿即可，如遇复杂内涵，可用分解方式按层次表述。

（3）用词一致规则。在合同正文描述中，用词较多，词义对双方来讲应该一致。当合同中多处使用同一词时，它代表的词义应相同。词义在不同的行为上应予以区别，因为文字丰富而将同一行为以不同词予以表述时，切记注意同义词中的相异性，慎防双方在执行合同时造成误会。例如，验收与检验，分阶段的检查称为检验，最后的检查称为验收，验收中有多个检验行为。这些词常常引起误会，双方因理解词义不同造成的纠纷时而有之。为了减少不必要的麻烦，常常需要共同设定一个条款专门对合同中的用词进行定义。

2. 前后呼应原则

这是指合同正文各条款之间或构成合同的各文件之间应相互呼应，浑然一体。应相互呼应的主要是本质条件，即应有一致的规定，各条文之间有互补作用，在组织谈判时协调进行。

（1）条件一致性规则。在合同文本中各条款与各文件之间对同一事物的规定应该一致，以免合同内容混乱，甚至失效。例如，合同正文对验收条件明确规定："一次验收不合格，可进行第二次验收。第二次验收时，若责任在卖方，则一切费用由卖方承担。"而技术附件中不可规定："一次验收不合格时，可进行第二次验收。第二次验收时，若责任在卖方，则买方不支付卖方技术指导费。"这样两个规定中出现了"一切费用"和"技术指导费"，形成差异，造成混乱。

（2）互补规则。在合同条文谈判时各条文和各文件之间的内容应互相补充、互相引证。例如，数字条件不能代表全部交易条件时，用文字条件的规定予以补充。又如，合同的罚款计算公式可在合同正文中描述，也可作引证"见合同附件"。应当注意的是，作为互补的引证形式出现时，必须有完备的相互引证规定。否则，相互引证不仅不能落实，反而会成为谈判中的漏洞。

3. 公正实用原则

这是指合同条文本质内容规定的义务，对合同项下交易来说是客观的，对交易双方来说是平等的，其履约是可行的。公正实用原则表现为合法性和均衡性。

（1）合法性。在合同正文的谈判中，一切条文的本质精神都应符合合同项下交易的行业和国际公认的习惯或相关法律精神，以及交易各方所在国的有关法律规定。否则，在某一方看来十分漂亮的合同，只不过是一纸空文，双方的谈判也会成为无效劳动。至于制约合同交易的习惯、法律等具体内容，因交易物不同、交易对象不同，难以一一罗列，谈判者应事先调查研究。但所有关于公共卫生、道德水准、国家安全、伪造、走私、逃税等条文，都会受到执法人的关注，谈判者也应引起警惕，绝不可因小失大。

（2）均衡性。这是指合同条文从整体形式到实质的义务规定，对交易双方是对等的，反映的是文字对等与条件对等，其中条件对等是关键，文字对等既反映在整体条文的结构上，也反映在各条款的写法上。

4. 随谈随写原则

这是指合同文本谈判中，必须坚持随着谈判议题的完成将结果写成文字，纳入条文之中的做法。该原则反映在以下两个方面：

（1）口头协议变文字协议。谈判合同条文从表意开始，多为口头来口头往，有时双方表意上似乎达成一致，但不等于真正的协议，只有在文字上也表达出相同的意思，才可称为达成协议。这一规则从以文字为准的经商习惯看，已无可争议，但做起来并不简单。首先，口头上的协议要理解不走样，准确表述双方的立场，力争口头上的意见成为真正的协议；其次，从口头转到文字时，文字表述要准确翻译口头协议，不应因遣词造句而使口头协议的意思有曲解；最后，在口头向文字转换的过程中，严防反悔口头协议的内容。

（2）文字完成及时。合同条文谈判结果变成文字时，常常遇到内容、用词、表述方式三个方面的问题。因此，要求合同条文的谈判及时完成文字工作，以减少误会。最及时的方式是文字来文字往的谈判方式，具体地，合同条文谈判时必须以文字草案为依据，逐条讨论，逐条修改。修改时，应以文字提出方案，讨论时以文字提案为据，结束谈判时，文稿也随之完成。各方所拥有的成稿均具有一致的文字表述。

二、合同附件的谈判

合同附件是合同不可分割的组成部分，与合同正文具有同等的法律效力。在书写格式上，是合同正文的附文；在合同义务上，是正文描述义务的补充；在构建的复杂程度上，与合同正文成反比，合同正文越复杂，合同附件就越简单；合同正文越简单，合同附件就越复杂。

（一）合同附件的构成

合同附件不是孤立、随意的，而是依附合同正文而存在。合同附件源自正文，应正文的需要而产生，这一特性决定了合同附件的种类，也决定了合同附件的构成。

（1）技术附件。技术附件是合同附件的主体，包括技术指标（有时称产品规格、经济技术指标）、技术资料（有时称资料清单）、供货清单、技术服务（有时分为技术指导和技术培训）、交付进度（有时称工程进度）、验收方法、联合设计、联合制造部分设备、选用当地原材料等技术性的合同附件。

（2）政策性附件。政策性附件多为政府出面带有外交色彩的文件，有时独立于合同之外，有时插入合同附件之中，不论其以何种形式存在，在合同正文中均已指定其为合同不可分割的一部分，故仍具有合同附件的效应。该类附件的名称多为"××的谅解备忘录""关于××的协议书"，处理的都是敏感性问题，属绝密文件。

（3）金融性附件。金融性附件有银行出面谈判的合同项下的"信贷协议"，有双方认可的"保函格式"。

除以上三类附件，有时还有文辞方面的附件，如术语解释、缩写表等。

需要注意的是，如果合同中存在附件，那么合同正文开宗明义的第一任务就是许诺附件存在。这种许诺提出了一个谈判新目标，即建立合同附件。合同正文既已提出目标，附件就处在合同责任的高度了，否则，谈判任务就不能算完成。

（二）合同附件的谈判原则

1. 运用行业习惯

谈判者无论多么机敏，也无法改变行业中已经形成的共识与做法，即为具有该行业知识的人所承认的具有一定真理性的习惯。例如，继电器是否要做硫化试验、防盐雾试验。这不是卖方主观是否愿意的问题，而是元器件行业对应用于环境苛刻的产品的普遍要求。又如产品的合格率，尽管卖方会有意保护自己，但行业标准告诉我们，若某产品合格率低于某一水平则视为不正常。

2. 与合同挂钩

行业习惯的原则会使不少纠纷得以解决，但仍应与合同条文结合处理。这是因为：（1）通过商务人员、法律人员的谈判，支援技术人员的谈判；（2）通过技术附件和合同条款的联合谈判，使双方条件得以平等和均衡。

3. 与价格条件挂钩

由于技术附件文字所能同意的条件均可给出一定的价值，在谈判遇到分歧时，常可在合同价格谈判中再次审议，以价格筹码来调整附件文字条件。例如，在技术水平高低、设备性能优劣、供货数量、服务周到与否等方面，均可用价值观念来平衡供求矛盾。这种与价格挂钩的谈判组织方法对解决技术附件的谈判分歧很有效。

第3节 国际商务谈判中的法律规定

我国《民法典》以及我国作为缔约国参与的《联合国国际货物销售合同公约》等法律法规是我国规范国际商务谈判的主要依据。其中，《民法典》第十二条规定："中华人民共和国领域内的民事活动，适用中华人民共和国法律。"第四百六十七条规定："在中华人民共和国境内履行的中外合资经营企业合同、中外合作经营企业合同、中外合作勘探开发自然资源合同，适用中华人民共和国法律。"这些法律条文为国际商务谈判提供了基本法律依据。

一、国际商务谈判中的法律原则

国际商务谈判中可以运用的法律原则分为两个层次：第一层是处理国际关系的一般准则，这些准则恰似一道普照的光，把国际一切交往置于它的光芒之下；第二层是处理国际商务贸易关系的一般原则，即涉外商务谈判的法律原则，它是具体操作的原则。

（一）处理国际关系的一般准则

处理国际关系的一般准则包括《联合国宪章》与和平共处五项原则。《联合国宪章》是联合国文件，它确认、固定和发展公认的国际法基本原则，因而是国际法的一项重要文献。它给联合国及其会员国规定的法律义务、行动方针及必须遵循的行为准则，已经成为国际上通行的行为规范，因此也成为谈判遵守的法律规范。它的基本原则包括会员国主权平等原则、和平解决国际争端原则、不干涉别国内政原则、真诚地履行宪章义务原则等。和平共处五项原则（互相尊重主权和领土完整、互不侵犯、互不干涉内政、平等互利、和平共处）是中国与印度、缅甸在20世纪50年代早期共同倡导的，后被世界上许多国家接受，成为处理不同社会和政治制度的国家之间相互关系的基本原则。这五项原则是当今国际法基本原则的核心，其宗旨与《联合国宪章》一致，即维护国际和平及安全，促进国际合作，发展各国间的友好关系。

人们往往把上述两类原则看作政治谈判的原则，是政治上处理国际关系与国际事务的准则。其实，政治是经济的集中表现，这些原则也是国际商务谈判的重要准则和依据。近代商贸关系中曾出现的为了争夺殖民地或弱小国家的地理资源与人力资源，倾销宗主国剩余商品的"强权谈判"，随着这些原则的诞生而受到遏制。这些法律法规在国际上的普遍执行，使国与国之间、民族与民族之间和平的、平等互利的商贸关系得以发展。

除《联合国宪章》与和平共处五项原则，在国际经济关系方面，由上述法律原则扩展而来的、处理国与国之间经济方面事务的原则还有国家主权和自然资源永久性原则、公平互利共谋发展原则等。例如，2003年，因美国爆发疯牛病，韩国宣布禁止进口美国牛肉。2008年4月，为推动韩美签署自由贸易协定，韩美达成放宽进口美国牛肉的协议。这一协议在韩国遭到强烈抗议和抵制，6月10日，约100万韩国人在首尔街头集会，抗议政府进口美国牛肉。19日，韩国总统李明博向韩国国民道歉。韩美"牛肉风波"是传统的经济民族主义与全球自由贸易发展趋势之间的一次强烈碰撞和较量。韩国经济研究院的分析报告显示，"牛肉风波"不仅给韩美两国带来了严重的政治危机，同时带来了高达25亿美元的经济损失。

（二）涉外商务谈判的法律原则

这是把上述国际交往的一般法律原则在中国企业或商贸组织的涉外商务谈判中的具体化。在各种各样的涉外商务谈判中，我国的《民法典》《涉外民事关系法律适用法》以及独资企业、三资企业在华经营的有关法律法规，如《公司法》《合伙企业法》《外商投资法》等等，都是涉外商务谈判的相关法要求。

1. 遵守国家法律，维护国家主权

这是对涉外商务谈判的基本要求。按照这一要求，所有涉外商务谈判以及通过谈判订立的合同，必须遵守中华人民共和国法律，不损害中华人民共和国的社会公共利益。只有在这个前提下进行谈判签订的合同，才能得到法律的保护，也才能实现中外双方当事人所预期达到的经济效果；反之则无效，还可能受到法律的制裁。

结合我国现实情况看，在涉外商务谈判中，不能不防止和警惕一些人为了本企业或本地区乃至某些实权人物的利益,而不顾国格、人格,在谈判及合同的签订中,一味迁就外商,不但不维护国家主权,更有甚者损害国家利益。因此,必须强调在涉外商务谈判中做到"三不":(1)不撇开法规就项目谈项目,就合同谈合同;(2)不超越法定权限确定合同中的义务和权利,代替国家立法机关、行政机关做出超越权限的承诺;(3)不以感情、友好、谅解等作为谈判和签订合同的指导思想,甚至用其作为合同条款的内容。"三不"的基本精神,就是要遵纪守法,依法经商。政策和法规犹如一张精心编织的网,把合同的各环节恰到好处地包罗起来。因此只有把我国现行法规作为涉外谈判的依据,才能有效维护国家主权。从政府颁布的法令来看,主要有五类政策性的法令规定,即国别政策、产品政策、外汇管理、税收政策与商检法令。如果不顾上述五类政策性法令去就项目谈项目,在其中任何一项的疏忽都会损害国家的经济主权,给国家造成巨大损失。

2. 平等互利,民主协商

涉外商务谈判涉及中外双方当事人的权益,不论双方当事人所在国的政治经济制度与我方有何不同,经济实力有何强弱之分,双方在谈判中以及在谈判合同签订中的法律地位都是平等的,双方的权利义务也是对等的。因此,平等互利、民主协商是我国经济合同法规定的基本内容。双方签订的合同,其履行结果也必须对双方有利,不能使得益和损失悬殊,任何采取欺诈或者胁迫手段订立的合同都将无效,情节严重者还要受到法律的制裁。

3. 遵守国际惯例

这一涉外商务的法律原则是在我国经济法制尚未十分完善的情况下,为适应国际上的通常做法而提出的。在国际谈判中,国际惯例也是一种依据。所谓国际惯例,是指各国重复类似的行为而使其具有法律约束力的规范,虽然是不成文的,但它确实构成了国际谈判磋商的依据。在现代,国际惯例大体上形成于三种情况:一是国家之间的外交关系,表现于条约、宣言、声明、各种外交文书等;二是国际机构的实践,表现于决议、判决等;三是国家内部行为,表现于国内法规、判决、行政命令等。当然,依据国际惯例进行谈判,情况是非常复杂的,必须灵活运用。

延伸阅读

涉外商务合同的特殊性

涉外商务合同是我国的企业或其他经济组织同外国的企业、其他经济组织或个人之间,在进行经济和贸易往来中为实现一定的经济目的,明确相互之间的权利、义务关系,通过协商一致而共同订立的协议。其特殊性具体表现在:

(1) 涉外商务合同涉及当事人所属国家的经济法规和对外经济贸易政策,那么,就需要双方当事人任何一方都不能违背本国的经济法规和本国制定的对外经济贸易政策,同时要遵守所在国家的法律制度。

(2) 涉外商务合同涉及两国或两国以上的文化,由于文化的差异,涉外商务合同的翻译必须根据当事人所属国家的文化习俗背景做到"准确严谨",以免产生歧义。例如,"承担法律和经济责任"可能会译为"to bear all legal and economic responsibilities ari-

sing there from"。这里的翻译不准确，经济指的应是财产偿付，用"economic responsibilities"不准确，在合同中应翻译为"to bear all legal and financial responsibilities which may arise"。涉外商务合同的签订不同于各自国内合同的签订，由于各国的文化差异及习俗背景，有时对同一句话、同一个词甚至同一个字的理解截然不同，这样就容易造成涉外商务合同中内容理解上的差异、歧义，因此，商务谈判合同的翻译必须准确严谨。

(3) 涉外商务合同涉及当事人所属国家的经济权益关系，当事人之间的经济往来关系是当事人所属国家经济关系乃至外交关系的一部分，使得资源在所属国家之间发生流动，对当事人所属国的经济建设起一定的拉动作用，从而影响各国的经济利益。涉及各国经济利益的同时很容易触碰到当事人所属国的政治，因此，涉外商务合同一定要按照当事人所属国的程序、规定、法律等制度进行签订。

(4) 涉外商务合同导致了司法管辖权以及法律适用选择的问题。在涉外商务活动中，当事人国家的法律对商务活动都有一定的管辖权；处理合同争议时可以选择适用的法律，也可以选择与合同有密切联系的其他国家的法律，但当事人所属国家法律另有规定的除外。

资料来源：龚荒，吉峰. 商务谈判：实务、策略与案例. 北京：机械工业出版社，2014.

二、商务契约有效成立的条件

一切商务活动都是以契约为中心进行的。商务契约也称商务合同，在我国称为经济合同，它是两个或两个以上的当事人之间，为了实现一定的经济目的，依照法律规定，通过协商所达成的明确双方权利与义务的协议。合同一经依法成立，当事人就要承担履行合同所规定义务的责任，否则就构成违约行为，各国法律对此都有相应的规定。

一项经济合同的依法有效成立，应当具备以下几方面的条件：

(1) 当事人均必须具备订立经济合同的行为能力。如为自然人，应当是成年人，而且不是被法院剥夺或限制行为能力的人。如为法人，则应当是由法人代表或经法人代表授权的人出面订立合同。

(2) 合同的内容和目的必须合法。许多国家的法律一方面允许当事人自行商定经济合同的内容，另一方面又都做出一些限制性规定，凡是不符合法律要求的合同均无效。例如，大陆法系国家的民商法一般都规定，凡属违法、违背公序良俗的合同均无效。英美法系国家的法律则规定，凡属违法和违反公共政策的合同均无效。我国法律规定，违反国家法律、政策、国家利益或者社会公共利益的合同无效。

(3) 订约的程序、形式和手续必须符合法律的规定。各国法律一般都规定，订立经济合同应当是由双方当事人在自愿基础上，经过意思表示协商一致，才能有效成立。首先强调双方都是在自愿的基础上进行协商，亦即双方的意思表示都是真实的，如果有一方采用了欺诈或胁迫手段，则所订合同无效，具体协商的过程通常分为要约和承诺两个环节。关于经济合同的形式，各国法律的要求有所不同，多数国家的法律把订立经济合同分为要式合同和非要式合同两类，但具体到哪些合同属要式的，哪些合同属非要式的，各国的规定又不一样。我国涉外经济合同法强调,订立涉外经济合同必须采用书面形式。

(4) 合同双方应当是等价有偿的。一般来说,经济合同是双方合同,双方当事人既享有一定的权利,也承担一定的义务。我国经济合同法把等价有偿原则列为订立经济合同必须贯彻的原则之一,有些国家的法律则规定经济合同的成立必须以对价或约因为要件。对价是英美法系中的概念,又称代价或相对给付,意指双方当事人都是给付者,都承担一定的给付责任。例如,在买卖合同中,卖方要交付货物,而买方要支付货款。约因是某些大陆法系国家的概念,它是指合同当事人在允诺负担义务时所希望达到的目的。例如,买卖合同的约因是以商品换取金钱。总之,经济合同的双方应当是等价有偿的。

三、合同、法律和国际贸易惯例三者之间的关系

国际商务活动既是一种经济行为,又是一种法律行为。涉外经济合同的洽商、订立和履行,都必须符合有关的法律规范,才能得到法律的承认和保护。这里所说的法律规范,既包含各有关国家的法律,也包含有关的国际条约和公约,还包含有关的国际贸易惯例。

各国法律一般不具体规定经济合同应包含哪些内容,而是按照契约自由的原则,由当事人自由会定,但违反法律强制性禁令或限制的合同无效。相反,只要不违反法律的强制性禁令或限制,如果合同内容与法律的一般规定有所不同,则以合同内容为准。如果合同对某些重要内容没有规定,则履行合同时应按有关的法律规定来办理。

在国际商务活动中,所涉及的至少是两个不同国家的当事人,而各国的有关法律规定往往互有差异,亦即对同一事件的规定往往各有不同。由于存在这种差异,对同一诉讼案件往往会得出不同的法律裁决。这就产生了应适用哪一个国家的法律作为解决纠纷的标准的问题,这种问题一般称为法律适用问题或法律冲突问题。目前各国对于解决国际商务活动中的法律适用问题,所采用的原则不尽相同,主要有属人法、标的物所在地法、订约地法、履约地法和法院地法等。我国和许多国家采用由当事人在合同中自行选定适用哪一个国家法律的做法,亦即采用当事人意思自治的原则,这一原则已成为解决法律冲突的一项较为普遍的原则。

在国际商务活动中,还经常需要引用国际贸易惯例的相关规定。国际贸易惯例是在国际经济贸易业务的长期实践中逐渐形成的一些通用的习惯做法或先例。其特点如下:(1)它是通过长期反复的实践形成的,开始时只流行于一定的地区或行业,后来随着国际经济贸易业务的不断发展,惯例的影响也不断扩大,有的甚至在世界范围通行。(2)它具有确定的内容,并被许多国家和地区认可。在国际贸易惯例中,有的是不成文的,有的则已由某些国际组织或工商团体加以成文化,制定成规则之类的文件。

在国际商务活动中,采用国际贸易惯例主要有两方面的作用:一是把国际商务活动中的一些做法逐步统一,这就有利于国际商务活动的进行,减少或避免纠纷,发生了纠纷也较易于处理;二是补充合同和法律规定的不足,有些事项在合同和法律中均未作明确规定,就可以引用国际贸易惯例的规定来处理。

应当指出,国际贸易惯例本身不是法律,也不是国际条约或公约,不具备强制效力。

一方当事人不能强制对方采用某种惯例，惯例也不能自动适用于某一笔交易。只有在下列两种情况下，国际贸易惯例才会产生法律约束力：一是双方当事人自愿采用某一种惯例；二是法院或仲裁庭在审理案件时认为有必要采用某一种惯例。

综上所述，关于国际商务活动中合同、法律与国际贸易惯例三者之间的关系，可以简要概括为以下几条：

（1）凡在依法订立的合同中明确规定的事项，应当按照合同规定办理。

（2）合同中没有明确规定的事项，应当按照有关的法律或国际条约的规定来处理。

（3）合同和法律中都没有明确规定的事项，则应当按照有关的国际贸易惯例的规定来处理。

延伸阅读

解决法律适用冲突的司法原则

法律适用冲突的解决分为立法和司法两个层面，我国的《涉外民事关系法律适用法》及其司法解释明确规定了确定涉外民事法律关系的准据法的基本原则和具体规则，最高人民法院则明确了我国司法实践中对于法律适用规则的具体把握和明确态度。

第一，当事人意思自治原则。在冲突法领域，允许当事人在私法领域自行选择准据法是私法自治原则的体现，也是解决法律适用冲突的首要原则。《涉外民事关系法律适用法》第三条明确规定："当事人依照法律规定可以明示选择涉外民事关系适用的法律。"需要注意的是，《涉外民事关系法律适用法》对于当事人选择准据法的权利有两个限制，一是"依法"，即以中国法律明确规定允许当事人选择准据法为条件。例如，在"一带一路"建设中涉及较多的贸易服务合同、侵权、代理、知识产权等私法领域均允许当事人选择准据法。二是"明示"，即要求当事人选择法律适用的意思表示直观、明确，加强了实务中的可操作性和稳定性。

第二，国际条约效力优先原则。国际条约优先适用是指在国际条约可直接适用时，优先于国内法而适用；国际条约没有约定的，适用国内法。该原则既是缔约国在国际法上义务的体现，也是国家从国际社会整体利益、国家自身利益考虑对其国家权力自愿做出的让步。但是，私法领域中的国际条约多数具有任意法的基本特征，即允许当事人以明示或者默示的方式排除国际条约的适用，是私法自治原则的进一步体现。

第三，强制性规定直接适用原则。强制性规定是指本国法律中明确规定某类法律关系应直接适用某法律规定，不允许当事人选择，当事人不能通过约定排除适用，法院在审理案件过程中也不必通过本国冲突规则的指引而予以直接适用的法律规范。强制性规定直接适用实际上是对当事人意思自治原则的限制，是国家基于本国社会公共利益的考量加强对社会经济生活干预在法律适用领域的突出表现。这些强制性规定既体现在刑法、行政法和经济法等公法性质的法律规范中，也体现在民商事法中。对此，《最高人民法院关于适用〈中华人民共和国涉外民事关系法律适用法〉若干问题的解释（一）》第八条以列举的方式规定，涉及劳动者权益保护、食品或公共卫生安全、环境安全、金融安全、反垄断、反倾销等的规定都属于强制性规定，直接适用于涉外民事法律关系。除此之外，海关、税收、消费者保护、特殊领域投资等领域也存在大量的强制性规定。在"一带一路"建设过程中，经济活动往往涉及复杂的交易模式和多重行政管理，以及上述领域的法律规定，商务谈判过程中，当事人应当对所涉国家的相关强制性规定有充分了解。

资料来源：最高院"一带一路"典型案例分析：法律适用冲突与解决．（2015-08-03）．https：//mp. weixin. qq. com/s? _ _ biz=MzA4NDMzNjMyNQ==&mid=214800273&idx=1&sn=ad7a74260f2c6359ba9a8c8dadde5757&chksm=16d1fc3b21a6752dd1aa5a5086b3357390773a46e18884d30f5f04b62784ac906b147d51a105&scene=27．

第4节 国内商务谈判的有关法律规定

随着我国改革开放的不断深入和社会主义市场经济的不断发展，国内商务谈判日益活跃。在这些活动中，法律是唯一的根据。改革开放以来，全国人民代表大会和国务院制定的经济法律、法规、条例已达数百部，现行有关的法律最基本的是《宪法》《民法典》《民事诉讼法》等，它们已成为国内商务谈判的重要依据。

一、国内商务谈判中应遵循的基本原则

（一）合法资格原则

合法资格原则是指参与谈判的各方当事人要具有合法资格。当事人的合法资格是指社会组织和个人具有以自己的名义对外进行谈判、签订有效合同的能力。根据我国《民法典》和其他有关法律，进行商务谈判以及签订合同的当事人应该是平等主体的自然人、法人、其他组织。所谓自然人，是指生物学意义上的人，是基于出生而取得民事资格的人。各国民法一般把自然人分为完全民事行为能力人、无民事行为能力人和限制民事行为能力人。我国《民法典》规定：十八周岁以上的成年人为完全民事行为能力人，可以独立实施民事法律行为。十六周岁以上的未成年人，以自己的劳动收入为主要生活来源的，视为完全民事行为能力人。所谓法人，是具有民事权利能力和民事行为能力，依法独立享有民事权利和承担民事义务的组织。法人以其全部财产独立承担民事责任，法人的民事权利能力和民事行为能力，从法人成立时产生，到法人终止时消灭。与自然人相比，法人具有以下特点：一是法人是社会组织在法律上的人格化，是法律意义上的"人"，不具有生老病死的自然属性；二是法人是集合的民事主体，一般是一些自然人的集合体；三是法人是依法成立的，有必要的财产或必要的经费来源，有自己的名称、组织机构和场所。所谓其他组织，是指合法成立、有一定的组织机构和财产，但又不具备法人资格的组织，包括依法成立的私营企业、合伙企业、中外合作经营企业、外资企业、社会团体、法人设立的分支机构、中国人民银行和各专业银行在各地设立的分支机构、中国人民保险公司在各地设立的分支机构等。

（二）合同规范原则

合同规范原则就是合同的签订必须合法。所谓合法，包括符合宪法、法律、法规和

其他规范性文件，例如有关国家权力机关或行政机关在其职权范围内制定的、要求人们必须普遍遵守的、具有强制力作用的法律文件。签订的合同不但要遵守《民法典》，还要遵守包括我国《宪法》在内的其他有关法律，以及政府发布的有关规范和条例。例如，有人利用合同进行买卖、出租或者以其他形式转让土地的活动，就违反了《宪法》与国家现行政策。虽然有可能合同当事人两相情愿彼此交易，但这仍属违法行为。因为《宪法》代表了包括合同当事人在内的广大人民群众的长远利益和根本利益，而国家政策是国家在一定历史时期内为完成一定任务而制定的调整各种社会关系的行动依据。

（三）订立合同原则

订立合同原则就是必须按照《民法典》确立的原则订立合同，这是商务谈判必须坚持的主要原则。根据《民法典》有以下五条订立合同的原则：一是地位平等原则，即合同当事人的法律地位平等，一方不得将自己的意志强加给另一方；二是自愿订立原则，即当事人依法享有自愿订立合同的权利，任何单位和个人不得非法干预；三是公平对等原则，即当事人应当遵循公平原则确定各方的权利和义务；四是诚信原则，即当事人应当根据合同的性质、目的和交易习惯履行通知、协助、保密等义务；五是他律自律统一原则，即当事人订立、履行合同，应当遵循法律、行政法规，尊重社会公德，避免浪费资源、污染环境和破坏生态，不损害社会公共利益。

二、合同的内容和形式

在商务谈判过程中，合同的内容通常由双方当事人共同约定。合同的内容一般包括下列条款：

（1）当事人的姓名或者名称和住所；
（2）标的；
（3）数量；
（4）质量；
（5）价款或者报酬；
（6）履行期限、地点和方式；
（7）违约责任；
（8）解决争议的方法。

当事人可以参照各类合同的示范文本订立合同。

在商务合同拟定的过程中，当事人有时会在未与对方协商时预先拟定格式条款。在采用格式条款订立合同时，提供格式条款的一方应当遵循公平原则确定当事人之间的权利和义务，并采取合理的方式提示对方注意免除或者减轻其责任等与对方有重大利害关系的条款，并按照对方的要求对该条款予以说明。如果提供格式条款的一方未履行提示或者说明义务，致使对方没有注意或者理解与其有重大利害关系的条款时，对方可以主张该条款不成为合同的内容。如果当事人双方对格式条款的理解发生争议，则应当按照通常理解予以解释。对格式条款有两种以上解释的，应当做出不利于提供格式条款一方的解释。当格式条款和非格式条款不一致时，应当采用非格式条款。

三、无效合同的确认及处理

（一）无效合同的确认

无效合同是指合同虽然已经成立，但因违反法律、行政法规的强制性规定以及违背公序良俗，被确认无效的合同。《民法典》第一百四十四条、第一百四十六条、第一百五十三条、第一百五十四条的规定组成了民事法律行为无效的规则体系，具体规定如下：

（1）无民事行为能力人签订的合同全部无效。《民法典》第一百四十四条规定："无民事行为能力人实施的民事法律行为无效。"因此，主体不合格可导致合同无效。其例外情况是：限制民事行为能力人实施的纯获利益的民事法律行为或者与其年龄、智力、精神健康状况相适应的民事法律行为有效；实施的其他民事法律行为经法定代理人同意或者追认后有效。

（2）虚假意思表示的合同无效。《民法典》第一百四十六条第一款规定："行为人与相对人以虚假的意思表示实施的民事法律行为无效。"虚假意思表示是指行为人与相对人相互通谋，以虚假的意思表示所实施的民事法律行为。如一方意思表示虚假，另外一方意思表示真实，则属于"真意保留"。

（3）违反法律、法规强制性规定的合同无效。《民法典》第一百五十三条规定："违反法律、行政法规的强制性规定的民事法律行为无效。但是，该强制性规定不导致该民事法律行为无效的除外。违背公序良俗的民事法律行为无效。"

（4）恶意串通损害他人合法权益的合同无效。《民法典》第一百五十四条规定："行为人与相对人恶意串通，损害他人合法权益的民事法律行为无效。"这里的"他人"，包括国家、特定集体、特定第三人。

（二）对无效合同的处理

对于无效合同的处理，我国《民法典》第一百五十七条规定：民事法律行为无效、被撤销或者确定不发生效力后，行为人因该行为取得的财产，应当予以返还；不能返还或者没有必要返还的，应当折价补偿。有过错的一方应当赔偿对方由此所受到的损失；各方都有过错的，应当各自承担相应的责任。

法学界认为，合同被认定无效后的法律后果主要如下：

（1）返还财产。这是指合同当事人在合同被确认为无效或者被撤销以后，对已经交付给对方的财产，享有返还财产的请求权，对方当事人对于已经接受的财产负有返还财产的义务。返还财产有以下两种形式：

第一，单方返还。指有一方当事人依据无效合同从对方当事人处接受了财产，该方当事人向对方当事人返还财产；或者虽然双方当事人均从对方处接受了财产，但是一方没有违法行为，另一方有故意违法行为，无违法行为的一方当事人有权请求返还财产，而有故意违法行为的一方当事人无权请求返还财产，其被对方当事人占有的财产，应当依法上缴国库。单方返还就是将一方当事人占有的对方当事人的财产，返还给对方，返还的应是原物。原来交付的是货币，返还的应当是货币；原来交付的是财物，返还的应当是财物。

第二，双方返还。指如果双方当事人都从对方处接受了给付的财产，则将双方当事人的财产都返还给对方。接受的是财物，就返还财物；接受的是货币，就返还货币。如果双方当事人故意违法，则应当将双方当事人从对方处得到的财产全部收归国库。

（2）折价补偿。折价补偿是在因无效合同所取得的对方当事人的财产不能返还或者没有必要返还时，按照所取得财产的价值进行折算，以金钱的方式对对方当事人进行补偿的责任形式。

（3）赔偿损失。当合同被确认为无效后，如果由于一方或者双方的过错给对方造成损失，还要承担损害赔偿责任。此种损害赔偿责任应具备以下构成要件：1）有损害事实存在；2）赔偿义务人具有过错；3）过错行为与遭受损失之间有因果关系。

如果合同双方当事人都有过错，双方应各自承担相应的责任，即适用过错的程度，如一方的过错为主要原因，另一方为次要原因，则前者责任大于后者；此外，还适用过错的性质，如一方系故意，另一方系过失，故意一方的责任应大于过失一方的责任。

因合同无效或者被撤销，一方当事人因此受到损失，另一方当事人对此有过错时，应赔偿受害人的损失，这种赔偿责任是基于缔约过失责任而发生的。这里的"损失"应以实际已经发生的损失为限，不应当赔偿期待利益，因为无效合同的处理以恢复原状为原则。

小　结

1. 法律在商务谈判中具有极端重要性，它能使商务谈判趋向公平与合理，趋向科学化、正规化。

2. 合同是民事主体之间设立、变更、终止民事法律关系的协议。

3. 一项经济合同的依法有效成立，应当具备以下几方面的条件：一是当事人均必须具备订立经济合同的行为能力；二是合同的内容和目的必须合法；三是订约的程序、形式和手续必须符合法律的规定；四是合同双方应当是等价有偿的。

4. 国际商务谈判中可以运用的法律原则分为处理国际关系的一般准则和处理国际商务贸易关系的一般原则。前者包括《联合国宪章》与和平共处五项原则。后者即涉外商务谈判的法律原则，它是具体操作的原则，包括：遵守国家法律，维护国家主权；平等互利，民主协商；遵守国际惯例等。

5. 合同、法律和国际贸易惯例三者之间的关系主要表现在：凡在依法订立的合同中明确规定的事项，应当按照合同规定办理；合同中没有明确规定的事项，应当按照有关的法律或国际条约的规定来处理；合同和法律中都没有明确规定的事项，则应当按照有关国际惯例的规定来处理。

6. 根据各项法律和条例，在国内商务谈判中应遵循以下基本原则：合法资格原则；合同规范原则；订立合同原则。

7. 无效合同是指合同虽然已经成立，但因其违反法律、行政法规的强制性规定以及违背公序良俗，被确认无效的合同。按照我国《民法典》的规定，有下列情形之一的为无效合同：(1) 无民事行为能力人签订的合同全部无效，例外情况是：限制民事行为能力人实施的纯获利益的民事法律行为或者与其年龄、智力、精神健康状况相适应的民事法律行为有效；实施的其他民事法律行为经法定代理人同意或者追认后有效。(2) 行为人与相对人以虚假的意思表示实施的民事法律行为无效。(3) 违反法律、行政法规的强制性规定的民事法律行为无效，但是，该强制性规定不导致该民事法律行为无效的除外。违背公序良俗的民事法律行为无效。(4) 行为人与相对人恶意串通，损害他人合法权益的民事法律行为无效。

8. 合同一经确认无效，对无效合同的法律处理包括：民事法律行为无效、被撤销或者确定不发生效力后，行为人因该行为取得的财产，应当予以返还；不能返还或者没有必要返还的，应当折价补偿。有过错的一方应当赔偿对方由此所受到的损失；各方都有过错的，应当各自承担相应的责任。法律另有规定的，依照其规定。

◆ 复习与思考 ◆

一、基本概念
合同　　　　　国际贸易惯例　　　　　无效合同

二、简答题
1. 法律在商务谈判中的地位与作用何在？
2. 一项经济合同成立的合法要件有哪些？
3. 如何确定一项合同无效？

三、论述题
1. 试述合同、法律和国际贸易惯例三者之间的相互关系。
2. 试述无效合同的处理办法。

第15章
商务谈判合同的履行

经过漫长而艰苦的谈判之后，双方终于可以握手共庆，至少达成了意向性协议，但这只能说是向前跨了一大步，只有将所谈内容用合同的形式固定下来，才能对双方形成约束力。本章主要研究商务合同的签订与履行，旨在执行已谈成的交易，从而巩固谈判的胜利果实。

第1节　要约与承诺

合同订立的过程，就是当事人就合同内容进行反复磋商，并取得一致意见的过程。我国《民法典》第四百七十一条规定："当事人订立合同，可以采取要约、承诺方式或者其他方式。"

一、要约

（一）要约的概念和条件

要约是希望和他人订立合同的意思表示，提出要约的一方称为要约人，对方称受要约人，又称承诺人。《民法典》第四百七十三条规定："要约邀请是希望他人向自己发出要约的表示。拍卖公告、招标公告、招股说明书、债券募集办法、基金招募说明书、商业广告和宣传、寄送的价目表等为要约邀请。商业广告和宣传的内容符合要约条件的，构成要约。"按照各国法律的规定，要约应当具备下列条件。

1. 当事人必须声明订立合同的旨意

要约人发出要约的目的在于同对方订立合同，如果对方接受了要约，一般就视为合同成立。因此，要约人发出的要约必须具备明确订立合同的意思表示。如果要约人在其提出的要约中加注"仅供参考"等字样，或明确表示不受要约约束，或者没有明确的意思表示，均视为要约邀请。发出要约邀请虽然也是为了合同，但它只是邀请对方向自己提出要约，本身并非要约。例如，在外贸业务中，有些公司经常向对方寄送报价单、商品价目表及商品目录等，其目的是吸引对方向自己发出订货单，但对方提出的订货单才是要约。

确定一方当事人是否有订约的旨意，不仅要从要约表面文字去理解，而且应适当考虑与事实相关的一切情况，包括谈判情形、当事人之间确立的任何习惯做法、惯例和当事人之后采取的任何行为。

2. 要约的内容必须明确具体

要约人发出要约后，一旦承诺人表示承诺，合同即宣告成立，对要约人和承诺人都有约束力。因此，要约的内容必须明确具体，反映出要约人确定的意思表示，绝不能模棱两可，缺少主要内容。

怎样的要约才算明确具体呢？根据各国有关法律，要约的内容通常需要写明商品的名称；明示或默示地确定商品的数量、品种、规格；明示或默示地确定货物的价格。按照有关规定，要约只要包括以上内容，就可称内容明确具体。

3. 必须向特定的人提出

要约必须向一个或一个以上特定的人提出。特定人并非泛指任何公众，而是要约人拟与其订立合同的人。凡不是向特定人发出的订约建议，不认为是要约。那么，广告是否作为要约呢？各国法律的规定有所不同。广告一般分为两类：一类是悬赏广告；另一类是商业广告。对于悬赏广告来说，凡是完成广告行为的都能获得广告中的允诺，两大法系国家都将此类广告视为要约。对于商业广告，大多数国家认为其并不是要约，而是要约邀请。英美法系规定，要约可以向公众发出，某些商业广告如果文字明确具体，足以构成一项允诺，而且能被对方清楚确定，也可视为要约。在我国的司法实践中，商业广告中的要约邀请如果未被要约否定，则自动构成要约，一旦相对人承诺，要约人即受该要约约束。

4. 要约到达受要约人时生效

关于要约生效的时间，依据《民法典》第一百三十七条规定，以对话方式作出的意思表示，相对人知道其内容时生效。以非对话方式作出的意思表示，到达相对人时生效。以非对话方式作出的采用数据电文形式的意思表示，相对人指定特定系统接收数据电文的，该数据电文进入该特定系统时生效；未指定特定系统的，相对人知道或者应当知道该数据电文进入其系统时生效。当事人对采用数据电文形式的意思表示的生效时间另有约定的，按照其约定。

案例 15-1

商业广告中的要约邀

2023年，某装修公司在报纸上刊登广告，并于显著位置注明"150平方米精装9.98万元（含水电改造）"，并"郑重承诺：预算等于决算"。张某与装修公司所签装修合同约定工程总造价为10万元。2023年10月，张某以装修公司延期完工为由诉请解约并退还工程款、支付违约金。装修公司以张某拒付水电改造费为由抗辩。

一审法院认为：装修公司在广告中已明确"郑重承诺"预算等于决算，其广告介绍的在建项目造价亦均注明含水电改造，故除非其与张某明确约定水电改造费不包含在合同约定造价中，否则，广告中该承诺构成双方之间的合同约定。双方所签合同文本系装修公司提供，合同明确约定了工程造价为10万元，未特别约定合同范围内的工程项目需根据实际工程量另行计价。故应确认双方合同约定的造价10万元中已包含水电改造工程，装修公司无权要求刘某另行支付费用，张某拒付此费用合理、合法。装修公司未按期完工构成违约，应当承担违约责任。鉴于装修公司违约行为已导致双方之间产生较大矛盾，不适合继续履行合同，且装修公司亦同意不再履行合同，故对张某要求退还未完成项目工程款请求，予以支持。判决装修公司退还张某工程款7.5万元并支付张某延期违约金0.9万元。

资料来源：根据相关案例整理撰写。

（二）要约的法律后果

要约的法律后果是指要约发出之后，对要约人和承诺人的约束力。这里只谈对要约人的约束力。

1. 要约人在有效期限内不得变更或撤回要约

要约是一种法律行为，要约人作出的要约一旦送达承诺人就发生法律效力。因此，要约在有效期限内一般不得变更或撤回。但是要约在到达承诺人之前这段时间里，可以变更或撤回，其条件是撤回或变更的通知必须先于或同时与要约到达才有效。如果要约已送达承诺人，在承诺人作出承诺之前，要约人是否受其要约的约束？对此问题，英美法系与大陆法系之间有很大的分歧。

英美法系认为，在承诺人作出承诺之前，要约原则上对要约人无约束力，要约人可以撤回或变更要约。即使要约人在要约中规定了有效期限，在期限届满之前也可撤回要约。

大陆法系则不同。德国、瑞士、巴西等国规定，要约在到达承诺人后，要约人需受要约的约束。如果要约中规定了有效期限，要约人在有效期限内不得撤回或变更要约；如果要约中没有规定有效期限，则依通常情形可望得到答复之前，不得撤回或变更要约的内容，除非要约人在要约中注明"不受约束"。依据我国《民法典》第一百四十一条，行为人可以撤回意思表示。撤回意思表示的通知应当在意思表示到达相对人前或者与意思表示同时到达相对人。

《联合国国际货物销售合同公约》在要约的约束力问题上，采取了折中的态度。根据该公约的规定，要约原则上是可以撤回的，具体分为两种情况：

（1）任何要约，即使是不可撤回的要约在其送达承诺人之前准予撤回，但撤回的通知必须先于或同时与要约送达承诺人。

（2）在要约已经送达承诺人之后，要约原则上仍可撤回，但撤回的通知必须在承诺人的承诺通知发出之前送达承诺人。

下列情况要约人不得撤回其要约：

其一，要约中已经写明承诺期限，或以其他方式表示要约是不可撤回的。

其二，受要约人有理由认为要约是不可撤销的，并已经为履行合同做了准备工作。

由于要约对要约人的约束力有所不同，因此在国际货物买卖实践中把要约（发盘）分为有约束力的要约和无约束力的要约。前者是指有效期限内要约人（发盘人）不得随意撤回或变更其内容的要约（实盘）。由于这种要约经过双方接受后即可订立合同，因此内容必须完整、明确，具有明确的交易条件和有效期限。后者是指具有一定保留条件的、可以撤回的要约（虚盘）。这种要约的保留条件如"以我方确认为准""以我货未售出为准"等。

我国《民法典》第四百七十六条明确规定，要约可以撤销，但是有下列情形之一的除外：（1）要约人以确定承诺期限或者其他形式明示要约不可撤销；（2）受要约人有理由认为要约是不可撤销的，并已经为履行合同做了合理准备工作。

在撤销时限方面，《民法典》第四百七十七条规定，撤销要约的意思表示以对话方式作出的，该意思表示的内容应当在受要约人作出承诺之前为受要约人所知道；撤销要约的意思表示以非对话方式作出的，应当在受要约人作出承诺之前到达受要约人。

2. 要约人有与承诺人订立合同的义务

要约人在要约中表示了签订合同的愿望和要求，明确提出了合同内容的基本条件，承诺人接到要约后，一旦作出承诺，要约人则有与承诺人签订合同的义务。

（三）要约的消灭

要约的消灭是指要约失去了法律效力。《民法典》第四百七十八条规定：有下列情形之一的，要约失效：（1）要约被拒绝；（2）要约被依法撤销；（3）承诺期限届满，受要约人未作出承诺；（4）受要约人对要约的内容作出实质性变更。

> **延伸阅读**
>
> **中国企业并购新加坡上市公司可采用的方式**
>
> 中国企业开展海外并购初期，主要以资产并购、私人公司股权收购和设立合资企业为主，很少有并购上市公司的交易。随着对外开放的不断深入，中国企业"走出去"投资交易日益增多，中国企业在海外并购交易类型不断增加，并购上市公司、资产置换甚至恶意收购屡见不鲜，且收购技巧、内容与水平和以往不可同日而语。
>
> 2022年，新加坡的世界经济自由度连续三年排名位居全球第一，新加坡也是唯一获得三大评级机构AAA主权评级的亚洲国家。新加坡的法治、效率和投资环境，吸引了

大量的国外投资。中国公司在新加坡进行上市公司并购，主要可以采取如下四种方式：普通要约、协议安排、合并和恶意收购。前两种方式是中国企业并购新加坡上市公司常用的方式。

普通要约分为两种：自愿性要约和强制性要约。自愿性要约可以收购上市公司的所有股权或者部分股权，在自愿收购部分股权的情况下，需要得到新加坡证券监管机构的事先同意；在一般情况下，如果自愿收购的部分股权在30％以下，新加坡证券监管机构原则上不反对；如果自愿收购的部分股权在30％～50％，则新加坡证券监管机构原则上不会同意；而如果自愿收购的部分股权超过50％，新加坡证券监管机构会在满足相关证券法律法规的前提下批准同意。强制性要约在两种情况下触发：在持有一家上市公司股权达到或者超过30％后，持有该等股权的人士（其一致行动人的股权也应计算在内）应当向上市公司所有股东发出收购要约；或者在持有30％～50％股权的人士（其一致行动人的股权也应计算在内）中进一步收购上市公司股权，或者在6个月内收购超过1％的上市公司股权，应当向上市公司所有股东发出收购要约。

协议安排是一种在法院监督下进行的并购方式。安排计划的本质是在法院监督下以股东大会投票决定并购交易的方式，法院监督主要是保证程序的公正性。一般流程是由买家和目标公司的董事会就并购交易达成一致后提交目标公司的特别股东大会投票批准，且投票结果需法院批准。鉴于协议安排并购方式的"一步性"和灵活性，协议安排成为许多大型并购的优选方式。

合并的方式理论可以使用在新加坡上市公司中，"合并"的方式并不需要法院的批准，但参与合并公司的所有董事都需要作出可偿付性声明并通过股东大会特别决议通过。这种方式在实践中几乎没有在上市公司并购中使用过。

恶意收购在美国上市公司收购中较为常见，新加坡的相关法令并不禁止对上市公司的恶意收购，但鉴于新加坡上市公司大股东控股极为常见，恶意收购在新加坡上市公司收购中非常少见。

资料来源：龙永图，等."一带一路"案例实践与风险防范（法律篇）.北京：海洋出版社，2017.

二、承诺

（一）承诺的概念和条件

承诺是受要约人同意要约的意思表示。构成有效承诺的条件是：

（1）承诺必须由特定的承诺人作出。只有特定的承诺人，才能对要约人发出的要约作出承诺。除此之外，任何第三者即使知道要约的内容并对此作出同意的意思表示，也不能据此订立合同。

（2）承诺的内容应当与要约的内容一致。受要约人对要约的内容作出实质性变更的，为新要约。有关合同标的、数量、质量、价款或者报酬、履行期限、履行地点和方式、违约责任和解决争议方法等的变更，是对要约内容的实质性变更。承诺人对要约的内容作出非实质性变更的，除要约人及时表示反对或者要约表明承诺人不得对要约的内容作出任何变更外,该承诺有效,合同的内容以承诺的内容为准。

(3) 承诺必须在要约的有效期限内作出。要约一般都规定了承诺期限,承诺人必须在合理期限内作出承诺。如果承诺没有在规定期限内作出,则该承诺无效。

(4) 承诺的传递必须符合要约的要求。

在国际经济贸易交往中,为了利于双方当事人达成有利的交易,按照各国的实际做法,并非因承诺与要约内容有微小变动,就视为拒绝原要约。如果承诺人对要约表示接受,只是对要约做了一些非实质性的变更,在要约人未提出异议的情况下,仍可视为承诺。

(二)承诺生效的时间

一般认为承诺生效后合同即宣告成立,合同的当事人就要受到约束。因此,承诺生效的时间特别重要。

承诺从什么时间起生效,英美法系和大陆法系的规定有所不同。英美法系采用发信主义原则,亦即投邮生效原则,也就是采用书信电报电传承诺时,这些承诺的通知一经投邮即生效,即使载有内容的信件或电报在传递过程中发生延误或损失,也不影响合同的有效成立。大陆法系采用受信主义原则,亦即到达生效原则,也就是采用书信电报电传承诺时,承诺的通知到达要约人的支配范围即生效,合同就成立。但法国有些例外,《法国民法典》对承诺何时生效没有作出规定,实际中往往推定适用发信主义原则。

我国《民法典》第四百八十一条规定:承诺应当在要约确定的期限内到达要约人。要约没有确定承诺期限的,承诺应当依照下列规定到达:(1) 要约以对话方式作出的,应当即时作出承诺;(2) 要约以非对话方式作出的,承诺应当在合理期限内到达。

根据《民法典》第四百八十二条的规定,要约以信件或者电报作出的,承诺期限自信件载明的日期或者电报交发之日开始计算。信件未载明日期的,自投寄该信件的邮戳日期开始计算。要约以电话、传真、电子邮件等快速通讯方式作出的,承诺期限自要约到达受要约人时开始计算。《民法典》第四百八十三条规定,承诺生效时合同成立,但是法律另有规定或者当事人另有约定的除外。

(三)承诺的撤回

承诺可以撤回。承诺的撤回是承诺人阻止承诺发生法律效力的一种意思表示。由于各国法律对承诺生效时间规定不同,因此,在承诺人能否撤回承诺的问题上,英美法系和大陆法系的观点也不一样。英美法系从投邮生效原则出发,主张承诺人一旦发出承诺通知,就不能撤回承诺;大陆法系从到达生效原则出发,认为承诺人可以撤回其发出的承诺,但撤回承诺的通知必须先于或同时与承诺到达方为有效。我国《民法典》第一百四十一条规定:行为人可以撤回意思表示。撤回意思表示的通知应当在意思表示到达相对人前或者与意思表达同时到达相对人。也就是说,承诺人可以撤回承诺,但撤回承诺的通知应当在承诺到达要约人前或者与承诺同时到达要约人。第四百八十六条规定,受要约人超过承诺期限发出承诺,或者在承诺期限内发出承诺,按照通常情形不能及时到达要约人的,为新要约;但是,要约人及时通知受要约人该承诺有效的除外。另外,《民法典》第四百八十七条还规定，受要约人在承诺期限内发出承诺，按照通常情形能够及时到达要约人，但是因其他原因致使承诺到达要约人时超过承诺期限的，除要约人及时通知受要约人因承诺超过期限不接受该承诺外，该承诺有效。

第 2 节　合同的签订

一、商务合同签订的原则

我国企业从事任何商务活动，订立任何商务协议（合同），都必须遵守主权原则、平等互利协商一致原则、诚实信用原则、遵守国际惯例原则。

（一）主权原则

主权是指一个国家独立自主地处理国内事务而不受外来因素干涉或限制的最高权力。它包括：

（1）国土权。在签订涉外合同时，任何企业或经济组织都无权允诺向外方出售、出租、开发国土。

（2）司法管辖权。商务合同必须严格遵守我国的有关法律法规和政策，不得违反。

（3）涉外税收权。我国政府有权根据我国税法的规定，对涉外商务活动中双方当事人的有关收入征税，任何企业或个人无权对外减免税收。

（4）外汇管理权。

（5）签订的涉外商务合同不得违反我国的公共道德和侵害公众利益。

（二）平等互利协商一致原则

所谓平等互利协商一致原则，就是签约双方在法律地位上是平等的，在经济上彼此有利，并在平等、自愿、合意的基础上，通过协商达成双方当事人意见一致的协议。

只有平等，才能互利。也就是说，互惠互利是以平等为前提的。平等互利协商一致原则是主权原则的具体体现。但是，平等互利并不意味着双方在利益上的收获是均等的，而是承认其在合理基础上的区别。

（三）诚实信用原则

诚实信用原则是指民事主体在订立和履行合同时，应讲诚实、守信用，以善意的方式履行其义务，不得规避法律和合同。今天，蓬勃兴起的"一带一路"建设正是中国向世界展示开放包容心态的窗口，而中国企业正是对外展示中国良好形象的代表。诚信问题不仅关乎国民的道德素质，还关乎民族和国家的形象。

（四）遵守国际惯例原则

国际惯例是指在长期的国际商务活动中，人们对某些事物的一致看法和认识。它常常表现为一些约定俗成的成文或不成文的规则。

国际惯例不是各国的共同立法,也不是一国的法律,因而不具有法律的约束力。但是,如果在涉外商务合同中双方当事人确认了以某个国际惯例为原则,那么它就具有了法律效力。此外,当双方在某个问题上发生争议时,如果法律没有明确的规定,可以国际惯例为准判断是非,解决纠纷或争议。

二、商务合同应具备的条款

合同,又称为契约、协议,是平等的当事人之间设立、变更、终止民事权利义务关系的协议。商务合同的签订是衡量谈判成功与否、结果合法与否的重要标志,合同在要约和承诺的主要条款上要反复斟酌,力求严密、合法、不出漏洞。合同文本或者由法律顾问起草,或者起草后请法律顾问审查修改。重要的合同在签署时还要进行公证。

(一)商务合同的结构

商务合同一般由约首、正文和约尾三部分组成。约首、约尾与合同的其他各项条款一样,也是书面合同的组成部分,具有法律或行政约束力。约首包括供求双方的单位名称,签订合同的时间、地点及此项经济活动的目的等,约尾实际上是合同的补充条款或是为了工作方便而提供的信息,比如,合同规定生效和作废的条件与日期;双方单位的地址、电话;双方单位盖章;法定代表人及经办人签名盖章等信息。

(二)商务合同应具备的条款

(1)合同当事人的名称或者姓名、国籍、主营业场所或者住所。

(2)合同签订的日期和地点。合同签订的日期涉及合同生效的问题,除了我国有关法律法规规定应由国家批准的合同,签订日期表示合同发生效力的时间,即双方在合同上签字即告生效。合同签订的地点与法律的适用有关。当某一合同没有规定选择适用的法律时,一旦发生争议,一般适用合同缔结地的法律。因此,对我国的企业来说,应尽力争取在境内签订合同。

(3)合同的类型、标的种类及范围。标的是指合同当事人双方权利和义务共同指向的对象,如技术贸易中的技术、货物买卖中的货物等。

(4)合同标的的技术条件、质量、数量和标准。合同中标的的标准有许多种,如国际标准、国家标准等,某种标准随着科技与生产力的发展会不断发生变动。在引用时应明确以哪个国家的标准为准,并注明该标准的颁布时间和版本。

(5)合同履行的期限、地点和方式。履行期限是指合同双方当事人实现权利和履行义务的时间限制。地点和方式是指合同双方当事人在什么地点、以什么方式去履行各自的义务和责任。

(6)价格条款、支付金额和方式。价格条款不仅涉及标的价格,而且涉及与标的运动有关的双方责任及风险的划分。支付方式则涉及能否安全、迅速、完整地实现合同双方当事人的经济利益。

(7) 合同的转让、变更和解除。

(8) 违反合同的赔偿和其他责任。

(9) 合同发生争议时的解决方法与法律适用的问题。

(10) 合同使用的文字及其效力。按照国际惯例，合同文字应当使用双方当事人的法定文字，并且两种文本都具有同等的法律效力，而当两种文字在解释上不一致时，应以当地一方或东道国语言为准。

需要注意的是，有些合同还带有附件，是对合同中有关条款的进一步解释和规定。合同附件是合同不可分割的组成部分，与合同正文具有同等的法律效力。合同附件依附合同正文而存在，主要包括技术附件、政策性附件、金融性附件。除了以上三类附件，还有文辞方面的附件，如术语解释、缩写表等。

延伸阅读

房屋租赁合同（示例）

出租方（甲方）：_____ 身份证号：_____

承租方（乙方）：_____ 身份证号：_____

依据《中华人民共和国民法典》及有关法律、法规的规定，甲乙双方在平等、自愿的基础上，就房屋租赁等有关事宜达成如下协议：

第一条　房屋基本情况

房屋坐落于_____市_____区（县）_____小区_____楼_____单元_____室，建筑面积_____平方米。采暖方式为小区集中供暖。甲方有偿出租给乙方居住使用，乙方对甲方所出租的房屋做了充分了解，愿意承租该房屋。

第二条　租赁期限

（一）租期自_____年____月____日至_____年____月____日，共计____个月。

（二）租赁期满后，乙方若有意继续承租，应提前____日通知甲方，征得甲方同意后，双方重新签订房屋租赁合同。

第三条　租金及押金

（一）租金：每月租金为人民币￥_____元（大写：_____元整）。

（二）支付方式：_____付。乙方在签订本合同当天将_____租金合计人民币￥_____元（大写：_____元整）一次性交付给甲方。

（三）该房屋租赁期内的物业管理费、水费、电费、天然气费、暖气费等因乙方使用本房屋产生的费用由乙方自行承担，按时交付。

（四）押金：人民币￥_____元（大写：_____元整）。

如乙方在租赁期间未发生损坏房屋设施、家具、家电损坏，下水管道、厕所堵漏，拖欠水、电、天然气、暖气、物业、租金等相关费用的情形，合同期满时甲方一次性退还乙方押金。如有上述情况发生，甲方有权从押金中扣除，不足部分乙方另行承担。

第四条　房屋的交付及返还

租赁期满或合同提前解除后，乙方应当结清其应承担的各项费用，甲乙双方按照《房屋内家具家电清单》验收签字盖章后视为返还。

第五条　所有权变动

租赁期内，甲方不得转让该房屋。确因其他原因必须转让该房屋时，甲方应当提前____日通知乙方，并按当期月租金标准的____倍，即人民币￥_____元（大写：_____元整）向乙方支付违约赔偿金。

第六条　合同的解除

（一）本合同可协商解除。遇到下列情形之一的，本合同终止，双方互不承担违约责任：

1. 该房屋因城市建设需要被依法列入房屋拆迁范围的。
2. 因地震、火灾等不可抗力导致房屋毁损、灭失或造成其他损失的。

（二）乙方有下列情形之一的，甲方有权单方解除合同，收回该房屋：

1. 拒不支付或者迟延支付到期租金超过____日的；
2. 擅自改变该房屋用途的；
3. 擅自将该房屋转租给第三人的；
4. 利用该房屋从事违法活动的。

第七条　违约责任

（一）甲方若需提前收回该房屋，应提前____日通知乙方，据实结算租金，并按当期月租金标准的____倍，即人民币￥_____元（大写：_____元整）向乙方支付违约赔偿金；

（二）乙方若需提前退租，应提前____日通知甲方，据实结算租金，并按当期月租金标准的_____倍，即人民币￥_____元（大写：_____元整）向甲方支付违约赔偿金（即押金不退，再扣一月房租）。

第八条　人身财产损失

租赁期间，承租方是房屋的实际使用管理人，承租人应注意用水、用电、用气等方面的安全，所发生的人身安全及财产损失与出租方无关。

第九条　合同争议的解决方法

本合同履行期间产生的争议，甲乙双方协商解决，协商不成，任何一方有权向房屋所在地的人民法院提起诉讼。

第十条　本合同如有未尽事宜，一律按《中华人民共和国民法典》的有关规定，经甲、乙双方共同协商，作出补充规定，补充规定与本合同具有同等效力。

第十一条　其他约定事项

1. 甲方保证在租赁期间，该房屋及附属设施处于正常的可使用和安全状态，甲方对该房屋进行检查维护，应提前7日通知乙方，乙方应予以配合。

2. 合同期内房屋或者房屋内设施、家具家电等由于自然老化原因所发生的维修事项，乙方应及时通知甲方，甲方接到通知后7日内上门维修或者提供相应替代物，如遇特殊情况，双方协商处理。甲方拒不维修的，乙方可代为维修，费用由甲方承担，乙方有权根据合同约定直接从租金中扣除相关费用。因乙方操作不当或故意损坏导致的家具家电及设施损失，由乙方负责维修或赔偿。

3. 房屋租赁期满，乙方如需续租，需要在租期届满前30天提出，并经由甲方同意，重新签订续租合同，乙方在同等条件下有优先承租权。

房屋内家具家电清单

××2匹空调	1台
××1.5匹空调	2台
××216升三门电冰箱	1台
××6.5公斤波轮洗衣机	1台
××燃气热水器	1个
抽油烟机	1个
燃气灶	1个
××衣柜	4个
1.8米大床及床垫	1个
1.5米小床及床垫	1个
××电视柜	1个
客厅沙发	2个

备注：

1. 截至_____年___月___日，已用水量为___方，已用水费由甲方结清。

2. 钥匙共___把，水电卡___张，天然气卡___张。

3. 电余量为___元，天然气余量为___元。甲方已购电和天然气共___元，由乙方支付给甲方。乙方退房时，结清水费、物业费等费用，水电卡和天然气卡内余额甲方支付给乙方。

4. 物业费由甲方交纳至_____年___月___日，之后承租期内物业费由乙方直接向物业缴纳。

本合同经甲乙双方签字盖章后生效。本合同一式两份，其中甲方、乙方各执一份。

出租方（签章）：_____　　电话：

承租方（签章）：_____　　电话：

签约时间：_____年___月___日

三、签约过程中应注意的问题

合同签约的过程，一方面是用法律语言准确无误地记载双方当事人谈判达成协议的各项内容，另一方面是对谈判中尚有争议的部分做进一步的探讨和协商。在签订合同时应注意以下问题：

（1）双方当事人是否具有签约的资格。签订合同的主体是否明确、合法，必要时，要查验对方合法的资格，要注意资格有效期限。

（2）双方确认事项拟成条款，是否与合同的目的相符。要核对合同数量、质量、价格、规格、交货时间、地点和交货方式、验收方式、款项支付方式、时间。

（3）订立合同的条款要符合有关法律规定和要求。应根据有关法规来确定合同的各项内容。对国家法律有专门规定的，还应按这些法律的规定确定合同的条款。

（4）确定的合同条款，其内容不得违反我国法律和社会共同利益。

（5）合同中的违约责任条款必须明确具体。要针对对方最易违约的问题，如资金到位的时间、产品数量、产品的外销，以及违约可能给我方造成的损失，进行有的放矢的约定，避免引起纠纷。

（6）对对方提出的免责条款要慎重研究，弄清其范围，才能表示是否同意，对己方不利的免责条款千万不能接受。

（7）仔细拟定适用法律条款和仲裁条款。通常当事人双方都希望适用本国法律或以对自己有利的法律作为合同的依据，这类条款是合同的主要条款，不能含糊不清。如在合同中出现"如有争议可提请中国国际贸易促进委员会调解或仲裁，也可由双方同意的国外仲裁机构进行仲裁"这一模棱两可的条款，使人琢磨不透，发生争议是在中国仲裁还是在国外仲裁，这一条款没有明确具体的规定，形同虚设。一旦发生争议，任何人都难以判定。

（8）要注意明确签约地。在合同中明确签约地，当合同发生纠纷时可以迅速确定管辖机关。缺少签约地，不利于迅速、准确、合法地解决合同纠纷，也不利于确认谈判双方的权利义务，制裁违约行为。

（9）要注意中外文本的一致性。如两种文本含义不同，或外方在外文文本中留有伏笔，或使用了一些含义不确切的词语，在发生争议时我方就有可能吃亏。更不能签订只有外文文本而没有中文文本的合同。

延伸阅读

签订国际贸易合同应注意的事项

1. 合同当事人具有行为能力。进出口双方在法律上必须具有签订合同的资格。就我国的进出口商而言，通常情况下只有政府批准具有外贸经营权的企业才能就其有权经营的商品对外达成买卖合同；再者，对方的进出口商也应具备签订进出口合同的能力和资格，具体条件依据其本国法律确定。由于进出口贸易主要是企业间行为，而企业的行为必须通过自然人（有权的代理人）来实现，因此，应确定签订进出口合同的企业代表是否具有行为能力。第一，签字的自然人必须是该企业的授权代表；第二，签字人不能是无民事行为能力人或限制民事行为能力人。

2. 当事人之间必须达成协议，这种协议按照自愿和真实的原则通过发盘与接受而达成。

3. 合同必须有对价和合法的约因。对价是英美法系的一种制度，是指合同当事人之间所提供的相互给付，即双方互为有偿。约因是法国法所强调的，是指当事人签订合同所追求的直接目的。在买卖合同中，对价表现为一方所享有的权利以另一方负有的义务为基础，双方互有权利和义务。如卖方交货是为了得到买方的货款，而买方支付货款是为了获得卖方提交的货物。通过交易买方得到货物,卖方得到货款,这就是买卖双方签订合同的约因。买卖合同只有具备了对价和约因才能有效,否则不受法律保护。

4. 合同的标的和内容必须合法。任何合同的订立,必须保证不违法及不违背或危害国家的公共政策,否则无效。

5. 双方当事人的合意必须真实。合同是双方当事人意思表示一致的结果,如果当事人意思表示的内容有错误或意思表示不一致或是在受欺诈或胁迫的情况下签合同,各国法律的处理有所区别。根据我国的相关法律,行为人对行为内容有重大误解的,一方有权请求人民法院或仲裁机构予以变更或撤销,采取欺诈或者胁迫手段订立的合同无效。

6. 合同必须符合法定的形式。根据我国《涉外经济合同法》,涉外经济合同的订立、变更或解除,都必须采取书面的形式,这种书面形式不仅包括正式合同或确认书,也包括信件、电报、电传和传真。凡未采用书面形式的即为无效。这也是我国核准参加《联合国国际货物销售合同公约》所做的两项保留之一。

签订国际贸易合同时应注意的条款:

(1) 违约金条款。违约金条款不要有遗漏,要全面,幅度可以高,但不要太高,因为太高会导致条款无效,等于让裁判自己决定。

(2) 商检条款。商检证书是买卖双方结算、计算关税、判断是否办理索赔的依据。合同应对检验标准、检验期限、凭封单检验还是凭现状检验,以及对标的物质量和数量提出异议和答复的期限作出明确规定,以免进口商拖延不决。

(3) 不可抗力条款。最好在国际合同中尽量列举不可抗力的具体范围、证明条件、通知期限,这可以避免进口商找借口不付款。

(4) 争议解决方式条款。由于国外执行难等许多原因,最好约定仲裁条款。条款表述要规范,不能模棱两可造成麻烦。如"凡因本合同所发生的一切争议,均提交中国国际经济贸易仲裁委员会按照其规则裁决。一裁终局,裁决对双方具有法律约束力"。

(5) 法律适用条款。对我国不熟悉国际条约和外国法律的人士来说,应尽量争取适用中国法律解决争议。

(6) 合同文字及其效力条款。合同最好约定以哪种文字为准,尤其是买卖设备等内容复杂的合同。合同还可以约定合同生效的条件,如交付定金后生效等有利条款。

以上就是关于国际贸易合同的签订所需注意的事项,鉴于企业在与外商签订国际贸易合同中,不仅涉及国际贸易知识,还涉及很多专业的法律问题,最好找法律专业人士为企业把好第一关,避免企业在国际贸易活动中产生不必要的风险。

第3节 商务合同的履行

商务合同的履行是指合同当事人双方实现或完成合同中所规定的权利和义务关系的法律行为,它在商务谈判中扮演着极其重要的角色。

一、合同履行的基本原则

履行合同应遵循以下基本原则：

（1）实际履行原则。它指的是当事人必须严格按照合同所规定的标的来履行。合同写的是什么标的，就一定要交付什么标的，不能故意更换标的或用其他物品或款项代替，也不能折合现金来代替。只有当实际履行在事实上已经不可能或不必要，或者法律规定一方违约只用赔偿损失的情况下，才能仅以偿付违约金、赔偿金作为补偿，但这并不能视为代替履行。

（2）适当履行原则。合同的适当履行，就是当事人按照合同规定的标的，按质量、数量、期限、地点、方式、价格和包装要求等，用适当的方法全面履行合同。义务人不得以次充好，以假充真，否则权利人有权拒绝要求。当事人只有按合同的这些规定去切实履行，才是全面完成了合同任务，没有按规定去履行合同每一项条款的行为，都是违约行为。

（3）协作履行原则。它是指当事人双方要通过团结协作、互相帮助来完成经济合同规定的任务。谈判合同当事人双方各自有其规定的经济权利和经济义务，具体的经济利益也有所不同，但订立经济合同的目的则是互惠互利，愿望是一致的。因此，当事人不仅要按实际履行原则和适当履行原则承担自己的义务，还应对另一方当事人履行义务表示关心，并提供方便和帮助，进行必需的督促和检查，对可能引起合同履行障碍的行为及时提出和制止。如果在履行过程中发生分歧，双方要按照法律和合同的规定及时协商解决，避免扩大分歧、影响合同的履行。

二、合同的全面履行

我国《民法典》第五百零九条规定：当事人应当按照约定全面履行自己的义务。当事人应当遵循诚信原则，根据合同的性质、目的和交易习惯履行通知、协助、保密等义务。在商务活动中，合同双方当事人只有实际、全面地履行了合同中约定的义务，当事人订立合同所期望的经济利益才能充分实现和满足。全面履行是指按照合同规定的标的、数量、质量、规格、技术条件、价格条件以及履行的地点、时间和方式等全面完成自己所应承担的义务。实际履行是指按照合同规定的标的履行，而不是以货币和其他财物代替履行合同，完成合同所规定的事项，这是合同当事人的义务。

此外，根据《民法典》第五百一十条的规定：合同生效后，当事人就质量、价款或者报酬、履行地点等内容没有约定或者约定不明确的，可以协议补充；不能达成补充协议的，按照合同相关条款或者交易习惯确定。如果当事人就有关合同内容约定不明确，依据补充协议仍不能确定的，依据《民法典》第五百一十一条可适用下列规定：

（1）质量要求不明确的，按照强制性国家标准履行；没有强制性国家标准的，按照推荐性国家标准履行；没有推荐性国家标准的，按照行业标准履行；没有国家标准、行业标准的，按照通常标准或者符合合同目的的特定标准履行。

（2）价款或者报酬不明确的，按照订立合同时履行地的市场价格履行；依法应当执行政府定价或者政府指导价的，依照规定履行。

（3）履行地点不明确，给付货币的，在接受货币一方所在地履行；交付不动产的，在不动产所在地履行；其他标的，在履行义务一方所在地履行。

（4）履行期限不明确的，债务人可以随时履行，债权人也可以随时请求履行，但是应当给对方必要的准备时间。

（5）履行方式不明确的，按照有利于实现合同目的的方式履行。

（6）履行费用的负担不明确的，由履行义务一方负担；因债权人原因增加的履行费用，由债权人负担。

总之，合同签订后，必须按照合同规定的内容认真履行，除非不具备全面履行的情况而被允许不完全全面履行。这种情况包括：

（1）以特定物为标的的合同，当特定物遗失时，全面履行协议的标的已不可能。

（2）由于债务人延迟履行标的，标的交付债权人已失去实际意义。例如供方到期不交付原材料，需方为免于停工待料，已设法从其他地方取得原材料。此时，如再交货，对需方已无实际意义。

（3）法律或合同本身明确规定，不履行协议，只负赔偿责任。如货物运输原则一般均规定，货物在运输过程中损失时，只由承运方负担赔偿损失的责任，不要求做全面履行。

三、合同的适当履行和中止履行

适当履行是指对全面履行合同所规定的内容与范围，以妥当的方法完成自己所承担的义务。合同履行过程中义务人不得以次充好，以假充真，否则权利人有权拒绝。当事人只有按合同的这些规定去切实履行，才是全面完成了合同任务，没有按规定去履行合同每一项条款的行为，都是违约行为。中止履行是指当事人一方有另一方不能履行合同的确切证据时，可暂时中止履行合同，但应立即通知另一方。这就说明，当事人采取暂时中止履行合同的前提是握有另一方当事人不能履行合同的确切证据。《民法典》第五百二十七条规定："应当先履行债务的当事人，有确切证据证明对方有下列情形之一的，可以中止履行：（一）经营状况严重恶化；（二）转移财产、抽逃资金，以逃避债务；（三）丧失商业信誉；（四）有丧失或者可能丧失履行债务能力的其他情形。"当事人接到另一方当事人不能履行合同的通知，依法采取暂时中止履行合同措施，目的是防止因不能履行合同而造成损失的扩大。采取这一措施后，一方当事人负有立即通知另一方当事人的义务。中止履行合同措施是一种暂缓措施，如另一方当事人对履行合同提供了充分的保证时，应当继续履行合同。如果另一方当事人确定不再履行合同，中止履行另一方则可要求其采取补救措施或赔偿损失。但当事人没有确切证据中止履行的，应当承担违约责任。

第 4 节　合同的转让、变更、解除与纠纷处理

一、合同的转让

合同的转让是指合同当事人一方将合同的权利、义务的全部或部分转让给第三者，它只是合同主体变更，不涉及合同规定的权利、义务。根据《民法典》的规定：（1）债权人可以将债权的全部或者部分转让给第三人，但是有下列情形之一的除外：根据债权性质不得转让；按照当事人约定不得转让；依照法律规定不得转让。当事人约定非金钱债权不得转让的，不得对抗善意第三人。当事人约定金钱债权不得转让的，不得对抗第三人。（2）债权人转让债权，未通知债务人的，该转让对债务人不发生效力。债权转让的通知不得撤销，但是经受让人同意的除外。（3）债权人转让债权的，受让人取得与债权有关的从权利，但是该从权利专属于债权人自身的除外。受让人取得从权利不因该从权利未办理转移登记手续或者未转移占有而受到影响。（4）债务人接到债权转让通知后，债务人对让与人的抗辩，可以向受让人主张。（5）有下列情形之一的，债务人可以向受让人主张抵销：债务人接到债权转让通知时，债务人对让与人享有债权，且债务人的债权先于转让的债权到期或者同时到期；债务人的债权与转让的债权是基于同一合同产生。（6）债务人将债务的全部或者部分转移给第三人的，应当经债权人同意。债务人或者第三人可以催告债权人在合理期限内予以同意，债权人未作表示的，视为不同意。（7）债务人转移债务的，新债务人可以主张原债务人对债权人的抗辩；原债务人对债权人享有债权的，新债务人不得向债权人主张抵销。（8）债务人转移债务的，新债务人应当承担与主债务有关的从债务，但是该从债务专属于原债务人自身的除外。（9）合同的权利和义务一并转让的，适用债权转让、债务转移的有关规定。

二、合同的变更和解除

（一）合同的变更

合同依法成立，即具有法律约束力，当事人必须严格履行合同中规定的权利和义务，任何一方不得擅自变更。但在实际履行过程中，合同双方当事人常常需要对合同内容作出某些修改或补充。这就需要对合同进行变更。《民法典》第五百四十三条规定："当事人协商一致，可以变更合同。"而当事人对合同变更的内容约定不明确的，则推定为未变更。通常情况下，合同的转让会引起主体变更，合同的变更则一般涉及内容的变更。合同变更的形式应与合同订立的形式一样采取书面形式，在合同变更的情况下，如果一方当事人给另一方当事人带来损失，当事人有要求赔偿损失的权利。

（二）合同的解除

合同的解除是指在协议成立之后、未完全履行之前，由于某种原因，致使合同的履行已不可能或不必要，而由当事人一方行使合同解除权的结果。《民法典》第五百六十二条规定："当事人协商一致，可以解除合同。当事人可以约定一方解除合同的事由。解除合同的事由发生时，解除权人可以解除合同。"

《民法典》同时指出，有下列情形之一的，当事人可以解除合同：

（1）因不可抗力致使不能实现合同目的；（2）在履行期限届满前，当事人一方明确表示或者以自己的行为表明不履行主要债务；（3）当事人一方迟延履行主要债务，经催告后在合理期限内仍未履行；（4）当事人一方迟延履行债务或者有其他违约行为致使不能实现合同目的；（5）法律规定的其他情形。

当合同解除后，该合同的权利义务关系终止。合同解除后，对于合同中尚未履行的部分，终止履行；已经履行的，根据履行情况和合同性质，当事人可以请求恢复原状或者采取其他补救措施，并有权请求赔偿损失。此外，合同因违约解除的，解除权人可以请求违约方承担违约责任，但是当事人另有约定的除外。主合同解除后，担保人对债务人应当承担的民事责任仍应当承担担保责任，但是担保合同另有约定的除外。另外，合同的权利义务关系终止，不影响合同中结算和清理条款的效力。

三、合同纠纷的处理

在合同履行过程中，可能会出现各种各样的纠纷。合同的纠纷是指协议的生效、解释、履行、变更、终止等行为所引起的协议当事人的所有争议。对这些争议如何解决，解决的法律依据是什么，就是协议纠纷处理的问题。

（一）纠纷解决的方法

出现争议不可怕，最主要的是找到有效的解决方法。一般而言，纠纷解决的方法有四种：

（1）协商。由双方当事人通过直接磋商解决发生在他们之间的纠纷。通过协商解决商务合同纠纷，不必经过第三方，既可避免事态扩大，又可节约时间、精力和费用，同时也有利于双方当事人继续保持经济合作关系，是最佳的方式。

（2）调解。在双方当事人协商解决不了的情况下，请第三方出面调解，使双方在互谅互让的基础上达成一致的和解协议。调解通常有行政调解和司法调解两种形式。它与仲裁明显的区别是：调解不能强制当事人接受解决方法，它只能通过建议、方案或利用调解人的威信促使当事人接受某种解决方法。

我国国情决定了我们不能成为"诉讼大国"，要充分发挥社会主义协商民主的显著优势，推动更多法治力量向引导和疏导端用力，完善预防性法律制度，坚持和发展新时代"枫桥经验"，完善社会矛盾纠纷多元预防调处化解综合机制，促进社会和谐稳定。

案例 15-2

"枫桥经验"与和谐发展

"枫桥经验"诞生于1963年,其要旨是怎样妥善处理社会治安综合治理的问题,主要内容是"发动和依靠群众,坚持矛盾不上交,就地解决,实现捕人少,治安好"。毛泽东同志当年在了解到"枫桥经验"之后,非常重视,亲笔作出了如下批示:"要各地仿效,经过试点,推广去做。"

新时代"枫桥经验"的主要内容是在开展社会治理中实行"五个坚持",即坚持党建引领,坚持人民主体,坚持"三治融合",坚持"四防并举",坚持共建共享。

党建引领是新时代"枫桥经验"的政治灵魂,反映了新时代"枫桥经验"的本质特征。人民主体是新时代"枫桥经验"的核心价值,实现人民的利益是新时代"枫桥经验"的价值导向。路径创新是新时代"枫桥经验"的实践特质。坚持自治、法治、德治"三治融合"是新时代"枫桥经验"的主要路径。人防、物防、技防、心防"四防并举"是新时代"枫桥经验"的重要手段。共建共享是新时代"枫桥经验"的工作格局。

浙江枫桥干部群众创造了"依靠群众就地化解矛盾"的"枫桥经验",并根据形势变化不断赋予其新的内涵。各级党委和政府要充分认识"枫桥经验"的重大意义,发扬优良作风,适应时代要求,创新群众工作方法,善于运用法治思维和法治方式解决涉及群众切身利益的矛盾和问题,把"枫桥经验"坚持好、发展好,把党的群众路线坚持好、贯彻好。

资料来源:作者根据网络资料整理。

(3)仲裁。仲裁是指双方当事人达成协议,自愿将他们之间的纠纷交给某一仲裁机构或交给双方约定的仲裁员进行仲裁。双方当事人协商不成、不愿调解的,可根据协议中规定的仲裁条款或双方在纠纷发生后达成的纠纷协议向仲裁机构申请仲裁。

案例 15-3

美国布兰特伍德工业有限公司申请承认和执行外国仲裁裁决案

广州市正启贸易有限公司(买方)与布兰特伍德工业有限公司(卖方),因"广州猎德污水处理厂四期工程",在中国广州签订《合同》及《补充协议》。《合同》第16条争议解决方式约定:"凡因本合同引起的或与本合同有关的任何争议,双方应通过友好协商解决。如果协商不能解决,应提交国际商会仲裁委员会根据国际惯例在项目所在地进行仲裁。该仲裁委员会作出的裁决是终局性的,对双方均有约束力。除仲裁委员会另有规定外,仲裁费用由败诉一方负担。仲裁语言为中、英双语。"

后来,双方因为合同履行发生争议,布兰特伍德公司向国际商会国际仲裁院秘书处提起仲裁申请。2013年1月10日,国际商会国际仲裁院根据《2012年国际商会仲裁规则》第13条第(3)款直接委任简·威廉斯(Jane Willems)女士为此案的独任仲裁员。2014年3月17日,简·威廉斯独任仲裁员在广州作出《终极裁决》。裁决生效后,申请人布兰特伍德公司要求被申请人广州市正启贸易有限公司履行仲裁裁决规定的支付义务未果，遂于 2015 年 4 月 13 日向广州中院申请承认并执行该裁决。2020 年 8 月 6 日，广东省广州市中级人民法院作出民事裁定书，认定国际商会仲裁院仲裁庭在我国广州作出的仲裁裁决属于中国涉外仲裁裁决。被申请人不履行裁决的，布兰特伍德公司可以参照民事诉讼法关于执行涉外仲裁裁决的规定，向被申请人住所地或财产所在地的中级人民法院申请执行。

该案经报核至最高人民法院同意，首次明确了境外仲裁机构在我国内地作出的仲裁裁决籍属的认定规则，将该类裁决视为我国涉外仲裁裁决，确认该类裁决能够在我国内地直接申请执行。这提升了我国仲裁制度的国际化水平，树立了"仲裁友好型"的司法形象，对于我国仲裁业务的对外开放及仲裁国际化发展具有里程碑意义。

资料来源：最高法发布第三批涉"一带一路"建设典型案例．（2022-02-28）．https://www.court.gov.cn/zixun/xiangqing/347711.html.

（4）诉讼。如当事人在签订合同时没有规定仲裁条款，在合同发生争议后，经双方当事人协商也不能解决问题，双方又达不成一个提交仲裁的协议，在这种情况下，任何一方当事人都可以把他们的争议问题向有管辖权的法院提起诉讼。

（二）有关法律的适用问题

商务合同法律适用是指发生涉外经济合同纠纷时按照哪一个国家或地区的法律去处理。具体内容上一章已论述，在此不做具体说明。

小　结

1. 要约是希望和他人订立合同的意思表示，它应具备四个条件：一是当事人必须声明订立合同的旨意；二是要约的内容必须明确具体；三是必须向特定的人提出；四是要约到达受要约人时生效。

2. 要约的法律后果是指要约发出之后，对要约人和承诺人的约束力。其约束力主要表现在：一是要约人在有效期限内不得变更或撤回要约；二是要约人有与承诺人订立合同的义务。

3. 要约的消灭是指要约失去了法律效力。要约一般因下列情形而失效：(1) 要约被拒绝；(2) 要约被依法撤销；(3) 承诺期限届满，受要约人未作出承诺；(4) 受要约人对要约的内容作出实质性变更。

4. 承诺是受要约人同意要约的意思表示。构成有效承诺的条件有：承诺必须由特定的承诺人作出；承诺的内容应当与要约的内容一致；承诺必须在要约的有效期限内作出；承诺的传递必须符合要约的要求。

5. 在签订合同时应注意以下几个方面的问题：双方当事人是否具有签约的资格；双方确认事项拟成条款，是否与合同的目的相符；订立合同的条款要符合有关法律规定和要求；确定的合同条款，其内容不得违反我国法律和社会共同利益；合同中的违约责任条款必须明确具体；对对方提出的免责条款要慎重研究，弄清其范围，才能表示是否同意，对己方不利的免责条款千万不能接受；仔细拟定适用法律条款和仲裁条款；要注意明确签约地；要注意中外文本的一致性。

6. 合同的履行是指合同当事人双方实现或完成合同中所规定的权利和义务关系的法律行为。它一般分为全面履行、适当履行和中止履行三种情况。

7. 合同的转让是指合同当事人一方将合同的权利、义务的全部或部分转让给第三者，它只是合同主体变更，不涉及合同规定的权利、义务。

8. 合同的解除是指在协议成立之后、未完全履行之前，由于某种原因，致使合同的履行已不可能或不必要，而由当事人一方行使合同解除权的结果。

9. 合同的纠纷是指协议的生效、解释、履行、变更、终止等行为所引起的协议当事人的所有争议。纠纷解决的方法有协商、调解、仲裁、诉讼四种。

复习与思考

一、基本概念
要约　　　　　　　　承诺　　　　　　　　合同的全面履行
合同的转让　　　　　合同的解除

二、简答题
1. 要约与要约邀请的联系和区别是什么？
2. 构成有效承诺的条件是什么？
3. 商务合同签订的条款有哪些？
4. 合同的解除应具备哪些条件？

三、论述题
试述商务谈判合同如何履行。

第16章
商务谈判的礼仪与禁忌

礼仪是人类社会文明发展的产物，是人们在社会交往中以风俗、习惯和传统等形式固定下来的行为规范、准则。礼仪包含的内容比较广泛，具体表现为礼貌、礼节、仪表、仪式等。商务谈判礼仪是商务人员在商务谈判过程中所必须遵守的，用来维护个体、组织形象和向对手表示尊重与友好的惯例及形式。商务谈判礼仪是谈判者之间相互交流沟通的一种行为规范，也是待人接物的一种人际交往艺术。谈判者来自不同国家或地区，每个国家的经济政治制度有差异，历史文化传统和风俗习惯有所不同，认知水平、价值观念、思维方式千差万别。文化禁忌是指在某个民族或宗教传统文化里禁忌的一些事物、行动或言语。本章重点介绍商务交往中的礼仪与禁忌、世界上不同地域的习俗与禁忌。

第1节　公开交往的礼仪与禁忌

一、交往中的一般礼仪与禁忌

世界各国人民虽然生活在不同的文化背景之下，但在日常交往过程中形成了相似的礼仪规范。

（一）守时守约

守时守约是商务谈判中最基本的礼貌，是对对方的友好与尊重。参与谈判中的各种活动，都要按约定的时间到达，既不要迟到，也不要过早。若登门拜访，则需要提前约定，不要贸然造访。如果遇到特殊情况不能按时赴约，必须提前告知对方。

（二）尊妇敬老

在许多国家的社交场所和日常生活中，都奉行"女士优先"和敬老的原则，作为一种基本礼节，在正式的场合更应引起重视，如上下电梯、进出门厅等，都应让女士和老人先行。

（三）尊重风俗习惯

不同国家、不同民族在自己的历史文化背景中，已经形成了自己的风俗习惯，在商务谈判活动中必须予以足够的重视和尊重。

（四）举止大方得体

在交往中要端庄稳重、落落大方，表情诚恳自然，平易可亲。要站有站相，坐有坐姿，不要放声大笑或高声谈论。

二、见面礼仪与禁忌

对谈判而言，彼此美好的第一印象是走向成功的关键，因此了解在交际场合中见面时的礼仪尤为重要。

（一）介绍

介绍一般有自我介绍和通过第三者进行介绍两种形式，后者较为普遍。介绍时，被介绍的一方应主动站起，面带微笑，以示尊重。介绍一般按下列礼节进行：

（1）先把年轻的介绍给年长的。
（2）先把职位、身份较低的介绍给职位、身份较高的。
（3）先把男性介绍给女性。
（4）先把客人引见给主人。
（5）先把个人介绍给团体。

（二）握手

在介绍认识或见面时，握手作为一种最简单的动作语言被世界各国广泛采用，是沟通思想、交流感情、增进友谊的重要方式。一次深情、得体、文雅的握手，令人身心愉悦，印象深刻。

（1）握手的主动与被动。一般情况下，主动和对方握手，表示友好和尊重。在来宾登门拜访时，主人应主动握手，表示欢迎和感谢；在客人离去时，主人应被动握手，否则是不礼貌的。切记任何时候拒绝对方主动要求握手的行为都是失礼的。

（2）握手的时间和力度。握手时间要适中，过短显得没有诚意，过长又会使对方尴尬，一般应把握在3～6秒。握手的力度也应适度，过轻或过重都不可取。坚定有力的握手可以展现出握手者充满积极向上的热情，开展谈判的诚意，对谈判对手的尊重信任等。

（3）握手者的姿态。握手者的面部表情是配合握手行为的一种辅助动作。握手时，应注视对方，面带微笑，使人有亲切、友好的心理感受，左顾右盼、心不在焉和面部表情冷淡，都会引起对方的猜疑和不信任。

（4）女士在握手时应先摘下右手手套，男士则必须先摘下全部手套再行握手。

握手这一礼节虽然在许多国家都适用，但是世界各国有不同的评价标准，并非所有人都适用这种方式。如瑞典人见面时以有力的握手表示热情和诚意；在马来西亚，握手只限于男性之间，男女之间很少相互握手，男士应该向女士点头或稍行鞠躬礼，并且以口头问候为宜。

三、会谈中的礼仪与禁忌

会谈中的礼仪是指谈判者在实际洽谈的过程中所应具备的礼仪要求，它对谈判的顺利进行有十分重要的影响。

（一）谈判者的举止

谈判者的举止是指谈判者在谈判过程中坐、站、行所持的姿态。在商务谈判中，对举止的要求是适度。

1. 坐姿

从椅子的左边入座，坐下后，身体应尽量保持端正，并把两腿平行放好。在谈判中，不同的坐姿传递着不同的信息：

（1）挺着腰笔直的坐姿，表示对对方或谈话有兴趣，同时也是一种尊重的表示。

（2）斜着身体坐，表示心情愉快或自感优越。

（3）双手放在跷起的腿上，是一种等待、试探的表示。

2. 站姿

正确的站立姿势应该是两脚脚跟着地，腰背挺直，自然挺胸，两臂自然下垂。在谈判中，不同的站姿会给人不同的感觉：

（1）背脊笔直给人充满自信、乐观豁达、积极向上的感觉。

（2）弯腰曲背给人缺乏自信、消极悲观、甘居下游的感觉。

3. 行姿

正确的行姿是全身和谐，具有节奏感，而且神采飞扬。

男性走路的姿态应当是：昂首、闭口、两眼平视前方，挺胸、收腹、直腰，行走间上身不动、两肩不摇、步态稳健，以显示出刚强、雄健、英武、豪迈的男子气概。

女性走路的姿态应当是：头部端正，目光平和，直视前方，行走间上身自然挺直、收腹，两手前后摆动幅度要小，两腿并拢，小步前进，走成直线，步态要自如、匀称、轻柔，以显示出端庄、文静、温柔、典雅的女性美。

> **延伸阅读**
>
> **正面谈判，侧面签约**
>
> 　　一位商界人士曾说，当他跟人谈生意的时候，一定要面对面坐。因为那样可以看见彼此的脸，便于察言观色；面对面也比较冷静，适合讨价还价。
>
> 　　但是，只要谈成了，签字的那天，就算在同一张桌子，他也一定改坐到侧面，因为这样比较亲近。一份要签字的文件，不是递过去，而是轻轻地挪给对方。
>
> 　　更耐人寻味的是，他说，如果要签字了，他还面对面坐的话，很奇怪，对方可能临时又提出一些问题，比较起来，相邻而坐，问题少得多。大概因为面对面的感觉比较像对手，侧坐感觉比较像朋友，有些枝节问题，侧坐的时候，有时对方话到嘴边又咽回去了。
>
> 资料来源：刘墉．说话的魅力．南宁：接力出版社，2006．

（二）谈判者的谈吐

与举止一样，谈判者的谈吐是影响谈判的又一重要因素。总的来说，交谈时表情要自然，表达要具体。

（1）己方发言之后，应留出一定的时间供对方发表意见，切忌喋喋不休，以自我为中心。

（2）对方发言时，应认真倾听，不要表现出心不在焉的样子，注视别处、伸懒腰、玩东西等漫不经心的动作都应该避免。

（3）要善于聆听对方的谈话，不要轻易打断别人的发言，即使有不同的观点和看法，也应等对方讲完后再表达。

（4）交谈时应使用礼貌用语，如"你好""请""谢谢""对不起"等。

（5）交谈中不能出现伤害对方的言辞，否则会激怒对方。应避免的词语如"你总是……""你需要明白的是……""冷静下来！不用说……""听着……"等。

（三）谈判者的服饰

谈判者对服饰的选择也很重要，谈判者应根据身份、地位、年龄、场合的不同，选择得体的服饰。一般来说，西装（西装套裙）是谈判中普遍认可的服装。

第2节　私下交往的礼仪与禁忌

私下交往是谈判者在谈判之余以集体或个人的身份与谈判对手进行的交往活动，包括宴请、打电话、看电影、看节目、旅游观光、参加舞会等。它是谈判双方相互沟通、增进友谊的较好形式。作为一名谈判人员，在私下交往中也必须注意礼仪与禁忌，避免由于失礼而影响私下交往的效果和谈判的顺利进行。

一、接打电话的礼仪

电话联系是一种较为频繁的交际方式。一般认为对着电话跟对方交谈是日常生活的普通技能，根本不会存在什么问题。其实，谈判双方互通电话，在礼仪上大有讲究。

在谈判双方休整时，一方给另一方打电话，一般是有重要的事情，双方对此类电话都很在意。因此，打电话之前应做好准备，打好腹稿，选择好表达方式、语言声调。在通话中，如果是主方，应以客气的语言，请对方找××先生（女士）。对方回话时，要小心询问接话的是不是××先生（女士），无论在多么紧急的情况下，都要避免一旦打通即进行交谈。如果是接听他人电话，首先应报清自己的通话地点、单位名称和自己的姓氏，然后再进行交谈。谈话要尽量简明扼要、逻辑严谨、节奏适中。关键的地方要放慢语速，询问对方是否听清，是否记下来，特别是涉及谈判议程、会谈通知、谈判时间和地点等方面的内容时，一定不能草率，最好请对方重复一遍，认真核对，以免出错。

在国际谈判中，由于各国的风俗习惯不同，打电话的方式也不一样，因此还应该考虑如何变换自己的语言习惯，以照顾、适应对方接电话的方式和方法。

二、收发电子邮件的礼仪

随着互联网和电子邮件在商务领域的普及和应用，电子邮件礼仪已经成为商务礼仪的一部分，对于客户关系成败的影响日益显著。

（1）不能发送垃圾邮件。在不了解对方正在做什么、需要什么的情况下，盲目发送大量营销邮件的做法不仅是失礼的，而且是在制造垃圾邮件，这种方式不可取。

（2）发送邮件必须在对方事先许可的前提下。决定邮件发送的三个基本因素是：基于用户许可；通过电子邮件传递信息；信息对用户是有价值的。

（3）发送电子邮件的频率应该与对方的预期和需要相结合。这种频率预期因时、因地、因产品而异。事实上，并不是邮件的发送频率越高，收件人的印象就越深，过于频繁的邮件会让人厌烦。

（4）邮件的主题应言简意赅。

（5）收集反馈信息并及时回复。当企业接到业务问询的电子邮件时，应及时回复，最好在 24 小时以内。如果拖的时间过长，可能会损害企业的形象。

三、拜访的礼仪

谈判中的双方常有一方来自异地。为联络感情、关照食宿、及时满足其生活需求或表示尊重，一般应由主方到客方的住所去拜访。这种做法同我国传统的"住客看过客"是一致的。依拜访的性质不同，可以分为礼节性拜访和事务性拜访两种。礼节性拜访不一定有预期的目的，交谈的范围很广，方式也灵活多样。事务性拜访通常会事先拟定主题。

拜访要讲究必要性和可能性。对于确有必要的拜访，一般需要通过电话或书信事先选择好恰当的时间。双方在商谈约会时间的过程中，应该使用请求和商量的语气，不能用命令的语气强迫对方会见，以免对方因早有安排或有重要的事情做而感到为难。

赴约应讲究衣帽服饰及边幅修整。夏天拜访，天再热也不能只穿背心、短裤或拖鞋登门；冬天进门后要脱去大衣、帽子和围巾，表示来到了温暖的地方。对方请你坐下，要说"谢谢"；给你倒茶水饮料，要双手相接并欠身致谢。

赴约要严格遵守时间约定。一般以比约定的时间早到 5 分钟为宜，过早到达会被认为缺乏经济头脑或无事可做；过迟到达则会被理解为对约会的轻视或对约会者的不礼貌。碰到意外情况不能准时到达或不能前往，必须及时通知对方。

拜访的时间一般不宜过长。通常要以对方谈话的性质、情绪、双方观点是否一致等为依据，适时告辞。若发现主人偷偷看表，意味着已在下逐客令；若交谈过程中又来了新客人，则应前客让后客，尽快结束所谈问题或改日另谈，向后到的来访者点头示意并与对方告别。对方送你出门，应诚恳地请对方留步，分手后，还应回头看看对方是否仍站在门口以目相送，如果尚未返回，要向对方举手示意，客气地催促对方快回。

四、赴宴的礼仪

宴请是商务谈判中常见的交际活动形式之一，可对谈判本身产生积极的促进作用。经验证明，谈判者在餐桌上常常可以达成某种意向性的合作协议。一般来说，赴宴应注意以下几个方面：

（1）在接到请帖时要做好必要的准备，如果不能参加必须提前通知对方，并表示感谢和惋惜。如打算赴宴，一般不必回复；若请帖上注明"请回复"，则无论赴宴与否都必须告知对方。

（2）严格遵守赴宴的时间，不宜过早，也不宜太迟。过早会使对方不方便，影响正常的准备工作；过迟又显得傲慢，对对方不尊重。

（3）衣冠整齐、自然、庄重，显示出风度和对主人的尊重。

（4）进入宴会，对新老宴客都应笑脸相迎、点头示意，对长辈或身份高的人则要表示出尊重。

（5）行至宴会桌前不要主动就座，应按主持方安排的座位就座，不要随心所欲地找熟人或想要结识的人为邻。入座时，如果旁座是老人或女性，应先照顾好邻座，然后再入座。

（6）坐姿要端正，上身挺直，和餐桌应保持两个拳头左右宽度的距离，眼睛不可东张西望，更不可斜视看人。开席前不要摆弄碗筷，席间不要用筷子或刀叉指点议论他人。

（7）就座后，尚未上菜前可以与座位两边的人轻声交谈，但不要夸夸其谈。

（8）当别人第一次向你敬酒时，应起身回敬，说"谢谢"，不要自己先饮，待对方"请"过之后才可举杯。如自己不会喝酒，可用其他饮料代替，陪着大家齐饮，不可辜负对方的盛情。平时会喝酒，在宴席上也要适当控制自己的酒量，不可贪杯。

（9）进餐时，第一次动筷要等主人招呼了再开始。夹菜不要去拣大块或精食，要坚持先人后己，宁可少吃一口，不可多贪一勺，更不能狼吞虎咽。遇到从未吃过的菜，在未搞清吃法之前，不要抢先动筷，以免闹出笑话。

（10）席间说话时嘴里不可有食物，不可口沫横飞。打嗝、打哈欠、剔牙是最令人讨厌的，实在忍不住要咳嗽、打喷嚏时，应用手帕捂住嘴。不要只顾吃喝而沉默不语或大声喧哗、反客为主，要配合主人的安排，善于调节宴席上的气氛。

（11）席间不要不辞而别，非离开不可时，要跟旁边的人打招呼；回来时还应向旁边的人点头示意。席间有人迟到时，要起身让座表示欢迎，待他入座后，应马上向他敬酒，用热情真诚的态度来缓解他紧张的心情，以示对主人的尊重和礼貌。

（12）散席时要伴随主人的寒暄退席，临别时要向主人道谢，称赞宴席办得好、吃得满意。离开时，主动同送客的主人握手，再次表示感谢。

第3节 馈赠礼品的礼仪与禁忌

礼品是商务谈判的"润滑剂"，有助于加强双方的交往，增进双方的感情，巩固彼此的交易关系。

一、礼品的选择

（一）注意对方的习俗和文化修养

由于谈判人员的宗教习俗、文化背景不同，爱好和习惯也有所不同。例如，在阿拉伯国家，酒类不能作礼品，也忌讳给当事人的妻子送礼品；在英国，受礼人讨厌带有送礼人单位或公司标识的礼品；法国人讨厌别人送菊花；日本人不喜欢有狐狸图案的礼品；中国人忌讳送钟。西方人在送礼时十分看重礼品的包装，多数国家的人们习惯用彩色包装纸和丝带包扎，西欧国家则喜欢用淡色包装纸。

（二）注意礼品的数量

我国向来以双数表示吉祥，而在日本等一些国家则以奇数表示吉利。另外，一些国家忌讳"13"这个数字，日本人忌讳"4"和"9"。因此，无论是送水果还是任何数量较多的礼品，都要注意这一点。

（三）把握礼品的价值

礼品的价值即礼品的货币价值。一般情况下，欧美国家的商客较注重礼品的意义价值而不是货币价值。因此，在为他们选择礼品时，货币价值不要过高，昂贵的礼物有时反而会引起对方的怀疑和戒备，也会使对方为难。相对而言，给亚洲、非洲、拉丁美洲和中东地区的客商赠送礼品可以适当地贵重一些。

（四）精挑细选，投其所好

如果不了解对方的喜好，稳妥的办法是选择具有民族特色的工艺品，因为送别人没有的东西最易于被接受。像我国的景泰蓝、玉佩、绣品、水墨字画、瓷器、茶具等，都很受国外客商及谈判者的喜爱。

二、赠礼的时机和场合

（一）时机

各国都有初交不送礼的习惯，具体何时送礼较合适，各国又各不相同。在法国，不能向初次结识的朋友送礼，应等下次相逢的适当时机再送。在英国，合适的送礼时机是请别人用完晚餐或在剧院看完演出之后。而我国一般是在离别前赠送礼品较为自然。有些国家，在对方送礼时才能还礼。在有的国家（如日本），要选择人不多的场合送礼；而在阿拉伯国家，必须有其他人在场，送礼才不会有贿赂的嫌疑。

（二）场合

赠礼要分清场合。去友人家做客，不要带在宴会上吃的食品作为礼品。出席酒会、招待会不必送礼，必要时可送花篮或花束等。

三、接受、拒绝礼品的礼仪

（一）接受礼品的礼仪

与中国人的习俗不同，西方人接受礼品后即刻表示感谢，并当面拆看，不论其价值大小，都要对礼品表示赞赏。不要拿礼品开玩笑，或者说任何可能被认为是玩笑的话。即使并不真正喜欢收到的礼品，至少也要说一些令人开心的话。在日本、新加坡、韩国、中国和马来西亚，一般受礼人不当着送礼人的面打开礼品。不急于打开礼品，表明他们重视的是送礼这一行动，而不是礼品本身。接受礼品后，最好在一周之内写信或打电话向对方再次表示感谢。你不仅可以对礼品本身表示感谢，也可以对礼品传达的内在含义或送礼人对自己的关心表示感谢。多说几次谢谢，可以为自己赢得更多的尊重。

（二）拒绝礼品的礼仪

当自己不能接受对方的礼品时，应向对方讲明原因，并婉言谢绝。一般而言，以下三种物品不宜接受：一是违法、违禁物品；二是价格超过了规定的礼品，或是现金、有价证券；三是包含某种无法接受的暗示的物品。要做到拒绝有方，拒收礼品时要注意：最好是在没有外人在场的情况下，当面向对方说明原因并退还礼品；如果送礼人是善意的，还要向对方表示感谢。也可以事后及时写信，随信送还礼品。如果送礼人不怀好意（性暗示、隐含附加条件等），就有必要婉转地表达出对对方做法的不满。在商务交往中是否可以接受礼品以及对礼品的处理，国内有关部门和企业都有相应的政策和纪律，谈判人员应当熟知并遵守这方面的政策规定。

第4节　不同地域的习俗与禁忌

由于礼仪和习俗受国别、地域、宗教、文化、民族、风俗等因素的影响很大，千差万别，因此，在跨文化商务谈判中，不仅要遵从一般的商务礼仪常识，而且要了解有关国家的商务习俗与相关禁忌。以下按照地理区域介绍不同文化背景下的商务习俗与禁忌。[1]

一、西方国家的习俗与禁忌

一般而言，西方国家是指欧美各国，其文化渊源、宗教信仰相近，在礼俗上共性较多。如西方人普遍认为"13"是个不吉利的数字，他们通常会以"14（A）"或"12（B）"来代替。在日常生活中，他们总是尽量避开这一数字。有的人甚至会在13号这天产生莫名的恐惧感，停止一切工作和活动。若恰逢13号又是星期五，西方人更认为是"凶日"，称为"黑色星期五"。西方人还忌讳13人同桌开会或就餐。另外，"3"这个数字也为很多西方人所忌讳。特别是在点烟的时候，忌用一根火柴或打火机连续点燃三支烟。

在西方，不同国家的习俗与禁忌也有很大差别。

（一）英国的习俗与禁忌

（1）不要随便造访别人的家。但若受到对方的邀请，则应该欣然前往，这可以理解为对方向你发出商务合作可能顺利达成的信号。但在拜访时，最好不要涉及商务，不要忘记给女士带上一束鲜花或者一盒巧克力。

（2）向英国女士献鲜花时，宜送单数，但不要送13枝，不要送英国人认为代表死亡的菊花和百合花。

（3）不要以英国皇室的隐私为谈资，因为皇室被视为国家的象征。

（4）忌用人像作为商品的装潢。

（5）忌随便将任何英国人都称为英国人，一般将英国人称为不列颠人，或者具体称为英格兰人、苏格兰人。

（6）英国人忌讳当众打喷嚏。

（二）美国的习俗与禁忌

（1）跟美国人在一起时不需要过多的握手与客套，他们大多性格外向、直爽热情。

---

[1] 周贺来．商务谈判实务．北京：机械工业出版社，2010．

美国人见面与离别时，都面带微笑地与在场的人握手；彼此问候较随便，大多数场合下可直呼名字；对年长者和地位高的人，在正式场合下，则使用"先生""夫人"等称谓，对于婚姻状况不明的女性，不要冒失地称其为夫人。比较熟识的女士之间或男女之间会亲吻或拥抱。

（2）美国人习惯保持一定的身体间距。交谈时，彼此站立间距约0.9米，每隔2~3秒有视线接触，以表达兴趣、诚挚和真实等。他们的时间观念很强，约会要事先预约，赴会要准时。在美国，多数人随身带有名片，但是，他们的名片通常是在认为有必要再联系时才交换，因此，美国商人在接受别人的名片时往往并不回赠。

（3）美国商人喜欢一切井然有序，不喜欢事先没有联系，以及与突然闯进来的"不速之客"洽谈生意。

（4）美国商人的法律意识很强，在商务谈判中他们十分注重合同的推敲，"法庭上见"是美国人的家常便饭。

（5）不要对对方的某一个人进行点名批评，不要把以前在谈判中出现过的摩擦作为话题，或是把处于竞争关系的公司的缺点拿出来贬低。

（6）注意商品的包装和装潢。包装和装潢新奇的商品往往能够激起他们的购买欲。

> **延伸阅读**
>
> ### 美国人的十大特点
>
> （1）美国人的表达习惯非常简洁，常用一个单词回答问题。
> （2）美国人非常爱国。
> （3）美国社会没有既定的阶级制度，区分的标准只有金钱。
> （4）美国人有浓厚的宗教情绪。
> （5）美国人拥有积极的开拓者心态。
> （6）美国人相信时间就是金钱。
> （7）美国人具有坦诚、直接、固执己见等性格。
> （8）美国人有给小费的习惯。
> （9）美国是世界上最多元化的国家之一。
> （10）美国人喜欢自立。
>
> 资料来源：道森. 优势谈判. 深圳：海天出版社，2012.

（三）加拿大的习俗与禁忌

（1）赴约时要求准时，切忌失约。

（2）加拿大人喜欢枫叶，日常生活中忌白色的百合花，白色的百合花只在开追悼会时才使用。

（3）不要将加拿大与美国相比较。

（4）销往加拿大的商品，必须有英法文对照，否则禁止进口。

（5）当听到加拿大人自己把加拿大分为讲英语和讲法语的两部分人时，切勿发表意见，因为这是加拿大国内族裔关系的一个敏感问题。

（四）法国的习俗与禁忌

（1）法国商人有一个十分独特的地方，就是坚持要求用法语。在商务活动中，法国人若发现与自己谈话的人会说法语，却使用了英语，他肯定会生气。但他们也忌讳别人讲蹩脚的法语，认为这是对其母语的亵渎。如果对法语不纯熟，最好讲英语或借助翻译。

（2）法国人爱花，生活中离不开花，在他们看来，不同的花代表不同的含义。鸢尾是法国的国花。他们忌送菊花、杜鹃花、牡丹花和纸做的花。

（3）法国人喜欢有文化和美学素养的礼品，唱片、磁带、艺术画册等是法国人最喜欢的礼品。他们非常喜欢名人传记、回忆录、历史书籍，对于鲜花和外国工艺品也很感兴趣，讨厌印有公司标识的广告礼品。

（4）公鸡是法国的国鸟，它以勇敢、顽强的性格而得到法国人的青睐。野鸭的商标图案也很受法国人的喜爱。他们讨厌孔雀、仙鹤，不喜欢无鳞的鱼。

（5）法国人对色彩有自己独特的审美观，他们忌讳黄色、灰绿色，喜欢蓝色、白色和红色。

（五）德国的习俗与禁忌

（1）德国人在交谈中很讲究礼貌，他们比较看重身份，特别是看重法官、律师、医生、博士、教授一类有社会地位的头衔。对于一般的德国人，应多以先生、小姐、夫人等相称，但德国人没有被称为阁下的习惯。

（2）德国人喜欢吃油腻食品，且口味偏重，香肠、火腿、土豆是他们最爱吃的东西。他们还爱喝啤酒，但在吃饭、穿衣、待客方面崇尚俭朴。

（3）给德国人赠送礼品，务须审慎，应尽量选择有民族特色、富有文化气息的东西。不要给德国女士送玫瑰、香水和内衣，因为它们都有特殊的含义，即使在女性之间，也不适宜送这类物品。刀、剪和餐刀、餐叉等西餐餐具作为礼物送人，有"断交"之嫌，这是德国人所忌讳的，在服饰和其他商品包装上也禁用此类符号。

（4）色彩上，德国人忌讳茶色、黑色、红色和深蓝色。

（六）俄罗斯的习俗与禁忌

俄罗斯是一个重礼好客的国家，其习俗与禁忌兼有东西方的特点。俄罗斯人的见面礼是亲吻拥抱，即使在商务活动中也是如此。

（1）在日常交往中应该主动问好。与我国一样，在称呼上，"您"和"你"有不同的界限，"您"用来称呼长辈、上级和德高望重的人，以示尊重；而"你"则是用来称呼自家人、熟人、朋友、平辈、晚辈和儿童，表示亲切、友好和随便。

（2）送礼和受礼都极有讲究。俄罗斯人忌讳别人送钱，认为送钱是对人格的侮辱。但他们很喜欢外国货，外国的糖果、烟酒、服饰都是很好的礼物。

（3）如果在俄罗斯送花，送单数不送双数，双数被认为是不吉利的。

（4）俄罗斯人对颜色的好恶与东方人相似，喜欢红色，忌讳黑色；对数字，他们和西方人一样，忌讳"13"，而对"7"这个数字情有独钟。

（5）俄罗斯人豪爽大方，忌讳别人说他们小气。

（6）俄罗斯人爱整洁，随便乱扔东西会受到鄙视。

（7）喜欢将向日葵作为商标图案。

（8）忌讳以历史上某些有争议的领袖人物以及国家的改革作为话题。

（七）东欧一些国家的习俗与禁忌

（1）波兰盛行吻手礼，他们认为吻手象征着高贵；喜欢谈论和赞美他们的文化和国家，也乐于谈及个人家庭生活，但忌讳谈及第二次世界大战中的苏联和法国；一切有战略意义的地点和建筑都严禁拍照；洗手间的表示方式也比较独特，以"△"符号表示男用，以"○"符号表示女用。

（2）在匈牙利、罗马尼亚、保加利亚等国，每年6~8月是商人的度假月，在此期间商务谈判活动不宜进行。此外，圣诞节和复活节前后两周内也不宜进行商务谈判。多数东欧人家中都有地毯，客人进门时最好脱鞋，以示对主人生活习惯的尊重。匈牙利人习惯以白色代表喜事，黑色代表庄重或丧事。保加利亚人和阿尔巴尼亚人习惯"点头不算摇头算"。保加利亚人喜欢玫瑰花，不喜欢鲜艳明丽的色彩。

（3）阿尔巴尼亚大多数人信仰伊斯兰教，在塞尔维亚等地也有为数众多的穆斯林，他们遵循伊斯兰教教规。在阿尔巴尼亚的某些乡村，男女有别较为严重，有些地方还设有不许女人进入的"男人堂"。

（八）欧洲其他国家的习俗与禁忌

（1）奥地利人热情好客，和蔼可亲，自尊心强。与之进行商务交往时，切忌将其误认为德国人，也不要弄错企业家的头衔。奥地利是一个传统的旅游国家，但若前往奥地利从事商务活动，最好安排在2~4月或9~11月。

（2）荷兰人日常生活中必不可少的饮料是牛奶，但为客人倒牛奶时，讲究倒至杯子的2/3处，否则会被认为是一种失礼或缺乏教养的行为。荷兰人喜欢谈论政治和体育等方面的话题，对我国的孔孟之道也乐于谈及，更喜欢别人对其家庭布置的夸奖，但忌讳谈及第二次世界大战时日本对在亚洲的荷兰人的迫害、美国政治、个人私生活等话题。荷兰是一个花的王国，郁金香是荷兰的象征。荷兰人注重工作效率，喜欢安静平和的生活。在荷兰，人们大多习惯吃生冷食品。送礼忌送食品，且礼物要用纸制品包好。到荷兰人家里做客，切勿对女主人过于殷勤。在男女同上楼梯时，其礼节恰好与大多数国家的习俗相反：男士在前，女士在后。

（3）挪威人友善好客，若受邀到当地人家里做客，切勿忘了给女主人带上一束鲜花或一盒巧克力作为礼物。7月、8月和9月初是挪威人享受阳光的季节，在此期间最好不要找他们办公事，否则会被视为不考虑他人的自私行为。

（4）瑞典人享受着"从摇篮到坟墓"的各种社会保障，文化素养也较高。人们见面很少亲吻，即使恋人也不表现得过分亲热；同别人见面以握手为礼。瑞典人也爱吃生冷食物，喜欢清淡，不爱油腻。在瑞典忌讳送酒。

（5）在丹麦，敬酒有很严格的礼节和顺序。如主人"请"字未出口，任何人不能动杯，其他人要待主人、年长者、位尊者饮酒之后才能饮酒。

（6）瑞士人有很强的环保意识，尤其爱鸟，在瑞士不仅少有噪声，人们说话也是轻声细语。瑞士人作风保守、严谨，办事讲究实际，时间观念极强。从事商务活动宜穿三件套式西装。拜访公私机构均应预约，公事信函应直接寄给公司而不是某主管或职员，以免误事。瑞士商人特别愿意与"老字号"进行交易，历史悠久的老公司若在名片、信封上印上本公司的创建日期，往往会收到意想不到的效果。在瑞士，猫头鹰是死亡的象征，忌作商标，他们忌用黑色，喜欢几何图形。

（7）比利时商人现实、稳健、诚实、工作努力。他们不像有的国家在休息时间不谈公事，相反，一些上层办事人员在需要时即使正逢周末或休假，也会赶回来办理公事。比利时商人讲究职业道德，很少做使人上当受骗的事。他们特别注意仪表和地位，与之交往时，容易因所住饭店级别不高、穿着不雅或是身份地位不高而受到轻视。与比利时商人交易时，要直接与同级负责人会谈，事先请他们确定会见日期，并且要保证会见双方的身份、地位相当，否则很难获得见面的机会。

（8）西班牙人性格直率、易发火，但争吵后不计前嫌，往往一通争吵后又满面笑容。他们喜欢狮子、石榴，忌大丽花和菊花。

（9）葡萄牙人对葡萄酒情有独钟。

二、东方国家的习俗与禁忌

（一）日本的习俗与禁忌

日本人经商带有典型的东方风格，一般比较慎重、耐心而有韧性，自信心、事业心和进取心都比较突出。他们重视礼节和礼貌。与日本商界人士打交道，要注意服饰、言谈、举止的风度。与日本人初次见面，要互相鞠躬，互递名片，一般不握手。没有名片就自我介绍姓名、工作单位和职务，如果是老朋友或者是比较熟悉的就主动握手或拥抱。日本人鞠躬很有讲究，往往第一次见面时行问候礼是30度；分别离开时行告别礼是45度。日本人盛行送礼，每年的"岁暮"和"中元"是送礼最多的时候。他们既讲究送礼，也讲究还礼。日本人送礼、还礼一般都是通过运输公司的服务员上门，送礼与受礼的人互不见面。

（1）日本人喜欢奇数（9例外），在贸易谈判时，要照顾他们的感情，尽可能不用偶数。由于日语发音中"4"和"死"相似，"9"与"苦"相近，因此，忌讳用4、9等数字。此外，13、14、19、24、42等数字也在忌讳之列，他们还忌讳三人合影。

（2）日本不流行家宴，商业宴会也难得让女性参加。商界人士没有携带夫人出席宴会的习惯。商界的宴会普遍是在大酒店举行鸡尾酒会。

（3）日本人没有相互敬烟的习惯。与日本人一起喝酒，不宜劝其开怀畅饮。日本人接待客人不是在办公室，而是在会议室、接待室。他们不会轻易让人进入机要部门。

（4）日本人有"当日事当日毕"的习惯，时间观念强，生活节奏快。

（5）忌讳相互打听工资收入。

（6）年轻女性忌讳别人询问自己的姓名、年龄以及结婚与否等。

（7）送花给日本人时，忌送白花（象征死亡），也不能把玫瑰和盆栽植物送给病人。菊花是日本皇室专用的花卉，民间一般不能赠送。日本人钟爱樱花。

（8）在商品的颜色上，日本人爱好淡雅，讨厌绿色。忌用荷花、狐狸、獾等图案。

（9）在日本，用手抓自己的头发是愤怒和不满的表示。

（10）寄发信件时，邮票不能倒贴，倒贴邮票表示绝交。装信也要注意，不要使收信人打开信件后看到自己的名字朝下。

（二）韩国的习俗与禁忌

韩国是一个礼仪之邦，其习俗与我国朝鲜族基本相同，在尊老爱幼、礼貌待人方面更为注重。

（1）前往韩国进行商务访问的最适宜时间是 2 月至 6 月、9 月、11 月和 12 月上旬，尽量避开节日较多的 10 月以及 7 月至 8 月中旬、12 月中下旬。

（2）韩国商务人士与不了解的人来往，要有一位双方都尊敬的第三者介绍和委托，否则不容易得到对方的信赖。为了介绍方便，要准备好名片，中文、英文或韩文均可，但要避免在名片上使用日文。到公司拜会，必须事先约好。会谈的时间最好安排在上午 10 点或 11 点、下午 2 点或 3 点左右。

（3）在商务交谈中，至关重要的是首先建立信任和融洽的关系，否则，谈判会持续很长时间。在韩国进行长期的业务活动，往往需要多次访谈才能奏效。

（4）韩国商人不喜欢直接说出或听到"不"字，所以有时会用"是"字表达否定的意思。此外，在商务交往中，韩国人比较敏感，也比较看重感情，只要感到对方稍微有点不尊重自己，生意就会告吹。

（5）韩国人重视业务中的接待，宴请一般在饭店举行。吃饭时所有的菜一次上齐。饭后常常会邀请客人喝酒、唱歌，拒绝是不礼貌的。

（三）阿拉伯国家的习俗与禁忌

（1）宗教信仰根深蒂固。宗教影响着国家的经济、政治和日常生活，如果不尊重阿拉伯人的教义和习俗，他们就不可能和你做生意。同宗同族的人在做生意时有天然的优势。

（2）重感情、讲信誉，争取阿拉伯人的好感和信任、与之建立朋友关系是和他们进行商务往来的基础。在阿拉伯国家，不可能一次见面或是一次电话就做成一笔生意。如果向他们推销商品，前两次见面时最好不要提及，第三次才可稍微提一下，再访问一两次后，方可进行商谈。

（3）与阿拉伯人进行商务合作，一般要通过代理商。如果没有合适的阿拉伯代理商，合作就很难进展顺利。

（4）在科威特、巴林等海湾国家的阿拉伯人家中做客，最好保持良好的食欲，因为吃得越多，主人越高兴。

（5）伊拉克人忌讳蓝色，认为蓝色是魔鬼的象征。

(6) 伊朗忌向人伸大拇指，忌外人评论婴儿的眼睛。

(7) 阿拉伯国家禁用六角星图案。

(8) 伊斯兰教教徒在斋月内白天禁食，宴请应安排在日落后进行。

（四）东南亚国家的习俗与禁忌

(1) 新加坡商人谦恭、诚实、文明礼貌，他们在谈判桌上一般会表现出三大特点：一是谨慎，不做没有把握的生意；二是守信用，只要签订合同，就会认真履约；三是看重"面子"，特别是对老一代人，"面子"往往具有决定性的作用。新加坡人忌讳说"恭喜发财"，认为"发财"是指"发不义之财"，因而是对别人的侮辱与谩骂。在新加坡，留长发的男子不受欢迎。新加坡注重环保，文明卫生，在新加坡随地吐痰或扔烟头，要受到严厉的惩罚。

(2) 泰国商人喜欢诚实而富有人情味的人。在泰国，佛祖和国王是至高无上的；人的头是神圣的；脚除了用于走路，最好不要轻易乱动，否则很可能会冒犯朋友而不自知。泰国人见面时，通行的是行合十礼，双掌相合上举，抬起在额与胸部之间，双掌举得越高，表示尊敬程度越高，但地位高者、老者还礼时手腕不高于前胸。泰国人喜欢大象与孔雀，白象被视为国宝，荷花是他们最喜爱的花卉。他们喜欢红色、黄色，尤其喜欢蓝色，将其视为安宁的象征。他们忌用红笔签名，忌讳狗的图案。

(3) 印度尼西亚有90％的人是穆斯林。前往印度尼西亚洽谈商务的最佳时间是每年9月到次年6月，因为多数印度尼西亚商人会选择在七八月外出避暑度假。印度尼西亚商人强调行业互助精神，待人很有礼貌，不讲别人的坏话，但较难成为知心朋友。一旦建立了推心置腹的交情，与之合作就比较容易，而且可靠。印度尼西亚商人欢迎别人到家里访问，这是推动商务谈判顺利进行的一种有效手段。印度尼西亚是一个多民族的国家，很多民族有特殊的习俗与禁忌。

(4) 马来西亚的国教是伊斯兰教。与马来西亚商人进行商务活动的最佳时间是每年的3～7月，因为多数商人均于当年11月到次年2月休假。商务活动应注意避开斋月和重大的传统节日。马来西亚人喜爱绿色，忌讳黄色；忌讳的数字为0、4、13；忌讳的动物有猪、狗，他们非常喜欢猫。

(5) 菲律宾的多数人信奉天主教，文化带有很明显的西班牙色彩。但菲律宾南部的居民多数信仰伊斯兰教，遵循伊斯兰教教义。

三、南美洲主要国家的习俗与禁忌

（一）巴西的习俗与禁忌

(1) 巴西人感情外露，人们在大街上相见也热烈拥抱。

(2) 巴西人忌讳棕色和黄色。他们以棕色为凶色，认为深咖色或暗茶色会招致不幸；认为人死好比黄叶落下，紫色配黄色为患病之兆。

(3) 巴西的男性爱开玩笑，但忌以当地的种族问题作为笑料；在与巴西人交往时，切勿轻易探问对方的种族。

(二) 阿根廷的习俗与禁忌

(1) 阿根廷人惯于保持体面，重视礼节，他们常以衣帽取人，人们平时都很注重仪表，穿西服，系领带，保持一副绅士派头，但灰色西服不受欢迎。

(2) 阿根廷人相见，其礼仪与巴西类似，但商界流行的是握手礼。

(3) 阿根廷人忌讳以贴身用品作为礼物送人，忌讳谈论有争议的宗教与政治问题。

(三) 其他南美国家的习俗与禁忌

(1) 在哥伦比亚，男性进屋或离开时，需与在场的每一个人握手，以示礼貌；女性也要与在场的每一位女性握手。哥伦比亚人喜爱红色、蓝色、黄色，忌浅色。

(2) 委内瑞拉人时间观念强，特别讲究办事效率，讨论问题直截了当，讨厌别人拖泥带水。委内瑞拉人分别以红、绿、茶、黑、白五种颜色代表五大政党，故此五色不宜用在包装纸上。他们忌讳孔雀，凡与孔雀有关的东西和图案都被视为不祥之物。

(3) 到智利人家中做客，切忌鲁莽进入，必须站在门外等待主人邀请方能进门。谈话时，主人的家庭和孩子是较好的话题，切忌议论与当地宗教和政治有关的问题。

(4) 在玻利维亚人家中做客吃饭，若饭后盘内还留有剩余食物，是对主人的失礼。谈话时不仅要避免谈及宗教和政治，而且切忌赞美智利。

四、非洲国家的习俗与禁忌

非洲国家除地中海和红海沿岸的埃及、利比亚、突尼斯、阿尔及利亚、苏丹、埃塞俄比亚、摩洛哥等国信奉伊斯兰教，中非地区的尼日利亚、坦桑尼亚等国也多信仰伊斯兰教。这些国家除遵奉伊斯兰教教义，还有一些特殊的习俗与禁忌。

(1) 埃及人喜欢绿色和白色，并习惯于用其表示快乐；讨厌黑色和蓝色，以其表示不幸；喜欢金字塔形莲花图案；"针"为其特有的忌讳物与忌讳语。

(2) 利比亚的图阿雷格人是世界上独一无二的男性戴面纱的民族，且规定只有自由民才能戴，奴隶无资格戴。这里禁酒的法律极为严厉。

(3) 到摩洛哥人家中做客必须主动脱鞋；他们认为3、5、7、40是积极的数字；喜欢绿色、红色、黑色，忌白色；忌六角星和猫头鹰图案。

(4) 苏丹人特别喜欢牛，除祭祖、祭神，一般忌讳杀牛。

(5) 尼日利亚东部的伊特人不喜欢苗条的女性，认为只有丰满的女性才能成为贤惠的妻子。

(6) 埃塞俄比亚居民有35%信奉基督教，其最大的特点是时间划分不同于世界上任何一个国家。他们把太阳升起的时间作为一天计时的开始，这样格林尼治时间上午6点就成为他们的白天零点；而格林尼治时间下午6点则是他们的"白天12点"的结束和"夜间0点"的开始。他们把一年分为13个月，前12个月都是30天，而第13个月则只有5~6天。

（7）中非信奉拜物教和图腾，每个家庭所崇拜的某种动物是神和力量、勇气的象征，不能捕杀，更不能食用。男女不能围成一桌进食，即使儿子和母亲、女儿与父亲也不例外。若不是同姓的异性，还需分在两个不同的房间进食。

（8）在加纳，酋长有着至高的地位，外来人每到一处，都应拜会当地的酋长。加纳人把凳子看作最神圣的财产加以崇拜，凳子既是他们的日用品又是馈赠品。加纳人对色彩极为讲究，不同的颜色对他们有不同的含义。

（9）乌干达人忌讳别人问及有关牛羊的情况，更不允许别人数牛的数量和用手指小羊。

（10）肯尼亚人性情温和，容易交朋友，但部族意识极为强烈。他们还认为任何以7结尾的数字均不吉利。

（11）在赞比亚，除旅游观光地区，不能随意拍照。否则，不仅相机和胶卷会被没收，还可能被抓进拘留所和警察局，甚至可能招来自动步枪的射击。

（12）在岛国马达加斯加，人们崇拜狐猴，甚至相信人死后的灵魂可以在狐猴身上托生。他们不仅将牛群和土地视为神圣的财产代代相传，而且表现出对牛的特殊崇拜。他们认为，人的年纪越大，智慧越多，因而对老人特别敬重。

◀ 小　结 ▶

1. 礼仪是人类社会文明发展的产物，是人们在社会交往中以风俗、习惯和传统等形式固定下来的行为规范、准则。商务谈判礼仪是商务人员在商务谈判过程中所必须遵守的，用来维护个体、组织形象和向对手表示尊重与友好的惯例及形式。

2. 第一印象是商务谈判迈向成功的关键，在交际场合中必须了解见面时的一些礼仪，包括介绍、握手等方面。

3. 会谈中的礼仪是指谈判者在实际洽谈的过程中所应具备的礼仪要求，它对谈判的顺利进行有十分重要的影响。谈判者应在举止、谈吐和服饰方面力求规范、得体。

4. 在私下交往中，商务谈判者也必须注意礼仪与禁忌，避免由于失礼而影响私下交往的效果以及商务谈判的顺利进行。

5. 礼品是商务谈判的"润滑剂"，有助于加强双方的交往，增进双方的感情，巩固彼此的交易关系。选择礼品时，要注意对方的风俗和文化修养，礼品的数量，把握礼品的价值，精挑细选、投其所好，并根据客人的特点选择合适的时机和场合。

6. 由于礼仪和习俗受国别、地域、宗教、文化、民族、风俗等因素的影响很大，千差万别，因此，在跨文化商务谈判中，不仅要遵从一般的商务礼仪常识，而且要了解有关国家的商务习俗与相关禁忌。

◀ 复习与思考 ▶

一、基本概念

商务谈判礼仪　　　　　　　　文化禁忌

二、简答题
1. 在商务谈判中握手应注意哪些细节?
2. 谈判者在会谈时如何做到自然和得体?
3. 谈判者在选择礼品时应该注意哪些问题?

三、论述题
试述西方国家的主要习俗与禁忌。

参考文献

1. 李品媛．现代商务谈判．3版．大连：东北财经大学出版社，2016．
2. 费湘军，胡一鸣．商务谈判理论与实务．西安：西安电子科技大学出版社，2017．
3. 朱建国．强势谈判心理学．南京：江苏凤凰文艺出版社，2017．
4. 吴建伟．商务谈判策略与案例分析．北京：清华大学出版社，2017．
5. 汪华林．现代商务谈判．北京：企业管理出版社，2018．
6. 汤普森．国际商务谈判：英文版：第6版．北京：中国人民大学出版社，2018．
7. 戴蒙德．沃顿商学院最受欢迎的谈判课．北京：中信出版集团，2018．
8. 肯尼迪．谈判：如何在博弈中获得更多：第4版．北京：民主与建设出版社，2018．
9. 毕比，弗森．情报分析案例·实操版：结构化分析方法的应用．北京：金城出版社，2019．
10. 胡琳祝，段立群．国际商务谈判：双语实训教程．北京：中国人民大学出版社，2021．
11. 杨剑英，常军．商务谈判理论与实务．南京：南京大学出版社，2020．
12. 张守刚．商务沟通与谈判．3版．北京：人民邮电出版社，2020．
13. 凌云．国际商务谈判与沟通．3版．大连：东北财经大学出版社，2020．
14. 杨剑英，常军．商务谈判理论与实务．南京：南京大学出版社，2020．
15. 田南生．商务谈判与礼仪．北京：清华大学出版社，2020．
16. 杨群祥．商务谈判．6版．大连：东北财经大学出版社，2020．
17. 李静．商务谈判实务．北京：中国人民大学出版社，2021．
18. 列维奇，巴里，桑德斯．商务谈判：第8版．北京：中国人民大学出版社，2021．
19. 徐斌，王军旗．商务谈判实务．3版．北京：中国人民大学出版社，2023．
20. 中共中央关于进一步全面深化改革、推进中国式现代化的决定．北京：人民出版社，2024．

中国人民大学出版社　管理分社

教师教学服务说明

中国人民大学出版社管理分社以出版工商管理和公共管理类精品图书为宗旨。为更好地服务一线教师，我们着力建设了一批数字化、立体化的网络教学资源。教师可以通过以下方式获得免费下载教学资源的权限：

★ 在中国人民大学出版社网站 www.crup.com.cn 进行注册，注册后进入"会员中心"，在左侧点击"我的教师认证"，填写相关信息，提交后等待审核。我们将在一个工作日内为您开通相关资源的下载权限。

★ 如您急需教学资源或需要其他帮助，请加入教师 QQ 群或在工作时间与我们联络。

中国人民大学出版社　管理分社

- 教师 QQ 群：648333426（工商管理）　114970332（财会）　648117133（公共管理）
  教师群仅限教师加入，入群请备注（学校+姓名）
- 联系电话：010-62515735，62515987，62515782，82501048，62514760
- 电子邮箱：glcbfs@crup.com.cn
- 通讯地址：北京市海淀区中关村大街甲 59 号文化大厦 1501 室（100872）

管理书社　　　　　人大社财会　　　　　公共管理与政治学悦读坊